POL MARTIN

CUISINE
DE TOUS LES JOURS

PLUS DE 720 PHOTOGRAPHIES EN COULEURS

DES TECHNIQUES FACILES

UNE SECTION SPÉCIALE SUR LE MICRO-ONDES

DES RECETTES SIMPLES

VALEUR NUTRITIVE DE CHAQUE RECETTE

CALORIES, GLUCIDES, LIPIDES ET FIBRES

BRIMAR

L'auteur tient à remercier vivement Josée Dugas pour son inestimable collaboration.

Design graphique
Barsalo & Associés

Photographies
Studio Pol Martin (Ontario) Limitée

ÉDITIONS BRIMAR INC.
8925, boulevard Saint-Laurent
Montréal, Canada H2N 1M5
Téléphone: (514) 384-8660
Télex: 05-826756

Dépôt légal: premier trimestre 1989
Bibliothèque nationale du Québec
Bibliothèque nationale du Canada

ISBN: 2-920845-67-5

2091 A
1   2   3   4   5   6   7   8   9

TABLE DES MATIÈRES

INDEX

† Recette micro-ondes

V

LES BROCHETTES

BROCHETTES

Il me semble que les brochettes subissent un traitement injuste. Pourquoi se limiter à ne les essayer qu'au restaurant où le menu n'offre souvent qu'un choix de deux brochettes? Ne serait-il pas intéressant de goûter aux délices d'une brochette de pétoncles servie sur un lit de persil frit ou d'une brochette de saumon aux concombres ou plus encore, d'une brochette «Passion»? Et tout cela de façon beaucoup moins onéreuse. Je me doutais bien que cette idée vous plairait. J'ai donc préparé ce livre qui regorge de brochettes plus alléchantes et savoureuses les unes que les autres. Pour les sceptiques qui s'affolent à l'idée de préparer des brochettes, DÉTENDEZ-VOUS, c'est un vrai jeu d'enfant. Le secret de la réussite? Quelques broches de bois ou de métal, un grand plat de service allant au four, un couteau bien affûté et n'oublions pas le plus important: des ingrédients de première qualité. Laissez aller votre imagination et surtout n'hésitez pas à servir des brochettes aussi bien au lunch qu'au repas du soir. Accompagnez-les de brochettes de légumes. Pour la touche finale? Des desserts en brochettes, naturellement!

Marinade à la moutarde pour viande ou poisson

1 PORTION	207 CALORIES	0g GLUCIDES
0g PROTÉINES	23g LIPIDES	0g FIBRES

300 ml	(1¼ tasse) huile d'olive
75 ml	(5 c. à soupe) moutarde de Dijon
2	gousses d'ail, écrasées et hachées
5 ml	(1 c. à thé) estragon
	jus de 1 citron
	quelques gouttes de sauce Tabasco
	sel et poivre

Bien incorporer tous les ingrédients dans un petit bol. Verser la marinade sur la viande ou le poisson et réfrigérer 30 minutes.

Avant la cuisson: égoutter la marinade et la réserver pour le badigeonnage.

Pour les gens pressés: utiliser cette marinade forte comme assaisonnement, sans faire mariner la viande au préalable.

Marinade pour agneau ou poisson

1 PORTION	175 CALORIES	1g GLUCIDES
0g PROTÉINES	19g LIPIDES	0g FIBRES

250 ml	(1 tasse) huile d'olive
3	gousses d'ail, écrasées et hachées
3	échalotes sèches, finement hachées
125 ml	(½ tasse) jus de citron
2 ml	(½ c. à thé) romarin moulu
2 ml	(½ c. à thé) origan
	sel et poivre

Bien incorporer tous les ingrédients dans un petit bol. Verser la marinade sur l'agneau ou le poisson. Réfrigérer toute la nuit.

Avant la cuisson: égoutter la marinade et la réserver pour le badigeonnage.

Brochettes de poulet à l'ananas

(pour 4 personnes)

1 PORTION	321 CALORIES	12g GLUCIDES
21g PROTÉINES	21g LIPIDES	0,4g FIBRES

2	poitrines de poulet sans peau, coupées en deux et désossées
½	ananas, coupé en morceaux de 2,5 cm (1 po)
5	tranches de bacon cuit, coupées en deux
45 ml	(3 c. à soupe) beurre
2	gousses d'ail, écrasées et hachées
30 ml	(2 c. à soupe) persil frais haché
	quelques gouttes de sauce Worcestershire
	sel et poivre

Préchauffer le four à 240°C (450°F).

Couper le poulet en cubes de 2,5 cm (1 po). Sur des brochettes, enfiler, en alternant, poulet, ananas et bacon. Mettre de côté.

Faire chauffer le beurre dans une petite casserole à feu moyen. Ajouter ail, persil et sauce Worcestershire; bien remuer.

Placer les brochettes dans un plat allant au four et les badigeonner du mélange de beurre. Poivrer généreusement.

Faire cuire 12 minutes au four tout en retournant les brochettes 1 ou 2 fois. Badigeonner, si désiré.

Servir avec des pommes sautées et des pignons.

Préparer les ingrédients tel qu'indiqué dans la recette.

Sur des brochettes, enfiler, en alternant, poulet, ananas et bacon.

Un mélange de beurre, ail, persil et sauce Worcestershire relèvera le goût des brochettes.

Bien badigeonner les brochettes avant la cuisson.

Pilons
de poulet marinés
(pour 4 personnes)

1 PORTION	277 CALORIES	13g GLUCIDES
27g PROTÉINES	13g LIPIDES	1,4g FIBRES

900 g	(2 livres) pilons de poulet
15 ml	(1 c. à soupe) sauce piquante Trinidad
5 ml	(1 c. à thé) sauce Worcestershire
30 ml	(2 c. à soupe) huile
1	piment vert, en petits cubes
2	bananes pas trop mûres, pelées et tranchées épais
	sel et poivre

Préchauffer le four à 240°C (450°F).

À l'aide d'un couteau, entailler les pilons et les mettre dans une assiette. Les arroser de sauce piquante, sauce Worcestershire et huile. Saler, poivrer.

Enfiler le poulet sur des brochettes et faire cuire 10 minutes au four. Retourner les brochettes et continuer la cuisson 10 minutes.

Retirer le poulet des brochettes et laisser refroidir.

Sur les brochettes, enfiler, en alternant: poulet, piment vert et banane. Placer les brochettes dans un plat allant au four. Faire cuire 8 minutes au four.

Servir avec une sauce épicée.

1 Entailler la chair des pilons avec un couteau. Déposer dans une assiette.

2 Arroser le poulet de sauce piquante, sauce Worcestershire et huile. Saler, poivrer.

3 Enfiler les pilons sur des brochettes et faire cuire 20 minutes au four.

4 Sur des brochettes, enfiler, en alternant, poulet, piment vert et banane. Prolonger la cuisson de 8 minutes.

Poulet
à l'indonésienne

(pour 4 personnes)

1 PORTION	381 CALORIES	7g GLUCIDES
23g PROTÉINES	29g LIPIDES	1,0g FIBRES

2	poitrines de poulet sans peau, coupées en deux et désossées
125 ml	(½ tasse) noix hachées
125 ml	(½ tasse) jus de limette
250 ml	(1 tasse) bouillon de poulet chaud
2	gousses d'ail, écrasées et hachées
15 ml	(1 c. à soupe) huile d'olive
250 ml	(1 tasse) crème sure
30 ml	(2 c. à soupe) ciboulette hachée
	sel et poivre

Couper le poulet en cubes de 1,2 cm (½ po). Mettre le tout dans un bol et ajouter noix, jus de limette, bouillon de poulet et ail. Saler, poivrer et faire mariner 2 heures au réfrigérateur.

Enfiler le poulet sur des brochettes. Placer les brochettes dans un plat allant au four. Réserver ⅓ de la marinade.

Badigeonner les brochettes d'huile. Faire griller au four, à 15 cm (6 po) de l'élément supérieur, 6 à 7 minutes de chaque côté.

Avant la fin de la cuisson des brochettes, mélanger la marinade réservée avec crème sure et ciboulette. Servir avec le poulet.

Brochettes
de poulet piquant

(pour 4 personnes)

1 PORTION	290 CALORIES	23g GLUCIDES
27g PROTÉINES	10g LIPIDES	1,2g FIBRES

375 g	(¾ livre) têtes de champignons frais, nettoyées
1 ml	(¼ c. à thé) jus de citron
500 g	(1 livre) poitrines de poulet sans peau, coupées en deux et désossées
15 ml	(1 c. à soupe) sauce Worcestershire
2	œufs battus
250 ml	(1 tasse) chapelure
1	piment rouge, en petits cubes
	sauce piquante mexicaine, au goût
	un peu de beurre fondu

Préchauffer le four à 240°C (450°F).

Mettre les champignons dans un bol et les arroser de jus de citron. Mettre de côté.

Couper le poulet en cubes de 2,5 cm (1 po). Déposer le poulet dans un autre bol et ajouter sauce Worcestershire et sauce piquante. Laisser mariner 15 minutes.

Verser les œufs battus dans un gros bol. À l'aide de pinces, tremper les cubes de poulet dans les œufs pour bien les enrober.

Rouler les cubes de poulet dans la chapelure. Sur des brochettes, enfiler, en alternant: poulet, champignon et piment rouge.

Placer les brochettes dans un plat allant au four et les arroser légèrement de beurre fondu. Faire cuire 15 minutes au four en retournant les brochettes 1 ou 2 fois.

Laisser mariner poulet, sauce Worcestershire et sauce piquante pendant 5 minutes dans un bol.

1

Rouler le poulet dans la chapelure.

3

Bien tremper le poulet dans les œufs battus.

2

Sur des brochettes, enfiler, en alternant: poulet, champignon et piment rouge.

4

Ailerons à l'ail

(pour 4 personnes)

1 PORTION	251 CALORIES	14g GLUCIDES
15g PROTÉINES	15g LIPIDES	0,9g FIBRES

32	ailerons de poulet, la partie épaisse seulement
3	gousses d'ail, écrasées et hachées
125 ml	(½ tasse) sauce barbecue
30 ml	(2 c. à soupe) miel
15 ml	(1 c. à soupe) jus de citron
30 ml	(2 c. à soupe) huile
15 ml	(1 c. à soupe) vinaigre de vin
2 ml	(½ c. à thé) cassonade
16	bâtonnets d'oignons verts, 4 cm (1½ po) de longueur
16	bâtonnets de courgette, 4 cm (1½ po) de longueur
	sel et poivre

Mettre ailerons, ail, sauce barbecue, miel, jus de citron, huile, vinaigre et cassonade dans un bol. Réfrigérer 30 minutes.

Bien égoutter et réserver la marinade.

Sur des brochettes, enfiler, en alternant, oignon, poulet et courgette. Placer les brochettes dans un plat allant au four et les badigeonner de marinade. Saler, poivrer.

Mettre le tout au four, à 15 cm (6 po) de l'élément supérieur et faire cuire 12 minutes à Gril (broil). Retourner les brochettes 2 fois.

Régler le four à 240°C (450°F) et finir la cuisson au bas du four pendant 7 minutes. Assaisonner durant la cuisson.

Si désiré, servir dans des paniers.

Utiliser la partie épaisse des ailerons pour les brochettes. Utiliser le bout des ailerons dans d'autres recettes.

Faire mariner les ailerons dans ail, sauce barbecue, miel, jus de citron, huile, vinaigre et cassonade.

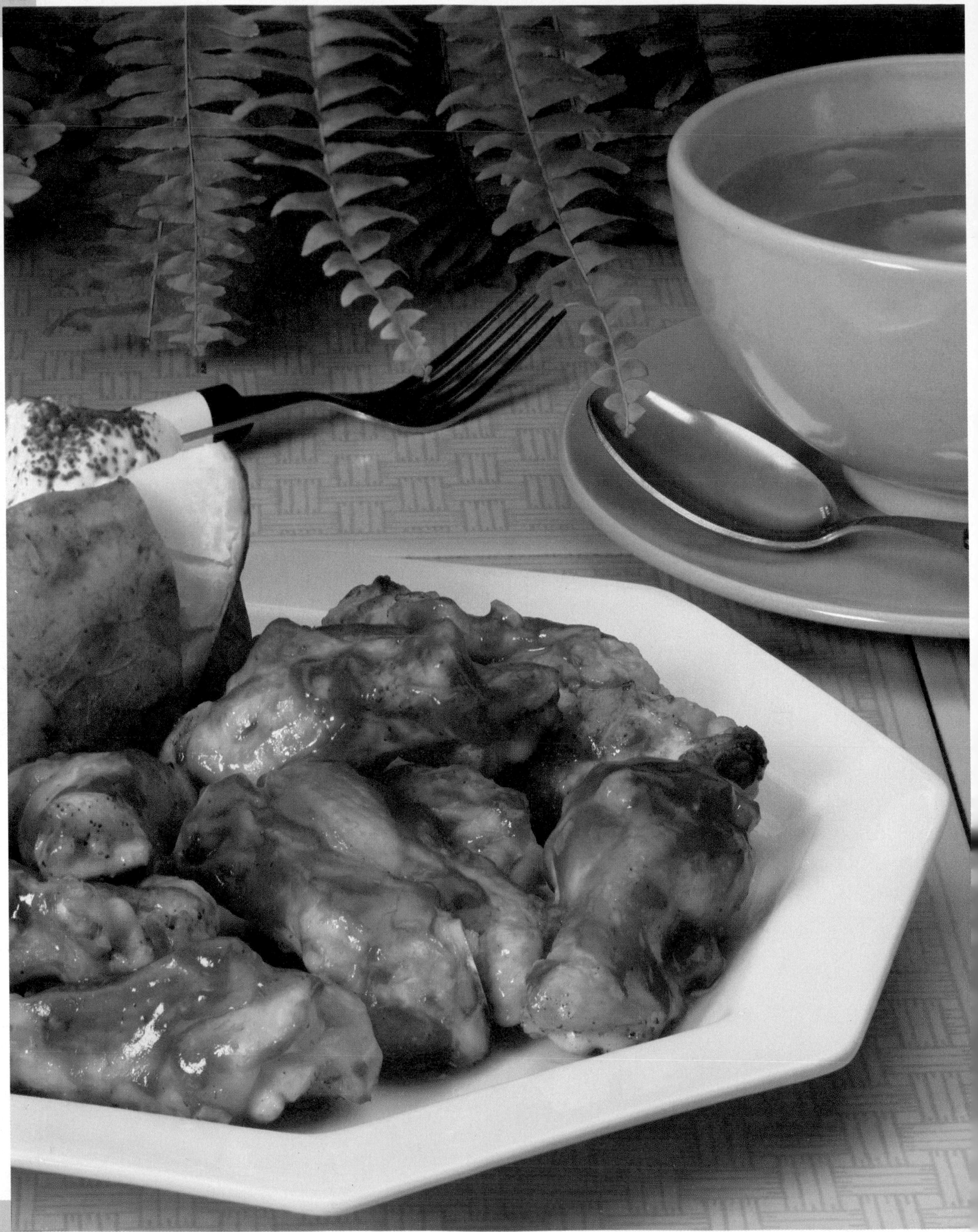

Ailerons de poulet en brochettes

(pour 4 personnes)

1 PORTION	153 CALORIES	4g GLUCIDES
14g PROTÉINES	9g LIPIDES	0g FIBRES

32	ailerons de poulet, la partie épaisse seulement
355 ml	(12 oz) bière
2	oignons verts, émincés
125 ml	(½ tasse) ketchup
30 ml	(2 c. à soupe) sauce HP
15 ml	(1 c. à soupe) sauce soya
15 ml	(1 c. à soupe) gingembre frais, finement haché
15 ml	(1 c. à soupe) vinaigre de vin
1 ml	(¼ c. à thé) sauce Tabasco
15 ml	(1 c. à soupe) miel
15 ml	(1 c. à soupe) huile
	sel et poivre

Préchauffer le four à 240°C (450°F).

Conserver le bout des ailerons pour d'autres recettes. Mettre la partie la plus épaisse des ailerons dans un bol. Ajouter la bière et oignons verts. Réfrigérer 1 heure.

Entre-temps, bien incorporer ketchup, sauce HP, sauce soya, gingembre, vinaigre, Tabasco et miel. Mettre de côté.

Bien égoutter le poulet et jeter la marinade. Enfiler les ailerons sur des brochettes et les placer dans un plat allant au four. Saler, poivrer et badigeonner d'huile.

Faire cuire 18 minutes au milieu du four. Retourner les brochettes 2 fois.

Retirer du four. Badigeonner les brochettes du mélange de ketchup. Régler le four à Gril (broil). Placer les brochettes à 10 cm (4 po) de l'élément supérieur et faire griller de 5 à 6 minutes.

Retourner les brochettes, badigeonner et continuer la cuisson de 5 à 6 minutes.

Servir avec des pommes de terre au four.

Dans bière et oignons, faire mariner le poulet 1 heure au réfrigérateur.

Bien mélanger ketchup, sauce HP, sauce soya, gingembre, vinaigre, Tabasco et miel. Mettre de côté. Ce mélange rehaussera la saveur des ailerons.

Poulet, oignon et courgette

(pour 4 personnes)

1 PORTION	166 CALORIES	8g GLUCIDES
20g PROTÉINES	6g LIPIDES	1,4g FIBRES

500 g	(1 livre) poitrines de poulet sans peau, coupées en deux et désossées
15 ml	(1 c. à soupe) gingembre frais haché
45 ml	(3 c. à soupe) sauce soya
1	gousse d'ail, écrasée et hachée
8	petits oignons blancs, blanchis
1	piment jaune, en petits cubes
8	petits morceaux de courgette
1	piment rouge, en petits cubes
4	sections de citron
15 ml	(1 c. à soupe) sel et poivre

Couper le poulet en cubes de 1,2 cm (½ po). Mettre poulet, gingembre, sauce soya et ail dans un bol; réfrigérer 30 minutes.

Égoutter le poulet et réserver la marinade.

Sur des brochettes, enfiler, en alternant, poulet, légumes et citron. Placer les brochettes dans un plat allant au four. Saler, poivrer. Badigeonner de marinade et arroser d'huile.

Placer les brochettes au four, à 15 cm (6 po) de l'élément supérieur. Faire cuire à Gril (broil) 4 minutes de chaque côté tout en badigeonnant 2 fois.

Mettre poulet gingembre, sauce soya et ail dans un bol; refrigérer 30 minutes.

1

2 Sur des brochettes, enfiler, en alternant, poulet, légumes et citron. Le citron donnera un goût spécial aux brochettes.

Dinde farcie en brochettes

(pour 4 personnes)

1 PORTION	321 CALORIES	4g GLUCIDES
29g PROTÉINES	21g LIPIDES	0,7g FIBRES

45 ml	(3 c. à soupe) beurre
2	échalotes sèches, finement hachées
1 ml	(¼ c. à thé) estragon
125 g	(¼ livre) champignons frais, finement hachés
15 ml	(1 c. à soupe) persil frais haché
45 ml	(3 c. à soupe) crème à 35 %
16	tranches minces de poitrine de dinde non cuite, aplaties
¼	oignon rouge, en morceaux
1	piment vert, en cubes
15 ml	(1 c. à soupe) jus de citron
	sel et poivre

1 Placer la tranche de dinde entre deux feuilles de papier ciré et l'aplatir avec un maillet.

2 Après avoir cuit échalotes et estragon 2 minutes, ajouter champignons et persil; continuer la cuisson 4 minutes à feu moyen-vif.

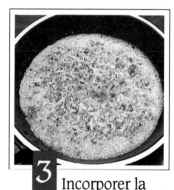

3 Incorporer la crème; faire cuire 2 à 3 minutes à feu moyen-vif. Retirer du feu et laisser refroidir légèrement.

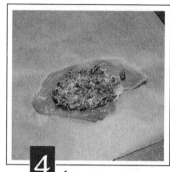

4 Étendre 15 ml (1 c. à soupe) de farce aux champignons sur chaque tranche de dinde. Plier les côtés et rouler.

Préchauffer le four à 200°C (400°F).

Faire chauffer 30 ml (2 c. à soupe) de beurre dans une poêle à frire. Ajouter échalotes et estragon; faire cuire 2 minutes.

Ajouter champignons et persil; continuer la cuisson 4 minutes à feu moyen-vif. Assaisonner généreusement.

Incorporer la crème; faire chauffer 2 à 3 minutes à feu vif. Retirer du feu et laisser refroidir légèrement.

Mettre les tranches de dinde à plat sur le comptoir. Étendre 15 ml (1 c. à soupe) de farce aux champignons sur chaque tranche. Replier un côté sur la farce. Plier le second côté pour qu'il empiète légèrement sur le premier. Rouler le tout en partant d'une extrémité.

Sur des brochettes, enfiler rouleau de dinde, oignon et piment vert. Mettre de côté dans un plat allant au four.

Mélanger le reste du beurre au jus de citron. Badigeonner les brochettes du mélange. Saler, poivrer.

Régler le four à Gril (broil) et placer les brochettes à 15 cm (6 po) de l'élément supérieur. Faire griller 6 minutes de chaque côté en badigeonnant de temps en temps.

Lanières de bœuf aux légumes

(pour 4 personnes)

1 PORTION	389 CALORIES	12g GLUCIDES
47g PROTÉINES	17g LIPIDES	3,7g FIBRES

30 ml	(2 c. à soupe) huile d'olive
750 g	(1 ½ livre) pointe de surlonge
3	gousses d'ail, écrasées et hachées
1	tête de brocoli (fleurettes), blanchie 4 minutes
16	tomates naines
½	oignon rouge, en sections
	jus de citron
	sel et poivre

Faire chauffer 5 ml (1 c. à thé) d'huile dans une poêle à frire.

Ajouter le morceau de viande et faire saisir sur tous les côtés. Saler, poivrer.

Trancher le bœuf en lanières de 0,65 cm (¼ po). Mettre le bœuf dans un bol. Ajouter huile, ail et jus de citron. Laisser mariner 15 minutes.

Égoutter la viande et réserver la marinade. Plier les lanières de bœuf en deux et les enfiler sur des brochettes avec les légumes.

Placer les brochettes dans un plat allant au four. Faire cuire au four à Gril (broil), à 15 cm (6 po) de l'élément supérieur, pendant 6 minutes. Retourner les brochettes 1 fois et les badigeonner fréquemment de marinade.

Mettre le reste de l'huile, ail et jus de citron dans un bol.

Ajouter les lanières de bœuf; laisser mariner 15 minutes.

Égoutter la viande. Réserver la marinade.

Plier les lanières de bœuf en deux et les enfiler sur des brochettes avec les légumes.

Brochettes de bœuf et de pommes de terre

(pour 4 personnes)

1 PORTION	441 CALORIES	27g GLUCIDES
45g PROTÉINES	17g LIPIDES	4,8g FIBRES

750 g	(1 ½ livre) surlonge de bœuf, en lanières de 2,5 cm (1 po) de longueur et 2 cm (¾ po) d'épaisseur
45 ml	(3 c. à soupe) sauce soya
2	gousses d'ail, écrasées et hachées
30 ml	(2 c. à soupe) huile végétale
16	petites pommes de terre nouvelles rondes, cuites
30 ml	(2 c. à soupe) ketchup
15 ml	(1 c. à soupe) miel sel et poivre

Préchauffer le four à 200°C (400°F).

Mettre bœuf, sauce soya, ail et huile dans un bol; laisser mariner 15 minutes.

Sur des brochettes, enfiler, en alternant, bœuf et pommes de terre. Placer les brochettes dans un plat allant au four.

Mélanger ketchup et miel. Badigeonner les brochettes du mélange. Saler, poivrer. Faire cuire au four à Gril (broil), à 15 cm (6 po) de l'élément supérieur, pendant 7 minutes. Les retourner 1 fois.

Servir avec une salade.

Bœuf mariné au bourbon

(pour 4 personnes)

1 PORTION	435 CALORIES	13g GLUCIDES
53g PROTÉINES	19g LIPIDES	1,5g FIBRES

900 g	(2 livres) pointe de surlonge, en cubes de 3 cm (1 ¼ po)
50 ml	(¼ tasse) bourbon
30 ml	(2 c. à soupe) sauce soya
5 ml	(1 c. à thé) moutarde de Dijon
1 ml	(¼ c. à thé) sauce Worcestershire
12	têtes de champignons, blanchies
12	morceaux de bok choy (le pied seulement)
2	oignons blancs, coupés en 4, blanchis et coupés en sections
2	grosses carottes, coupées en morceaux de 1,2 cm (½ po) et blanchies
30 ml	(2 c. à soupe) huile végétale
	sel et poivre

Dans un bol, mettre viande, bourbon, sauce soya, moutarde et sauce Worcestershire. Laisser mariner 1 heure.

Égoutter le bœuf et réserver la marinade. Sur des brochettes, enfiler, en alternant, bœuf et légumes. Placer les brochettes dans un plat allant au four et les badigeonner d'huile.

Bien assaisonner les brochettes et les placer au four à Gril (broil), à 10 cm (4 po) de l'élément supérieur. Faire griller 2 minutes de chaque côté.

Baisser les brochettes à 15 cm (6 po) de l'élément supérieur et prolonger la cuisson de 2 minutes de chaque côté. Badigeonner de marinade.

Veau mariné à la bière

(pour 4 personnes)

1 PORTION	186 CALORIES	11g GLUCIDES
13g PROTÉINES	10g LIPIDES	1,4g FIBRES

250 g	(½ livre) filet de veau, en tranches de 0,65 cm (¼ po) d'épaisseur
250 ml	(1 tasse) bière
15 ml	(1 c. à soupe) gingembre frais haché
1 ml	(¼ c. à thé) sauce Tabasco
1 ml	(¼ c. à thé) sauce piquante Trinidad
12	oignons verts, en bâtonnets de 3 cm (1 ¼ po) de longueur
1	petite courgette, en tranches de 1,2 cm (½ po) d'épaisseur
1	piment vert, en petits cubes
15 ml	(1 c. à soupe) huile végétale
15 ml	(1 c. à soupe) miel
	sel et poivre

Dans un bol, mettre veau, bière, gingembre, Tabasco et sauce piquante. Saler, poivrer et réfrigérer 1 heure.

Égoutter le veau et réserver la marinade.

Plier les morceaux de veau en deux. Sur des brochettes, enfiler, en alternant, veau, oignon, courgette et piment. Placer les brochettes dans un plat allant au four et les badigeonner de marinade.

Arroser les brochettes d'huile et de miel.

Mettre les brochettes au four à Gril (broil), à 15 cm (6 po) de l'élément supérieur. Faire griller 16 minutes en retournant les brochettes 2 fois durant la cuisson.

Servir sur du riz.

1 Mettre veau, bière, gingembre, Tabasco et sauce piquante dans un bol. Saler, poivrer et réfrigérer 1 heure.

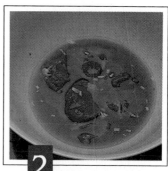

2 Plier les morceaux de veau et les enfiler sur des brochettes en alternant avec les légumes.

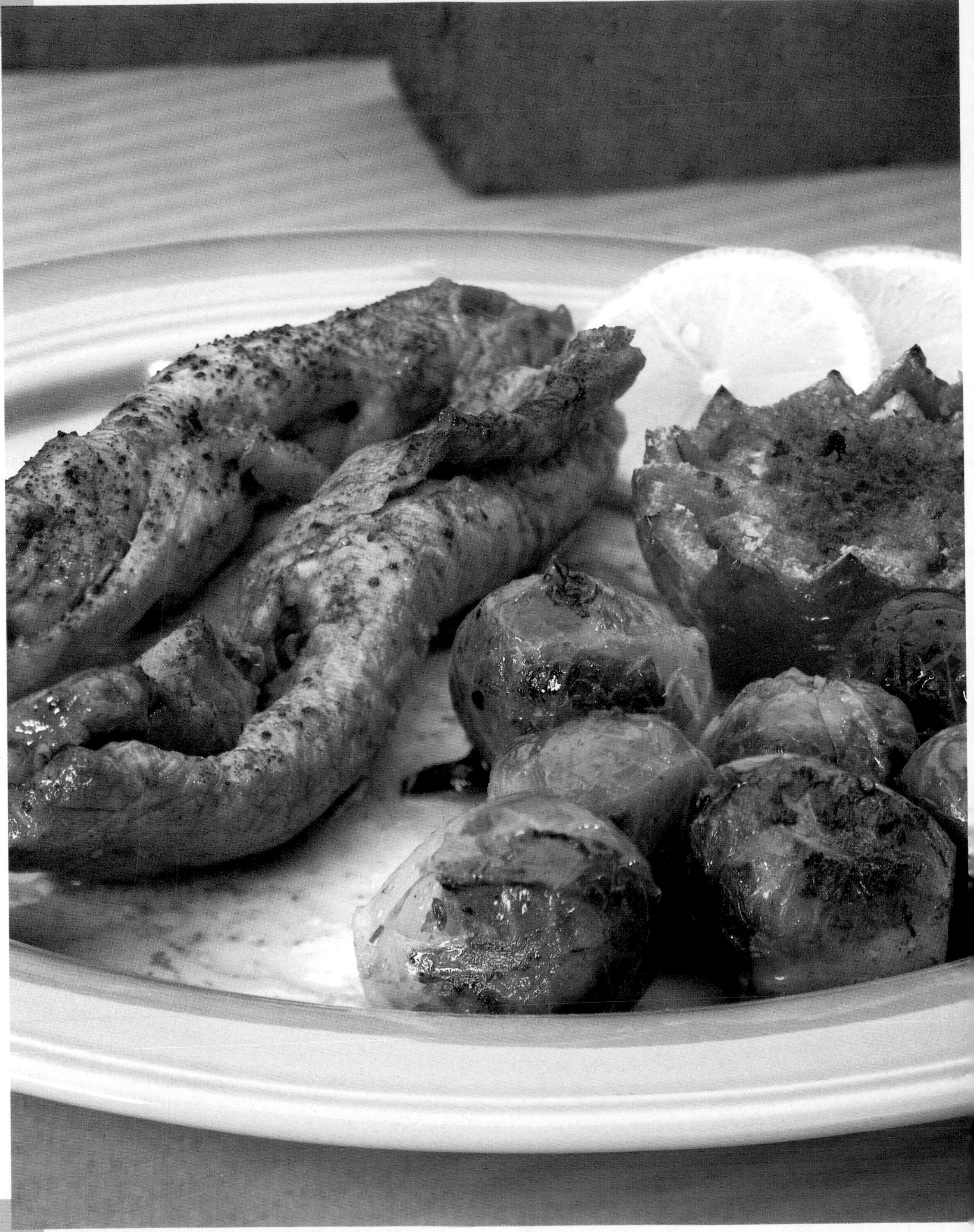

Brochettes d'escalopes de veau

(pour 4 personnes)

1 PORTION	216 CALORIES	6g GLUCIDES
12g PROTÉINES	16g LIPIDES	0g FIBRES

4	escalopes de veau, taillées dans la cuisse
45 ml	(3 c. à soupe) huile d'olive
30 ml	(2 c. à soupe) sirop d'érable
1 ml	(¼ c. à thé) estragon
15 ml	(1 c. à soupe) vinaigre de vin
	quelques gouttes de sauce piquante Trinidad
	jus de citron au goût
	paprika au goût
	sel et poivre

Si nécessaire, aplatir les escalopes de veau entre deux feuilles de papier ciré. Les escalopes doivent être très minces. Assaisonner au goût.

Rouler les escalopes sur la longueur et les enfiler sur de longues brochettes. Voir technique, photo n° 2.

Placer les brochettes dans un plat allant au four. Mettre de côté.

Mélanger huile, sirop d'érable, estragon, vinaigre et sauce piquante. Saler, poivrer et arroser de jus de citron.

Badigeonner les brochettes du mélange et faire cuire au four à Gril (broil), à 15 cm (6 po) de l'élément supérieur, pendant 7 minutes.

Retourner les brochettes et les saupoudrer de paprika. Badigeonner de marinade et continuer la cuisson pendant 7 minutes.

Retirer les escalopes des brochettes.

Servir avec des légumes verts et garnir de tomates grillées.

Les escalopes de veau doivent être très minces. Si nécessaire, les aplatir entre deux feuilles de papier ciré.

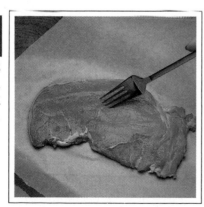

Pour bien faire tenir la viande en place, piquer la brochette deux fois dans le rouleau de veau.

Veau et têtes de champignons

(pour 4 personnes)

1 PORTION	285 CALORIES	4g GLUCIDES
20g PROTÉINES	21g LIPIDES	0,6g FIBRES

250 g	(½ livre) filet de veau, en petits cubes
12	têtes de champignons frais, nettoyées
12	morceaux de céleri
8	tranches d'oignon rouge
50 ml	(¼ tasse) vinaigre de vin
2	gousses d'ail, écrasées et hachées
45 ml	(3 c. à soupe) huile d'olive
1 ml	(¼ c. à thé) poivre du moulin
5 ml	(1 c. à thé) persil frais haché
9	feuilles de laurier
3	tranches de bacon de dos cuit, de 1,2 cm (½ po) d'épaisseur, coupées en cubes et sautées au beurre

Placer veau, champignons, céleri et oignon dans un bol. Mettre de côté.

Mettre vinaigre, ail, huile, poivre, persil et 1 feuille de laurier dans une petite casserole; amener à ébullition et faire cuire 5 minutes à feu moyen.

Verser le liquide chaud sur le veau et les légumes. Laisser mariner 1 heure. Égoutter et réserver la marinade.

Sur des brochettes, enfiler, en alternant, bacon, veau, champignon, céleri, feuille de laurier et oignon. Placer les brochettes dans un plat allant au four.

Mettre au four, à 15 cm (6 po) de l'élément supérieur. Faire cuire à Gril (broil), 6 minutes de chaque côté en badigeonnant de temps en temps.

Placer veau, champignons, céleri et oignons dans un bol. Mettre de côté.

Verser la marinade chaude dans le bol. Laisser mariner le tout 1 heure.

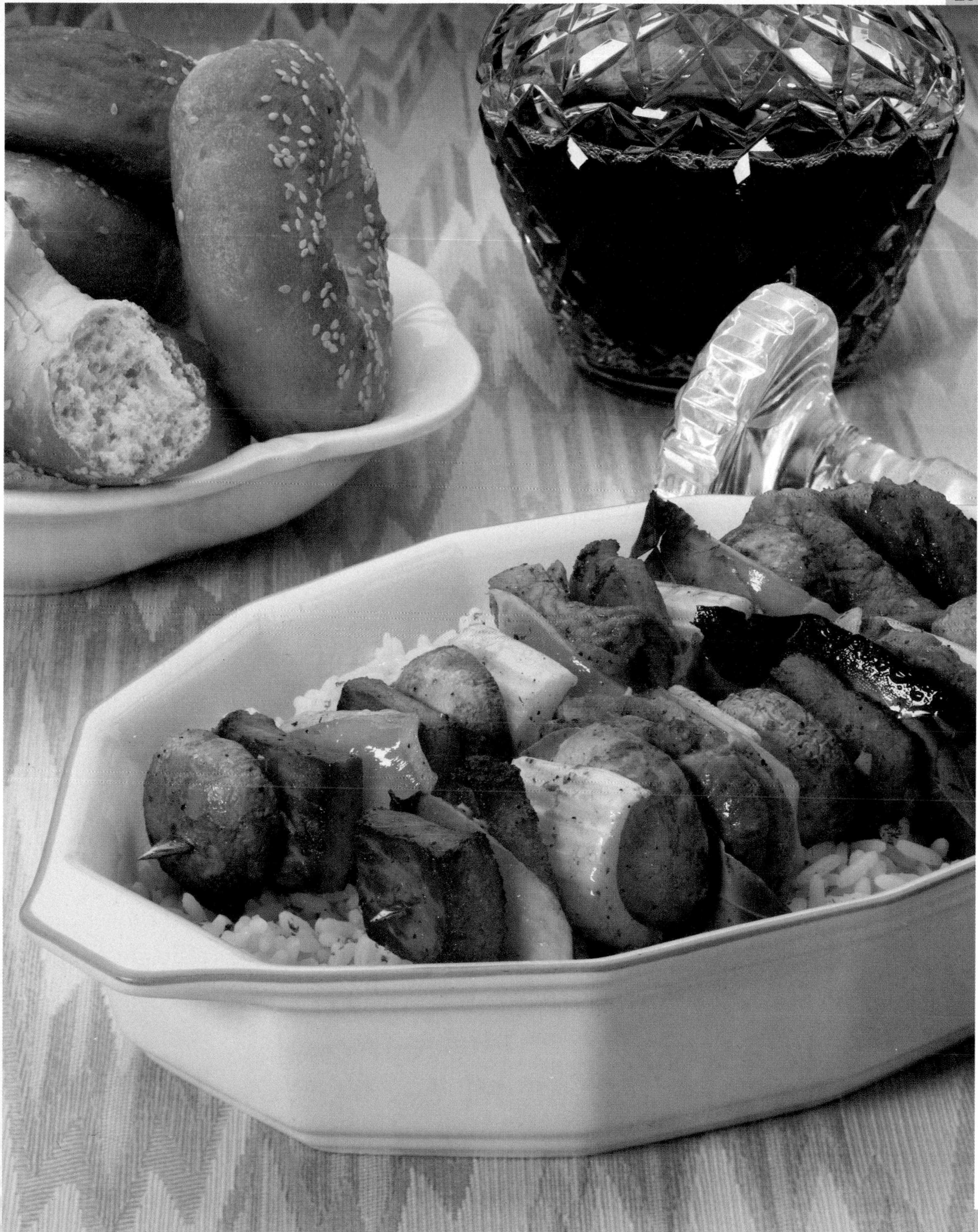

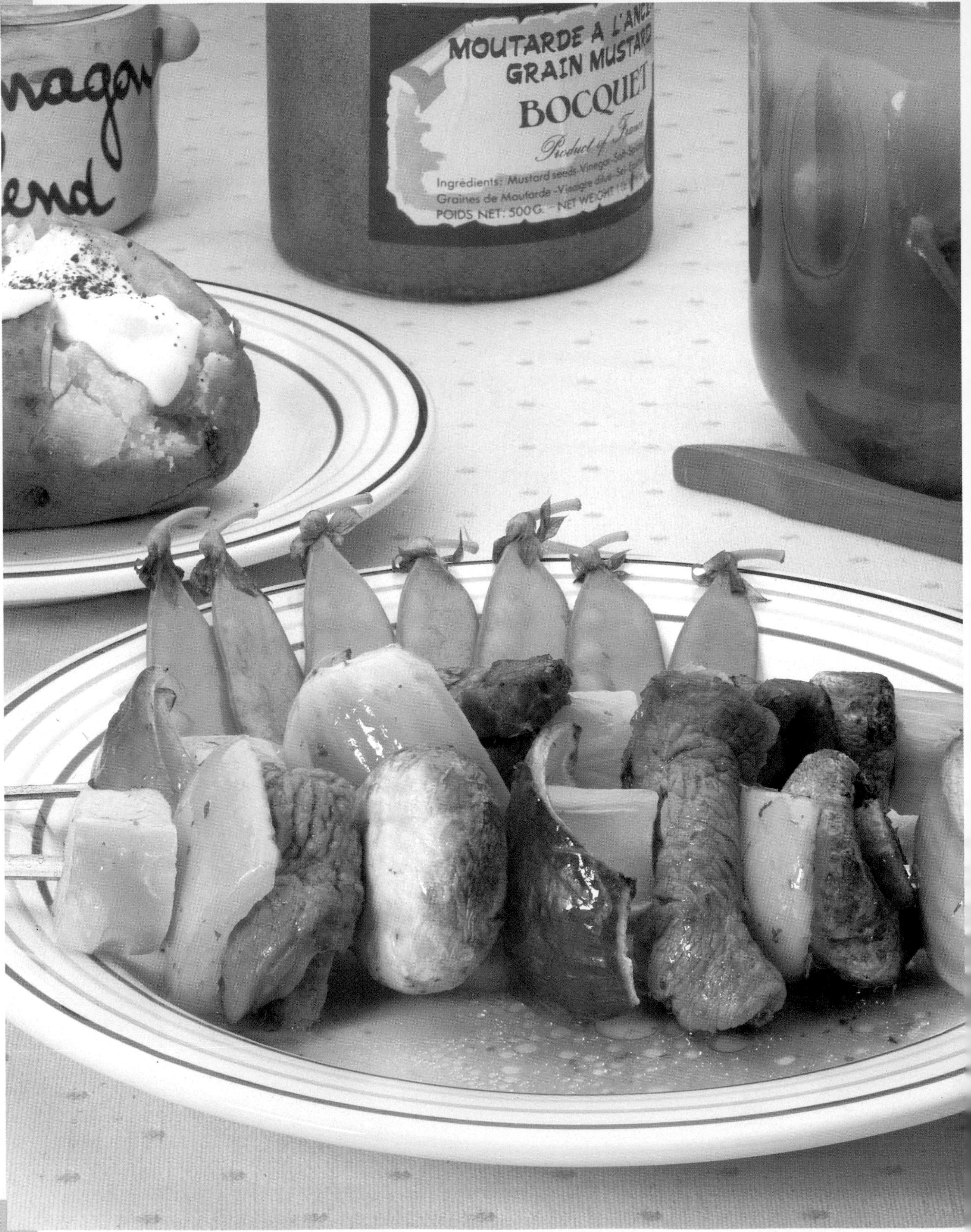
BOCQUET

Brochettes de veau au citron

(pour 4 personnes)

1 PORTION	265 CALORIES	11g GLUCIDES
17g PROTÉINES	17g LIPIDES	2,0g FIBRES

250 g	(½ livre) filet de veau, en tranches de 0,65 cm (¼ po) d'épaisseur
16	têtes de champignons, nettoyées
1	piment jaune, en cubes
50 ml	(¼ tasse) huile d'olive
50 ml	(¼ tasse) vinaigre de vin
15 ml	(1 c. à soupe) estragon frais haché
2	pieds de brocoli, en cubes et cuits
½	oignon rouge, en sections
	jus de citron

Mettre veau, champignons et piment dans un bol. Arroser d'huile, vinaigre, estragon et jus de citron. Réfrigérer 35 minutes.

Égoutter et réserver la marinade. Plier le veau en deux. Sur des brochettes, enfiler, en alternant, veau, champignon, piment, brocoli et oignon.

Placer les brochettes dans un plat allant au four et les badigeonner de marinade. Mettre au four à Gril (broil), à 15 cm (6 po) de l'élément supérieur. Faire griller 6 minutes de chaque côté.

Servir avec des pommes de terre au four ou d'autres légumes.

Mettre veau, champignons, piment, huile, vinaigre, estragon et jus de citron dans un bol. Réfrigérer 35 minutes.

Sur des brochettes, enfiler, en alternant, veau et légumes.

Brochettes de veau aux pruneaux

(pour 4 personnes)

1 PORTION	480 CALORIES	44g GLUCIDES
40g PROTÉINES	16g LIPIDES	8,8g FIBRES

750 ml	(1 ½ livre) surlonge de veau, en lanières
125 ml	(½ tasse) vin de riz
30 ml	(2 c. à soupe) huile
5 ml	(1 c. à thé) jus de citron
24	pruneaux dénoyautés
1 ½	piment vert, en cubes
24	morceaux de céleri blanchi, de 2 cm (¾ po)
12	feuilles de menthe fraîche
	une pincée de thym
	sel et poivre du moulin

Mettre veau, vin, huile, citron et thym dans un bol. Laisser mariner 15 minutes.

Égoutter la viande et réserver la marinade. Sur des brochettes, enfiler, en alternant, veau, pruneaux, piment, céleri et feuille de menthe. Placer les brochettes dans un plat allant au four et les badigeonner généreusement de marinade.

Placer au four à Gril (broil), à 15 cm (6 po) de l'élément supérieur. Faire cuire 5 minutes de chaque côté. Saler, poivrer durant la cuisson.

Boulettes de viande au chili

(pour 4 personnes)

1 PORTION	490 CALORIES	21g GLUCIDES
52g PROTÉINES	22g LIPIDES	0,5g FIBRES

375 g	(¾ livre) porc maigre haché
375 g	(¾ livre) veau maigre haché
30 ml	(2 c. à soupe) sauce chili
45 ml	(3 c. à soupe) chapelure
1 ml	(¼ c. à thé) chili en poudre
1	œuf
5 ml	(1 c. à thé) sauce Worcestershire
1 ml	(¼ c. à thé) paprika
125 ml	(½ tasse) sauce chili
125 ml	(½ tasse) ketchup
30 ml	(2 c. à soupe) huile
30 ml	(2 c. à soupe) sherry
	sel et poivre

Préchauffer le four à 200°C (400°F).

Mettre porc, veau, 30 ml (2 c. à soupe) sauce chili, chapelure, chili en poudre, œuf, sauce Worcestershire et paprika dans un mixeur. Bien mélanger jusqu'à ce que la viande forme une boule et adhère aux parois du bol.

Couvrir d'un papier ciré et réfrigérer 1 heure.

Avec les mains enfarinées, former des boulettes avec le mélange de viande. Enfiler les boulettes sur des brochettes et les placer dans un plat allant au four.

Mélanger le reste des ingrédients dans un bol. Badigeonner les brochettes du mélange.

Placer les brochettes au four, à 15 cm (6 po) de l'élément supérieur. Faire cuire à Gril (broil) 4 minutes de chaque côté en badigeonnant fréquemment.

Brochettes en fête

(pour 4 personnes)

1 PORTION	215 CALORIES	21g GLUCIDES
17g PROTÉINES	7g LIPIDES	1,1g FIBRES

50 ml	(¼ tasse) mélasse
50 ml	(¼ tasse) vinaigre
15 ml	(1 c. à soupe) pâte de tomates
3	filets d'anchois, hachés et écrasés
1	gros filet de porc, tranché épais
2	grosses branches de céleri, en morceaux de 2,5 cm (1 po)
1	gros piment vert, en petits cubes
1	orange sans pépins
	jus de ½ citron
	jus de l'orange

Préchauffer le four à 260°C (500°F).

Mélanger mélasse, vinaigre et pâte de tomates dans un grand bol. Ajouter jus de citron, jus d'orange et anchois. Bien incorporer.

Mettre porc, céleri et piment dans la marinade; laisser mariner 1 heure.

Couper l'orange non pelée, en tranches de 0,65 cm (¼ po) d'épaisseur.

Sur des brochettes, enfiler 2 tranches en alternant avec les autres ingrédients.

Placer les brochettes dans un plat allant au four. Faire cuire 7 minutes de chaque côté.

1 Mélanger mélasse, vinaigre et pâte de tomates dans un grand bol. Ajouter jus de citron et anchois; bien incorporer.

2 Mettre porc, céleri et piment dans la marinade. Laisser mariner 1 heure.

Côtes levées aux tomates

(pour 4 personnes)

1 PORTION	383 CALORIES	16g GLUCIDES
19g PROTÉINES	27g LIPIDES	0,9g FIBRES

1,2 kg	(2 ½ livres) côtes levées de porc
45 ml	(3 c. à soupe) sirop d'érable
50 ml	(¼ tasse) ketchup
2	gousses d'ail, écrasées et hachées
1	gros piment jaune, en cubes
6	tranches de bacon précuit, coupées en deux et roulées
1	tomate, coupée en fines sections
	jus de ½ citron
	quelques gouttes de sauce Tabasco
	sel et poivre

Mettre les côtes levées dans une grande casserole et les recouvrir d'eau; amener à ébullition. Écumer et continuer la cuisson 1 heure à feu moyen.

Retirer les côtes de l'eau et laisser refroidir. Couper les côtes en morceaux de 2,5 cm (1 po).

Mettre sirop d'érable, ketchup, ail, jus de citron et sauce Tabasco dans un bol. Saler, poivrer. Ajouter les côtes de porc, mélanger et laisser mariner 15 minutes.

Sur des brochettes, enfiler, en alternant, côte de porc, piment, bacon roulé et tomate. Placer les brochettes dans un plat allant au four.

Mettre au four, à 15 cm (6 po) de l'élément supérieur. Faire cuire à Gril (broil) 4 minutes de chaque côté. Badigeonner du mélange de ketchup.

Après 1 heure de cuisson, retirer les côtes levées de l'eau et les laisser refroidir. Couper en morceaux de 2,5 cm (1 po).

Sur des brochettes, enfiler, en alternant, côte levée, piment, bacon roulé, et tomate.

Brochettes de porc aux légumes

(pour 4 personnes)

1 PORTION	224 CALORIES	12g GLUCIDES
17g PROTÉINES	12g LIPIDES	1,6g FIBRES

142 g	(5 oz) saucisson polonais: en rondelles de 4 cm (1 ½ po) d'épaisseur
1	filet de porc, dégraissé
1	petite courgette, en tranches de 1,2 cm (½ po) d'épaisseur
1	piment jaune, en gros dés
8	oignons verts, en bâtonnets de 4 cm (1½ po) de longueur
1 ml	(¼ c. à thé) sauce Worcestershire
125 ml	(½ tasse) ketchup
5 ml	(1 c. à thé) raifort
	quelques gouttes de sauce Tabasco
	sel et poivre

Préchauffer le four à 260°C (500°F).

Retirer la peau des tranches de saucisson. Couper le porc en cubes. Mettre saucisson et porc dans un bol. Ajouter courgette, piment et oignons verts.

Ajouter sauce Worcestershire, ketchup, raifort et sauce Tabasco. Saler, poivrer. Mélanger pour bien enrober tous les ingrédients. Laisser mariner 15 minutes.

Sur des brochettes, enfiler, en alternant, viande et légumes et placer les brochettes dans un plat allant au four.

Faire cuire au four, à 15 cm (6 po) de l'élément supérieur, pendant 15 minutes. Retourner les brochettes deux fois durant la cuisson.

Si désiré, servir avec des pommes de terre sautées.

Préparer les ingrédients tel qu'indiqué dans la recette. Mettre le tout dans un bol.

Ajouter sauce Worcestershire, ketchup, raifort et sauce Tabasco. Saler, poivrer. Mélanger pour bien enrober les ingrédients. Laisser mariner 15 minutes.

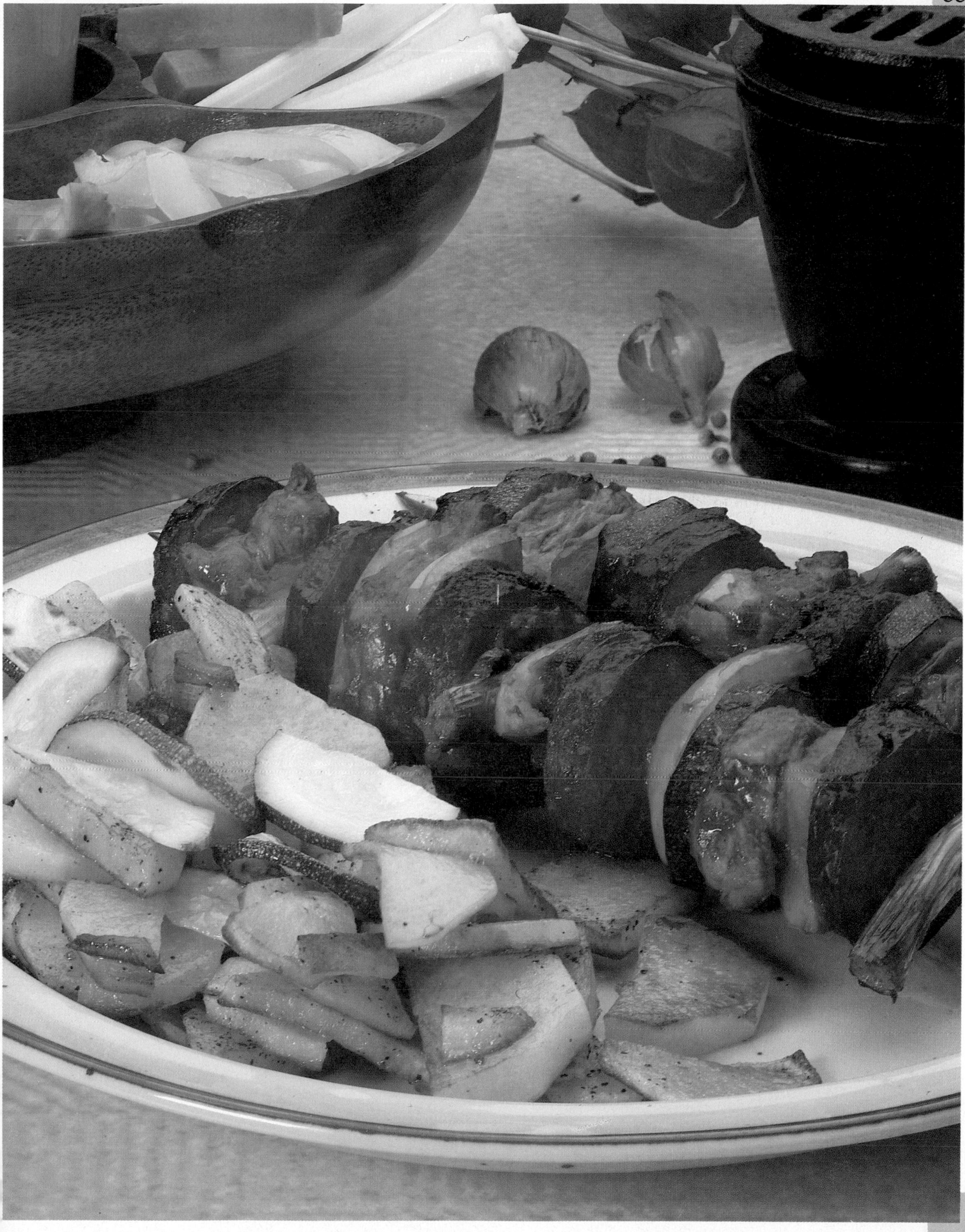

Porc et sauce aigre-douce

(pour 4 personnes)

1 PORTION	388 CALORIES	27g GLUCIDES
34g PROTÉINES	16g LIPIDES	2,8g FIBRES

15 ml	(1 c. à soupe) huile végétale
1	gousse d'ail, écrasée et hachée
1	petit oignon, émincé
1	petite carotte, émincée
2	rondelles d'ananas, en cubes
30 ml	(2 c. à soupe) sauce soya
30 ml	(2 c. à soupe) vinaigre de vin
15 ml	(1 c. à soupe) sucre
45 ml	(3 c. à soupe) ketchup
250 ml	(1 tasse) bouillon de poulet chaud
15 ml	(1 c. à soupe) fécule de maïs
45 ml	(3 c. à soupe) eau froide
500 g	(1 livre) filet de porc, coupé en grosses lanières
16	carottes naines, blanchies
1 ½	piment jaune, en gros dés
	sel et poivre

Préparation de la sauce: faire chauffer l'huile dans une poêle à frire. Ajouter ail, oignon et carotte émincée; faire cuire 3 minutes à feu moyen.

Incorporer ananas, sauce soya et vinaigre; faire cuire 2 minutes.

Ajouter sucre et ketchup; bien remuer. Ajouter le bouillon de poulet; assaisonner et amener à ébullition.

Délayer fécule et eau froide. Incorporer le mélange à la sauce; faire chauffer 2 minutes. Retirer du feu.

Plier les lanières de porc en deux. Sur des brochettes, enfiler, en alternant, porc, carotte naine et piment. Saler, poivrer et placer le tout dans un plat allant au four.

Badigeonner généreusement les brochettes de sauce. Placer au four à Gril (broil), à 15 cm (6 po) de l'élément supérieur. Faire griller 4 à 5 minutes de chaque côté. Badigeonner fréquemment.

Brochettes de jambon aux pommes

(pour 4 personnes)

1 PORTION	355 CALORIES	37g GLUCIDES
36g PROTÉINES	7g LIPIDES	2,5g FIBRES

2	tranches de jambon de Virginie, de 2 cm (¾ po) d'épaisseur et coupées en cubes
3	pommes non pelées, en sections
45 ml	(3 c. à soupe) sirop d'érable
10 ml	(2 c. à thé) sauce soya
125 ml	(½ tasse) ketchup
50 ml	(¼ tasse) jus de pomme
	une pincée de cannelle
	une pincée de clou de girofle

Bien mélanger tous les ingrédients dans un bol et laisser mariner 15 minutes.

Égoutter et réserver la marinade. Sur des brochettes, enfiler, en alternant, jambon et pommes. Placer les brochettes dans un plat allant au four.

Mettre le plat au four, à 15 cm (6 po) de l'élément supérieur. Faire griller à Gril (broil), 4 à 5 minutes de chaque côté, tout en badigeonnant de marinade.

Délicieux pour le brunch!

Feuilles de chou farcies

(pour 4 personnes)

1 PORTION	334 CALORIES	5g GLUCIDES
38g PROTÉINES	18g LIPIDES	0,6g FIBRES

15 ml	(1 c. à soupe) beurre
250 g	(½ livre) porc maigre haché
250 g	(½ livre) veau maigre haché
1 ml	(¼ c. à thé) paprika
1 ml	(¼ c. à thé) clou de girofle moulu
125 ml	(½ tasse) fromage cheddar râpé
125 ml	(½ tasse) oignon haché cuit
15 ml	(1 c. à soupe) persil frais haché
15 ml	(1 c. à soupe) crème sure
1	œuf, légèrement battu
8	grandes feuilles de chou, blanchies
	sel et poivre

Faire chauffer le beurre dans une poêle à frire. Ajouter porc et veau; faire brunir 4 à 5 minutes à feu moyen. Saupoudrer de paprika et de clou.

Transférer la viande dans un bol et ajouter le reste des ingrédients à l'exception des feuilles de chou. Bien incorporer les ingrédients, couvrir et réfrigérer 1 heure.

Étendre les feuilles de chou à plat et étendre 45 ml (3 c. à soupe) de farce sur chaque feuille. Rouler très serré et replier les extrémités. Placer les rouleaux sur une assiette et les recouvrir d'une seconde assiette pour les aplatir. Réfrigérer 15 minutes.

Couper chaque rouleau en 3 morceaux et très délicatement les enfiler sur des brochettes. Placer au four, à 15 cm (6 po) de l'élément supérieur et faire cuire à Gril (broil), 3 à 4 minutes de chaque côté.

Une sauce tomate accompagne bien ces brochettes.

Brochettes à l'italienne

(pour 4 personnes)

1 PORTION	611 CALORIES	17g GLUCIDES
39g PROTÉINES	43g LIPIDES	1,3g FIBRES

500 g	(1 livre) pointe de surlonge, en petits cubes
500 g	(1 livre) saucisse italienne, coupée en morceaux de 2 cm (¾ po) d'épaisseur
2	oignons, en sections
1 ½	piment rouge, en petits cubes
8	gousses d'ail, pelées
125 ml	(½ tasse) huile d'olive
50 ml	(¼ tasse) sauce chili
	jus de 1 citron
	poivre du moulin
	une pincée de paprika

Sur des brochettes, enfiler, en alternant, bœuf, saucisse, oignon, piment et ail. Placer les brochettes dans un plat allant au four.

Mélanger huile, sauce chili, jus de citron, poivre et paprika dans un bol. Badigeonner les brochettes.

Placer les brochettes au four à Gril (broil), à 15 cm (6 po) de l'élément supérieur. Faire griller 6 minutes de chaque côté.

Servir avec un riz épicé.

Saucisson polonais et bacon en brochettes

(pour 4 personnes)

1 PORTION	169 CALORIES	10g GLUCIDES
12g PROTÉINES	9g LIPIDES	0,8g FIBRES

2	tranches de bacon de dos de 2 cm (¾ po) d'épaisseur, coupées en gros dés
½	oignon rouge, coupé en 3
115 g	(4 oz) saucisson polonais, pelé et coupé en gros dés
½	concombre, pelé, épépiné et coupé en tranches de 2 cm (¾ po)
125 ml	(½ tasse) ketchup
15 ml	(1 c. à soupe) raifort
	jus de 1 limette
	quelques gouttes de sauce Tabasco
	poivre

Préchauffer le four à 260°C (500°F).

Sur des brochettes, enfiler, en alternant, bacon, oignon, saucisson et concombre. Placer les brochettes dans un plat allant au four.

Mélanger le reste des ingrédients et badigeonner les brochettes.

Placer au four, à 20 cm (8 po) de l'élément supérieur. Faire cuire 7 minutes de chaque côté. Badigeonner du mélange de ketchup, si désiré.

Saucisses cocktail en brochettes

(pour 4 personnes)

1 PORTION	320 CALORIES	7g GLUCIDES
10g PROTÉINES	28g LIPIDES	0,5g FIBRES

8	tranches de bacon précuit 2 minutes
230 g	(8 oz) saucisses cocktail en conserve
284 ml	(10 oz) sections de mandarines en conserve, égouttées
	sauce barbecue pour badigeonner

Couper les tranches de bacon en deux et les rouler. Sur de fines brochettes en bois, enfiler, en alternant, bacon, saucisse et mandarine.

Placer les brochettes dans un plat allant au four et les badigeonner de sauce barbecue. Faire cuire au four à Gril (broil), à 15 cm (6 po) de l'élément supérieur, pendant 5 minutes.

Servir comme amuse-gueule ou casse-croûte.

Brochettes d'agneau à la menthe

(pour 4 personnes)

1 PORTION	266 CALORIES	10g GLUCIDES
16g PROTÉINES	18g LIPIDES	0,4g FIBRES

125 ml	(½ tasse) sauce à la menthe
15 ml	(1 c. à soupe) huile d'olive
2	gousses d'ail, écrasées et hachées
8	petites côtelettes d'agneau, 1,2 cm (½ po) d'épaisseur, désossées et dégraissées
2	petits oignons, en sections
10	feuilles de laurier
1 ½	branche de céleri blanchi, coupée en morceaux de 2,5 cm (1 po)
	sel et poivre
	jus de ¼ citron

Préchauffer le four à 200°C (400°F).

Mettre sauce à la menthe, huile, ail, poivre et jus de citron dans un bol. Ajouter l'agneau et bien mélanger. Laisser mariner 15 minutes.

Sur des brochettes, enfiler, en alternant, agneau, oignon, feuille de laurier et céleri. Assaisonner généreusement. Placer dans un plat allant au four.

Régler le four à Gril (broil). Placer les brochettes à 15 cm (6 po) de l'élément supérieur; faire cuire 3 minutes tout en laissant la porte du four entrouverte. Badigeonner les brochettes de temps en temps.

Brochettes d'agneau au romarin

(pour 4 personnes)

1 PORTION	733 CALORIES	20g GLUCIDES
44g PROTÉINES	53g LIPIDES	2,9g FIBRES

900 g	(2 livres) gigot d'agneau désossé, en cubes de 2 cm (¼ po)
2	oignons, finement hachés
15 ml	(1 c. à soupe) romarin broyé
125 ml	(½ tasse) huile d'olive
2	feuilles de laurier
1	gros oignon d'Espagne, en sections
15 ml	(1 c. à soupe) huile d'olive
2	gousses d'ail, écrasées et hachées
3	tomates pelées et hachées
4	tranches de pain italien, grillées
50 ml	(¼ tasse) fromage parmesan râpé
	sel et poivre

Mettre agneau, oignons hachés, romarin, 125 ml (½ tasse) d'huile et feuilles de laurier dans un bol; mélanger et laisser mariner 1 heure.

Sur des brochettes, enfiler, en alternant, agneau et oignon d'Espagne. Placer dans un plat allant au four. Mettre de côté.

Faire chauffer le reste de l'huile dans une poêle à frire. Ajouter ail et tomates; faire cuire 7 à 9 minutes à feu moyen. Saler, poivrer. Réduire la chaleur et laisser mijoter.

Mettre les brochettes au four, à 15 cm (6 po) de l'élément supérieur. Faire cuire à Gril (broil) 5 à 6 minutes.

Étendre le mélange de tomates sur le pain grillé et couronner de fromage. Placer le tout dans un plat allant au four.

Retourner les brochettes et continuer la cuisson de 5 à 6 minutes. Simultanément, placer le pain à côté des brochettes et le faire griller au plus 3 à 4 minutes.

Pour servir, placer une brochette sur chaque tranche de pain.

Brochettes de saumon aux concombres

(pour 4 personnes)

1 PORTION	171 CALORIES	1g GLUCIDES
26g PROTÉINES	7g LIPIDES	0,6g FIBRES

30 ml	(2 c. à soupe) zeste de citron râpé
125 ml	(½ tasse) vin blanc sec
5 ml	(1 c. à thé) estragon
3	steaks de saumon
½	concombre anglais, pelé et coupé en gros dés
8	feuilles de menthe fraîche
	jus de 1 citron
	sel et poivre

Mélanger zeste de citron, vin, estragon et jus de citron dans un grand bol.

Retirer l'os central des steaks de saumon. Couper le saumon en deux avec la peau. Recouper chaque morceau en trois. Placer le saumon dans le bol; laisser mariner 15 minutes.

Égoutter et réserver la marinade.

Sur des brochettes, enfiler, en alternant, saumon, concombre et feuille de menthe. Placer les brochettes dans un plat allant au four. Saler, poivrer.

Placer au four à Gril (broil), à 15 cm (6 po) de l'élément supérieur et faire cuire 4 minutes. Badigeonner 1 fois de marinade.

Retourner les brochettes et continuer la cuisson 3 minutes ou au goût. Badigeonner de nouveau.

Perche en brochettes

(pour 4 personnes)

1 PORTION	392 CALORIES	8g GLUCIDES
45g PROTÉINES	20g LIPIDES	1,1g FIBRES

2	gousses d'ail, écrasées et hachées
15 ml	(1 c. à soupe) sauce aux huîtres
900 g	(2 livres) filets de perche, tranchés en 2 et coupés en morceaux de 2,5 cm (1 po)
8	tomates naines
4	petits oignons blancs blanchis et coupés en 4
45 ml	(3 c. à soupe) huile d'olive
30 ml	(2 c. à soupe) sherry
	jus de 1 citron
	sel et poivre

Préchauffer le four à 200°C (400°F).

Mélanger ail, sauce aux huîtres et jus de citron dans un bol. Ajouter le poisson et laisser mariner 15 minutes.

Rouler les morceaux de poisson et les enfiler sur des brochettes, en alternant avec tomate et oignon. Placer les brochettes dans un plat allant au four.

Mélanger huile et sherry. Badigeonner les brochettes du mélange. Assaisonner au goût.

Régler le four à Gril (broil). Placer les brochettes à 15 cm (6 po) de l'élément supérieur et faire cuire 3 minutes de chaque côté.

1 Mélanger ail, sauce aux huîtres et jus de citron dans un bol.

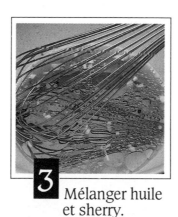

2 Ajouter le poisson; laisser mariner 15 minutes.

3 Mélanger huile et sherry.

4 Avant la cuisson, badigeonner les brochettes du mélange de sherry.

Esturgeon, choux de Bruxelles et carottes

(pour 4 personnes)

1 PORTION	254 CALORIES	18g GLUCIDES
23g PROTÉINES	10g LIPIDES	4,8g FIBRES

2	steaks d'esturgeon, de 2 cm (¾ po) d'épaisseur, coupés en cubes
24	choux de Bruxelles cuits
24	carottes naines cuites
125 ml	(½ tasse) saké
30 ml	(2 c. à soupe) huile
1	gousse d'ail, écrasée et hachée
8	champignons chinois
	sel et poivre

Mettre poisson, choux de Bruxelles, carottes, saké, huile et ail dans un bol. Saler, poivrer; laisser mariner 15 minutes.

Égoutter et réserver la marinade. Sur des brochettes, enfiler, en alternant, poisson et légumes. Note: Il est préférable de plier les champignons en deux.

Placer les brochettes dans un plat allant au four. Faire cuire à Gril (broil), à 15 cm (6 po) de l'élément supérieur, de 4 à 5 minutes de chaque côté. Badigeonner de temps en temps de marinade.

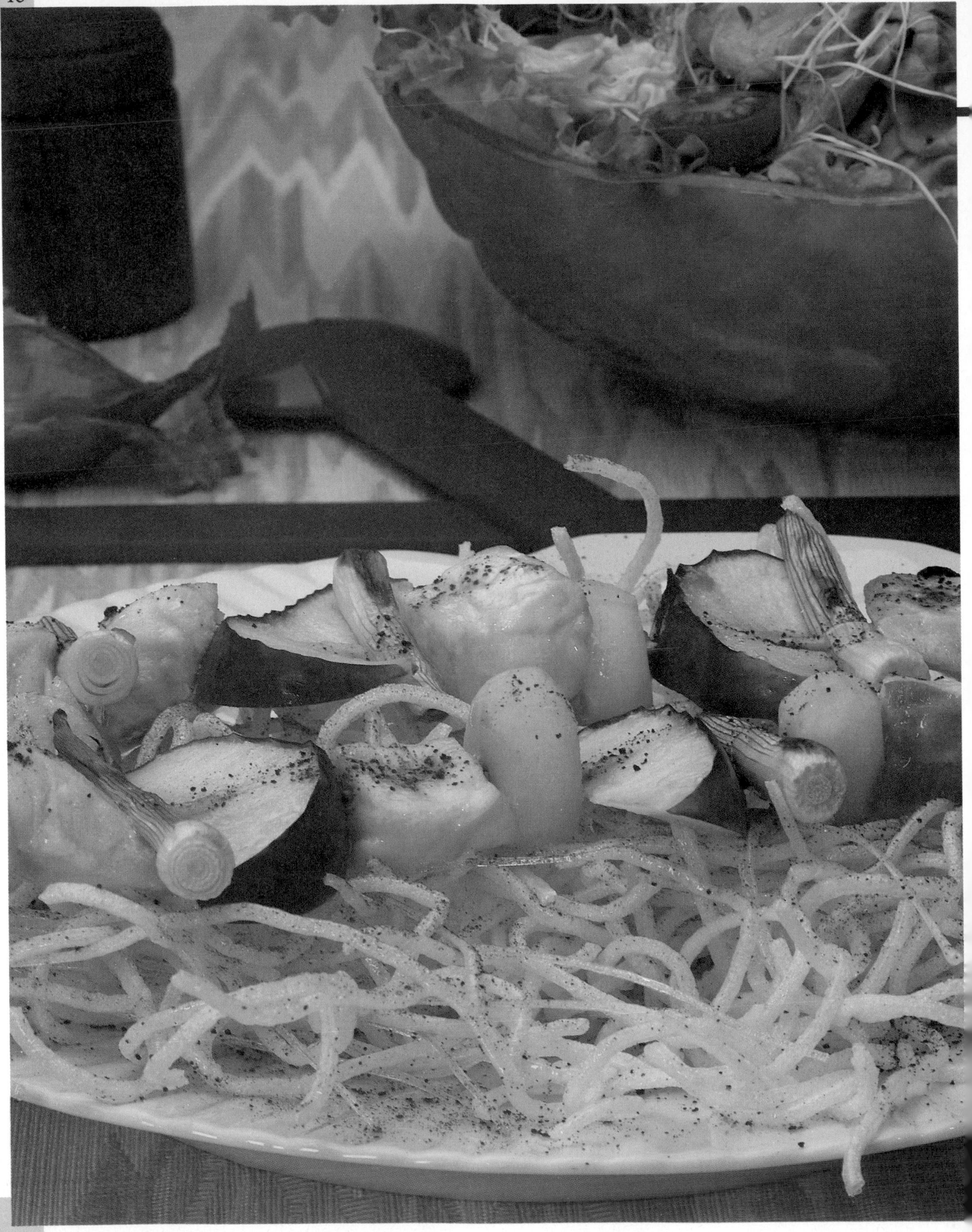

Brochettes pour amateur de poisson

(pour 4 personnes)

1 PORTION	385 CALORIES	10g GLUCIDES
48g PROTÉINES	17g LIPIDES	1,0g FIBRES

900 g	(2 livres) steaks de flétan, 2 cm (¾ po) d'épaisseur
1	oignon, finement haché
60 ml	(4 c. à soupe) huile
30 ml	(2 c. à soupe) jus de limette
1 ml	(¼ c. à thé) sauce Tabasco
50 ml	(¼ tasse) vin blanc sec
6	oignons verts, en bâtonnets de 2,5 cm (1 po)
199 ml	(7 oz) châtaignes d'eau, en conserve
12	tranches de limette
12	sections de pommes non pelées

Faire mariner flétan, oignon, huile, jus de limette, Tabasco et vin pendant 15 minutes.

Égoutter et réserver la marinade.

Sur des brochettes, enfiler, en alternant, poisson, oignon vert, châtaigne d'eau, limette et pomme. Placer les brochettes dans un plat allant au four.

Placer au four à Gril (broil), à 15 cm (6 po) de l'élément supérieur et faire griller 4 à 5 minutes de chaque côté. Badigeonner de temps en temps pendant la cuisson.

Brochettes de palourdes

(pour 4 personnes)

1 PORTION	406 CALORIES	33g GLUCIDES
28g PROTÉINES	18g LIPIDES	0,2g FIBRES

24	grosses palourdes, nettoyées
5 ml	(1 c. à thé) jus de citron
15 ml	(1 c. à soupe) sauce teriyaki
250 ml	(1 tasse) farine assaisonnée
2	œufs battus
375 ml	(1 ½ tasse) céréales Corn Flakes
	beurre à l'ail fondu
	poivre

Préchauffer le four à 240°C (450°F).

Étendre toutes les palourdes dans le fond d'un plat à rôtir. Faire cuire au four de 4 à 5 minutes ou jusqu'à ce qu'elles s'ouvrent.

Retirer les palourdes de leur coquille. Jeter les coquilles. Mettre les palourdes dans un bol. Ajouter jus de citron et sauce teriyaki; bien mélanger et poivrer.

Enfariner les palourdes, les tremper dans les œufs et les enrober de céréales. Enfiler deux fois chaque palourde sur des brochettes et les placer dans un plat allant au four.

Régler le four à Gril (broil). Badigeonner les brochettes de beurre à l'ail. Faire griller, à 15 cm (6 po) de l'élément supérieur, 3 minutes de chaque côté. Badigeonner durant la cuisson et laisser la porte du four entrouverte.

Brochettes d'huîtres

(pour 4 personnes)

1 PORTION	681 CALORIES	50g GLUCIDES
55g PROTÉINES	29g LIPIDES	0g FIBRES

36	grosses huîtres fraîches
8	tranches de bacon cuit, coupées en deux
250 ml	(1 tasse) farine
1 ml	(¼ c. à thé) paprika
5 ml	(1 c. à thé) persil frais haché
60 ml	(4 c. à soupe) beurre fondu
1 ml	(¼ c. à thé) sauce teriyaki
	sel
	jus de 1 citron

Préchauffer le four à 200°C (400°F).

Sur des brochettes, enfiler, en alternant, huîtres et bacon roulé.

Mélanger farine, paprika et persil. Rouler les brochettes dans le mélange et les placer dans un plat allant au four.

Mélanger beurre, sauce teriyaki, sel et jus de citron. Verser sur les brochettes. Régler le four à Gril (broil) et faire cuire les brochettes, à 15 cm (6 po) de l'élément supérieur, 3 minutes de chaque côté.

Servir avec du pain à l'ail.

Crevettes géantes au brandy

(pour 4 personnes)

1 PORTION	164 CALORIES	6g GLUCIDES
17g PROTÉINES	8g LIPIDES	0,8g FIBRES

20	crevettes géantes, décortiquées et sans veine
2	gousses d'ail, écrasées et hachées
125 ml	(½ tasse) brandy
30 ml	(2 c. à soupe) huile d'olive
4	feuilles de bok choy, en morceaux de 2 cm (¾ po)
	jus de 1 citron
	sel et poivre

Mettre tous les ingrédients dans un bol et laisser mariner 30 minutes.

Sur des brochettes, enfiler, en alternant, crevette et bok choy. Placer les brochettes dans un plat allant au four.

Placer au four, à 15 cm (6 po) de l'élément supérieur. Faire cuire à Gril (broil) de 6 à 7 minutes de chaque côté. Assaisonner et badigeonner de marinade pendant la cuisson.

Servir avec une sauce tartare.

Moules panées

(pour 4 personnes)

1 PORTION	610 CALORIES	60g GLUCIDES
43g PROTÉINES	22g LIPIDES	0,2g FIBRES

3 kg	(6 ½ livres) moules, brossées et nettoyées
125 ml	(½ tasse) vin blanc sec
60 ml	(4 c. à soupe) beurre
15 ml	(1 c. à soupe) jus de citron
250 ml	(1 tasse) farine assaisonnée
2	œufs battus
500 ml	(2 tasses) chapelure
	quelques gouttes de sauce Tabasco
	quelques gouttes de jus de citron
	sel et poivre

Mettre moules, vin, 30 ml (2 c. à soupe) de beurre et jus de citron dans une casserole. Poivrer; couvrir et amener à ébullition. Continuer la cuisson à feu moyen jusqu'à ce que les moules s'ouvrent.

Verser le liquide de cuisson dans un petit bol. Retirer les moules de leur coquille et verser le jus qui s'y trouve dans le bol. Mettre de côté.

Enfariner les moules, les tremper dans les œufs battus et les enrober de chapelure.

Enfiler les moules sur de fines brochettes en bois et les placer dans un plat allant au four. Faire griller au four à Gril (broil), 2 minutes de chaque côté.

Entre-temps, verser le liquide de cuisson dans une petite casserole pour préparer la sauce. Faire réduire des ⅔ à feu moyen-vif.

Incorporer le reste du beurre, sauce Tabasco et jus de citron; faire chauffer 1 minute.

Servir avec les brochettes.

Brochettes à la chinoise

(pour 4 personnes)

1 PORTION	237 CALORIES	21g GLUCIDES
27g PROTÉINES	5g LIPIDES	--g FIBRES

16	cubes d'ananas frais
900 g	(2 livres) crevettes, décortiquées et sans veine
24	cosses de pois blanchies
125 ml	(½ tasse) vin de riz
30 ml	(2 c. à soupe) sauce sésame
15 ml	(1 c. à soupe) huile
5 ml	(1 c. à thé) jus de limette
	sel et poivre

Préchauffer le four à 200°C (400°F).

Mettre ananas, crevettes, cosses de pois, vin et sauce sésame dans un bol; laisser mariner 15 minutes.

Sur des brochettes, enfiler, en alternant, tous les ingrédients marinés. Placer les brochettes dans un plat allant au four.

Mélanger huile et jus de limette; mettre de côté.

Placer les brochettes au four, à 15 cm (6 po) de l'élément supérieur et faire cuire 6 à 8 minutes. Badigeonner du mélange d'huile et retourner les brochettes 1 fois pendant la cuisson. Saler, poivrer.

Servir avec un riz vapeur et des baguettes chinoises.

Veuillez m'expédier les brochures suivantes, pour un «Bon départ» dans la régularisation du cholestérol:

☐ Programme «Bon départ» de régularisation du cholestérol

☐ Livre de recettes «La cuisine avec Questran»

Je prescris un traitement pour l'hypercholestérolémie à ___ patients, en moyenne, au cours d'un mois.

Nom: _____ M.D.

Genre de pratique: _____

Adresse: _____

Ville: _____ Code postal: _____

Signature: _____

(Les règlements gouvernementaux stipulent que cette requête doit être signée par un praticien agréé.)

Questran*
NON SYSTÉMIQUE
Comme entrée, après la diète†

Postez à: Programme «Bon départ» de régularisation du cholestérol
Bristol-Myers Squibb Canada Inc.
2365, ch. Côte-de-Liesse
Montréal (Québec)
H4N 2M7

Amuse-gueule aux escargots

(pour 4 personnes)

1 PORTION	462 CALORIES	20g GLUCIDES
19g PROTÉINES	34g LIPIDES	0,2g FIBRES

24	escargots en conserve, égouttés
8	tranches de bacon précuit, en morceaux de 5 cm (2 po)
16	petits oignons cuits
125 ml	(½ tasse) beurre à l'ail fondu
375 ml	(1½ tasse) chapelure assaisonnée

Sur des petites brochettes, enfiler, en alternant, escargot, bacon roulé, et oignon. Placer les brochettes dans un plat allant au four et les badigeonner généreusement de beurre à l'ail.

Rouler les brochettes dans la chapelure. Faire cuire au four à Gril (broil), à 10 cm (4 po) de l'élément supérieur, 2 à 3 minutes de chaque côté.

Servir avec du beurre à l'ail et des quartiers de citron.

Pétoncles et persil frit

(pour 4 personnes)

1 PORTION	434 CALORIES	10g GLUCIDES
31g PROTÉINES	30g LIPIDES	0,8g FIBRES

125 ml	(½ tasse) huile d'olive
45 ml	(3 c. à soupe) vinaigre de vin
2 ml	(½ c. à thé) romarin moulu
30 ml	(2 c. à soupe) jus de citron
750 g	(1½ livre) gros pétoncles
12	feuilles de laurier
1	gros citron, épépiné et tranché
1	botte de persil frais lavé poivre du moulin

Réserver 45 ml (3 c. à soupe) d'huile. Dans un bol, mettre le reste de l'huile. Ajouter vinaigre, romarin, jus de citron et pétoncles. Poivrer et laisser mariner 1 heure.

Égoutter les pétoncles et mettre la marinade de côté.

Sur des brochettes, enfiler, en alternant, pétoncle, feuille de laurier et tranche de citron. Placer le tout dans un plat allant au four.

Mettre au four à Gril (broil), à 15 cm (6 po) de l'élément supérieur et faire cuire 3 minutes de chaque côté. Badigeonner de temps en temps de marinade.

Entre-temps, faire chauffer l'huile réservée dans une poêle à frire. Ajouter la botte de persil et faire sauter 2 minutes.

Servir avec les brochettes.

Têtes de champignons farcies

(pour 4 personnes)

1 PORTION	552 CALORIES	43g GLUCIDES
32g PROTÉINES	28g LIPIDES	1,3g FIBRES

500 g	(1 livre) fromage ricotta
125 g	(¼ livre) fromage mozzarella râpé
15 ml	(1 c. à soupe) persil frais haché
1 ml	(¼ c. à thé) basilic
32	têtes de champignons frais, blanchies
2	œufs battus
500 ml	(2 tasses) chapelure assaisonnée
	une pincée de paprika
	sel et poivre
	sauce Tabasco au goût

Bien mélanger fromage, persil, basilic et paprika. Saler, poivrer et assaisonner de Tabasco.

Farcir les têtes de champignons. Presser deux champignons ensemble (pour garder la farce en place). Enfiler 4 double champignons sur chaque brochette.

Rouler les brochettes dans les œufs battus et les enrober de chapelure. Placer le tout dans un plat allant au four. Mettre au four, à 15 cm (6 po) de l'élément supérieur, et faire griller 3 minutes de chaque côté.

Servir comme amuse-gueule ou garniture de légumes.

Garniture de champignons

(pour 4 personnes)

1 PORTION	208 CALORIES	10g GLUCIDES
24g PROTÉINES	8g LIPIDES	1,0g FIBRES

15 ml	(1 c. à soupe) beurre
1	oignon, finement haché
250 g	(½ livre) bœuf maigre haché
15 ml	(1 c. à soupe) persil frais haché
50 ml	(¼ tasse) fromage gruyère râpé
16	grosses têtes de champignons frais, blanchies 3 minutes
45 ml	(3 c. à soupe) chapelure assaisonnée
	sel et poivre

Faire chauffer le beurre dans une sauteuse. Ajouter l'oignon; faire cuire 2 à 3 minutes à feu moyen-doux.

Ajouter bœuf et persil. Assaisonner au goût. Continuer la cuisson 3 à 4 minutes.

Incorporer le fromage et faire cuire 1 minute. Retirer du feu. Farcir les champignons.

Enfiler les champignons (la farce vers le haut) sur des brochettes. Placer les brochettes dans un plat allant au four. Saupoudrer la farce de chapelure.

Déposer le plat au four, à 15 cm (6 po) de l'élément supérieur. Faire griller de 3 à 4 minutes. Ne pas retourner les brochettes!

Servir comme garniture de légumes.

Assortiment de piments en brochettes

(pour 4 personnes)

1 PORTION	155 CALORIES	12g GLUCIDES
2g PROTÉINES	11g LIPIDES	2,1g FIBRES

60 ml	(4 c. à soupe) huile d'olive
1 ml	(¼ c. à thé) sauce Tabasco
2 ml	(½ c. à thé) jus de citron
2	gousses d'ail, écrasées et finement hachées
2	piments verts, coupés en deux et épépinés
2	piments jaunes, coupés en deux et épépinés
2	piments rouges, coupés en deux et épépinés
	poivre du moulin

Préchauffer le four à 240°C (450°F).

Mélanger huile, Tabasco, jus de citron, ail et poivre. Placer les piments dans un plat allant au four et les arroser du mélange.

Faire cuire 10 minutes au milieu du four.

Retirer du four et laisser refroidir légèrement.

Couper chaque demi-piment en trois. Sur des brochettes, enfiler les morceaux de piments en alternant les couleurs. Placer au four, à 15 cm (6 po) de l'élément supérieur, et faire cuire 3 minutes de chaque côté.

Servir.

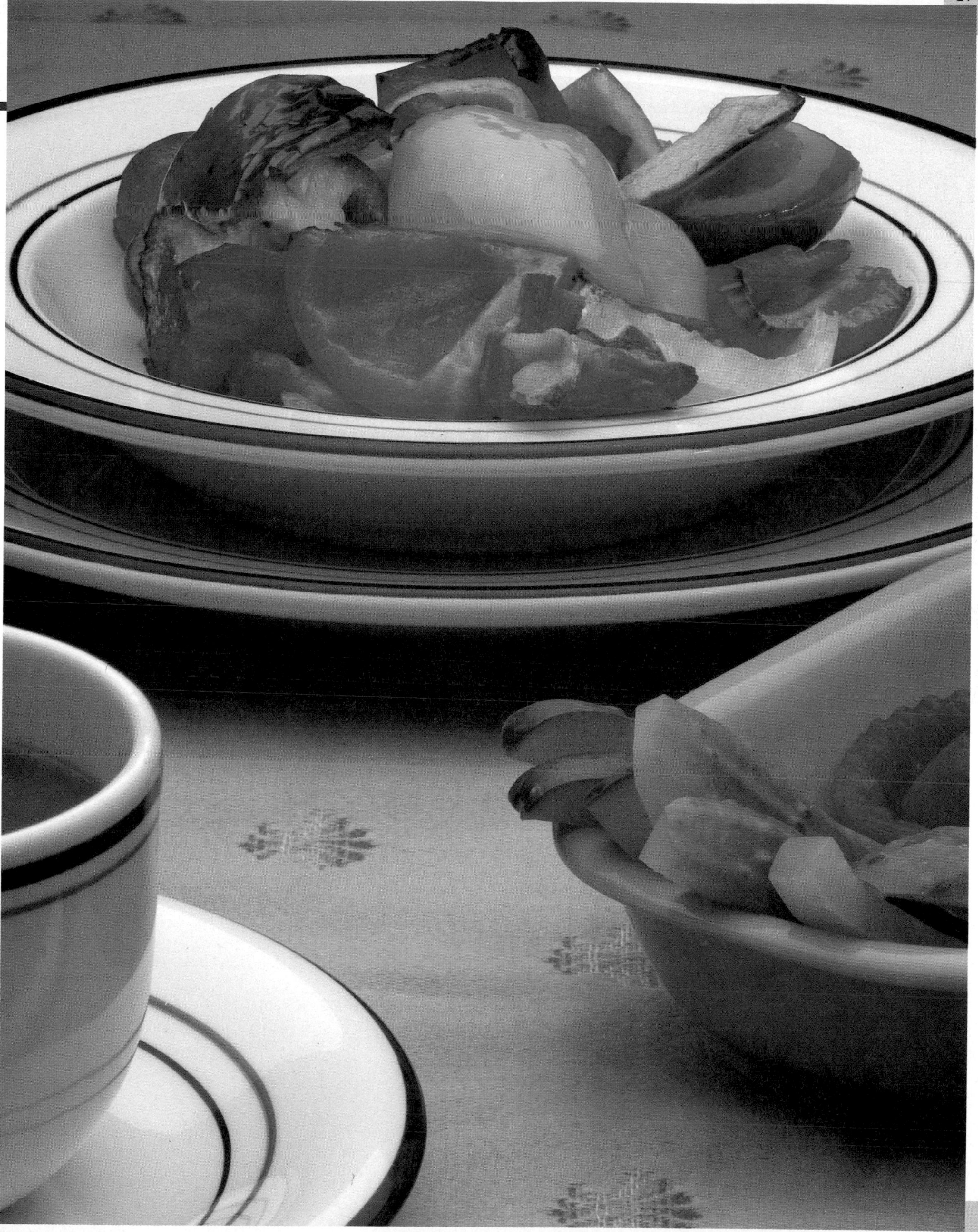

Brochettes d'aubergine et de bacon

(pour 4 personnes)

1 PORTION	88 CALORIES	9g GLUCIDES
4g PROTÉINES	4g LIPIDES	0,8g FIBRES

2	tranches d'aubergine, 2 cm (¾ po) d'épaisseur
1	tranche de bacon de dos, 2 cm (¾ po) d'épaisseur
8	morceaux d'oignon rouge
8	tomates naines
1 ml	(¼ c. à thé) sauce Worcestershire
15 ml	(1 c. à soupe) huile
45 ml	(3 c. à soupe) sauce aux prunes
	sel et poivre

Couper aubergine et bacon en cubes de 1,2 cm (½ po). Sur des brochettes fines en bois, enfiler, en alternant, aubergine, bacon, oignon et tomate.

Placer les brochettes dans un plat allant au four. Assaisonner généreusement. Arroser de sauce Worcestershire, huile et sauce aux prunes.

Placer au four, à 15 cm (6 po) de l'élément supérieur. Faire griller 5 minutes de chaque côté.

Couper aubergine et bacon en cubes de 1,2 cm (½ po).

Sur des brochettes fines en bois, enfiler, en alternant, aubergine, bacon, oignon et tomate. Placer les brochettes dans un plat allant au four. Assaisonner généreusement. Arroser de sauce Worcestershire, huile et sauce aux prunes.

Pommes de terre nouvelles

(pour 4 personnes)

1 PORTION	548 CALORIES	34g GLUCIDES
22g PROTÉINES	36g LIPIDES	7,1g FIBRES

24	petites pommes de terre nouvelles, cuites avec la pelure
24	tranches de bacon moyennement cuit
250 ml	(1 tasse) fromage cheddar finement râpé
	une pincée de paprika
	poivre du moulin

Enrouler une tranche de bacon autour de chaque pomme de terre et les enfiler sur des brochettes. Placer le tout dans un plat allant au four.

Mettre au four à 15 cm (6 po) de l'élément supérieur et faire griller 3 minutes. Retourner les brochettes. Parsemer de fromage et saupoudrer de paprika et poivre. Faire griller 3 minutes.

Servir avec viande ou poisson.

Brochettes de légumes variés

(pour 4 personnes)

1 PORTION	74 CALORIES	12g GLUCIDES
2g PROTÉINES	2g LIPIDES	2,1g FIBRES

2	piments rouges, en cubes
1	courgette, coupée en deux et tranchée épais
1	oignon rouge, en sections
30 ml	(2 c. à soupe) sauce soya
5 ml	(1 c. à thé) sauce Worcestershire
5 ml	(1 c. à thé) huile
2	gousses d'ail, écrasées et hachées
2 ml	(½ c. à thé) estragon
125 ml	(½ tasse) sauce barbecue

Préchauffer le four à 240°C (450°F).

Mettre les légumes dans un bol. Ajouter sauce soya, Worcestershire, huile, ail et estragon. Laisser mariner 30 minutes à la température de la pièce.

Égoutter les légumes et réserver la marinade.

Sur des brochettes, enfiler, en alternant, les légumes. Placer les brochettes dans un plat allant au four et les badigeonner de sauce barbecue.

Placer les brochettes au four, à 10 cm (4 po) de l'élément supérieur. Faire griller 8 minutes tout en badigeonnant et retournant les brochettes fréquemment.

Servir avec une sauce barbecue.

1 Mettre piments rouges, courgette et oignon dans un bol.

2 Ajouter sauce soya, Worcestershire, huile, ail et estragon. Laisser mariner 30 minutes à la température de la pièce.

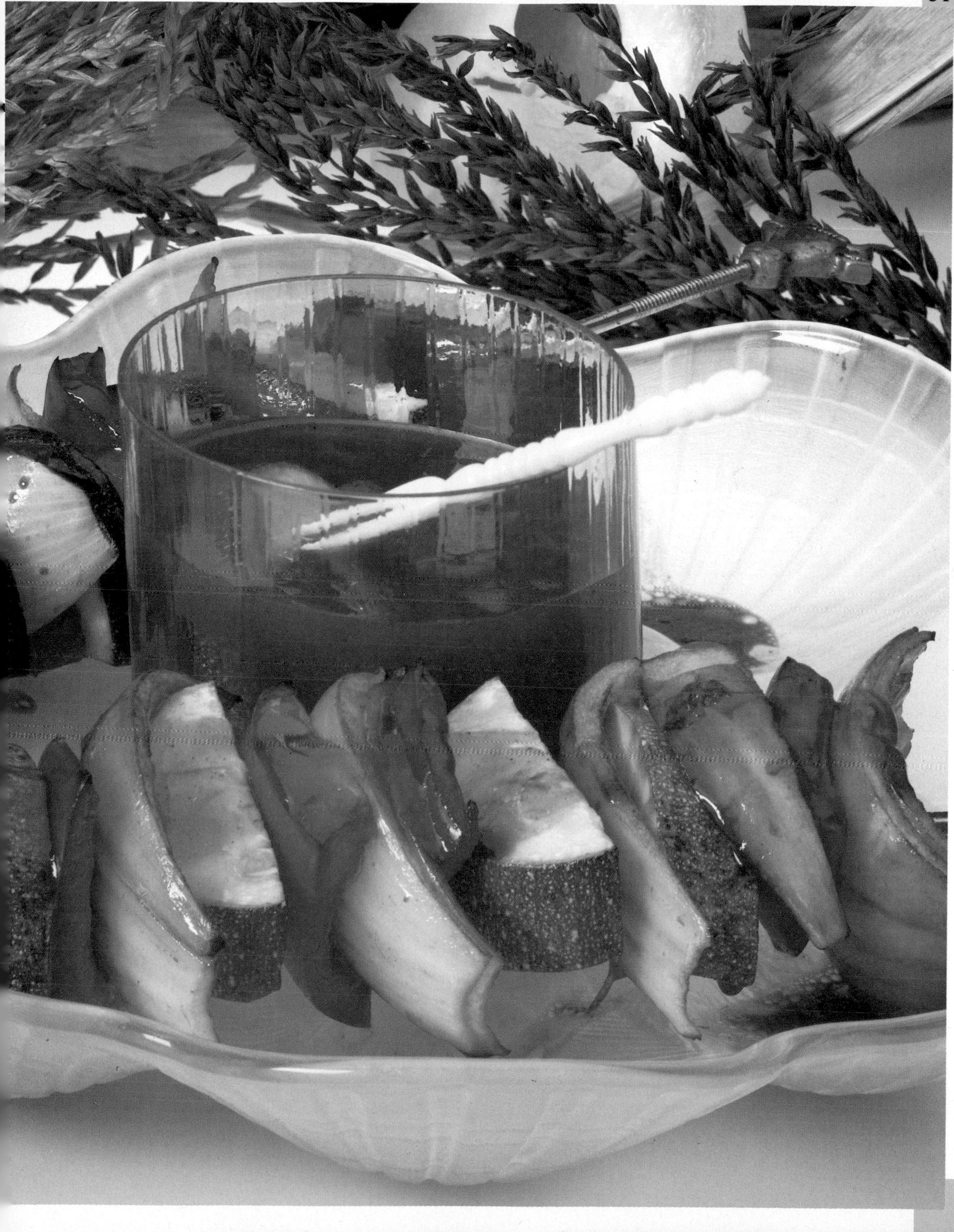

Brochettes de fruits aux tomates

(pour 4 personnes)

1 PORTION	140 CALORIES	34g GLUCIDES
1g PROTÉINES	0g LIPIDES	2,7g FIBRES

2	petites bananes, tranchées épais
¼	ananas, coupé en cubes
1	pomme, pelée et tranchée en sections
1	grosse tomate, évidée et coupée en sections
15 ml	(1 c. à soupe) cassonade
5 ml	(1 c. à thé) cannelle
30 ml	(2 c. à soupe) sirop d'érable

Mettre fruits, tomate, cassonade, cannelle et sirop d'érable dans un bol; mélanger délicatement. Laisser reposer 15 minutes.

Sur des brochettes fines en bois, enfiler, en alternant, ananas, tomate, banane et pomme. Répéter afin d'utiliser tous les ingrédients.

Placer les brochettes dans un plat allant au four. Arroser le tout du jus des fruits. Placer au four, à 15 cm (6 po) de l'élément supérieur. Faire griller 3 minutes de chaque côté.

Servir comme dessert ou pour accompagner un plat de viande.

Brochettes d'ananas et de châtaignes d'eau

(pour 4 personnes)

1 PORTION	143 CALORIES	15g GLUCIDES
5g PROTÉINES	7g LIPIDES	0,4g FIBRES

16	cubes d'ananas frais
8	tranches de bacon moyennement cuit, coupées en deux
12	châtaignes d'eau en conserve
30 ml	(2 c. à soupe) sirop d'érable
5 ml	(1 c. à thé) jus de citron

Enrouler un morceau de bacon autour de chaque ananas. Sur des brochettes, enfiler, en alternant, ananas et châtaignes d'eau. Placer le tout dans un plat allant au four.

Mélanger sirop d'érable et jus de citron. Badigeonner les brochettes du mélange. Placer le tout au four, à 15 cm (6 po) de l'élément supérieur, et faire griller 3 minutes de chaque côté.

Servir au casse-croûte ou comme amuse-gueule.

Dessert aux abricots

(pour 4 personnes)

1 PORTION	259 CALORIES	47g GLUCIDES
2g PROTÉINES	7g LIPIDES	2,9g FIBRES

24	abricots dénoyautés
125 ml	(½ tasse) Tia Maria
30 ml	(2 c. à soupe) beurre
30 ml	(2 c. à soupe) sucre
	jus de 1 orange
	jus de ½ citron
	crème fouettée pour la garniture

Laisser mariner les abricots dans le Tia Maria pendant 30 minutes.

Égoutter et réserver le liquide. Enfiler les abricots sur des brochettes.

Faire chauffer le beurre dans une poêle à frire. Incorporer le sucre et remuer constamment pour dorer.

Ajouter la marinade et flamber. Ajouter jus d'orange et de citron; faire chauffer 2 minutes.

Verser la sauce dans un plat à gratin assez profond et disposer les brochettes dessus. Faire griller au four 6 minutes à Gril (broil).

Couronner de crème fouettée avant de servir.

Brochettes
à l'orange

(pour 4 personnes)

1 PORTION	400 CALORIES	70g GLUCIDES
3g PROTÉINES	12g LIPIDES	2,4g FIBRES

2	mandarines, pelées et en sections
1	orange sans pépins, pelée et en sections
½	melon miel, coupé en gros dés
30 ml	(2 c. à soupe) sucre granulé
30 ml	(2 c. à soupe) liqueur d'orange
60 g	(2 oz) chocolat amer
50 ml	(¼ tasse) crème à 35%
250 ml	(1 tasse) sucre à glacer
	quelques gouttes de vanille

Mettre fruits, sucre granulé et liqueur dans un bol. Mélanger et mettre de côté.

Mettre chocolat, crème, sucre à glacer et vanille dans un bain-marie. Faire chauffer jusqu'à ce que le mélange soit complètement fondu, tout en remuant constamment.

Sur des brochettes, enfiler les fruits et les placer dans des assiettes individuelles. Arroser de sauce au chocolat. Servir.

Brochettes
«passion»

(pour 4 personnes)

1 PORTION	141 CALORIES	29g GLUCIDES
4g PROTÉINES	1g LIPIDES	--g FIBRES

4	fruits de la passion, coupés en deux*
30 ml	(2 c. à soupe) liqueur d'orange
2	blancs d'œufs
30 ml	(2 c. à soupe) sucre

Enfiler délicatement les fruits sur de courtes brochettes. Arroser de liqueur et placer le tout dans un plat allant au four.

Battre les blancs fermement. Incorporer lentement le sucre et continuer de battre pendant 1 ½ minute.

À l'aide d'une cuiller, mettre une petite quantité de blancs d'œufs battus sur chaque demi-fruit. Faire griller au four à Gril (broil), à 15 cm (6 po) de l'élément supérieur, pendant 2 minutes.

Servir immédiatement. Il est préférable de consommer ce dessert avec une fourchette.

* Choisir les fruits avec prudence: peau violette foncée, texture ferme, bosselée.

Fraises et kiwis
en brochettes

(pour 4 personnes)

1 PORTION	104 CALORIES	23g GLUCIDES
3g PROTÉINES	0g LIPIDES	1,2g FIBRES

24	fraises mûres, parées
4	kiwis mûrs, pelés et coupés en quartiers
45 ml	(3 c. à soupe) sucre
50 ml	(¼ tasse) Crème Caribbean Lamb
15 ml	(1 c. à soupe) zeste de citron râpé
2	blancs d'œufs

Préchauffer le four à 200°C (400°F).

Mettre fraises et kiwis dans un bol. Ajouter 15 ml (1 c. à soupe) de sucre, Crème Caribbean Lamb et zeste de citron. Mélanger et laisser mariner 1 heure.

Sur des brochettes en bois, enfiler, en alternant, les fruits. Placer les brochettes dans un plat allant au four.

Battre les blancs d'œufs jusqu'à ce qu'ils forment des pics et lentement, incorporer le reste du sucre; continuer de battre pendant 1 ½ minute.

Délicatement, placer une petite quantité de blancs battus sur le dessus des brochettes.

Régler le four à Gril (broil) et faire dorer les brochettes 2 à 3 minutes, à 15 cm (6 po) de l'élément supérieur.

Servir immédiatement.

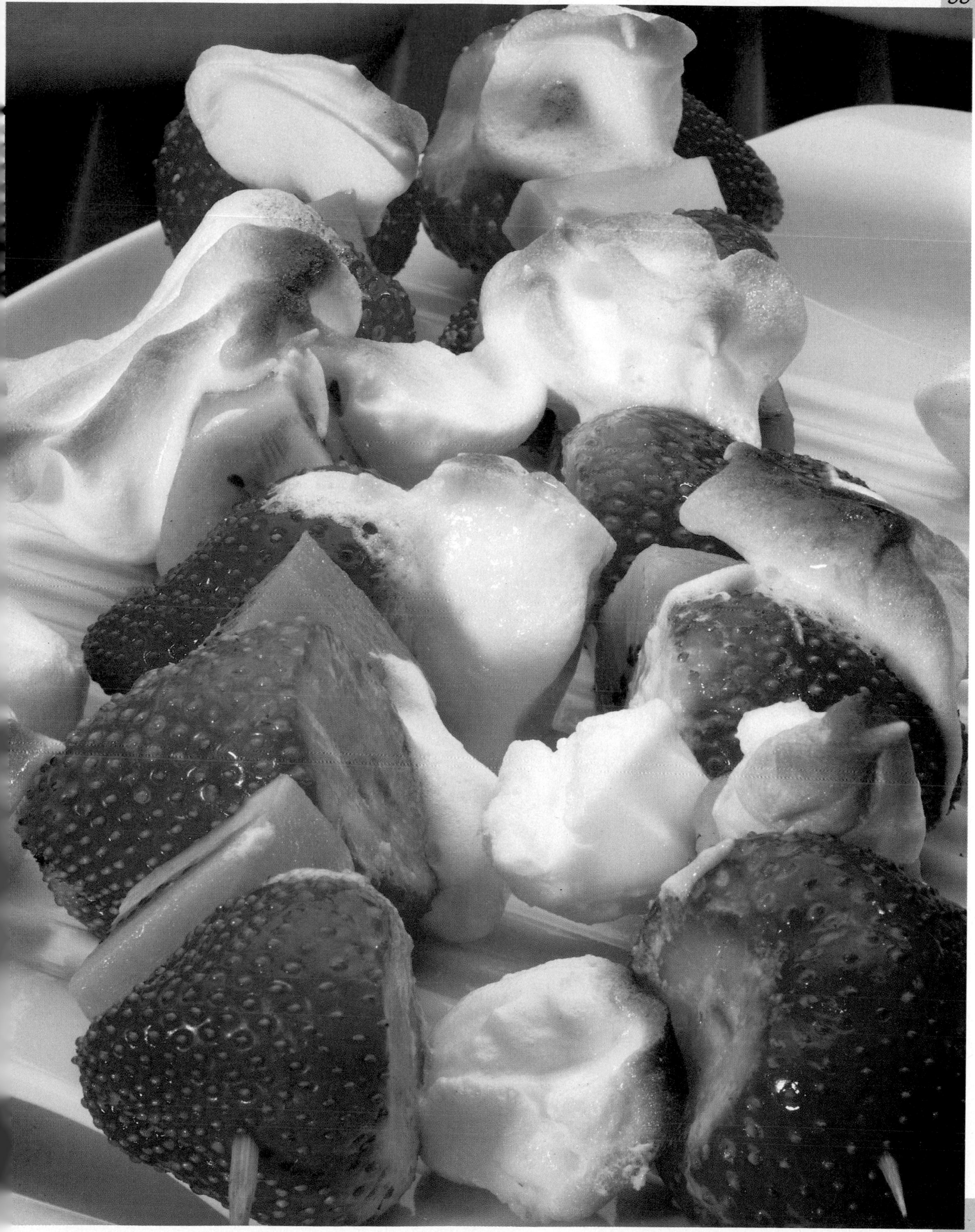

Gourmandise aux fruits

(pour 4 personnes)

1 PORTION	429 CALORIES	54g GLUCIDES
6g PROTÉINES	21g LIPIDES	1,6g FIBRES

1	banane tranchée
12	fraises, coupées en deux
12	dés d'ananas frais
8	boules de crème glacée à la vanille
30 ml	(2 c. à soupe) beurre
30 ml	(2 c. à soupe) sucre
125 ml	(½ tasse) jus d'orange
	zeste de ½ citron, râpé
	zeste de ½ orange, râpé

Sur des brochettes, enfiler, en alternant, les fruits. Répartir les boules de crème glacée entre 4 coupes à Sundae et couronner le tout de brochettes. Réfrigérer.

Faire chauffer le beurre dans une poêle à frire. Incorporer le sucre et faire cuire, en remuant constamment, jusqu'à l'obtention d'un brun doré.

Ajouter jus d'orange et zeste; faire réduire de moitié.

Refroidir légèrement et verser sur les brochettes. Servir.

Sauce aux prunes

(pour 4 personnes)

1 PORTION	175 CALORIES	36g GLUCIDES
1g PROTÉINES	3g LIPIDES	2,9g FIBRES

8	prunes dénoyautées et coupées en deux
50 ml	(¼ tasse) kirsch
15 ml	(1 c. à soupe) beurre
30 ml	(2 c. à soupe) sucre
175 ml	(¾ tasse) jus de cerises
125 ml	(½ tasse) cerises en conserve
5 ml	(1 c. à thé) fécule de maïs
30 ml	(2 c. à soupe) eau froide
	jus de 1 orange

Laisser mariner les prunes dans la moitié du kirsch pendant 10 minutes. Égoutter et réserver la marinade. Enfiler les prunes sur de courtes brochettes en bois.

Faire chauffer beurre et sucre dans une poêle à frire. Remuer constamment et faire cuire 1 minute.

Ajouter jus de cerises, cerises et jus d'orange; bien remuer. Ajouter le reste du kirsch et la marinade; amener à ébullition.

Placer les brochettes dans la sauce; faire cuire 2 à 3 minutes à feu moyen. Transférer les brochettes dans des plats à dessert. Continuer la cuisson de la sauce 2 à 3 minutes.

Délayer fécule de maïs et eau froide. Incorporer à la sauce et faire chauffer 1 minute.

Verser sur les brochettes. Servir.

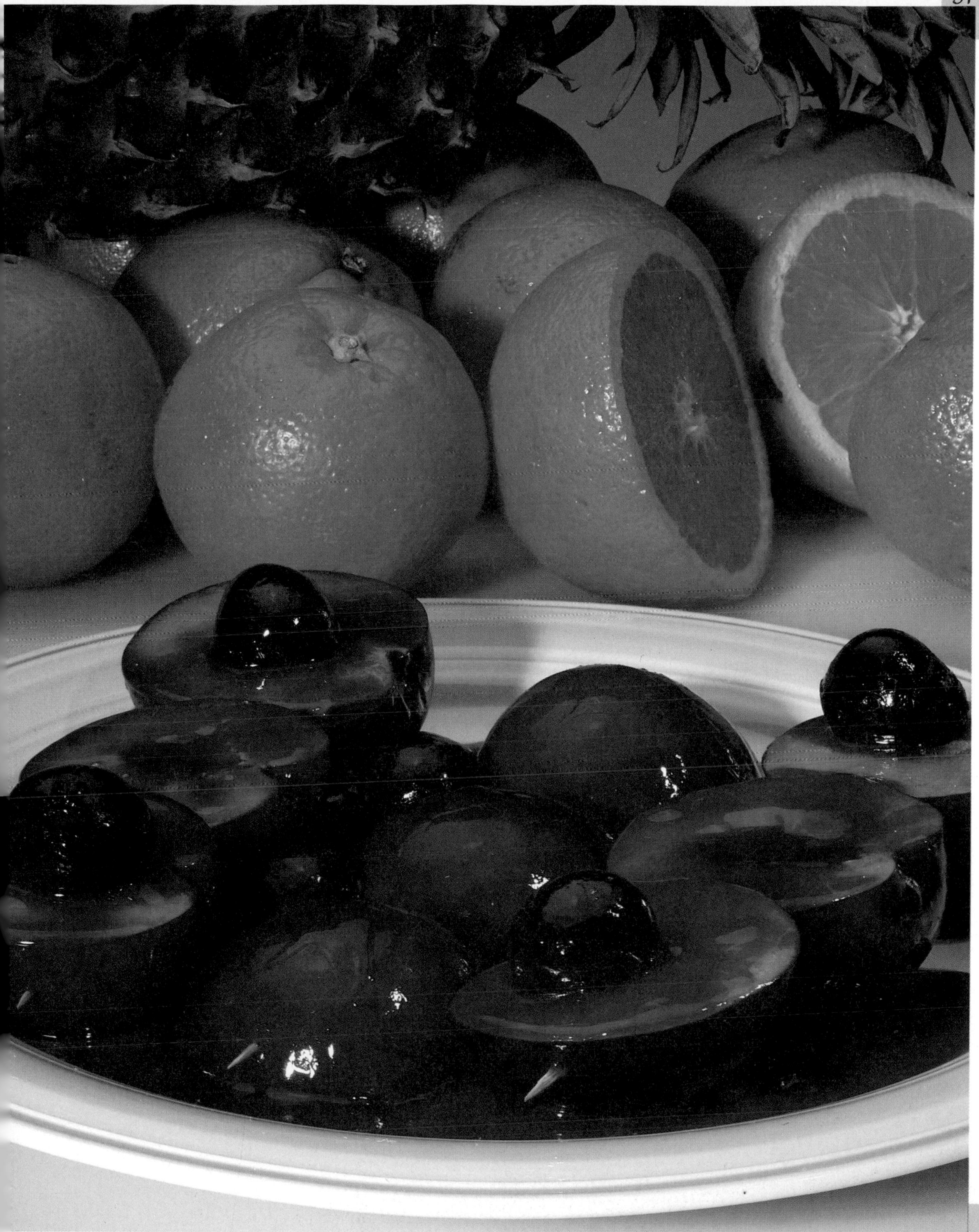

Sauce moutarde aux oignons

1 PORTION	17 CALORIES	2g GLUCIDES
0g PROTÉINES	1g LIPIDES	0,1g FIBRES

15 ml	(1 c. à soupe) huile d'olive
1	oignon, haché
50 ml	(¼ tasse) vinaigre de vin
30 ml	(2 c. à soupe) câpres
5 ml	(1 c. à thé) persil frais haché
1 ml	(¼ c. à thé) poivre du moulin
250 ml	(1 tasse) vin rouge sec
375 ml	(1½ tasse) sauce brune chaude
30 ml	(2 c. à soupe) moutarde de Dijon

Faire chauffer l'huile dans une sauteuse. Ajouter l'oignon; faire cuire 3 minutes à feu moyen.

Incorporer vinaigre, câpres, persil et poivre; faire cuire 3 minutes.

Ajouter le vin; faire chauffer 6 à 7 minutes à feu vif.

Incorporer la sauce brune. Rectifier l'assaisonnement; faire mijoter 6 à 7 minutes à feu doux.

Retirer la sauteuse du feu. Ajouter la moutarde et remuer. Servir avec bœuf ou veau.

1 Après avoir cuit l'oignon 3 minutes, incorporer vinaigre, câpres, persil et poivre; faire cuire 3 minutes.

3 Incorporer la sauce brune. Rectifier l'assaisonnement; faire mijoter 6 à 7 minutes à feu doux.

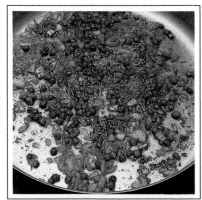

2 Ajouter le vin; faire chauffer 6 à 7 minutes à feu vif.

4 Retirer la sauteuse du feu. Ajouter la moutarde et remuer. Servir.

Sauce au persil

1 PORTION	13 CALORIES	1g GLUCIDES
0g PROTÉINES	1g LIPIDES	0g FIBRES

15 ml	(1 c. à soupe) beurre
30 ml	(2 c. à soupe) persil frais haché
5 ml	(1 c. à thé) origan
15 ml	(1 c. à soupe) estragon
2	échalotes sèches, hachées
30 ml	(2 c. à soupe) vinaigre de vin
125 ml	(½ tasse) vin blanc sec
375 ml	(1½ tasse) bouillon de poulet chaud
15 ml	(1 c. à soupe) fécule de maïs
45 ml	(3 c. à soupe) eau froide
	sel et poivre

Faire chauffer le beurre dans une sauteuse. Ajouter persil, origan, estragon et échalotes; faire cuire 2 minutes à feu moyen. Bien assaisonner.

Ajouter le vinaigre; faire chauffer 1 minute à feu vif.

Incorporer le vin; faire chauffer 3 à 4 minutes.

Incorporer le bouillon de poulet; amener à ébullition et faire chauffer 3 à 4 minutes. Rectifier l'assaisonnement.

Délayer fécule de maïs et eau froide. Incorporer le mélange à la sauce; faire cuire 2 à 3 minutes.

Servir cette sauce avec poulet ou veau.

Faire cuire persil, origan, estragon et échalotes dans le beurre chaud, pendant 2 minutes à feu moyen. Bien assaisonner.

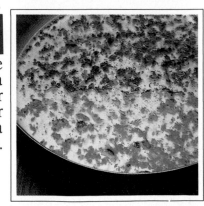

Ajouter le vinaigre; faire chauffer 1 minute à feu vif. Incorporer le vin et continuer la cuisson de 3 à 4 minutes.

Incorporer le bouillon de poulet; amener à ébullition et faire chauffer 3 à 4 minutes. Rectifier l'assaisonnement.

Incorporer le mélange de fécule à la sauce; laisser épaissir de 2 à 3 minutes.

Sauce au cari

1 PORTION	48 CALORIES	3g GLUCIDES
0g PROTÉINES	4g LIPIDES	0,1g FIBRES

30 ml	(2 c. à soupe) beurre
2	gros oignons, finement hachés
45 ml	(3 c. à soupe) cari
500 ml	(2 tasses) bouillon de poulet chaud
25 ml	(1½ c. à soupe) fécule de maïs
45 ml	(3 c. à soupe) eau froide
50 ml	(¼ tasse) crème à 35%
	une pincée de paprika
	sel et poivre

Faire chauffer le beurre dans une sauteuse. Ajouter oignons et paprika; faire cuire 4 à 5 minutes à feu moyen.

Incorporer le cari; faire cuire 3 à 4 minutes à feu très doux.

Ajouter le bouillon de poulet et bien assaisonner; remuer et faire cuire 4 à 5 minutes à feu moyen.

Délayer fécule de maïs et eau froide. Incorporer le mélange à la sauce. Ajouter la crème; remuer et faire cuire 4 à 5 minutes à feu doux.

Cette sauce accompagne bien une grande variété de brochettes.

Faire cuire oignons et paprika dans le beurre chaud, 4 à 5 minutes à feu moyen.

1

Ajouter le boullion de poulet et bien assaisonner; remuer et faire cuire 4 à 5 minutes à feu moyen.

3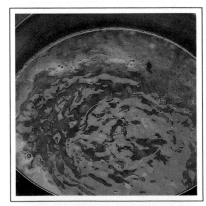

Incorporer le cari; faire cuire 3 à 4 minutes à feu très doux.

2

Incorporer le mélange de fécule à la sauce. Ajouter la crème; remuer et faire cuire 3 à 5 minutes à feu doux.

4

Sauce bourguignonne

1 PORTION	43 CALORIES	3g GLUCIDES
1g PROTÉINES	3g LIPIDES	0,2g FIBRES

15 ml	(1 c. à soupe) huile végétale
2	échalotes sèches, hachées
2	gousses d'ail, écrasées et hachées
15 ml	(1 c. à soupe) persil frais haché
15 ml	(1 c. à soupe) estragon
250 ml	(1 tasse) vin rouge sec
1	feuille de laurier
375 ml	(1½ tasse) sauce brune chaude
250 ml	(1 tasse) champignons, en dés, sautés
	sel et poivre

Faire chauffer l'huile dans une sauteuse. Ajouter échalotes, ail, persil et estragon; faire cuire 2 minutes à feu moyen.

Ajouter vin et laurier. Poivrer et faire cuire 6 à 7 minutes à feu vif.

Incorporer la sauce brune; faire chauffer 4 à 5 minutes à feu moyen.

Ajouter les champignons. Rectifier l'assaisonnement; faire cuire 2 à 3 minutes.

Retirer la feuille de laurier et servir avec des brochettes de bœuf.

Faire cuire échalotes, ail, persil et estragon dans l'huile chaude pendant 2 minutes à feu moyen.

Ajouter vin et laurier. Poivrer et faire chauffer 6 à 7 minutes à feu vif.

Incorporer la sauce brune; faire cuire 4 à 5 minutes à feu moyen.

Ajouter les champignons. Rectifier l'assaisonnement; faire cuire 2 à 3 minutes.

Sauce orange-miel

1 PORTION	70 CALORIES	13g GLUCIDES
0g PROTÉINES	2g LIPIDES	0,2g FIBRES

1	oignon, finement haché
15 ml	(1 c. à soupe) huile
250 ml	(1 tasse) jus d'orange
60 ml	(4 c. à soupe) miel
15 ml	(1 c. à soupe) gingembre frais finement haché
30 ml	(2 c. à soupe) vinaigre de vin
	quelques gouttes de sauce Tabasco

Bien incorporer tous les ingrédients dans une petite casserole. Amener à ébullition et continuer la cuisson 2 minutes.

Laisser refroidir légèrement. Utiliser pour badigeonner poulet ou porc avant de faire griller au four ou au barbecue.

Sauce au poivre vert

1 PORTION	82 CALORIES	5g GLUCIDES
2g PROTÉINES	6g LIPIDES	0,1g FIBRES

15 ml	(1 c. à soupe) beurre
1	oignon, finement haché
15 ml	(1 c. à soupe) persil frais haché
45 ml	(3 c. à soupe) grains de poivre vert
125 ml	(½ tasse) vin blanc sec
375 ml	(1½ tasse) sauce blanche chaude
5 ml	(1 c. à thé) cumin
	sel et poivre
	une pincée de paprika

Faire chauffer le beurre dans une casserole. Ajouter oignon et persil; faire cuire 2 minutes.

Ajouter poivre vert et vin; remuer et faire cuire 5 minutes à feu vif.

Incorporer sauce blanche, cumin et paprika. Saler, poivrer; faire cuire 6 à 7 minutes à feu doux.

Rectifier l'assaisonnement. Servir avec toutes sortes de brochettes.

Sauce tartare

1 PORTION	99 CALORIES	0g GLUCIDES
0g PROTÉINES	11g LIPIDES	0,2g FIBRES

250 ml	(1 tasse) mayonnaise
3	cornichons, finement hachés
24	olives vertes farcies, finement hachées
5 ml	(1 c. à thé) persil frais haché
15 ml	(1 c. à soupe) câpres
1 ml	(¼ c. à thé) paprika
5 ml	(1 c. à thé) jus de citron
	sel et poivre

Bien incorporer tous les ingrédients dans un bol. Rectifier l'assaisonnement et réfrigérer jusqu'au moment de servir.

Sauce Stroganoff

1 PORTION	43 CALORIES	3g GLUCIDES
1g PROTÉINES	3g LIPIDES	0,2g FIBRES

15 ml	(1 c. à soupe) huile d'olive
1	oignon moyen, finement haché
125 g	(¼ livre) champignons frais, finement hachés
5 ml	(1 c. à thé) persil frais haché
125 ml	(½ tasse) vin rouge sec
375 ml	(1½ tasse) sauce brune chaude
50 ml	(¼ tasse) crème à 35% sel et poivre

Faire chauffer l'huile dans une sauteuse. Ajouter l'oignon; faire cuire 3 minutes à feu moyen.

Ajouter champignons et persil; faire cuire 2 à 3 minutes.

Incorporer le vin; faire chauffer 4 à 5 minutes à feu vif.

Ajouter la sauce brune. Remuer et rectifier l'assaisonnement; faire chauffer 6 à 7 minutes à feu moyen-doux.

Incorporer la crème et prolonger la cuisson de 2 minutes.

Servir avec bœuf ou poulet.

Après avoir cuit l'oignon 3 minutes, ajouter champignons et persil; faire cuire 2 à 3 minutes.

Incorporer le vin; faire chauffer 4 à 5 minutes à feu vif.

Ajouter la sauce brune. Remuer et rectifier l'assaisonnement; faire chauffer 6 à 7 minutes à feu moyen-doux.

Incorporer la crème et prolonger la cuisson de 2 minutes.

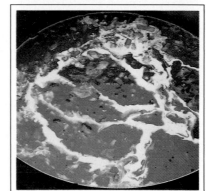

Sauce paprika

1 PORTION	74 CALORIES	4g GLUCIDES
1g PROTÉINES	6g LIPIDES	0,2g FIBRES

Sauce épicée pour brochettes

1 PORTION	61 CALORIES	12g GLUCIDES
1g PROTÉINES	1g LIPIDES	0,3g FIBRES

30 ml	(2 c. à soupe) raifort
375 ml	(1½ tasse) ketchup
125 ml	(½ tasse) sauce chili
5 ml	(1 c. à thé) sauce Worcestershire
	quelques gouttes de sauce Tabasco
	quelques gouttes de jus de limette
	une pincée de sel

Bien incorporer tous les ingrédients dans un bol. Badigeonner les brochettes et faire griller tel qu'indiqué dans la recette.

250 ml	(1 tasse) oignons
30 ml	(2 c. à soupe) beurre
30 ml	(2 c. à soupe) paprika
125 ml	(½ tasse) vin blanc sec
375 ml	(1½ tasse) sauce blanche chaude
	quelques gouttes de sauce Tabasco
	une pincée de sel
	quelques gouttes de jus de citron

Mettre les oignons dans une petite casserole et ajouter assez d'eau pour les recouvrir. Amener à ébullition et faire cuire 2 minutes. Égoutter et mettre de côté.

Faire chauffer le beurre dans une casserole. Ajouter oignons égouttés et paprika; faire cuire 5 à 6 minutes à feu doux.

Incorporer le vin; faire cuire 5 minutes à feu vif pour réduire le liquide des ⅔.

Incorporer sauce blanche et reste des ingrédients; faire cuire 6 à 7 minutes à feu doux.

Cette sauce accompagne bien une grande variété de brochettes.

LES PÂTES

Pour cuire les pâtes à la perfection

Suivant les besoins de chaque recette, nous avons compté 125 g (¼ livre) ou moins de pâtes non cuites par personne.

Comptez 4 L (16 tasses) d'eau pour 500 g (1 livre) de pâtes. L'eau doit circuler librement durant la cuisson.

Pour empêcher les pâtes de coller, ajouter 15 ml (1 c. à soupe) d'huile ou de vinaigre à l'eau bouillante avant d'y mettre les pâtes.

Ajoutez 5 ml (1 c. à thé) de sel à l'eau de cuisson pour relever la saveur des pâtes.

Amenez l'eau à pleine ébullition avant d'ajouter les pâtes. Remuez aussitôt les pâtes avec une fourchette.

Laissez bouillir l'eau constamment pendant la cuisson et remuez les pâtes fréquemment pour les empêcher de coller.

Voici une façon très simple de vérifier la cuisson des pâtes : mordez dans un morceau de pâte et ajustez la cuisson en conséquence. Au besoin, consultez le mode d'emploi imprimé sur l'emballage.

Dès que les pâtes sont cuites «al dente», égouttez-les aussitôt dans une passoire et rincez-les à l'eau froide. Secouez pour bien égoutter. Mettez de côté. Si nécessaire, réchauffez les pâtes en les passant rapidement à l'eau chaude.

Pour plus de commodité, nous avons préparé un tableau de mesures en tasses pour certaines pâtes. Toutes les équivalences sont basées sur 125 g (¼ livre) de pâtes non cuites.

Rotini	250 ml	(1 tasse)
Coquilles (moyennes)	325 ml	(1⅓ tasse)
Penne	425 ml	(1¾ tasse)
Fusilli	425 ml	(1¾ tasse)
Macaroni	250 ml	(1 tasse)
Nouilles aux œufs (larges)	550 ml	(2¼ tasses)

Spaghetti blanc trois fromages

(pour 4 personnes)

1 PORTION	579 CALORIES	94g GLUCIDES
17g PROTÉINES	15g LIPIDES	0,3g FIBRES

15 ml	(1 c. à soupe) vinaigre blanc
5 ml	(1 c. à thé) sel
500 g	(1 livre) spaghetti
45 ml	(3 c. à soupe) beurre
50 ml	(¼ tasse) fromage parmesan râpé
50 ml	(¼ tasse) fromage mozzarella râpé
50 ml	(¼ tasse) fromage gruyère râpé
1 ml	(¼ c. à thé) graines de céleri
	poivre blanc
	une pincée de paprika

Dans une grande casserole, amener à ébullition 4 L (16 tasses) d'eau, vinaigre et sel. Ajouter les pâtes et remuer; faire cuire à pleine ébullition, sans couvrir, jusqu'à ce que les pâtes soient tendres mais fermes ou «al dente». Remuer de temps en temps pendant la cuisson. Voir le temps de cuisson indiqué sur l'emballage.

Dès que les pâtes sont cuites «al dente», les égoutter dans une passoire et réserver 50 ml (¼ tasse) du liquide de cuisson. Rincer les pâtes à l'eau froide. Mettre de côté.

Faire fondre le beurre dans la même casserole. Incorporer fromages et liquide de cuisson réservé. Bien remuer.

Ajouter pâtes, graines de céleri et poivre. Mélanger délicatement et faire cuire 2 minutes à feu moyen tout en remuant constamment.

Saupoudrer de paprika. Servir immédiatement.

Nouilles et sauce aux fromages variés

(pour 4 personnes)

1 PORTION	882 CALORIES	111g GLUCIDES
33g PROTÉINES	34g LIPIDES	0,5g FIBRES

60 ml	(4 c. à soupe) beurre
65 ml	(4½ c. à soupe) farine
1 L	(4 tasses) lait chaud
2 ml	(½ c. à thé) muscade
1 ml	(¼ c. à thé) clou moulu
50 ml	(¼ tasse) fromage fontina râpé
50 ml	(¼ tasse) fromage gorgonzola, émietté
50 ml	(¼ tasse) fromage mozzarella, en dés
50 ml	(¼ tasse) fromage parmesan râpé
500 g	(1 livre) nouilles larges aux œufs, cuites
	sel et poivre

Faire chauffer le beurre dans une casserole. Incorporer la farine; faire cuire 2 à 3 minutes à feu doux.

Ajouter la moitié du lait et bien remuer avec un fouet. Ajouter le reste du lait et les épices. Remuer et faire cuire 8 à 10 minutes à feu doux.

Incorporer les fromages; continuer la cuisson 4 à 5 minutes. Remuer de temps en temps.

Servir sur les nouilles.

Sauce tomate de base

1 PORTION	154 CALORIES	21g GLUCIDES
4g PROTÉINES	6g LIPIDES	2,2g FIBRES

30 ml	(2 c. à soupe) huile végétale
15 ml	(1 c. à soupe) beurre fondu
2	oignons, finement hachés
2	gousses d'ail, écrasées et hachées
12	grosses tomates, pelées et hachées
3	branches de persil frais
5 ml	(1 c. à thé) origan
2 ml	(½ c. à thé) thym
1	feuille de laurier
1 ml	(¼ c. à thé) piments broyés
156 ml	(5½ oz) boîte de pâte de tomates
	une pincée de sucre
	sel et poivre

Faire chauffer huile et beurre dans une sauteuse. Ajouter oignons et ail; bien mêler. Couvrir et faire cuire 4 à 5 minutes à feu doux.

Incorporer tomates, épices et sucre; couvrir et continuer la cuisson 15 minutes. Remuer de temps en temps.

Incorporer la pâte de tomates; faire cuire, sans couvrir, de 10 à 15 minutes à feu doux.

Forcer la sauce à travers une passoire en utilisant le dos d'une cuiller. Cette sauce rendra environ 1 L (4 tasses).

Sauce à la viande pour spaghetti

(pour 6 à 8 personnes)

1 PORTION	265 CALORIES	15g GLUCIDES
22g PROTÉINES	13g LIPIDES	1,7g FIBRES

30 ml	(2 c. à soupe) huile d'olive
1	oignon haché
1	carotte, en petits dés
1	branche de céleri, en petits dés
3	gousses d'ail, écrasées et hachées
250 g	(½ livre) porc maigre haché
250 g	(½ livre) bœuf maigre haché
125 g	(¼ livre) chair à saucisse
1 ml	(¼ c. à thé) piments rouges broyés
2 ml	(½ c. à thé) thym
2 ml	(½ c. à thé) origan
1 ml	(¼ c. à thé) chili en poudre
1 ml	(¼ c. à thé) sucre
1	feuille de laurier
250 ml	(1 tasse) vin blanc sec Chardonnay
2	boîtes de tomates en conserve de 796 ml (28 oz), égouttées et hachées
156 ml	(5½ oz) boîte de pâte de tomates
	sel et poivre

Faire chauffer l'huile dans une sauteuse. Ajouter oignon, carotte, céleri et ail; couvrir et faire cuire 3 minutes à feu moyen.

Ajouter porc, bœuf et chair à saucisse; bien mêler et faire cuire 4 minutes sans couvrir.

Ajouter épices, sucre et vin; faire chauffer 3 minutes à feu vif.

Incorporer tomates et pâte de tomates. Rectifier l'assaisonnement et amener à ébullition. Couvrir partiellement et faire cuire 1 heure à feu doux. Remuer de temps en temps.

Servir sur des spaghetti ou utiliser dans diverses recettes de pâtes.

Faire cuire  **1**
légumes et ail
pendant 3 minutes à
feu moyen, avec un
couvercle.

3 Ajouter épices,
sucre et vin; faire
chauffer 3 minutes à
feu vif.

Ajouter porc, **2**
bœuf et chair à
saucisse; bien mêler
et faire cuire
4 minutes sans
couvrir.

4 Incorporer
tomates et pâte de
tomates. Rectifier
l'assaisonnement et
amener à ébullition.
Faire cuire 1 heure à
feu doux,
partiellement couvert.

Sauce blanche

1 PORTION	60 CALORIES	4g GLUCIDES
2g PROTÉINES	4g LIPIDES	0g FIBRES

60 ml	(4 c. à soupe) beurre
75 ml	(5 c. à soupe) farine
1,2 L	(5 tasses) lait chaud
1	oignon, piqué d'un clou de girofle
1 ml	(¼ c. à thé) muscade
	sel et poivre blanc

Faire chauffer le beurre dans une casserole. Ajouter la farine et bien mélanger. Faire cuire 2 minutes à feu doux en remuant constamment.

Incorporer la moitié du lait avec un fouet. Ajouter le reste du lait et assaisonner. Mettre l'oignon, incorporer la muscade et amener à ébullition.

Faire cuire la sauce de 8 à 10 minutes à feu doux. Remuer de temps en temps.

On peut utiliser cette sauce pour une grande variété de recettes de pâtes.

Sauce tomate épicée

1 PORTION	182 CALORIES	15g GLUCIDES
8g PROTÉINES	10g LIPIDES	1,5g FIBRES

15 ml	(1 c. à soupe) huile d'olive
4	tranches de bacon, en dés
1	gros oignon, finement haché
2	gousses d'ail, écrasées et hachées
6	grosses tomates, pelées, épépinées et hachées
1	piment jalapeno frais, finement haché
15 ml	(1 c. à soupe) basilic
5 ml	(1 c. à thé) chili en poudre
1 ml	(¼ c. à thé) sucre
50 ml	(¼ tasse) fromage parmesan râpé
	sel et poivre

Faire chauffer l'huile dans une sauteuse. Ajouter le bacon et le faire cuire jusqu'à ce qu'il soit croustillant. Retirer le bacon. Mettre de côté.

Mettre oignon et ail dans le gras de bacon; faire cuire 3 à 4 minutes à feu doux.

Incorporer tomates, piment jalapeno, épices et sucre. Couvrir et faire cuire 20 minutes à feu doux. Remuer de temps en temps.

Retirer le couvercle et continuer la cuisson pendant 15 minutes.

Incorporer fromage et bacon. Cette recette rendra environ 500 ml (2 tasses).

Pérogies en sauce

(pour 4 personnes)

1 PORTION	465 CALORIES	48g GLUCIDES
21g PROTÉINES	21g LIPIDES	2,9g FIBRES

500 g	(1 livre) paquet de pérogies, décongelés
30 ml	(2 c. à soupe) huile d'olive
1	oignon haché
½	aubergine moyenne, en cubes
1	courgette tranchée
2 ml	(½ c. à thé) origan
30 ml	(2 c. à soupe) beurre
1	boîte de tomates en conserve de 796 ml (28 oz), égouttées et hachées
1	gousse d'ail, écrasée et hachée
250 ml	(1 tasse) bouillon de poulet chaud
60 ml	(4 c. à soupe) pâte de tomates
45 ml	(3 c. à soupe) fromage ricotta
	sel et poivre

Faire cuire les pérogies 4 minutes dans l'eau bouillante salée. Égoutter et mettre de côté.

Faire chauffer l'huile dans une sauteuse; ajouter les oignons et faire cuire 2 minutes à feu moyen.

Ajouter aubergine, courgette et origan. Saler, poivrer; couvrir et faire cuire 10 à 12 minutes en remuant de temps en temps.

Entre-temps, faire chauffer 30 ml (2 c. à soupe) de beurre dans une poêle. Ajouter les pérogies; faire brunir des deux côtés. Retirer de la poêle et mettre de côté.

Ajouter tomates et ail au mélange d'aubergine. Bien mélanger et incorporer le bouillon de poulet. Rectifier l'assaisonnement et incorporer la pâte de tomates. Amener à ébullition et faire cuire 8 à 10 minutes sans couvrir.

Ajouter fromage et pérogies. Remuer et laisser mijoter 2 à 3 minutes pour réchauffer.

Après avoir cuit  les oignons 3 minutes, incorporer le cari et continuer la cuisson 3 minutes sans couvrir.

Ajouter les  champignons; faire cuire 3 à 4 minutes.

 Incorporer le bouillon de poulet et assaisonner; amener à ébullition et faire cuire 15 à 18 minutes à feu moyen.

 Épaissir la sauce. Ajouter raisins, banane et châtaignes d'eau; faire cuire 1 minute.

Tortellini au cari

(pour 4 personnes)

1 PORTION	325 CALORIES	43g GLUCIDES
9g PROTÉINES	13g LIPIDES	2,6g FIBRES

30 ml	(2 c. à soupe) huile
2	oignons hachés
30 ml	(2 c. à soupe) poudre de cari
250 g	(½ livre) champignons frais, nettoyés et tranchés
750 ml	(3 tasses) bouillon de poulet chaud
30 ml	(2 c. à soupe) fécule de maïs
45 ml	(3 c. à soupe) eau froide
250 ml	(1 tasse) raisins verts sans pépins
1	banane, en grosses rondelles
284 ml	(10 oz) boîte de châtaignes d'eau, égouttées et tranchées
250 g	(½ livre) tortellini au fromage, cuits
	sel et poivre

Faire chauffer l'huile dans une sauteuse. Ajouter les oignons; couvrir et faire cuire 3 minutes.

Incorporer le cari; continuer la cuisson 3 minutes sans couvrir.

Ajouter les champignons; faire cuire 3 à 4 minutes. Incorporer le bouillon de poulet et assaisonner; amener à ébullition; faire cuire 15 à 18 minutes à feu moyen.

Délayer fécule de maïs et eau froide. Incorporer à la sauce; faire chauffer 1 minute.

Incorporer raisins, banane et châtaignes d'eau; faire cuire 1 minute.

Ajouter les tortellini; laisser mijoter 3 à 4 minutes.

Piments jaunes farcis de pâtes

(pour 4 personnes)

1 PORTION	417 CALORIES	70g GLUCIDES
14g PROTÉINES	9g LIPIDES	3,6g FIBRES

375 ml	(1 ½ tasse) spaghetti, brisés en morceaux de 2,5 cm (1 po)
4	gros piments jaunes, blanchis 4 minutes
15 ml	(1 c. à soupe) beurre
250 g	(½ livre) champignons frais, en dés
30 ml	(2 c. à soupe) piment mariné haché
300 ml	(1 ¼ tasse) sauce tomate chaude
125 ml	(½ tasse) fromage ricotta
	sel et poivre

Faire cuire les spaghetti «al dente». Égoutter et mettre de côté.

À l'aide d'un couteau, trancher une calotte sur chaque piment. Retirer la membrane blanche et les graines. Placer les piments dans un plat de service. Mettre de côté.

Faire chauffer le beurre dans une casserole. Ajouter les champignons; faire cuire 3 minutes à feu moyen. Bien assaisonner.

Ajouter piment mariné et spaghetti; bien mélanger et faire cuire 2 minutes.

Incorporer sauce tomate et fromage. Rectifier l'assaisonnement. Verser le mélange dans les piments. Faire griller au four de 4 à 5 minutes.

Tortellini en sauce

(pour 4 personnes)

1 PORTION	320 CALORIES	24g GLUCIDES
11g PROTÉINES	20g LIPIDES	0,9g FIBRES

45 ml	(3 c. à soupe) beurre
1	oignon haché
15 ml	(1 c. à soupe) persil frais haché
1	gousse d'ail, écrasée et hachée
125 g	(¼ livre) champignons frais, nettoyés et en dés
250 ml	(1 tasse) vin rouge sec
500 ml	(2 tasses) bouillon de bœuf chaud
30 ml	(2 c. à soupe) fécule de maïs
45 ml	(3 c. à soupe) eau froide
250 g	(½ livre) tortellini, cuits
50 ml	(¼ tasse) bacon cuit émietté
125 ml	(½ tasse) fromage parmesan râpé
	sel et poivre

Faire chauffer le beurre dans une sauteuse. Ajouter oignon, persil et ail; faire cuire 3 minutes à feu doux.

Ajouter les champignons. Saler, poivrer; mélanger et faire cuire 3 à 4 minutes à feu moyen.

Incorporer le vin et faire chauffer 4 minutes à feu vif. Ajouter le bouillon de bœuf; faire chauffer 3 à 4 minutes à feu moyen. Rectifier l'assaisonnement.

Délayer fécule de maïs et eau froide. Incorporer à la sauce et faire cuire 2 minutes.

Ajouter les tortellini; laisser mijoter 3 à 4 minutes.

Servir avec bacon et fromage.

Fettucine aux moules

(pour 4 personnes)

1 PORTION	828 CALORIES	113g GLUCIDES
58g PROTÉINES	16g LIPIDES	0,7g FIBRES

4 kg	(8½ livres) moules fraîches, brossées et bien nettoyées
3	échalotes sèches, finement hachées
15 ml	(1 c. à soupe) persil frais haché
30 ml	(2 c. à soupe) beurre
250 ml	(1 tasse) vin blanc sec
500 ml	(2 tasses) sauce tomate chaude
500 g	(1 livre) fettucine, cuites
125 ml	(½ tasse) fromage parmesan râpé
	sel et poivre

Mettre moules, échalotes, persil, beurre et vin dans une grande casserole. Couvrir et amener à ébullition; faire cuire 4 à 5 minutes ou jusqu'à ce que les coquilles s'ouvrent.

Retirer les moules de leur coquille tout en égouttant dans la casserole le liquide qui s'y trouve. Jeter les coquilles et mettre les moules de côté.

Passer le liquide de cuisson à travers une gaze à fromage et le verser dans la casserole. Amener à ébullition et faire chauffer 2 à 3 minutes.

Incorporer la sauce tomate. Saler, poivrer; faire cuire 4 à 5 minutes à feu moyen.

Incorporer pâtes et moules à la sauce. Faire chauffer 3 à 4 minutes à feu doux pour réchauffer.

Servir avec le fromage parmesan.

Fettucine aux petits pois

(pour 4 personnes)

1 PORTION	737 CALORIES	103g GLUCIDES
25g PROTÉINES	25g LIPIDES	1,0g FIBRES

45 ml	(3 c. à soupe) beurre
30 ml	(2 c. à soupe) oignon râpé
45 ml	(3 c. à soupe) farine
550 ml	(2¼ tasses) lait chaud
1 ml	(¼ c. à thé) muscade
1 ml	(¼ c. à thé) poivre blanc
500 g	(1 livre) fettucine, cuits
250 ml	(1 tasse) petits pois mange-tout, blanchis
4	tranches de bacon croustillant, finement hachées
125 ml	(½ tasse) fromage parmesan râpé
	sel
	quelques gouttes de sauce Tabasco

Faire chauffer beurre et oignon dans une casserole. Incorporer la farine; faire cuire 2 minutes à feu doux. Remuer 1 fois.

Verser la moitié du lait et bien mélanger avec un fouet. Ajouter le reste du lait. Ajouter les épices; faire chauffer 10 minutes à feu doux en remuant de temps en temps.

Ajouter pâtes et petits pois; remuer et continuer la cuisson de 2 à 3 minutes.

Rectifier l'assaisonnement. Garnir de bacon et de fromage avant de servir.

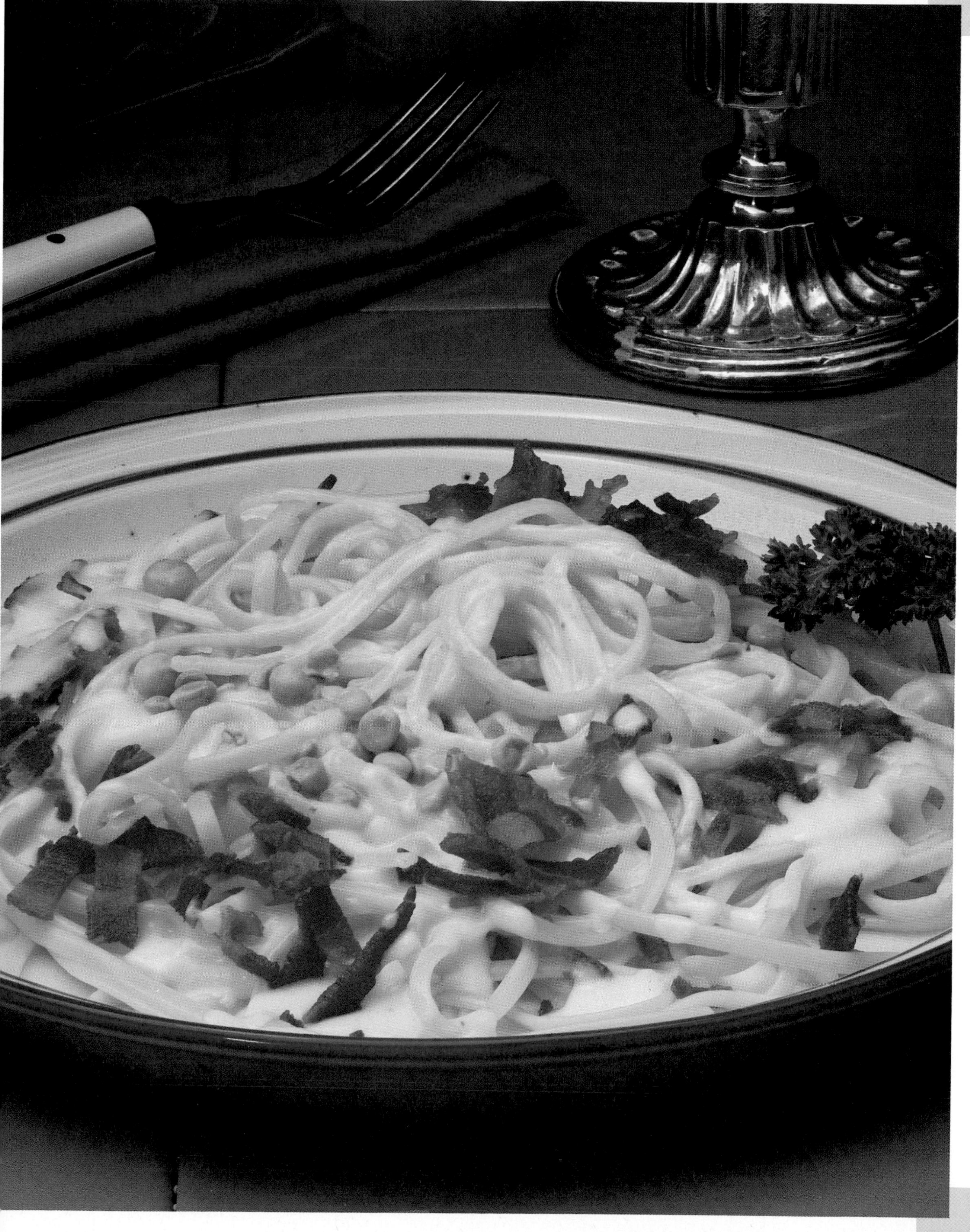

Tomates farcies froides

(pour 4 personnes)

1 PORTION	216 CALORIES	23g GLUCIDES
4g PROTÉINES	12g LIPIDES	3,4g FIBRES

8	grosses tomates
3	feuilles de menthe, hachées
30 ml	(2 c. à soupe) huile d'olive
5 ml	(1 c. à thé) vinaigre de vin
375 ml	(1½ tasse) macaroni coupés cuits
45 ml	(3 c. à soupe) vinaigrette à la moutarde ou au goût
15 ml	(1 c. à soupe) persil frais haché
1	piment vert, finement haché
30 ml	(2 c. à soupe) piment doux mariné, haché
	sel et poivre

Retirer le dessus de chaque tomate à l'aide d'un couteau. Avec une cuiller, évider chaque tomate en prenant soin de ne pas déchirer la peau. Mettre les tomates évidées de côté. Jeter la chair.

Mélanger menthe, huile et vinaigre; saler, poivrer. Parsemer le mélange dans les tomates évidées. Laisser reposer 15 minutes.

Mélanger les pâtes et le reste des ingrédients. Laisser reposer 15 minutes.

Remplir les tomates du mélange. Réfrigérer 15 minutes. Servir.

Macaroni avec viande et fromage

(pour 4 personnes)

1 PORTION	826 CALORIES	88g GLUCIDES
60g PROTÉINES	26g LIPIDES	2,0g FIBRES

30 ml	(2 c. à soupe) huile d'olive
1	oignon, finement haché
1	gousse d'ail, écrasée et hachée
2 ml	(½ c. à thé) origan
15 ml	(1 c. à soupe) persil frais haché
250 g	(½ livre) bœuf maigre haché
250 g	(½ livre) porc maigre haché
1½	boîte 796 ml (28 oz) de tomates en conserve, égouttées et hachées
375 g	(¾ livre) macaroni, cuits
375 g	(¾ livre) fromage ricotta
	sel et poivre

Faire chauffer l'huile dans une sauteuse. Ajouter l'oignon; faire cuire 3 minutes à feu doux.

Incorporer ail, épices et viande; faire cuire 5 à 6 minutes en remuant souvent.

Incorporer les tomates et rectifier l'assaisonnement. Continuer la cuisson de 10 à 12 minutes à feu doux.

Ajouter macaroni et fromage; faire cuire 4 à 5 minutes à feu doux. Servir.

Macaroni aux fruits de mer

(pour 4 personnes)

1 PORTION	795 CALORIES	112g GLUCIDES
53g PROTÉINES	15g LIPIDES	5,1g FIBRES

5	grosses tomates, coupées en deux et épépinées
15 ml	(1 c. à soupe) huile d'olive
1	gros oignon, finement haché
2 ml	(½ c. à thé) basilic
2 ml	(½ c. à thé) estragon
2 ml	(½ c. à thé) persil frais haché
500 g	(1 livre) petites crevettes cuites
500 g	(1 livre) macaroni, cuits
250 ml	(1 tasse) fromage ricotta
	une pincée de sucre
	sel et poivre

Mettre les tomates en purée dans un blender pendant 3 minutes.

Faire chauffer l'huile dans une grande poêle à frire. Ajouter l'oignon; faire cuire 3 minutes à feu doux.

Ajouter basilic, estragon, persil, sucre et tomates. Saler, poivrer et faire cuire 25 à 30 minutes.

Incorporer crevettes, macaroni et fromage; faire chauffer 3 minutes. Servir.

Penne au salami

(pour 4 personnes)

1 PORTION	623 CALORIES	90g GLUCIDES
23g PROTÉINES	19g LIPIDES	0,5g FIBRES

30 ml	(2 c. à soupe) beurre
50 ml	(¼ tasse) fromage monterey ou cheddar, râpé ou émietté
125 ml	(½ tasse) fromage parmesan râpé
500 g	(1 livre) nouilles «penne», cuites
12	fines tranches de salami, en julienne
	persil frais haché
	sel et poivre

Faire chauffer le beurre dans une grande casserole à feu moyen-doux. Incorporer les fromages; faire cuire 2 minutes à feu doux. Remuer pour empêcher le fromage d'adhérer à la casserole.

Ajouter les penne chaudes. Assaisonner généreusement. Bien mêler et continuer la cuisson 2 à 3 minutes à feu doux.

Incorporer le salami. Garnir de persil. Servir.

Penne et légumes en salade

(pour 4 personnes)

1 PORTION	891 CALORIES	95g GLUCIDES
31g PROTÉINES	43g LIPIDES	1,7g FIBRES

500 g	(1 livre) nouilles «penne», cuites
1	piment jaune, en julienne
½	courgette en julienne, blanchie
4	tranches de jambon cuit, en julienne
1	grosse tomate, en sections
125 ml	(½ tasse) olives noires dénoyautées
15 ml	(1 c. à soupe) persil frais haché
2 ml	(½ c. à thé) origan frais haché
3	feuilles de menthe, hachées
1	jaune d'œuf
30 ml	(2 c. à soupe) ketchup
45 ml	(3 c. à soupe) vinaigre de vin
125 ml	(½ tasse) huile d'olive
125 ml	(½ tasse) fromage parmesan râpé
15 ml	(1 c. à soupe) piment jalapeno haché
	sel et poivre

Dans un grand bol à salade, mélanger penne, piment jaune, courgette, jambon, tomate, olives, persil, origan et menthe.

Dans un autre bol, mélanger jaune d'œuf et ketchup. Incorporer le vinaigre et ajouter l'huile, en filet, tout en mélangeant constamment avec un fouet.

Ajouter le reste des ingrédients. Verser la sauce sur la salade; mélanger et servir.

Linguini aux cœurs d'artichauts

(pour 4 personnes)

1 PORTION	707 CALORIES	105 g GLUCIDES
20g PROTÉINES	23g LIPIDES	1,3g FIBRES

75 ml	(5 c. à soupe) beurre
65 ml	(4½ c. à soupe) farine
500 ml	(2 tasses) bouillon de poulet chaud
8	cœurs d'artichauts, en quartiers
1	gousse d'ail, écrasée et hachée
125 ml	(½ tasse) olives vertes farcies, en deux
15 ml	(1 c. à soupe) persil frais haché
50 ml	(¼ tasse) vin blanc sec Chardonnay
500 g	(1 livre) linguini, cuits
125 ml	(½ tasse) fromage parmesan râpé
	une pincée de paprika
	sel et poivre

Faire chauffer 60 ml (4 c. à soupe) de beurre dans une casserole. Ajouter la farine; mélanger et faire cuire 2 minutes à feu doux en remuant fréquemment.

Incorporer le bouillon de poulet; bien remuer. Assaisonner généreusement. Faire cuire 8 à 10 minutes à feu doux.

Entre-temps, faire chauffer le reste du beurre dans une poêle à frire. Ajouter cœurs d'artichauts, ail, olives et persil; faire cuire 2 à 3 minutes à feu moyen. Saler, poivrer.

Incorporer le vin blanc; faire cuire 2 à 3 minutes.

Incorporer le mélange d'artichauts à la sauce. Verser sur les pâtes. Saupoudrer de paprika et de fromage au moment de servir.

Lasagne roulée

(pour 4 personnes)

1 PORTION	949 CALORIES	57g GLUCIDES
70g PROTÉINES	49g LIPIDES	0,9g FIBRES

30 ml	(2 c. à soupe) huile végétale
1	petit oignon, finement haché
1 ml	(¼ c. à thé) thym
5 ml	(1 c. à thé) origan
15 ml	(1 c. à soupe) persil frais haché
1 ml	(¼ c. à thé) clou moulu
500 g	(1 livre) veau haché
3	tranches de jambon, finement hachées
50 ml	(¼ tasse) bouillon de poulet chaud
250 ml	(1 tasse) d'épinards cuits, hachés
90 g	(3 oz) fromage mozzarella en dés
1	œuf battu
8	nouilles lasagne, cuites
1 L	(4 tasses) sauce blanche chaude
250 ml	(1 tasse) fromage gruyère râpé
	paprika au goût
	sel et poivre

Préchauffer le four à 190°C (375°F).

Faire chauffer l'huile dans une sauteuse. Ajouter oignon, thym, origan, persil et clou; couvrir et faire cuire 3 minutes.

Incorporer veau et jambon. Saler, poivrer et faire cuire 3 minutes sans couvrir.

Lasagne à la viande

(pour 6 personnes)

1 PORTION	785 CALORIES	85g GLUCIDES
64g PROTÉINES	21g LIPIDES	2,4g FIBRES

375 ml	(1½ tasse) fromage cottage
1 ml	(¼ c. à thé) piment de la Jamaïque moulu
2 ml	(½ c. à thé) origan
15 ml	(1 c. à soupe) zeste de citron râpé
125 ml	(½ tasse) fromage parmesan râpé
30 ml	(2 c. à soupe) huile végétale
2	oignons hachés
1	branche de céleri, hachée
2	gousses d'ail, écrasées et hachées
500 g	(1 livre) bœuf maigre haché
250 g	(½ livre) veau haché
500 g	(1 livre) champignons frais, nettoyés et hachés
500 g	(1 livre) nouilles lasagne aux épinards, cuites
300 ml	(1¼ tasse) fromage mozzarella râpé
1 L	(4 tasses) sauce tomate chaude
	sel et poivre

Préchauffer le four à 190°C (375°F).

Beurrer un plat à lasagne. Mettre de côté.

Mélanger fromage cottage, épices, zeste et parmesan dans un bol. Mettre de côté.

Faire chauffer l'huile dans une sauteuse. Ajouter oignons, céleri et ail; faire cuire 3 à 4 minutes à feu moyen.

Ajouter la viande et bien mêler; faire brunir 5 à 6 minutes. Assaisonner généreusement. Incorporer les champignons et finir la cuisson de 3 à 4 minutes à feu vif. Rectifier l'assaisonnement et retirer du feu.

Étendre un rang de nouilles lasagne dans le fond du plat beurré. Ajouter la moitié de la viande, recouvrir de la moitié du fromage cottage, parsemer de fromage mozzarella et arroser de sauce. Répéter 1 fois.

Recouvrir le tout d'un rang de nouilles lasagne. Arroser la lasagne du reste de la sauce et finir avec le fromage mozzarella.

Faire cuire 50 minutes au four.

Ajouter bouillon de poulet et épinards; faire cuire 3 à 4 minutes. Incorporer le mozzarella; faire cuire 2 à 3 minutes en remuant constamment. Retirer du feu et laisser refroidir.

Ajouter l'œuf pour bien lier le mélange. Étendre les nouilles à plat et les saupoudrer de paprika. Recouvrir chaque nouille de farce et rouler.

Placer les rouleaux dans un plat à gratin et les recouvrir de sauce blanche. Parsemer de gruyère. Faire cuire 20 minutes au four.

Servir avec une garniture de légumes ou une salade.

Étendre les nouilles lasagne et les saupoudrer de paprika.

Étendre la farce et rouler.

Placer les rouleaux dans un plat à gratin et recouvrir de sauce.

Parsemer de gruyère et faire cuire 20 minutes au four.

Lasagne aux légumes

(pour 6 personnes)

1 PORTION	666 CALORIES	81g GLUCIDES
27g PROTÉINES	26g LIPIDES	4,7g FIBRES

125 ml	(½ tasse) fromage parseman râpé
125 ml	(½ tasse) fromage gruyère râpé
125 ml	(½ tasse) fromage romano râpé
45 ml	(3 c. à soupe) beurre
1	oignon rouge, en petits dés
1	branche de céleri, en petits dés
1	petite courgette, en dés
½	chou-fleur, en dés
1	piment jaune, en dés
1	petite aubergine, en petits dés
15 ml	(1 c. à soupe) persil frais haché
15 ml	(1 c. à soupe) zeste de citron râpé
2 ml	(½ c. à thé) muscade et clou moulu
2	gousses d'ail, écrasées et hachées
50 ml	(¼ tasse) bouillon de poulet chaud
500 g	(1 livre) nouilles lasagne, cuites
6	tomates, émincées
750 ml	(3 tasses) sauce blanche légère, chaude
125 ml	(½ tasse) sauce tomate chaude
	sel et poivre
	tranches de fromage mozzarella
	paprika au goût

Préchauffer le four à 190°C (375°F).

Beurrer un plat à lasagne. Mettre de côté.

Bien incorporer tous les fromages râpés. Mettre de côté.

Faire chauffer le beurre dans une sauteuse. Ajouter oignon et céleri; faire cuire 4 minutes à feu doux.

Ajouter le reste des légumes (sauf les tomates), persil, zeste de citron, épices, ail et bouillon de poulet. Bien remuer; couvrir et faire cuire 10 à 12 minutes à feu doux.

Étendre un rang de nouilles lasagne dans le plat beurré. Ajouter la moitié des légumes, recouvrir de la moitié des tomates et parsemer de la moitié des fromages râpés. Arroser le tout de la moitié de la sauce blanche. Répéter 1 fois.

Pour finir, recouvrir d'un rang de nouilles lasagne. Arroser la lasagne de sauce tomate et couronner de tranches de mozzarella. Saupoudrer de paprika.

Faire cuire 50 minutes au four.

Faire cuire le reste des légumes (sauf les tomates), épices, zeste, ail et bouillon de poulet, 10 à 12 minutes, dans une sauteuse à feu doux.

3 Recouvrir de la moitié de la sauce blanche. Répéter les rangs de nouilles, légumes, tomates et fromage râpé une seconde fois.

Sur un rang de nouilles lasagne, étendre la moitié du mélange de légumes et la moitié des tomates. Parsemer le tout de la moitié du fromage râpé.

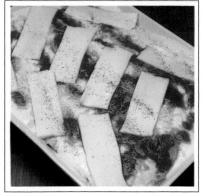

4 Pour finir, recouvrir d'un rang de nouilles. Arroser la lasagne de sauce tomate et couronner de tranches de mozzarella. Saupoudrer de paprika.

Fusilli, brocoli et fromage

(pour 4 personnes)

1 PORTION	892 CALORIES	101g GLUCIDES
32g PROTÉINES	40g LIPIDES	1,1g FIBRES

2	petites têtes de brocoli, en fleurettes
375 ml	(1½ tasse) crème légère froide
250 g	(½ livre) fromage gorgonzola, en morceaux
15 ml	(1 c. à soupe) beurre
15 ml	(1 c. à soupe) persil frais haché
500 g	(1 livre) fusilli, cuits
	quelques gouttes de jus de citron
	sel et poivre

Faire cuire le brocoli 3 à 4 minutes dans l'eau bouillante salée. Égoutter et mettre de côté. Arroser de jus de citron.

Verser la crème dans une casserole et l'amener au point d'ébullition. Ajouter fromage et beurre; bien remuer et assaisonner.

Faire cuire 4 à 5 minutes à feu doux pour permettre au fromage de fondre. Remuer de temps en temps.

Incorporer brocoli, persil et jus de citron; laisser mijoter 1 à 2 minutes. Servir sur les pâtes.

Fusilli aux foies de poulet

(pour 4 personnes)

1 PORTION	648 CALORIES	87g GLUCIDES
39g PROTÉINES	16g LIPIDES	1,8g FIBRES

15 ml	(1 c. à soupe) huile
500 g	(1 livre) foies de poulet, coupés en deux
30 ml	(2 c. à soupe) beurre
1	oignon, finement haché
250 g	(½ livre) champignons frais, nettoyés et en dés
1	piment rouge, en dés
125 ml	(½ tasse) vin rouge sec
250 ml	(1 tasse) sauce tomate chaude
250 ml	(1 tasse) bouillon de bœuf chaud
1 ml	(¼ c. à thé) thym
2 ml	(½ c. à thé) basilic
5 ml	(1 c. à thé) fécule de maïs
30 ml	(2 c. à soupe) eau froide
375 g	(¾ livre) fusilli, cuits et chauds
	sel et poivre

Faire chauffer l'huile dans une sauteuse. Ajouter les foies; faire cuire 3 minutes de chaque côté. Saler, poivrer. Retirer de la sauteuse et mettre de côté.

Mettre beurre, oignon et champignons dans la sauteuse; faire cuire 3 minutes à feu moyen. Ajouter piments; faire cuire 2 minutes. Saler, poivrer.

Incorporer le vin; faire chauffer 3 minutes à feu vif. Incorporer sauce tomate, bouillon de bœuf et épices; faire cuire 2 minutes.

Délayer fécule de maïs et eau froide. Ajouter à la sauce et faire chauffer 1 minute.

Ajouter les foies de poulet; laisser mijoter 5 minutes. Verser sur les fusilli chauds. Servir.

Coquilles aux aubergines

(pour 4 personnes)

1 PORTION	567 CALORIES	92g GLUCIDES
16g PROTÉINES	15g LIPIDES	2,8g FIBRES

2	aubergines moyennes
45 ml	(3 c. à soupe) huile d'olive
1	gousse d'ail, écrasée et hachée
15 ml	(1 c. à soupe) persil frais haché
5 ml	(1 c. à thé) marjolaine
500 ml	(2 tasses) sauce tomate épicée, chaude
375 g	(¼ livre) coquilles moyennes, cuites
125 ml	(½ tasse) olives noires dénoyautées marinées, tranchées
	sel et poivre

Préchauffer le four à 190°C (375°F).

Couper les aubergines, en deux, sur la longueur. Faire des incisions dans la chair et la badigeonner de 30 ml (2 c. à soupe) d'huile. Faire cuire 50 minutes au four.

Retirer du four. Ôter la chair et la hacher.

Faire chauffer le reste de l'huile dans une sauteuse. Ajouter l'ail; faire cuire 1 minute. Ajouter aubergine et épices; mélanger et faire cuire 3 à 4 minutes à feu vif.

Incorporer la sauce tomate; laisser mijoter 5 minutes à feu doux.

Ajouter coquilles et olives; laisser mijoter 2 à 3 minutes à feu doux.

Rotini
aux champignons

(pour 4 personnes)

1 PORTION	623 CALORIES	77g GLUCIDES
18g PROTÉINES	27g LIPIDES	0,8g FIBRES

30 ml	(2 c. à soupe) huile d'olive
500 ml	(2 tasses) champignons frais, en quartiers
30 ml	(2 c. à soupe) câpres
5 ml	(1 c. à thé) persil frais haché
2 ml	(½ c. à thé) origan
125 ml	(½ tasse) vin rouge sec Valpolicella
375 ml	(1½ tasse) crème légère chaude
30 ml	(2 c. à soupe) pâte de tomates
2	oignons verts, hachés
375 g	(¾ livre) rotini, cuits
50 ml	(¼ tasse) fromage parmesan râpé
	sel et poivre

Faire chauffer l'huile dans une casserole. Ajouter champignons, câpres, persil et origan. Saler, poivrer; faire cuire 3 à 4 minutes à feu moyen.

Ajouter le vin rouge; faire cuire 3 à 4 minutes à feu vif.

Incorporer la crème; bien remuer. Ajouter pâte de tomates et oignons verts; bien remuer et faire cuire 3 à 4 minutes à feu doux.

Rectifier l'assaisonnement. Verser sur les pâtes cuites. Saupoudrer de parmesan au moment de servir.

Nouilles aux œufs avec anchois

(pour 4 personnes)

1 PORTION	677 CALORIES	80g GLUCIDES
24g PROTÉINES	29g LIPIDES	2,3g FIBRES

5	grosses tomates, pelées
30 ml	(2 c. à soupe) huile d'olive
1	gousse d'ail, écrasée et hachée
3	feuilles de basilic frais, hachées
1	petit piment jalapeno, coupé en deux
4	filets d'anchois, hachés
250 ml	(1 tasse) olives noires marinées, dénoyautées
45 ml	(3 c. à soupe) câpres
250 ml	(1 tasse) fromage emmenthal râpé
375 g	(¾ livre) nouilles larges aux œufs, cuites
	sel et poivre

Mettre les tomates en purée dans un blender. Mettre de côté.

Faire chauffer l'huile dans une sauteuse. Ajouter ail et basilic; faire cuire 1 minute à feu moyen.

Ajouter tomates et piment jalapeno; mélanger et incorporer les anchois. Amener à ébullition et faire cuire 18 à 20 minutes à feu doux. Note: pour une sauce moins épicée, on peut retirer le piment jalapeno durant la cuisson.

Ajouter le reste des ingrédients et bien mélanger; faire cuire 3 à 4 minutes. Servir.

Mettre les tomates en purée dans un blender.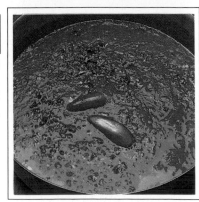

Faire chauffer ail et basilic dans l'huile chaude. Ajouter tomates et piment jalapeno.

Bien mélanger et ajouter les anchois. Amener à ébullition; faire cuire 18 à 20 minutes à feu doux.

Pour une sauce moins épicée, retirer le piment jalapeno durant la cuisson.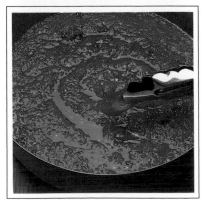

Nouilles Stroganoff

(pour 4 personnes)

1 PORTION	781 CALORIES	80g GLUCIDES
59g PROTÉINES	25g LIPIDES	1,3g FIBRES

15 ml	(1 c. à soupe) huile végétale
750 g	(1½ livre) surlonge de bœuf de 2,5 cm (1 po) d'épaisseur, en lanières
30 ml	(2 c. à soupe) beurre
2	échalotes sèches, hachées
1	oignon émincé
250 g	(½ livre) champignons frais, nettoyés et tranchés
15 ml	(1 c. à soupe) persil frais haché
1 ml	(¼ c. à thé) thym
250 ml	(1 tasse) vin rouge sec Valpolicella
500 ml	(2 tasses) bouillon de bœuf chaud
25 ml	(1½ c. à soupe) fécule de maïs
45 ml	(3 c. à soupe) eau froide
375 g	(¾ livre) nouilles larges aux œufs aux épinards, cuites
125 ml	(½ tasse) fromage ricotta
	sel et poivre

Faire chauffer l'huile dans une poêle à frire. Ajouter la viande; faire cuire 2 minutes à feu moyen-vif. Retourner la viande; assaisonner et continuer la cuisson 1 minute. Retirer la viande de la poêle.

Mettre beurre, échalotes et oignon dans la poêle; faire cuire 3 minutes à feu doux.

Ajouter champignons, persil et thym; faire cuire 3 minutes à feu moyen.

Rectifier l'assaisonnement. Incorporer le vin et faire chauffer 3 minutes à feu vif. Incorporer le bouillon de bœuf; faire chauffer 3 minutes à feu doux.

Délayer fécule de maïs et eau froide. Ajouter à la sauce et faire chauffer 2 minutes.

Remettre la viande dans la sauce. Incorporer les nouilles et laisser mijoter 2 minutes.

Incorporer le fromage. Servir.

Nouilles aux œufs à la continentale

(pour 4 personnes)

1 PORTION	765 CALORIES	128g GLUCIDES
16g PROTÉINES	21g LIPIDES	1,7g FIBRES

45 ml	(3 c. à soupe) beurre
2	oignons, finement hachés
2	oignons verts, finement hachés
45 ml	(3 c. à soupe) poudre de cari
5 ml	(1 c. à thé) cumin
750 ml	(3 tasses) bouillon de poulet chaud
30 ml	(2 c. à soupe) fécule de maïs
45 ml	(3 c. à soupe) eau froide
125 ml	(½ tasse) raisins dorés secs
125 ml	(½ tasse) noix de coco râpée
500 g	(1 livre) nouilles larges aux œufs, cuites
125 ml	(½ tasse) yogourt nature
	sel et poivre
	quelques graines de sésame

Faire chauffer le beurre dans une sauteuse. Ajouter oignons et oignons verts; faire cuire 3 à 4 minutes à feu doux. Incorporer cari et cumin; continuer la cuisson 3 à 4 minutes.

Incorporer le bouillon de poulet. Assaisonner et amener à ébullition. Faire cuire 15 minutes à feu doux.

Délayer fécule de maïs et eau froide. Incorporer le mélange à la sauce; faire chauffer 1 minute.

Ajouter raisins, noix de coco et nouilles; laisser mijoter 2 à 3 minutes.

Incorporer yogourt et graines de sésame. Servir.

Vermicelli aux épinards

(pour 4 personnes)

1 PORTION	701 CALORIES	110g GLUCIDES
27g PROTÉINES	17g LIPIDES	1,9g FIBRES

500 g	(1 livre) feuilles d'épinards
30 ml	(2 c. à soupe) huile d'olive
2	gousses d'ail, écrasées et hachées
750 ml	(3 tasses) sauce tomate chaude
500 g	(1 livre) vermicelli, cuits
250 ml	(1 tasse) fromage parmesan râpé
	sel et poivre

Laver soigneusement les épinards. Couvrir et les faire cuire 3 à 4 minutes dans de l'eau salée bouillante.

Égoutter les épinards et les rouler en boule pour retirer l'excès d'eau. Hacher et mettre de côté.

Faire chauffer l'huile dans une sauteuse. Ajouter ail et épinards; faire cuire 3 minutes à feu vif.

Ajouter sauce tomate et vermicelli. Saler, poivrer et bien mélanger. Faire mijoter 2 à 3 minutes à feu moyen-doux.

Servir avec du fromage.

Vermicelli au bacon et aux pois

(pour 4 personnes)

1 PORTION	489 CALORIES	83g GLUCIDES
19g PROTÉINES	9g LIPIDES	5,8g FIBRES

30 ml	(2 c. à soupe) beurre
1	oignon d'Espagne, haché
2 ml	(½ c. à thé) origan
2 ml	(½ c. à thé) paprika
4	tranches de bacon de dos, en lanières
50 ml	(¼ tasse) vin rouge sec
375 ml	(1½ tasse) bouillon de bœuf chaud
25 ml	(1½ c. à soupe) fécule de maïs
45 ml	(3 c. à soupe) eau froide
375 ml	(1½ tasse) pois verts congelés, cuits
375 g	(¾ livre) vermicelli, cuits
125 ml	(½ tasse) fromage parmesan râpé
	sel et poivre

Faire chauffer le beurre dans une sauteuse. Ajouter oignon et épices; faire cuire 8 à 10 minutes à feu doux.

Ajouter le bacon; faire cuire 3 à 4 minutes. Incorporer le vin; faire chauffer 3 minutes à feu vif.

Incorporer le bouillon de bœuf; faire chauffer 5 à 6 minutes à feu moyen.

Délayer fécule de maïs et eau froide. Incorporer à la sauce; faire chauffer 1 minute.

Ajouter pois et vermicelli; remuer et laisser mijoter 3 minutes. Incorporer le fromage et servir.

1 Faire cuire oignons et épices 8 à 10 minutes à feu doux.

3 Incorporer le mélange de fécule et laisser épaissir 1 minute.

2 Ajouter le bacon; faire cuire 3 à 4 minutes. Incorporer le vin; faire chauffer 3 minutes à feu vif.

4 Ajouter pois et vermicelli; remuer et laisser mijoter 3 minutes. Incorporer le fromage avant de servir

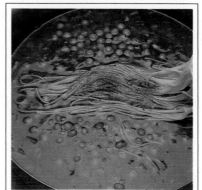

Gnocchi au ricotta

(pour 4 personnes)

1 PORTION	488 CALORIES	42g GLUCIDES
26g PROTÉINES	24g LIPIDES	0,3g FIBRES

125 ml	(½ tasse) fromage ricotta
2	œufs
250 ml	(1 tasse) fromage parmesan râpé
375 ml	(1½ tasse) farine tamisée
250 ml	(1 tasse) fromage gruyère râpé
375 ml	(1½ tasse) sauce blanche légère, chaude
250 ml	(1 tasse) sauce tomate chaude
15 ml	(1 c. à soupe) persil frais haché
	sel et poivre
	paprika

Préchauffer le four à 190°C (375°F).

Mettre fromage ricotta, œufs et parmesan dans un blender. Saler, poivrer et bien mélanger pendant 1 minute.

Ajouter la farine; mélanger 1 minute. Transférer la pâte dans un bol; couvrir et réfrigérer 1 heure.

Jeter des petites boules de pâte dans beaucoup d'eau bouillante salée; faire cuire 8 minutes. Note: l'eau doit toujours bouillir. Dépendant de la grosseur des gnocchi, il sera préférable de les faire cuire en deux étapes.

Dès que les gnocchi sont cuits, les retirer avec une cuiller à trous et les égoutter sur du papier essuie-tout.

Placer la moitié des gnocchi dans un plat à gratin légèrement beurré. Parsemer de la moitié du gruyère, arroser de la moitié de la sauce blanche et saupoudrer de paprika. Arroser le tout de la moitié de la sauce tomate.

Pour finir: ajouter un rang de gnocchi, parsemer de gruyère, saupoudrer de persil et arroser de sauce blanche et de sauce tomate.

Faire cuire 30 à 35 minutes au four.

1 Jeter des petites boules de pâte froide dans beaucoup d'eau bouillante salée. Faire cuire 2 minutes.

3 Arroser de la moitié de la sauce tomate.

2 Placer la moitié des gnocchi dans un plat à gratin légèrement beurré. Ajouter la moitié du gruyère, la moitié de la sauce blanche et saupoudrer de paprika.

4 Pour finir: ajouter un rang de gnocchi, de fromage, saupoudrer de persil et arroser de sauce blanche et de sauce tomate.

Gnocchi aux pommes de terre

(pour 4 personnes)

1 PORTION	400 CALORIES	42g GLUCIDES
13g PROTÉINES	20g LIPIDES	1,6g FIBRES

250 ml	(1 tasse) farine
500 ml	(2 tasses) pommes de terre cuites, passées au moulin à légumes
60 ml	(4 c. à soupe) beurre
125 ml	(½ tasse) fromage mozzarella râpé
375 ml	(1½ tasse) sauce tomate chaude
125 ml	(½ tasse) fromage ricotta
	sel et poivre blanc
	une pincée de muscade

Placer la farine dans un bol et former un creux au centre. Ajouter muscade, pommes de terre et 45 ml (3 c. à soupe) de beurre. Pincer la pâte pour bien incorporer les ingrédients.

Saler, poivrer et retirer la pâte du bol. Placer la pâte sur le comptoir et la pétrir avec la paume de la main pour qu'elle devienne très uniforme.

Former une grosse boule avec la pâte et la couper en quartiers. Rouler chaque quartier en cylindre de 2,5 cm (1 po) de diamètre. Couper chaque cylindre en morceaux de 1,2 cm (1 po) de longueur.

Faire cuire le tout pendant 5 minutes dans une grande sauteuse remplie d'eau mijotante, salée. Note : l'eau doit toujours mijoter sans arriver au point d'ébullition.

Les gnocchi sont cuits lorsqu'ils remontent à la surface. Retirer les gnocchi de l'eau avec une cuiller à trous et les égoutter sur du papier essuie-tout.

Préchauffer le four à 190°C (375°F).

Beurrer un grand plat à gratin avec le reste du beurre.

Saler, poivrer le mozzarella. Incorporer le fromage ricotta à la sauce tomate avec un fouet, à feu doux pendant 1 minute.

Étendre les gnocchi dans le plat à gratin. Parsemer de mozzarella et arroser de sauce tomate. Faire cuire 12 minutes au four.

Régler le four à Gril (broil) et continuer la cuisson pendant 4 minutes. Servir.

CUISINE ÉCONOMIQUE

CUISINER DE FAÇON ÉCONOMIQUE

Cuisiner de façon économique ne devrait pas systématiquement faire penser à un plat sans goût, sans attrait ou sans valeur nutritive. Bien au contraire, manger économiquement, c'est utiliser le plein pouvoir d'achat de son dollar tout en tirant le maximum de ses achats. Comme vous le savez, il existe plusieurs façons d'épargner en faisant son marché: en utilisant les coupons et les rabais offerts par les supermarchés ou tout simplement en planifiant les menus en fonction des «spéciaux» de la semaine.

N'oubliez pas toutefois cette règle très importante: ne jamais accepter d'aliments de seconde qualité. Si un mardi les piments laissent à désirer, choisissez un autre légume frais. Faites un compromis sur le choix, jamais sur la qualité. Soyez prêts à passer un peu plus de temps en cuisine, car il faudra peut-être faire mariner ou cuire plus longtemps une viande de coupe économique. Mais croyez-moi, elle deviendra tendre et savoureuse. Alors à l'attaque!

Corned-beef au chou

(pour 4 personnes)

1 PORTION	1777 CALORIES	54g GLUCIDES
73g PROTÉINES	141g LIPIDES	6,3g FIBRES

1,8 kg	(4 livres) poitrine de bœuf salé
3	clous de girofle
1	feuille de laurier
3	branches de persil frais
2 ml	(½ c. à thé) thym
1	gros chou, coupé en 4
8	carottes pelées
4	grosses pommes de terre, pelées et coupées en 2
2	poireaux, coupés en 4 sur la longueur en partant de 2,5 cm (1 po) du pied, lavés
	sel et poivre

Placer le morceau de viande dans une grande casserole et le recouvrir de 7,5 cm (3 po) d'eau froide. Amener à ébullition et écumer.

Ajouter clous, laurier, persil et thym; couvrir partiellement et faire cuire 3 heures à feu doux. Écumer si nécessaire.

Entre-temps, faire blanchir chou et carottes dans l'eau bouillante salée pendant 10 minutes. Bien égoutter.

Après 3 heures de cuisson, ajouter légumes blanchis, pommes de terre et poireaux dans la casserole contenant la viande. Couvrir partiellement et continuer la cuisson 1 heure.

Pour servir: retirer bœuf et légumes de la casserole et les placer sur un plat de service. Humecter la viande d'un peu de jus de cuisson. Trancher et servir.

Bœuf bouilli

(pour 4 personnes)

1 PORTION	486 CALORIES	7g GLUCIDES
56g PROTÉINES	26g LIPIDES	1,5g FIBRES

1,8 kg	(4 livres) rôti de côtes croisées, ficelé
2	branches de céleri, coupées en deux
2	poireaux, coupés en 4 sur la longueur en partant de 2,5 cm (1 po) du pied, lavés
1	oignon d'Espagne, coupé en 4
2	gousses d'ail, pelées et entières
4	clous de girofle
2 ml	(½ c. à thé) piment de la Jamaïque
4	branches de persil
2	feuilles de laurier
	sel et poivre

Mettre tous les ingrédients dans une grande casserole et les recouvrir d'eau froide; amener à ébullition.

Écumer et continuer la cuisson 4 heures à feu doux en couvrant partiellement.

Servir avec une sauce au raifort.

Sauce au raifort

1 PORTION	51 CALORIES	5g GLUCIDES
1g PROTÉINES	3g LIPIDES	0,5g FIBRES

60 ml	(4 c. à soupe) raifort
30 ml	(2 c. à soupe) crème sure
15 ml	(1 c. à soupe) chapelure
75 ml	(5 c. à soupe) crème fouettée
	quelques gouttes de sauce Tabasco
	poivre du moulin

Bien mélanger raifort, crème sure et chapelure.

Ajouter le reste des ingrédients et assaisonner généreusement. Servir avec le bœuf bouilli.

Rôti de bœuf en casserole

(pour 4 personnes)

1 PORTION	488 CALORIES	21g GLUCIDES
56g PROTÉINES	20g LIPIDES	3,0g FIBRES

30 ml	(2 c. à soupe) huile végétale
1,4 kg	(3 livres) rôti dans la pointe de surlonge
5	oignons, en quartiers
500 ml	(2 tasses) vin rouge sec
500 ml	(2 tasses) sauce tomate chaude
1	gousse d'ail, écrasée et hachée
2 ml	(½ c. à thé) thym
2 ml	(½ c. à thé) basilic
2 ml	(½ c. à thé) piment de la Jamaïque
	sel et poivre

Préchauffer le four à 180°C (350°F).

Faire chauffer l'huile dans une grande casserole allant au four. Faire saisir le rôti, sur tous les côtés, 6 à 8 minutes à feu moyen-vif. Bien assaisonner.

Ajouter les oignons; continuer la cuisson 6 à 8 minutes à feu moyen.

Incorporer vin et sauce tomate. Ajouter ail et épices; amener à ébullition. Couvrir et faire cuire 2 h ½ au four.

Servir avec des légumes.

Faire saisir le rôti 6 à 8 minutes à feu moyen-vif. Bien assaisonner.

Incorporer le vin.

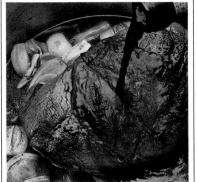

Ajouter les oignons; continuer la cuisson 6 à 8 minutes à feu moyen.

Incorporer la sauce tomate. Ajouter ail et épices; amener à ébullition. Finir la cuisson au four pendant 2 h ½.

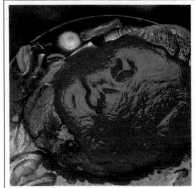

Ragoût de bœuf

(pour 4 personnes)

1 PORTION	513 CALORIES	36g GLUCIDES
36g PROTÉINES	25g LIPIDES	3,0g FIBRES

30 ml	(2 c. à soupe) huile végétale
900 g	(2 livres) haut de côtes désossées, en cubes
2 ml	(½ c. à thé) chili en poudre
60 ml	(4 c. à soupe) farine
15 ml	(1 c. à soupe) beurre
1	gousse d'ail, écrasée et hachée
1	oignon, grossièrement haché
1	branche de céleri, en dés
1 ml	(¼ c. à thé) thym
1	clou de girofle
2 ml	(½ c. à thé) estragon
2 ml	(½ c. à thé) basilic
796 ml	(28 oz) tomates en conserve
625 ml	(2 ½ tasses) bouillon de bœuf chaud
30 ml	(2 c. à soupe) pâte de tomates
2	grosses pommes de terre, pelées et en cubes
2	grosses carottes, pelées et en cubes
	sel et poivre

Préchauffer le four à 180°C (350°F).

Faire chauffer l'huile dans une casserole allant au four. Ajouter la moitié de la viande; faire saisir 3 minutes à feu moyen-vif. Retourner la viande. Ajouter chili, sel et poivre; faire cuire 3 minutes. Retirer de la casserole et mettre de côté.

Répéter la même opération pour le reste de la viande.

Remettre toute la viande saisie dans la casserole. Ajouter la farine; bien mêler et faire cuire 2 à 3 minutes à feu moyen.

Retirer la viande et la mettre de côté.

Faire fondre le beurre dans la casserole. Ajouter ail, oignon, céleri et épices; faire cuire 3 à 4 minutes à feu moyen.

Incorporer les tomates et leur jus. Rectifier l'assaisonnement. Remettre la viande dans la casserole et bien mêler.

Incorporer le bouillon de bœuf, mélanger et incorporer la pâte de tomates; couvrir et amener à ébullition. Faire cuire 1 heure au four.

Ajouter les légumes; couvrir et continuer la cuisson au four pendant 1 heure.

40 minutes avant la fin de la cuisson, retirer le couvercle.

Servir le ragoût avec du pain à l'ail.

1 Faire saisir la moitié de la viande pendant 3 minutes à feu moyen-vif. Retourner la viande et ajouter chili, sel et poivre; continuer la cuisson 3 minutes. Retirer et mettre de côté. Répéter la même opération pour le reste de la viande.

3 Faire cuire ail, oignon, céleri et épices 3 à 4 minutes à feu moyen.

2 Remettre toute la viande saisie dans la casserole. Ajouter la farine; mêler et faire cuire 2 à 3 minutes à feu moyen.

4 Incorporer les tomates et leur jus. Rectifier l'assaisonnement.

Faire sauter  la viande et l'ail à feu vif pendant 2 minutes. Ajouter le soya, mélanger et retirer la viande de la poêle.

Mettre oignons  et cornichons dans la poêle. Faire cuire 2 minutes à feu vif. Poivrer.

 Ajouter piment et cosses de pois; continuer la cuisson 2 minutes en mélangeant fréquemment.

 Remettre la viande dans la poêle. Ajouter les fèves germées; laisser mijoter 2 minutes à feu moyen-doux. Servir.

Bœuf à la minute

(pour 4 personnes)

1 PORTION	410 CALORIES	11g GLUCIDES
51g PROTÉINES	18g LIPIDES	2,2g FIBRES

30 ml	(2 c. à soupe) huile végétale
900 g	(2 livres) contre-filet, en lanières
1	gousse d'ail, écrasée et hachée
30 ml	(2 c. à soupe) sauce soya
4	oignons verts, en morceaux de 2,5 cm (1 po)
1	oignon rouge, coupé en deux et émincé
2	cornichons frais, émincés
1	piment jaune émincé
200 g	(7 oz) cosses de pois, nettoyées
250 ml	(1 tasse) fèves germées
	sel et poivre

Faire chauffer l'huile dans une grande poêle. Ajouter viande et ail; faire sauter 2 minutes à feu vif.

Saler, poivrer et ajouter le soya; mélanger et retirer la viande de la poêle. Mettre de côté.

Mettre oignons et cornichons dans la poêle; faire cuire 2 minutes à feu vif. Poivrer.

Ajouter piment et cosses de pois; continuer la cuisson à feu vif pendant 2 minutes en remuant fréquemment.

Remettre la viande dans la poêle et ajouter les fèves germées. Laisser mijoter 2 à 3 minutes à feu moyen-doux. Servir.

Rôti de côtes aux légumes

(pour 4 personnes)

1 PORTION	749 CALORIES	24g GLUCIDES
71g PROTÉINES	41g LIPIDES	3,7g FIBRES

30 ml	(2 c. à soupe) huile végétale
1,8 à 2,3 kg	(4 à 5 livres) rôti de côtes désossées, ficelé
3	oignons, coupés en quartiers
1	feuille de laurier
1 ml	(¼ c. à thé) thym
1 ml	(¼ c. à thé) basilic
375 ml	(1 ½ tasse) bière
375 ml	(1 ½ tasse) sauce brune
4	carottes, pelées
4	poireaux, coupés en 4 sur la longueur en partant de 2,5 cm (1 po) du pied, lavés
15 ml	(1 c. à soupe) fécule de maïs
45 ml	(3 c. à soupe) eau froide
	sel et poivre

Préchauffer le four à 180°C (350°F).

Faire chauffer l'huile dans une casserole allant au four. Ajouter la viande; saisir sur tous les côtés de 8 à 10 minutes.

Ajouter oignons, feuille de laurier et épices; continuer la cuisson 4 à 5 minutes.

Ajouter la bière et amener à ébullition. Incorporer la sauce brune et amener à nouveau à ébullition.

Couvrir et faire cuire au four pendant 1 h ½.

Retirer la casserole du four et ajouter les carottes; couvrir et continuer la cuisson au four pendant 1 heure.

20 minutes avant la fin de la cuisson, ajouter les poireaux.

Dès que le rôti est cuit, le placer avec les légumes dans un plat de service.

Placer la casserole à feu moyen-vif et amener le liquide de cuisson à ébullition. Délayer fécule de maïs et eau froide. Incorporer à la sauce; faire épaissir de 3 à 4 minutes à feu moyen.

Rectifier l'assaisonnement. Servir la sauce avec le rôti et les légumes.

Steak au poivre vert en cachette

(pour 4 personnes)

1 PORTION	387 CALORIES	12g GLUCIDES
51g PROTÉINES	15g LIPIDES	1,5g FIBRES

750 ml	(1 ½ livre) bœuf haché
1	œuf
30 ml	(2 c. à soupe) chapelure
15 ml	(1 c. à soupe) persil frais haché
2 ml	(½ c. à thé) sauce Worcestershire
30 ml	(2 c. à soupe) huile végétale
1	oignon haché
500 g	(1 livre) champignons frais, nettoyés et émincés
30 ml	(2 c. à soupe) grains de poivre vert
375 ml	(1 ½ tasse) bouillon de bœuf chaud
15 ml	(1 c. à soupe) fécule de maïs
45 ml	(3 c. à soupe) eau froide
	sel et poivre

Mélanger viande, œuf, chapelure, persil et sauce Worcestershire 2 minutes dans un malaxeur à vitesse rapide. Assaisonner au goût. Former 4 steaks.

Faire chauffer l'huile dans une poêle à frire. Ajouter les steaks et faire cuire 8 à 10 minutes à feu moyen en retournant les steaks fréquemment.

Retirer les steaks de la poêle et les garder au chaud dans le four.

Mettre les oignons dans la poêle; faire cuire 2 minutes. Ajouter champignons et poivre vert. Assaisonner et continuer la cuisson 3 à 4 minutes à feu moyen.

Incorporer le bouillon de bœuf, remuer et amener à ébullition. Délayer fécule de maïs et eau froide. Incorporer à la sauce et faire épaissir 2 minutes.

Retirer les steaks du four. Servir avec la sauce.

Steak Salisbury

(pour 4 personnes)

1 PORTION	436 CALORIES	16g GLUCIDES
57g PROTÉINES	16g LIPIDES	2,1g FIBRES

900 g	(2 livres) bœuf maigre haché
30 ml	(2 c. à soupe) chapelure
1	jaune d'œuf
15 ml	(1 c. à soupe) persil frais haché
2 ml	(½ c. à thé) chili en poudre
30 ml	(2 c. à soupe) huile végétale
4	oignons émincés
30 ml	(2 c. à soupe) pâte de tomates
2 ml	(½ c. à thé) basilic
500 ml	(2 tasses) bouillon de poulet chaud
25 ml	(1 ½ c. à soupe) fécule de maïs
45 ml	(3 c. à soupe) eau froide
	sel et poivre

Préchauffer le four à 70°C (150°F).

Mélanger viande, chapelure, œuf, persil, chili, sel et poivre dans un bol. Former 4 steaks.

Faire chauffer l'huile dans une grande poêle à frire. Faire cuire les steaks 8 à 10 minutes à feu moyen en les retournant fréquemment. Dès qu'ils sont cuits, les retirer de la poêle et les tenir au chaud dans le four.

Mettre les oignons dans la poêle; faire cuire 4 minutes à feu moyen.

Incorporer pâte de tomates, basilic et bouillon de bœuf; amener à ébullition. Rectifier l'assaisonnement.

Délayer fécule de maïs et eau froide. Incorporer à la sauce et faire cuire 3 à 4 minutes.

Verser la sauce aux oignons sur les steaks. Servir.

Poitrine de bœuf braisée

(pour 4 à 6 personnes)

1 PORTION	558 CALORIES	5g GLUCIDES
22g PROTÉINES	50g LIPIDES	0,5g FIBRES

30 ml	(2 c. à soupe) huile végétale
1,8 kg	(4 livres) poitrine de bœuf, ficelée
2	gros oignons, émincés
1	clou de girofle
30 ml	(2 c. à soupe) paprika
1 ml	(¼ c. à thé) thym
5 ml	(1 c. à thé) persil frais haché
250 ml	(1 tasse) bière
500 ml	(2 tasses) bouillon de bœuf léger, chaud
30 ml	(2 c. à soupe) fécule de maïs
60 ml	(4 c. à soupe) eau froide
50 ml	(¼ tasse) crème sure
	sel et poivre

Préchauffer le four à 180°C (350°F).

Faire chauffer l'huile dans une casserole allant au four. Faire saisir le bœuf, sur tous les côtés, pendant 8 minutes à feu moyen. Retirer et saler, poivrer.

Mettre les oignons dans la casserole; faire cuire 4 minutes.

Ajouter les épices; faire cuire 2 minutes.

Ajouter la bière, amener à ébullition et faire cuire 3 minutes à feu moyen. Remettre la viande dans la casserole et ajouter le bouillon de bœuf. Rectifier l'assaisonnement et amener à ébullition.

Couvrir et faire cuire 2 h à 2 h ½ au four. La viande doit être tendre au moment de servir.

Dès que la viande est cuite, la retirer de la casserole et la mettre de côté.

Remettre la casserole sur l'élément à feu moyen et amener le liquide de cuisson à ébullition. Délayer la fécule de maïs et l'eau froide. Incorporer à la sauce et continuer la cuisson 3 minutes.

Retirer du feu. Incorporer la crème sure.

Servir la sauce avec la viande.

Saucisses italiennes aux légumes

(pour 4 personnes)

1 PORTION	276 CALORIES	31g GLUCIDES
11g PROTÉINES	12g LIPIDES	3,6g FIBRES

2	carottes pelées et coupées en biseau, 2,5 cm (1 po) d'épaisseur
24	petits oignons blancs
1	petite courgette, coupée en biseau, 2,5 cm (1 po) d'épaisseur
30 ml	(2 c. à soupe) huile végétale
2	pommes pelées et en sections (retirer le cœur)
4	saucisses italiennes, coupées en biseau, 2,5 cm (1 po) d'épaisseur
2	gousses d'ail, écrasées et hachées
375 ml	(1 ½ tasse) bouillon de poulet chaud
15 ml	(1 c. à soupe) pâte de tomates
15 ml	(1 c. à soupe) fécule de maïs
45 ml	(3 c. à soupe) eau froide
	sel et poivre

Placer les carottes dans une casserole et les recouvrir d'eau; faire bouillir 6 minutes sans couvrir.

Ajouter oignons et courgettes. Saler et faire cuire 3 minutes. Égoutter les légumes. Laisser refroidir légèrement.

Faire chauffer l'huile dans une grande poêle à frire. Faire cuire légumes, pommes, saucisses et ail, 4 à 5 minutes à feu vif. Bien assaisonner.

Incorporer le bouillon de poulet et amener à ébullition.

Incorporer la pâte de tomates et faire cuire 1 minute à feu moyen-doux. Délayer fécule de maïs et eau froide. Incorporer à la sauce et prolonger la cuisson de 1 minute.

Servir avec du riz.

Ragoût au poulet crémeux

(pour 4 personnes)

1 PORTION	333 CALORIES	29g GLUCIDES
25g PROTÉINES	13g LIPIDES	2,7g FIBRES

1,6 kg	(3 ½ livres) poulet sans peau, coupé en 10 morceaux
1	petit oignon, grossièrement haché
1	branche de céleri en dés
1	feuille de laurier
1	branche de persil
1 ml	(¼ c. à thé) sel de céleri
2 ml	(½ c. à thé) basilic
45 ml	(3 c. à soupe) beurre
60 ml	(4 c. à soupe) farine
2	grosses carottes cuites, coupées en gros dés
1	grosse pomme de terre cuite, coupée en gros dés
1	gros panais cuit, coupé en gros dés
	sel et poivre
	paprika

Assaisonner les morceaux de poulet de sel, poivre et paprika. Placer cuisses et pilons dans une grande sauteuse et les recouvrir d'eau froide.

Ajouter oignon, céleri, feuille de laurier et épices; couvrir et amener à ébullition. Continuer la cuisson 16 minutes à feu moyen.

Ajouter le reste du poulet; couvrir et continuer la cuisson 20 minutes.

Transférer les morceaux de poulet dans une grande assiette. Mettre de côté. Passer le liquide de cuisson à travers une fine passoire.

Faire chauffer le beurre dans une casserole. Ajouter la farine; mélanger et faire cuire 2 à 3 minutes en remuant de temps en temps.

Incorporer la moitié du liquide de cuisson et bien remuer avec un fouet. Incorporer le reste du liquide et assaisonner. Faire cuire 3 à 4 minutes à feu moyen-doux.

Remettre le poulet dans la sauce; finir la cuisson 8 à 10 minutes à feu doux sans couvrir.

Couper le poulet **1** en 10 morceaux et retirer la peau. Assaisonner de sel, poivre et paprika.

Mettre les cuisses **2** et les pilons dans une grande sauteuse et les recouvrir d'eau froide.

3 Ajouter oignon, céleri, feuille de laurier et épices; couvrir et amener à ébullition.

4 Mettre les légumes cuits dans la sauce et continuer la cuisson.

Poulet rôti

(pour 4 personnes)

1 PORTION	321 CALORIES	12g GLUCIDES
30g PROTÉINES	17g LIPIDES	1,9g FIBRES

1,8 à 2,3 kg	(4 à 5 livres) poulet, nettoyé
1	grosse carotte
2	branches de céleri
1	oignon coupé en deux
2 à 3	branches de persil frais
1	feuille de laurier
45 ml	(3 c. à soupe) beurre fondu
1	oignon, en dés
2 ml	(½ c. à thé) estragon
375 ml	(1½ tasse) bouillon de poulet chaud
25 ml	(1½ c. à soupe) fécule de maïs
45 ml	(3 c. à soupe) eau froide
	sel et poivre

Préchauffer le four à 220°C (425°F).

Remplir l'intérieur du poulet de carotte, céleri, demi-oignons, persil et feuille de laurier. Ajouter 15 ml (1 c. à soupe) de beurre fondu.

Ficeler et badigeonner le poulet de beurre fondu. Placer dans un plat à rôtir. Assaisonner généreusement et faire saisir 15 minutes au four.

Réduire le four à 180°C (350°F) et finir la cuisson en comptant 25 à 30 minutes par 500 g (1 livre).

Dès que le poulet est cuit, le retirer du plat à rôtir et le mettre de côté.

Placer le plat sur l'élément à feu vif. Ajouter oignons en dés et estragon; faire cuire 4 minutes.

Incorporer le bouillon de poulet et amener à ébullition. Assaisonner et continuer la cuisson de 3 à 4 minutes.

Délayer fécule et eau froide. Incorporer à la sauce; faire épaissir de 1 à 2 minutes.

Servir avec le poulet rôti.

Remplir l'intérieur du poulet de légumes, persil et feuille de laurier. Arroser le tout de 15 ml (1 c. à soupe) de beurre fondu.

Enfiler du fil de cuisine dans une aiguille à volaille. Passer l'aiguille à travers la cavité du poulet et piquer deux fois dans chaque cuisse. Attacher.

Placer le poulet dans un plat à rôtir et le badigeonner de beurre fondu. Assaisonner et saisir 15 minutes au four.

Dès que le poulet est cuit, le retirer du plat. Préparer la sauce dans le jus de cuisson.

Poulet
à l'ananas

(pour 4 personnes)

1 PORTION	252 CALORIES	14g GLUCIDES
22g PROTÉINES	12g LIPIDES	0,5g FIBRES

30 ml	(2 c. à soupe) huile végétale
2	poitrines de poulet entières, sans peau, désossées et coupées en cubes
15 ml	(1 c. à soupe) gingembre frais haché
45 ml	(3 c. à soupe) pignons (noix de pins)
398 ml	(14 oz) boîte d'ananas en morceaux
45 ml	(3 c. à soupe) vinaigre de vin
375 ml	(1 ½ tasse) bouillon de poulet chaud
5 ml	(1 c. à thé) sauce soya
15 ml	(1 c. à soupe) fécule de maïs
45 ml	(3 c. à soupe) eau froide
	sel et poivre

Faire chauffer l'huile dans une grande poêle à frire. Ajouter poulet, gingembre et pignons. Assaisonner et faire cuire 4 à 5 minutes. Remuer 1 fois.

Égoutter les ananas et réserver 125 ml (½ tasse) du jus. Ajouter les ananas au poulet; continuer la cuisson 3 à 4 minutes à feu doux.

Retirer les morceaux de poulet. Mettre de côté.

Ajouter le vinaigre à la sauce et faire bouillir 1 minute. Incorporer bouillon de poulet, jus d'ananas et sauce soya. Bien assaisonner et amener à ébullition; faire cuire 3 minutes.

Délayer fécule de maïs et eau froide. Incorporer à la sauce et amener à ébullition; faire cuire 1 minute.

Remettre le poulet dans la sauce. Rectifier l'assaisonnement et laisser mijoter quelques minutes pour réchauffer le poulet.

Foies de poulet
au marsala

(pour 4 personnes)

1 PORTION	397 CALORIES	21g GLUCIDES
40g PROTÉINES	17g LIPIDES	0,8g FIBRES

750 g	(1 ½ livre) foies de poulet, nettoyés, dégraissés et coupés en deux
125 ml	(½ tasse) farine assaisonnée
30 ml	(2 c. à soupe) huile végétale
15 ml	(1 c. à soupe) beurre
1	petit oignon, finement haché
250 g	(½ livre) champignons frais, nettoyés et émincés
15 ml	(1 c. à soupe) persil frais haché
125 ml	(½ tasse) vin de Marsala
250 ml	(1 tasse) bouillon de poulet chaud
5 ml	(1 c. à thé) fécule de maïs
30 ml	(2 c. à soupe) eau froide
	sel et poivre

Enfariner les foies. Faire chauffer huile et beurre dans une poêle à frire. Ajouter les foies; faire cuire 4 minutes à feu vif en remuant 1 fois.

Ajouter oignon, champignons et persil. Assaisonner et continuer la cuisson 4 à 5 minutes à feu moyen.

Incorporer vin et bouillon de poulet; remuer et faire mijoter 4 minutes à feu doux.

Délayer fécule de maïs et eau froide. Incorporer à la sauce et amener à ébullition. Laisser mijoter 2 minutes à feu doux. Servir sur des nouilles.

Filet de porc sauté

(pour 4 personnes)

1 PORTION	357 CALORIES	12g GLUCIDES
30g PROTÉINES	21g LIPIDES	1,5g FIBRES

2	filets de porc
30 ml	(2 c. à soupe) sauce soya
50 ml	(¼ tasse) sherry sec
45 ml	(3 c. à soupe) huile végétale
1	poireau (le blanc seulement), émincé
250 g	(½ livre) champignons frais, nettoyés et émincés
3	oignons verts, en bâtonnets
1	piment vert, émincé
125 ml	(½ tasse) pois congelés, cuits
500 ml	(2 tasses) bouillon de poulet chaud
30 ml	(2 c. à soupe) fécule de maïs
60 ml	(4 c. à soupe) eau froide
	sel et poivre

Retirer le gras des filets. Tailler la viande en biseau, en tranches de 2 cm (¾ po) d'épaisseur. Mettre dans un bol et ajouter soya et sherry; laisser mariner 30 minutes.

Retirer la viande du bol. Réserver la marinade.

Faire chauffer 25 ml (1 ½ c. à soupe) d'huile dans une poêle à frire. Ajouter la moitié de la viande; faire saisir 3 à 4 minutes à feu moyen. Retourner la viande une fois et saler, poivrer.

Retirer la viande cuite et la mettre de côté. Faire cuire le reste de la viande dans la poêle chaude sans ajouter d'huile.

Mettre toute la viande cuite de côté. Faire chauffer le reste d'huile dans la poêle. Ajouter les légumes; faire cuire 3 à 4 minutes à feu vif. Bien assaisonner.

Incorporer bouillon de poulet et marinade; amener à ébullition.

Délayer fécule de maïs et eau froide. Incorporer à la sauce; laisser mijoter 1 à 2 minutes à feu moyen.

Remettre la viande dans la sauce; laisser mijoter 3 à 4 minutes à feu doux. Servir.

1 Préparer tous
les ingrédients avant de
commencer la recette.

2 Mettre viande
et épices dans un grand bol à
mélanger ou le bol d'un
malaxeur. Ajouter oignons et ail;
bien mélanger.

Pain de viande

(pour 6 à 8 personnes)

1 PORTION	317 CALORIES	14g GLUCIDES
36g PROTÉINES	13g LIPIDES	0,3g FIBRES

500 g	(1 livre) bœuf maigre haché
250 g	(½ livre) porc maigre haché
250 g	(½ livre) veau haché
15 ml	(1 c. à soupe) persil frais haché
1 ml	(¼ c. à thé) thym
1 ml	(¼ c. à thé) chili en poudre
1 ml	(¼ c. à thé) basilic
1	oignon haché, cuit
2	gousses d'ail, écrasées et hachées
375 ml	(1½ tasse) chapelure fine
2	œufs
250 ml	(1 tasse) crème légère
	sel et poivre
	quelques feuilles de laurier

Préchauffer le four à 180°C (350°F).

Moule de 25 × 10 cm (10 × 4 po).

Mettre viande et épices dans le bol d'un malaxeur. Ajouter oignon et ail; bien mélanger.

Ajouter chapelure et œufs; mélanger et incorporer la crème.

Pour vérifier l'assaisonnement, faire cuire une toute petite galette du mélange dans de l'huile chaude. Goûter et rectifier l'assaisonnement en conséquence.

Presser le mélange de viande dans le moule. Placer les feuilles de laurier sur le dessus. Déposer le moule dans un plat à rôtir contenant 2,5 cm (1 po) d'eau chaude. Faire cuire au four pendant 1 h ½.

Servir tel quel ou avec une sauce aux champignons.

Sauce aux champignons pour pain de viande

1 PORTION	30 CALORIES	2g GLUCIDES
1g PROTÉINE	2g LIPIDES	0,2g FIBRES

30 ml	(2 c. à soupe) huile végétale
250 g	(½ livre) champignons frais, nettoyés et tranchés
30 ml	(2 c. à soupe) oignon haché
250 ml	(1 tasse) aubergine, pelée et en dés
500 ml	(2 tasses) bouillon de bœuf chaud
15 ml	(1 c. à soupe) ciboulette hachée
30 ml	(2 c. à soupe) fécule de maïs
60 ml	(4 c. à soupc) eau froide
	sel et poivre

Faire chauffer l'huile dans une poêle à frire. Ajouter champignons, oignon et aubergine; couvrir et faire cuire 10 minutes à feu doux. Bien assaisonner.

Incorporer bouillon de bœuf et ciboulette. Bien assaisonner et amener à ébullition.

Délayer fécule de maïs et eau froide. Incorporer à la sauce et faire chauffer 4 à 5 minutes à feu doux.

Verser sur le pain de viande ou servir avec des hamburgers.

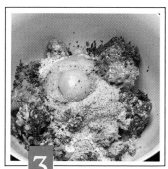
3 Ajouter chapelure et œufs. Incorporer la crème.

4 Presser le mélange dans le moule et garnir de feuilles de laurier. Placer le tout dans un plat à rôtir contenant de l'eau chaude. Faire cuire au four.

Boulettes de viande et épinards à l'ail

(pour 4 personnes)

1 PORTION	446 CALORIES	14g GLUCIDES
57g PROTÉINES	18g LIPIDES	1,9g FIBRES

750 g	(1 ½ livre) porc maigre haché
1	oignon haché, cuit
1 ml	(¼ c. à thé) chili en poudre
5 ml	(1 c. à thé) sauce Worcestershire
1	œuf
30 ml	(2 c. à soupe) huile végétale
375 ml	(1 ½ tasse) bouillon de poulet chaud
15 ml	(1 c. à soupe) sauce soya
15 ml	(1 c. à soupe) fécule de maïs
45 ml	(3 c. à soupe) eau froide
2	gousses d'ail, écrasées et hachées
900 g	(2 livres) épinards frais, cuits et hachés
	sel et poivre

Dans un robot culinaire, bien incorporer porc, oignon, chili, sauce Worcestershire, œuf, sel et poivre. Former des boulettes avec le mélange.

Faire chauffer la moitié de l'huile dans une grande poêle à frire. Ajouter les boulettes; faire cuire 3 à 4 minutes sur tous les côtés. Assaisonner généreusement.

À l'aide d'une petite cuiller, retirer et jeter la majeure partie du gras qui se trouve dans la poêle. Verser le bouillon de poulet dans la poêle et ajouter la sauce soya. Couvrir et continuer la cuisson des boulettes pendant 6 minutes.

Délayer fécule de maïs et eau froide. Incorporer à la sauce et continuer la cuisson 3 minutes.

Entre-temps, faire chauffer le reste de l'huile dans une autre poêle à frire. Ajouter ail et épinards, faire cuire 3 minutes à feu moyen. Bien assaisonner.

Servir les épinards avec les boulettes de porc.

Rôti de porc au cidre

(pour 4 personnes)

1 PORTION	1107 CALORIES	32g GLUCIDES
112g PROTÉINES	59g LIPIDES	2,2g FIBRES

30 ml	(2 c. à soupe) huile végétale
2,3 kg	(5 livres) épaule de porc, dégraissée et ficelée
2	oignons, émincés
2	pommes, pelées et en sections (retirer le cœur)
500 ml	(2 tasses) cidre de pommes
250 ml	(1 tasse) bouillon de poulet chaud
1 ml	(¼ c. à thé) thym
2 ml	(½ c. à thé) basilic
125 ml	(½ tasse) raisins de Smyrne
15 ml	(1 c. à soupe) fécule de maïs
30 ml	(2 c. à soupe) eau froide
	sel et poivre

Préchauffer le four à 150°C (300°F).

Faire chauffer l'huile dans une casserole allant au four. Faire saisir la viande, de tous les côtés, pendant 8 minutes à feu moyen. Retirer la viande et bien assaisonner.

Mettre oignons et pommes dans la casserole; faire cuire 5 à 6 minutes.

Ajouter le cidre et amener à ébullition; faire chauffer 2 minutes.

Incorporer le bouillon de poulet; bien remuer et remettre la viande dans la sauce. Ajouter les épices; couvrir et amener à ébullition.

Finir la cuisson au four de 2 h à 2 h½.

Dès que le rôti de porc est cuit, le transférer dans un plat de service. Remettre la casserole à feu moyen et amener le liquide de cuisson à ébullition; écumer.

Incorporer les raisins. Délayer la fécule de maïs et l'eau froide. Incorporer à la sauce; faire chauffer 1 minute. Rectifier l'assaisonnement.

Servir la sauce avec le rôti de porc.

Galettes de bœuf au riz

(pour 4 personnes)

1 PORTION	396 CALORIES	28g GLUCIDES
17g PROTÉINES	24g LIPIDES	1,0g FIBRES

45 ml	(3 c. à soupe) huile
1	oignon, finement haché
175 ml	(¾ tasse) bœuf maigre haché
15 ml	(1 c. à soupe) persil frais haché
1 ml	(¼ c. à thé) clou moulu
30 ml	(2 c. à soupe) farine
375 ml	(1½ tasse) restes de riz cuit
125 ml	(½ tasse) fromage gruyère râpé
1	œuf
30 ml	(2 c. à soupe) beurre
500 ml	(2 tasses) sauce tomate piquante
	sel et poivre
	fromage parmesan au goût

Faire chauffer l'huile dans une poêle à frire. Ajouter l'oignon; faire cuire 3 minutes à feu doux.

Ajouter le bœuf. Saler, poivrer et ajouter persil et clou; mélanger et faire cuire 3 à 4 minutes à feu moyen.

Incorporer farine et riz. Ajouter le gruyère; mélanger de nouveau. Faire cuire 3 minutes.

Laisser refroidir le tout. Ajouter l'œuf et mélanger. Transférer le mélange dans un malaxeur; mélanger 2 minutes.

Les mains enfarinées, former des galettes avec le mélange. Faire chauffer le beurre et faire cuire les galettes 4 minutes de chaque côté.

Servir avec une sauce tomate et du parmesan râpé.

Riz aux légumes

Riz aux tomates

(pour 4 personnes)

1 PORTION	209 CALORIES	35g GLUCIDES
6g PROTÉINES	5g LIPIDES	1,5g FIBRES

15 ml	(1 c. à soupe) huile d'olive
1	oignon haché
1	gousse d'ail, écrasée et hachée
15 ml	(1 c. à soupe) persil frais haché
375 ml	(1½ tasse) tomates en conserve, égouttées et hachées
250 ml	(1 tasse) riz à longs grains, rincé
15 ml	(1 c. à soupe) pâte de tomates
300 ml	(1¼ tasse) jus de tomates
125 ml	(½ tasse) fromage parmesan râpé
	sel et poivre

Préchauffer le four à 180°C (350°F).

Faire chauffer l'huile dans une casserole allant au four. Ajouter oignon, ail et persil; faire cuire 2 minutes à feu moyen.

Incorporer les tomates; faire cuire 3 minutes à feu vif. Saler, poivrer.

Ajouter riz, pâte et jus de tomates; amener à ébullition. Couvrir et faire cuire 18 minutes au four.

5 minutes avant la fin de la cuisson, incorporer le fromage avec une fourchette.

(pour 4 personnes)

1 PORTION	242 CALORIES	33g GLUCIDES
5g PROTÉINES	10g LIPIDES	3,7g FIBRES

15 ml	(1 c. à soupe) huile d'olive
3	oignons verts, finement hachés
250 ml	(1 tasse) riz à longs grains, rincé
1 ml	(¼ c. à thé) thym
1	feuille de laurier
375 ml	(1½ tasse) bouillon de poulet chaud
30 ml	(2 c. à soupe) beurre
¼	branche de céleri, en dés
125 ml	(½ tasse) pois verts cuits
125 ml	(½ tasse) carottes en dés, cuites
125 ml	(½ tasse) courgettes en dés
125 ml	(½ tasse) champignons en dés
	sel et poivre

Préchauffer le four à 180°C (350°F).

Faire chauffer l'huile dans une cocotte. Ajouter les oignons; faire cuire 3 minutes à feu doux.

Incorporer le riz; faire cuire 2 minutes à feu moyen. Saler, poivrer et ajouter thym et feuille de laurier.

Ajouter le bouillon de poulet; remuer, couvrir et amener à ébullition. Faire cuire au four 18 minutes.

Entre-temps, faire chauffer le beurre dans une poêle à frire. Ajouter tous les légumes; faire cuire 3 à 4 minutes. Assaisonner généreusement.

5 minutes avant la fin de cuisson du riz, incorporer les légumes.

Galettes de céleri-rave

(pour 4 personnes)

1 PORTION	409 CALORIES	37g GLUCIDES
18g PROTÉINES	21g LIPIDES	1,6g FIBRES

500 g	(1 livre) céleri-rave pelé et dans l'eau citronnée
4	grosses pommes de terre, pelées et blanchies 15 minutes
375 ml	(1½ tasse) fromage gruyère râpé
30 ml	(2 c. à soupe) huile végétale
	sel et poivre

Préchauffer le four à 220°C (425°F).

Assécher le céleri-rave et le couper en fine julienne; mettre dans un bol. Couper les pommes de terre en fine julienne et les mettre dans le bol. Ajouter le fromage; assaisonner et bien mêler. Réfrigérer 1 heure.

Faire chauffer l'huile dans une grande poêle à frire. Ajouter le mélange de céleri-rave et le presser avec une spatule. Faire cuire 15 minutes à feu moyen.

Finir la cuisson au four pendant 15 minutes. Si nécessaire, protéger la poignée de la poêle à frire en la recouvrant d'un papier d'aluminium.

Couper en pointe de tarte. Servir.

Galettes de pommes de terre

(pour 4 personnes)

1 PORTION	408 CALORIES	34g GLUCIDES
5g PROTÉINES	28g LIPIDES	2,0g FIBRES

8	pommes de terre, pelées et bouillies
45 ml	(3 c. à soupe) beurre
2	jaunes d'œufs
2 ml	(½ c. à thé) gingembre
2 ml	(½ c. à thé) sarriette
5 ml	(1 c. à thé) graines de céleri
5 ml	(1 c. à thé) graines de sésame
50 ml	(¼ tasse) crème à 35%
45 ml	(3 c. à soupe) huile d'arachide
	sel et poivre blanc

Passer les pommes de terre dans un moulin à légumes muni d'une grille fine. Saler, poivrer.

Ajouter le beurre et les jaunes d'œufs. Mélanger pour bien incorporer les ingrédients. Ajouter les épices et la crème; mélanger de nouveau. Laisser refroidir.

Les mains enfarinées, former des galettes avec le mélange. Faire chauffer l'huile dans une grande poêle à frire. Ajouter les galettes et faire cuire 3 minutes de chaque côté à feu moyen-vif.

Servir immédiatement.

Pâté du berger

(pour 4 à 6 personnes)

1 PORTION	587 CALORIES 44g GLUCIDES
42g PROTÉINES	27g LIPIDES 3,9g FIBRES

30 ml	(2 c. à soupe) huile
½	oignon rouge, haché
15 ml	(1 c. à soupe) persil frais haché
250 g	(½ livre) champignons frais, nettoyés et grossièrement hachés
1 ml	(¼ c. à thé) clou moulu
1 ml	(¼ c. à thé) piment de la Jamaïque
500 g	(1 livre) bœuf maigre haché

250 g	(½ livre) porc maigre haché
2 ml	(½ c. à thé) basilic
1 ml	(¼ c. à thé) thym
341 ml	(12 oz) boîte de maïs en grains, égoutté
375 ml	(1 ½ tasse) sauce tomate chaude
125 ml	(½ tasse) fromage romano râpé
750 à 875 ml	(3 à 3 ½ tasses) purée de pommes de terre
30 ml	(2 c. à soupe) beurre fondu
	une pincée de paprika
	sel et poivre

Préchauffer le four à 190°C (375°F).

Faire chauffer l'huile dans une sauteuse. Ajouter oignon et persil; faire cuire 2 minutes. Ajouter champignons, clou et piment de Jamaïque; continuer la cuisson 3 minutes à feu moyen.

Incorporer bœuf, porc, basilic et thym; faire cuire 5 à 6 minutes à feu moyen vif.

Incorporer le maïs, assaisonner et faire cuire 3 à 4 minutes. Ajouter sauce tomate et fromage; continuer la cuisson 2 à 3 minutes à feu moyen.

Étendre le mélange dans un grand plat à gratin. Recouvrir le tout de purée de pommes de terre.

Saupoudrer les pommes de terre de paprika et arroser le tout de beurre fondu. Faire cuire 45 minutes au four.

Faire cuire champignons, clou et piment de Jamaïque 3 minutes à feu moyen.

Incorporer bœuf, porc, basilic et thym; faire cuire 5 à 6 minutes à feu moyen-vif.

Ajouter le maïs. Assaisonner et faire cuire 3 à 4 minutes. Ajouter sauce tomate et fromage; continuer la cuisson 2 à 3 minutes.

Étendre le mélange dans un grand plat à gratin et recouvrir le tout de purée de pommes de terre.

120

Pizza au pita

(pour 4 personnes)

1 PORTION	553 CALORIES	57g GLUCIDES
25g PROTÉINES	25g LIPIDES	3,9g FIBRES

4	petits pains pita à blé entier
250 à 375 ml	(1 à 1 ½ tasse) sauce tomate, chaude
12	champignons frais, nettoyés et émincés
½	piment vert, en rondelles
½	piment rouge, en rondelles
12	olives noires dénoyautées, émincées
2	saucisses de porc
250 ml	(1 tasse) fromage mozzarella râpé
300 ml	(1 ¼ tasse) fromage cheddar râpé
	persil frais haché au goût
	sel et poivre

Préchauffer le four à 220°C (425°F).

Placer les pains pita sur une plaque à biscuits et les recouvrir de sauce tomate. Ajouter champignons, piments et olives.

Retirer la chair des saucisses. Parsemer la chair sur les pizzas. Ajouter les fromages et assaisonner de persil, sel et poivre.

Faire cuire 10 minutes au milieu du four.

Voici une bonne façon d'utiliser des restes de légumes. Le choix des légumes ne dépend que de vous!

Salade de pommes de terre chaudes

(pour 4 personnes)

1 PORTION	180 CALORIES	27g GLUCIDES
9g PROTÉINES	4g LIPIDES	1,0g FIBRES

4	grosses pommes de terre, bouillies avec la peau et encore chaudes
4	tranches de bacon, en dés
3	oignons verts, hachés
1	branche du cœur de céleri, finement hachée
1	gousse d'ail, écrasée et hachée
125 ml	(½ tasse) vinaigre de vin rouge
175 ml	(¾ tasse) bouillon de poulet chaud
15 ml	(1 c. à soupe) ciboulette hachée
	sel et poivre

Peler et couper les pommes de terre en grosses tranches. Tenir au chaud dans un four préchauffé à 70°C (150°F).

Faire cuire le bacon dans une poêle à frire 4 minutes ou jusqu'à ce qu'il soit croustillant. Retirer le bacon et le mettre de côté.

Mettre oignons, céleri et ail dans le gras de bacon; faire cuire 3 minutes à feu moyen.

Incorporer le vinaigre; faire cuire 1 minute à feu vif. Incorporer le bouillon; continuer la cuisson 2 minutes.

Ajouter la ciboulette et assaisonner généreusement. Verser sur les pommes de terre chaudes. Laisser reposer 10 minutes sur le comptoir.

Servir sur des feuilles de laitue. Parsemer de bacon croustillant.

Croquettes de sole

(pour 4 personnes)

1 PORTION	543 CALORIES	42g GLUCIDES
33g PROTÉINES	27g LIPIDES	0,2g FIBRES

60 ml	(4 c. à soupe) beurre
50 ml	(¼ tasse) farine
250 ml	(1 tasse) lait chaud
3	filets de sole, cuits et hachés
1	petite enveloppe de gélatine non aromatisée, ramollie dans l'eau
1	jaune d'œuf
50 ml	(¼ tasse) crème à 35%
15 ml	(1 c. à soupe) persil frais haché
3	blancs d'œufs
15 ml	(1 c. à soupe) huile
500 ml	(2 tasses) chapelure
	sel et poivre
	jus de ¼ citron

Faire chauffer le beurre dans une casserole. Ajouter la farine; mélanger et faire cuire 2 minutes à feu doux.

Incorporer le lait avec un fouet. Assaisonner et continuer la cuisson pendant 5 minutes.

Retirer la casserole du feu. Ajouter poisson et gélatine. Mélanger jaune d'œuf et crème. Incorporer au mélange.

Ajouter persil et jus de citron. Rectifier l'assaisonnement.

Étendre le mélange dans une grande assiette; couvrir d'une pellicule plastique et réfrigérer 2 heures.

Battre blancs d'œufs et huile jusqu'à ce qu'ils moussent légèrement.

Former des croquettes en forme de tube avec le mélange de poisson. Rouler les croquettes dans la chapelure, les tremper dans les blancs battus et les rouler de nouveau dans la chapelure.

Faire dorer les croquettes dans de l'huile d'arachide chaude. Servir.

Tomates farcies au fromage

(pour 4 personnes)

1 PORTION	180 CALORIES	18g GLUCIDES
9g PROTÉINES	8g LIPIDES	3,2g FIBRES

4	grosses tomates
15 ml	(1 c. à soupe) huile végétale
1	petit oignon, finement haché
1	gousse d'ail, écrasée et hachée
2 ml	(½ c. à thé) origan
15	champignons frais, nettoyés et émincés
15 ml	(1 c. à soupe) persil frais haché
125 ml	(½ tasse) fromage ricotta
75 ml	(⅓ tasse) chapelure
	sel et poivre

Préchauffer le four à 190°C (375°F).

Retirer le pédicule de chaque tomate. Retourner la tomate à l'envers et découper la calotte de chaque tomate. Très délicatement, retirer le chair sans abîmer la peau.

Placer les tomates évidées dans un plat à gratin. Saler, poivrer et arroser la cavité d'huile. Mettre la chair de côté.

Faire chauffer l'huile dans une poêle à frire. Ajouter oignon et ail; faire cuire 3 à 4 minutes.

Ajouter chair de tomates, origan, champignons et persil. Saler, poivrer et faire cuire 4 à 5 minutes à feu moyen.

Incorporer fromage et chapelure; faire cuire 2 à 3 minutes à feu moyen.

Farcir les tomates du mélange. Faire cuire 30 à 35 minutes au four.

1 Retirer le pédicule de chaque tomate. Retourner les tomates à l'envers et découper la calotte de chaque tomate. (On peut l'utiliser comme garniture au moment de servir.)

3 Faire cuire oignon et ail. Ajouter chair de tomates, origan, champignons et persil. Saler, poivrer; faire cuire 4 à 5 minutes à feu moyen.

2 Très délicatement, retirer la chair sans abîmer la peau. Saler, poivrer et arroser la cavité d'huile. Mettre de côté.

4 Incorporer fromage et chapelure; faire cuire 2 à 3 minutes. Farcir les tomates. Faire cuire 30 à 35 minutes au four.

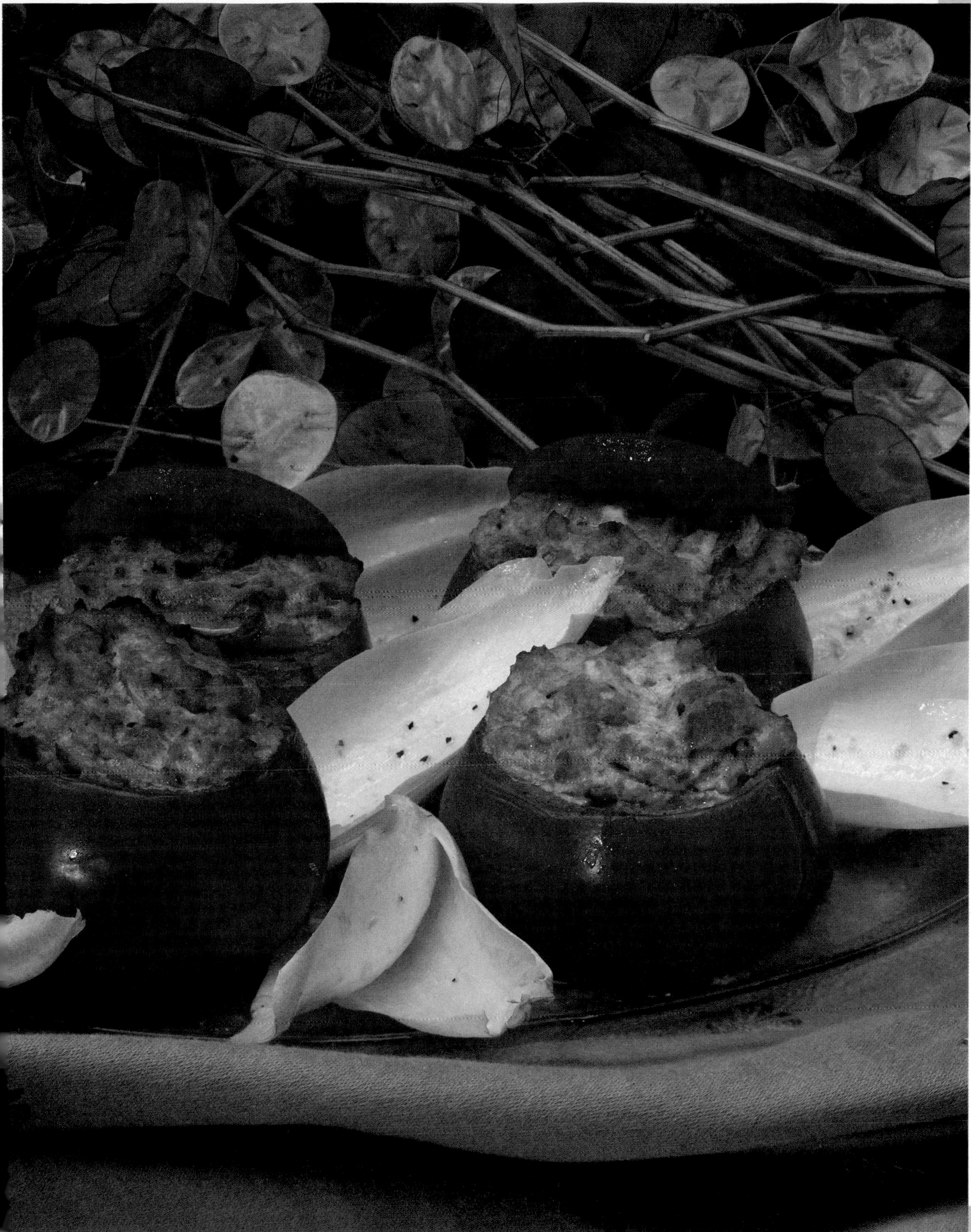

Salade de pommes de terre au citron

(pour 4 personnes)

1 PORTION	291 CALORIES	18g GLUCIDES
3g PROTÉINES	23g LIPIDES	1,4g FIBRES

125 ml	(½ tasse) mayonnaise
15 ml	(1 c. à soupe) persil frais haché
30 ml	(2 c. à soupe) zeste de citron râpé
4	pommes de terre bouillies, pelées et coupées en gros dés
2	branches de céleri, en dés
50 ml	(¼ tasse) oignon rouge haché
	jus de ½ citron
	sel et poivre

Mélanger mayonnaise, persil, zeste et jus de citron. Assaisonner au goût.

Mettre pommes de terre, céleri et oignon dans un bol; bien mêler.

Arroser le tout de vinaigrette au citron; mélanger de nouveau et servir.

Langues de bœuf en salade

(pour 4 personnes)

1 PORTION	232 CALORIES	10g GLUCIDES
12g PROTÉINES	16g LIPIDES	1,5g FIBRES

1	gros concombre, pelé, épépiné et en julienne
1	pomme pelée et en sections (retirer le cœur)
250 ml	(1 tasse) betteraves cuites, en julienne
500 ml	(2 tasses) langue de bœuf cuite, en julienne
45 ml	(3 c. à soupe) câpres
50 ml	(¼ tasse) mayonnaise
15 ml	(1 c. à soupe) moutarde forte
15 ml	(1 c. à soupe) pâte d'anchois
	quelques gouttes de jus de citron
	sel et poivre

Mettre les concombres dans un bol. Saler et laisser mariner 30 minutes.

Égoutter les concombres et les mettre dans un autre bol. Ajouter pomme, betteraves, langue et câpres; bien mélanger.

Incorporer mayonnaise, moutarde, pâte d'anchois et jus de citron. Saler, poivrer. Verser la vinaigrette sur la salade. Mélanger le tout.

Servir sur des feuilles de laitue.

Délicieuse salade à la dinde

(pour 4 personnes)

1 PORTION	262 CALORIES	11g GLUCIDES
23g PROTÉINES	14g LIPIDES	2,3g FIBRES

500 ml	(2 tasses) restes de dinde cuite, en dés
2	carottes, pelées et râpées
125 ml	(½ tasse) oignon finement haché
2	oignons verts, finement hachés
1	branche de céleri, en dés
1	concombre pelé, épépiné et tranché
24	champignons frais, nettoyés et émincés
50 ml	(¼ tasse) jus de limette
2	feuilles de menthe, hachées
90 g	(3 oz) fromage à la crème, mou
15 ml	(1 c. à soupe) huile
5 ml	(1 c. à thé) vinaigre de vin
	quelques gouttes de sauce Worcestershire
	sel et poivre

Mettre restes de dinde et légumes dans un grand bol à salade.

Dans un blender, bien mélanger le reste des ingrédients. Rectifier l'assaisonnement.

Verser la vinaigrette sur la salade. Refroidir. Servir.

Garbure
de légumes

(pour 6 à 8 personnes)

1 PORTION	140 CALORIES	22g GLUCIDES
4g PROTÉINES	4g LIPIDES	2,4g FIBRES

30 ml	(2 c. à soupe) beurre fondu
2	oignons hachés
2	oignons verts émincés
2	carottes pelées et émincées
2	pommes de terre, pelées et en gros dés
1	petit navet, pelé et émincé
1	panais, pelé et émincé
1	feuille de laurier
3	branches de persil frais
2 ml	(½ c. à thé) basilic
1 ml	(¼ c. à thé) romarin
2 ml	(½ c. à thé) cerfeuil
1 ml	(¼ c. à thé) marjolaine
¼	chou, effeuillé
2 L	(8 tasses) bouillon de poulet chaud
1	piment jaune, en dés
1	piment rouge, en dés
375 ml	(1 ½ tasse) gros croûtons
50 ml	(¼ tasse) fromage gruyère râpé
	sel et poivre

Faire chauffer le beurre dans une grande casserole. Ajouter oignons et oignons verts; couvrir et faire cuire 3 minutes à feu moyen.

Ajouter carottes, pommes de terre, navet et panais; bien mélanger. Couvrir et continuer la cuisson 5 minutes.

Ajouter les épices; bien mêler et ajouter le chou. Incorporer le bouillon de poulet et amener à ébullition, sans couvrir, à feu vif.

Faire cuire la soupe, sans couvrir, pendant 35 minutes à feu moyen-doux.

5 minutes avant la fin de la cuisson, ajouter les piments.

Servir avec croûtons et fromage râpé.

Œufs brouillés aux légumes

(pour 4 personnes)

1 PORTION	251 CALORIES	5g GLUCIDES
15g PROTÉINES	19g LIPIDES	1,3g FIBRES

30 ml	(2 c. à soupe) beurre
12	tomates naines
¼	concombre, en petits dés
4	oignons verts, en bâtonnets de 2,5 cm (1 po)
8	œufs battus, assaisonnés
6	tranches de salami, en lanières
	sel et poivre

Faire chauffer le beurre dans une poêle en téflon. Ajouter les légumes; faire cuire 3 à 4 minutes à feu moyen-vif. Bien assaisonner et remuer 1 fois.

Réduire l'élément à feu moyen. Verser les œufs dans la poêle. Mélanger rapidement et continuer la cuisson de 1 à 2 minutes en remuant constamment.

Ajouter les lanières de salami, remuer et servir immédiatement. Accompagner de bacon, si désiré.

Omelette au fromage et épinards

(pour 4 à 6 personnes)

1 PORTION	441 CALORIES	5g GLUCIDES
31g PROTÉINES	33g LIPIDES	0,8g FIBRES

30 ml	(2 c. à soupe) beurre
375 ml	(1½ tasse) épinards cuits, émincés
6	œufs
125 ml	(½ tasse) fromage gruyère râpé
	sel et poivre

Faire chauffer 15 ml (1 c. à soupe) de beurre dans une poêle en téflon. Ajouter les épinards, saler et poivrer. Cuire 3 minutes à feu vif.

Casser les œufs dans un bol et les battre à la fourchette. Bien assaisonner.

Mettre les épinards dans les œufs et bien mélanger.

Faire chauffer le reste du beurre dans une poêle en téflon. Ajouter le mélange et faire cuire 3 minutes à feu moyen.

Parsemer de fromage; couvrir et continuer la cuisson 2 à 3 minutes à feu moyen-doux.

Servir.

Omelette aux pommes de terre

(pour 2 personnes)

1 PORTION	441 CALORIES	18g GLUCIDES
18g PROTÉINES	33g LIPIDES	1,1g FIBRES

30 ml	(2 c. à soupe) beurre
5 ml	(1 c. à thé) huile végétale
2	pommes de terre pelées et tranchées
30 ml	(2 c. à soupe) oignon haché
15 ml	(1 c. à soupe) persil haché frais
5	œufs
	une pincée de muscade
	sel et poivre

Faire chauffer 15 ml (1 c. à soupe) de beurre et l'huile dans une petite poêle à frire.

Ajouter les pommes de terre et assaisonner. Les cuire 2 à 3 minutes de chaque côté à feu moyen. Les remuer au cours de la cuisson.

Saupoudrer la muscade sur les pommes de terre et mélanger; couvrir et continuer la cuisson 8 à 10 minutes.

Bien mélanger; ajouter oignon et persil. Cuire, sans couvrir, 3 à 4 minutes.

Entre-temps, casser les œufs dans un bol et les battre à la fourchette; saler et poivrer.

Faire chauffer le reste du beurre dans une poêle en téflon.

Ajouter les œufs et cuire une minute à feu vif.

Remuer les œufs rapidement et ajouter les pommes de terre. Rouler l'omelette et continuer la cuisson 1 minute.

Servir avec des brocoli. Décorer avec des pommes de terre.

Œufs farcis à la moutarde

(pour 4 à 6 personnes)

1 PORTION	241 CALORIES	0g GLUCIDES
13g PROTÉINES	21g LIPIDES	0,2g FIBRES

12	œufs durs, coupés en 2 sur la longueur
30 ml	(2 c. à soupe) moutarde de Dijon
60 ml	(4 c. à soupe) mayonnaise
	quelques gouttes de sauce Tabasco
	jus de citron au goût
	sel et poivre
	persil frais haché
	quelques feuilles de laitue, lavées et égouttées

Forcer les jaunes d'œufs à travers une passoire en utilisant le dos d'une cuiller. Les mettre dans un bol et bien mélanger.

Ajouter moutarde, mayonnaise, sauce Tabasco, jus de citron, sel et poivre.

Bien mélanger et rectifier l'assaisonnement.

Introduire le mélange dans un sac à pâtisserie muni d'une douille étoilée.

Farcir les blancs d'œufs; saupoudrer de persil.

Disposer les œufs farcis sur les feuilles de laitue et servir.

Si désiré, mettre le plat, recouvert d'une feuille de plastique, au réfrigérateur jusqu'au moment de servir.

Œufs pochés au bacon

(pour 4 à 6 personnes)

1 PORTION	288 CALORIES	1g GLUCIDES
17g PROTÉINES	24g LIPIDES	0g FIBRES

1,5 L	(6 tasses) eau
5 ml	(1 c. à thé) vinaigre blanc
4	œufs
6	tranches de bacon croustillant
	sel
	pain grillé beurré

Mettre eau, vinaigre et sel dans une casserole; amener à ébullition.

Réduire la chaleur pour que l'eau mijote. Délicatement, glisser les œufs, un par un, dans l'eau. Faire cuire 3 minutes à feu moyen.

Retirer les œufs avec une cuiller à trous et égoutter.

Servir sur le pain grillé, avec le bacon. Décorer avec des tomates tranchées.

BARBECUE

Quelques petits conseils

Peu importe le type de barbecue utilisé: gaz, charbon, brique, etc., prenez l'habitude de préchauffer le barbecue avant la cuisson.

Lorsque le barbecue est presque chaud, huilez la grille et faites-la chauffer pour empêcher les aliments d'y adhérer durant la cuisson.

Dégraissez les viandes pour empêcher la graisse fondante de s'écouler sur les charbons et de s'enflammer, ce qui ferait noircir les aliments.

Surveillez les aliments qui cuisent au barbecue. Retournez-les, si nécessaire, pour les empêcher de brûler.

En raison de la très grande variété de barbecues sur le marché, utilisez nos temps de cuisson comme guide et adaptez-les à votre barbecue.

Les charbons doivent être très chauds et gris avant de commencer la cuisson des aliments.

À défaut de marinade, utilisez de l'huile et badigeonnez les aliments généreusement avant de les placer sur la grille chaude. De cette façon, on peut saisir rapidement la viande et elle aura meilleur goût.

La cuisson des poissons au barbecue demande un peu plus de patience, car les poissons ont tendance à adhérer à la grille. Pour éviter ce problème, utilisez une grille à poisson à poignée longue, en acier inoxydable.

Steak Diane barbecue

(pour 2 personnes)

1 PORTION	445 CALORIES	1g GLUCIDES
35g PROTÉINES	26g LIPIDES	trace FIBRES

60 ml	(4 c. à soupe) beurre fondu
60 ml	(4 c. à soupe) cognac
60 ml	(4 c. à soupe) sherry
30 ml	(2 c. à soupe) ciboulette hachée
2	steaks de contre-filet, 250 à 300 g (8 à 10 oz) chacun
	sel et poivre

Préchauffer le barbecue à FORT.

Mettre beurre, cognac, sherry et ciboulette dans une petite casserole; amener à ébullition.

Retirer le surplus de gras des steaks.

Verser la marinade chaude sur la viande; laisser reposer 15 minutes.

Placer les steaks sur la grille chaude. Faire cuire 8 à 10 minutes ou au goût. Retourner les steaks de 2 à 3 fois et badigeonner de temps en temps. Assaisonner au goût.

Biftecks de flanc délicieux

(pour 4 personnes)

1 PORTION	1064 CALORIES	11g GLUCIDES
46g PROTÉINES	94g LIPIDES	trace FIBRES

Marinade

375 ml	(1½ tasse) huile végétale
125 ml	(½ tasse) sauce soya
50 ml	(¼ tasse) sauce Worcestershire
125 ml	(½ tasse) vinaigre de vin
125 ml	(½ tasse) jus de citron
30 ml	(2 c. à soupe) moutarde sèche
5 ml	(1 c. à thé) sel
15 ml	(1 c. à soupe) poivre
15 ml	(1 c. à soupe) persil frais haché
2	gousses d'ail, écrasées et hachées

Recette

2	grands biftecks de flanc, dégraissés

Préchauffer le barbecue à FORT.

Bien mélanger les ingrédients de la marinade. Verser sur les steaks et réfrigérer 4 heures.

Égoutter la viande et la couper, en biseau, en grandes lanières. Placer sur la grille chaude et faire cuire 3 à 4 minutes de chaque côté. Assaisonner et badigeonner de marinade.

Servir avec des pommes de terre.

Entrecôtes aux framboises

(pour 4 personnes)

1 PORTION	314 CALORIES	13g GLUCIDES
33g PROTÉINES	14g LIPIDES	trace FIBRES

4	entrecôtes, 250 à 300 g (8 à 10 oz) chacune
30 ml	(2 c. à soupe) beurre
3	oignons moyens hachés
1	gousse d'ail, écrasée et hachée
15 ml	(1 c. à soupe) persil frais haché
50 ml	(¼ tasse) vinaigre de vin aux framboises
125 ml	(½ tasse) sauce pour taco
	huile
	sel et poivre

Préchauffer le barbecue à FORT.

Badigeonner les entrecôtes d'huile. Placer sur la grille chaude et faire cuire 8 à 10 minutes ou au goût. Retourner 3 à 4 fois durant la cuisson et assaisonner dès que la viande est saisie.

Entre-temps, faire chauffer le beurre dans une casserole. Ajouter oignons, ail et persil; faire cuire 3 minutes à feu doux.

Ajouter le vinaigre; faire cuire 3 à 4 minutes à feu moyen-vif.

Saler, poivrer et incorporer la sauce pour taco; faire cuire 2 à 3 minutes à feu doux.

Servir avec les entrecôtes.

Il est important de badigeonner les entrecôtes d'huile lorsqu'on n'utilise pas une marinade.

Faire cuire oignons, ail et persil dans le beurre chaud, 3 à 4 minutes à feu doux.

Ajouter le vinaigre et faire réduire 3 à 4 minutes à feu moyen-vif.

Assaisonner et incorporer la sauce pour taco; faire cuire 2 à 3 minutes à feu doux.

Steaks d'aloyau piquants

(pour 4 personnes)

1 PORTION	319 CALORIES	18g GLUCIDES
24g PROTÉINES	17g LIPIDES	trace FIBRES

4	steaks d'aloyau (T-Bone), 2,5 à 3 cm, (1 à 1¼ po) d'épaisseur
125 ml	(½ tasse) ketchup
30 ml	(2 c. à soupe) beurre fondu
15 ml	(1 c. à soupe) sauce Worcestershire
2 ml	(½ c. à thé) gingembre haché
30 ml	(2 c. à soupe) vinaigre de vin
30 ml	(2 c. à soupe) miel
15 ml	(1 c. à soupe) jus de citron
15 ml	(1 c. à soupe) moutarde de Dijon
	sel et poivre
	huile

Préchauffer le barbecue à FORT.

Retirer la majeure partie du gras des steaks. Entailler le reste du gras avec un couteau pour qu'il ne se torde pas durant la cuisson. Huiler légèrement les steaks. Mettre de côté.

Faire chauffer ketchup, beurre et sauce Worcestershire 2 à 3 minutes dans une petite casserole à feu doux.

Ajouter gingembre, vinaigre et miel; continuer la cuisson 2 à 3 minutes.

Retirer du feu et incorporer jus de citron et moutarde.

Badigeonner les steaks du mélange. Placer sur la grille chaude et faire cuire 12 à 14 minutes ou au goût. Retourner 4 fois durant la cuisson, badigeonner fréquemment et bien assaisonner.

Retirer la majeure partie du gras. Entailler le reste du gras pour qu'il ne se torde pas durant la cuisson. Huiler légèrement les steaks. **1**

Faire chauffer ketchup, beurre et sauce Worcestershire 2 à 3 minutes dans une casserole à feu doux. **2**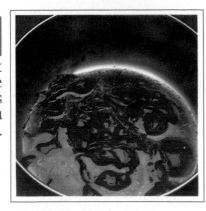

Ajouter gingembre, vinaigre et miel; continuer la cuisson 2 à 3 minutes. Retirer du feu et incorporer jus de citron et moutarde. **3**

Badigeonner les steaks du mélange. **4**

Hamburger juteux

(pour 4 personnes)

1 PORTION	437 CALORIES	7g GLUCIDES
70g PROTÉINES	13g LIPIDES	trace FIBRES

900 g	(2 livres) bœuf maigre haché
1	oignon moyen, haché et cuit
2 ml	(½ c. à thé) poudre de chili
30 ml	(2 c. à soupe) pâte de tomates
45 ml	(3 c. à soupe) chapelure
1	œuf
	une pincée de paprika
	sel et poivre
	huile pour badigeonner

Préchauffer le barbecue à MOYEN.

Mettre tous les ingrédients, sauf l'huile, dans un malaxeur. Bien mélanger jusqu'à ce que la viande forme une boule.

Former des hamburgers et les badigeonner d'huile. Placer sur la grille chaude et bien assaisonner. Couvrir et faire cuire 8 à 10 minutes ou au goût. Retourner la viande 2 à 3 fois durant la cuisson. Assaisonner au goût.

Accompagner de relish et d'oignons frits.

Oignons frits

(pour 4 personnes)

1 PORTION	259 CALORIES	31g GLUCIDES
8g PROTÉINES	11g LIPIDES	trace FIBRES

2	oignons moyens, en rondelles
375 ml	(1½ tasse) lait
2	œufs battus
375 ml	(1½ tasse) biscuits soda, écrasés et bien assaisonnés
	une pincée de paprika

Laisser les rondelles d'oignons tremper dans le lait pendant 15 minutes.

Égoutter les oignons, les tremper dans les œufs battus et les enrober de biscuits écrasés. Saupoudrer de paprika.

Faire dorer 3 minutes dans de l'huile chaude. Servir avec des hamburgers.

Biftecks de faux-filet

(pour 4 personnes)

1 PORTION	426 CALORIES	11g GLUCIDES
40g PROTÉINES	24g LIPIDES	0,5g FIBRES

Marinade

3	oignons verts, finement hachés
50 ml	(¼ tasse) sauce soya
50 ml	(¼ tasse) huile de sésame
15 ml	(1 c. à soupe) sucre
30 ml	(2 c. à soupe) graines de sésame
	poivre du moulin

Recette

4	biftecks de faux-filet

Préchauffer le barbecue à FORT.

Bien mélanger les ingrédients de la marinade. Verser sur les steaks. Réfrigérer 1 heure.

Placer les steaks sur la grille chaude; faire cuire 5 à 6 minutes de chaque côté ou au goût. Badigeonner de temps en temps et poivrer.

Entrecôtes
et sauce aux légumes

(pour 4 personnes)

1 PORTION	328 CALORIES	19g GLUCIDES
34g PROTÉINES	13g LIPIDES	1,0g FIBRES

30 ml	(2 c. à soupe) huile
3	piments jalapeno frais, très finement hachés
2	oignons, hachés
1	piment jaune, haché
2	tomates pelées et en dés
1	courgette, en petits dés
250 ml	(1 tasse) ananas en cubes
2 ml	(½ c. à thé) cumin
2 ml	(½ c. à thé) origan
2 ml	(½ c. à thé) basilic
45 ml	(3 c. à soupe) pâte de tomates
4	entrecôtes, 250 à 300 g (8 à 10 oz) chacune
	sel et poivre

Préchauffer le barbecue à FORT.

Faire chauffer la moitié de l'huile dans une casserole. Ajouter piments et oignons; faire cuire 3 à 4 minutes à feu moyen.

Ajouter tomates et courgette; couvrir et faire cuire 5 à 6 minutes.

Incorporer ananas, cumin, origan et basilic. Assaisonner; couvrir et faire cuire 10 minutes à feu moyen. Ajouter la pâte de tomates; couvrir et continuer la cuisson 3 minutes.

Entre-temps, badigeonner les entrecôtes du restant d'huile et placer sur la grille chaude. Faire cuire 8 à 10 minutes ou au goût. Retourner 3 à 4 fois durant la cuisson et assaisonner dès que la viande est saisie.

Accompagner les entrecôtes de la sauce aux légumes.

Faire cuire piments et oignons 3 à 4 minutes à feu moyen.

 Incorporer ananas et épices. Saler, poivrer; couvrir et faire cuire 10 minutes à feu moyen.

Ajouter tomates et courgettes; couvrir et continuer la cuisson 5 à 6 minutes.

 Ajouter la pâte de tomates; couvrir et prolonger la cuisson 3 minutes.

Petites côtes
de dos marinées

(pour 4 personnes)

1 PORTION	1014 CALORIES	15g GLUCIDES
47g PROTÉINES	84g LIPIDES	trace FIBRES

Marinade

175 ml	(¾ tasse) jus d'ananas
45 ml	(3 c. à soupe) sauce soya
2	gousses d'ail, écrasées et hachées
50 ml	(¼ tasse) ketchup
15 ml	(1 c. à soupe) miel

Recette

1,4 kg	(3 livres) petites côtes de dos de porc
	sel et poivre

Préchauffer le barbecue à DOUX.

Mettre jus d'ananas, sauce soya et ail dans un grand bol; bien mélanger. Ajouter le reste des ingrédients de la marinade. Assaisonner au goût. Ajouter les petites côtes et laisser mariner 15 minutes.

Placer les côtes sur la grille chaude. Couvrir partiellement et faire cuire 40 à 50 minutes. Retourner fréquemment et badigeonner au besoin. Bien assaisonner.

Contre-filet
mariné au vin

(pour 4 personnes)

1 PORTION	341 CALORIES	2g GLUCIDES
41g PROTÉINES	15g LIPIDES	trace FIBRES

2	gousses d'ail, écrasées et hachées
2	feuilles de laurier, finement hachées
5 ml	(1 c. à thé) de poivre vert en grains
125 ml	(½ tasse) vin blanc sec
30 ml	(2 c. à soupe) vinaigre de vin
15 ml	(1 c. à soupe) huile
4	steaks de contre-filet, 250 à 300 g (8 à 10 oz) chacun
	sel et poivre

Préchauffer le barbecue à FORT.

Placer tous les ingrédients dans un grand plat profond; laisser mariner 15 minutes.

Placez les steaks sur la grille chaude; faire cuire 8 à 10 minutes ou au goût. Retourner au moins 3 fois. Badigeonner et assaisonner au goût.

Côtelettes de veau et hollandaise aux tomates

(pour 4 personnes)

1 PORTION	665 CALORIES	3.2g GLUCIDES
52g PROTÉINES	49g LIPIDES	0,3g FIBRES

45 ml	(3 c. à soupe) huile
5 ml	(1 c. à thé) sauce Worcestershire
5 ml	(1 c. à thé) poudre de cari
5 ml	(1 c. à thé) chili en poudre
4	grosses côtelettes de veau
15 ml	(1 c. à soupe) eau chaude
30 ml	(2 c. à soupe) raifort
3	jaunes d'œufs
15 ml	(1 c. à soupe) pâte de tomates
2 ml	(½ c. à thé) cumin
125 ml	(½ tasse) beurre fondu
	jus de 1 limette
	sel et poivre

Préchauffer le barbecue à FORT.

Mélanger huile, sauce Worcestershire, cari, chili et jus de limette. Badigeonner les côtelettes du mélange. Saler, poivrer.

Placer sur la grille chaude. Faire cuire 5 à 6 minutes de chaque côté ou selon l'épaisseur. Badigeonner de temps en temps. Assaisonner au goût.

Mélanger eau, raifort, jaunes d'œufs, pâte de tomates et épices dans un blender pendant 30 secondes à vitesse rapide.

Réduire la vitesse à faible et très lentement incorporer le beurre. Bien mélanger jusqu'à ce que le beurre soit complètement incorporé. Assaisonner et servir avec le veau.

Côtelettes de veau juteuses

(pour 4 personnes)

1 PORTION	576 CALORIES	18g GLUCIDES
52g PROTÉINES	30g LIPIDES	0,6g FIBRES

30 ml	(2 c. à soupe) beurre
2	oignons verts, hachés
1	gousse d'ail, écrasée et hachée
1	grosse tomate, pelée et en dés
375 ml	(1½ tasse) sauce brune chaude
30 ml	(2 c. à soupe) sauce chili
15 ml	(1 c. à soupe) sauce tériyaki
5 ml	(1 c. à thé) gingembre frais haché
4	grosses côtelettes de veau
	sel et poivre

Préchauffer le barbecue à FORT.

Faire chauffer le beurre dans une casserole. Ajouter oignons verts, ail et tomate. Faire cuire 3 à 4 minutes à feu vif. Saler, poivrer.

Incorporer sauce brune, sauce chili, sauce tériyaki et gingembre; continuer la cuisson 3 à 4 minutes à feu doux.

Badigeonner les côtelettes du mélange. Placer sur la grille chaude et faire cuire 5 à 6 minutes de chaque côté ou selon l'épaisseur. Bien assaisonner et badigeonner de temps en temps.

Servir avec des pommes de terre au four.

Côtes de veau aux tomates

(pour 4 personnes)

1 PORTION	402 CALORIES	11g GLUCIDES
50g PROTÉINES	16g LIPIDES	trace FIBRES

4	côtes de veau dans la longe, 2 cm (¾ po) d'épaisseur
250 ml	(1 tasse) jus de tomates
30 ml	(2 c. à soupe) sirop de maïs
30 ml	(2 c. à soupe) huile végétale
2 ml	(½ c. à thé) estragon
2 ml	(½ c. à thé) cerfeuil
15 ml	(1 c. à soupe) poivre vert en grains, écrasé
15 ml	(1 c. à soupe) jus de limette
	sel et poivre

Préchauffer le barbecue à FORT.

Retirer l'excès de gras des côtes de veau et les placer dans un plat profond. Mettre de côté.

Mélanger jus de tomates, sirop de maïs et huile dans un bol.

Ajouter épices, poivre vert et jus de limette; bien mélanger et verser sur la viande. Laisser mariner 30 minutes.

Placer les côtes de veau sur la grille chaude. Couvrir partiellement et faire cuire 15 minutes. Retourner 4 fois durant la cuisson. Badigeonner fréquemment et assaisonner au goût.

Retirer l'excès de gras des côtes de veau et les placer dans un plat profond. Mettre de côté.

Ajouter épices, poivre vert et jus de limette; bien mélanger.

Mélanger jus de tomates, sirop de maïs et huile dans un bol.

Verser sur les côtes de veau et laisser mariner 30 minutes.

Escalopes de veau

(pour 4 personnes)

1 PORTION	279 CALORIES	2g GLUCIDES
33g PROTÉINES	15g LIPIDES	trace FIBRES

Marinade

50 ml	(¼ tasse) huile
15 ml	(1 c. à soupe) estragon
15 ml	(1 c. à soupe) sauce soya
1	gousse d'ail, écrasée et hachée
15 ml	(1 c. à soupe) jus de citron

Recette

4	escalopes de veau, 0,65 cm (¼ po) d'épaisseur
	sel et poivre

Préchauffer le barbecue à FORT.

Bien mélanger les ingrédients de la marinade dans un bol. Ajouter le veau; laisser mariner 30 minutes.

Placer les escalopes sur la grille chaude. Faire cuire 4 minutes de chaque côté en badigeonnant de temps en temps. Assaisonner au goût.

Servir avec des aubergines grillées.

Escalopes de veau farcies

(pour 4 personnes)

1 PORTION	292 CALORIES	13g GLUCIDES
34g PROTÉINES	14g LIPIDES	0,7g FIBRES

15 ml	(1 c. à soupe) beurre
1	oignon, finement haché
250 ml	(1 tasse) aubergine en petits dés
15 ml	(1 c. à soupe) persil frais haché
15 ml	(1 c. à soupe) pâte de tomates
4	grandes escalopes de veau
8	feuilles de vigne
30 ml	(2 c. à soupe) huile végétale
15 ml	(1 c. à soupe) jus de citron
	sel et poivre

Préchauffer le barbecue à MOYEN.

Faire chauffer le beurre dans une petite casserole. Ajouter oignon, aubergine et persil; couvrir et faire cuire 7 à 8 minutes à feu doux.

Incorporer la pâte de tomates; continuer la cuisson 2 à 3 minutes.

Étendre la farce sur les escalopes, rouler serré et envelopper chaque escalope dans une feuille de vigne double. Attacher avec des cure-dents.

Placer sur la grille chaude. Badigeonner du mélange d'huile et de jus de citron. Couvrir partiellement et faire cuire 12 à 14 minutes en retournant fréquemment.

Servir avec une sauce barbecue piquante.

Longe de veau farcie

(pour 4 personnes)

1 PORTION	462 CALORIES	20g GLUCIDES
55g PROTÉINES	17g LIPIDES	0,5g FIBRES

2	longes de veau, 375 g (¾ livre)
284 ml	(10 oz) mandarines en conserve, en sections
30 ml	(2 c. à soupe) miel
30 ml	(2 c. à soupe) beurre
1	oignon, finement haché
150 g	(⅓ livre) champignons frais, finement hachés
2 ml	(½ c. à thé) estragon
30 ml	(2 c. à soupe) fromage ricotta
15 ml	(1 c. à soupe) chapelure sel et poivre

Préchauffer le barbecue à FORT.

Dégraisser le veau. Couper chaque longe en deux sur la longueur pour les farcir, tel qu'indiqué dans la technique.

Égoutter les mandarines et les mettre de côté. Verser le jus dans une petite casserole et ajouter le miel; faire chauffer 15 minutes à feu vif. Retirer du feu. Laisser refroidir.

Faire chauffer le beurre dans une casserole. Ajouter l'oignon; faire cuire 2 minutes à feu moyen.

Ajouter champignons et épices; faire cuire 4 minutes à feu vif. Retirer du feu et incorporer fromage et chapelure.

Étendre la farce sur les deux côtés de la viande et y placer un rang de mandarines. Fermer et ficeler.

Badigeonner les longes du mélange de miel. Placer sur la grille chaude et couvrir partiellement. Faire cuire 30 minutes en retournant fréquemment. Badigeonner de temps en temps du mélange de miel.

Faire chauffer le reste des mandarines et le mélange de miel dans une petite casserole. Verser sur les longes farcies avant de servir.

Dégraisser la longe de veau.

Couper chaque longe en deux sur la longueur pour les farcir.

Étendre la farce cuite sur les deux côtés de la viande. Ajouter un rang de mandarines.

Fermer et ficeler.

Escalopes de veau au cari

(pour 4 personnes)

1 PORTION	337 CALORIES	8g GLUCIDES
34g PROTÉINES	14g LIPIDES	0,7g FIBRES

250 ml	(1 tasse) vin blanc sec
45 ml	(3 c. à soupe) huile d'olive
250 ml	(1 tasse) sauce tomate
2 ml	(½ c. à thé) graines de carvi
15 ml	(1 c. à soupe) poudre de cari
1	gousse d'ail, écrasée et hachée
4	grandes escalopes de veau
	sel et poivre

Préchauffer le barbecue à FORT.

Amener le vin à ébullition dans une petite casserole; faire chauffer 3 minutes à feu moyen.

Incorporer huile, sauce tomate, épices et ail; laisser mijoter 3 à 4 minutes.

Badigeonner généreusement les escalopes du mélange. Rouler serré et attacher avec des cure-dents. Badigeonner à nouveau de marinade.

Placer sur la grille chaude. Faire cuire 8 à 10 minutes en retournant fréquemment. Badigeonner de temps en temps et assaisonner au goût.

Côtes de veau à l'ail

(pour 4 personnes)

1 PORTION	370 CALORIES	1g GLUCIDES
37g PROTÉINES	23g LIPIDES	trace FIBRES

250 g	(½ livre) beurre mou
2	gousses d'ail, écrasées et hachées
15 ml	(1 c. à soupe) persil frais haché
15 ml	(1 c. à soupe) poivre vert en grains, écrasé
1 ml	(¼ c. à thé) jus de citron
4	côtes de veau, 1,2 cm (½ po) d'épaisseur
	sel et poivre

Préchauffer le barbecue à FORT.

Mettre beurre, ail, persil, poivre vert et jus de citron dans un robot culinaire. Saler et bien mélanger pour obtenir un mélange onctueux. Faire fondre 75 ml (⅓ tasse) du beurre à l'ail et placer le restant dans un papier d'aluminium. Placer au réfrigérateur et utiliser dans d'autres recettes.

Placer les côtes de veau sur la grille chaude et les badigeonner de beurre à l'ail fondu. Couvrir partiellement et faire cuire 8 minutes. Retourner 2 à 3 fois durant la cuisson. Badigeonner fréquemment et saler, poivrer au goût.

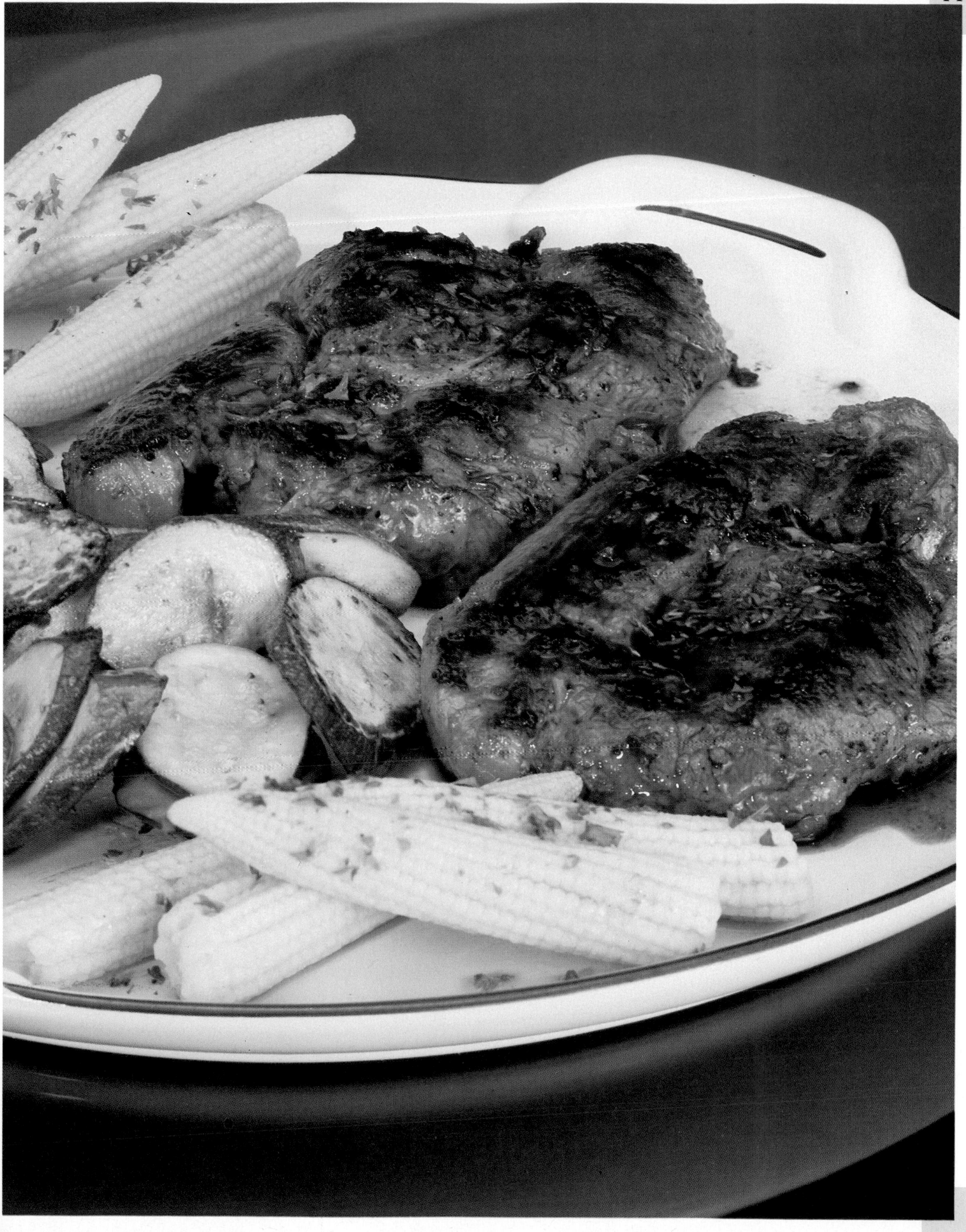

Bouchées de veau

(pour 4 personnes)

1 PORTION	556 CALORIES	1g GLUCIDES
68g PROTÉINES	29g LIPIDES	--g FIBRES

12	petits cubes de fromage gruyère
12	carrés de 10 cm (4 po) d'escalope de veau, assaisonnés
45 ml	(3 c. à soupe) beurre fondu
	sel et poivre

Préchauffer le barbecue à FORT.

Envelopper chaque cube de fromage dans une escalope de veau. Attacher avec un cure-dents.

Badigeonner de beurre et placer sur la grille chaude. Faire cuire 3 minutes de chaque côté ou selon l'épaisseur. Assaisonner généreusement.

Si désiré, servir avec une sauce aux câpres.

Sauce aux câpres pour veau

1 PORTION	172 CALORIES	12g GLUCIDES
4g PROTÉINES	13g LIPIDES	0,8g FIBRES

15 ml	(1 c. à soupe) beurre
2	échalotes sèches, hachées
45 ml	(3 c. à soupe) câpres
30 ml	(2 c. à soupe) vinaigre
300 ml	(1¼ tasse) sauce blanche chaude
15 ml	(1 c. à soupe) pâte de tomates
	sel et poivre

Faire chauffer le beurre dans une petite casserole à feu moyen. Ajouter échalotes, câpres et vinaigre; faire chauffer 2 minutes à feu vif.

Incorporer sauce blanche et pâte de tomates; rectifier l'assaisonnement. Faire cuire 5 à 6 minutes à feu doux.

Servir avec le veau barbecue.

Hamburger au veau

(pour 4 personnes)

1 PORTION	593 CALORIES	34g GLUCIDES
51g PROTÉINES	27g LIPIDES	0,6g FIBRES

50 ml	(¼ tasse) beurre fondu
8	petits médaillons de veau, 0,65 cm (¼ po) d'épaisseur
4	petits pains «kaiser»
4	tranches de tomate
4	tranches de fromage mozzarella
	sel

Préchauffer le barbecue à DOUX.

Badigeonner de beurre les médaillons de veau. Placer sur la grille chaude; faire cuire 2 à 3 minutes de chaque côté. Bien assaisonner.

Retirer et placer chaque médaillon sur un demi-pain. Couronner d'une tranche de tomate et de fromage. Fermer chaque hamburger.

Presser légèrement pour bien faire tenir les hamburgers et placer sur la grille chaude. Faire cuire 2 minutes de chaque côté.

Servir avec des frites.

Côtes d'aloyau Bahamas

(pour 4 personnes)

1 PORTION	348 CALORIES	22g GLUCIDES
36g PROTÉINES	13g LIPIDES	trace FIBRES

250 ml	(1 tasse) ketchup
125 ml	(½ tasse) vinaigre de vin
2	gousses d'ail, écrasées et hachées
1	oignon râpé
60 ml	(4 c. à soupe) beurre
5 ml	(1 c. à thé) sauce Tabasco
15 ml	(1 c. à soupe) moutarde sèche
4	côtcs d'aloyau, dégraissées
	sel et poivre
	jus de 3 limettes

Préchauffer le barbecue à FORT.

Mettre ketchup, vinaigre, ail et oignons dans une casserole; bien mélanger.

Ajouter beurre, sauce Tabasco, moutarde, sel, poivre et jus de limette. Amener à ébullition à feu moyen-vif. Continuer la cuisson 4 à 5 minutes.

Retirer la casserole du feu. Étendre le mélange sur la viande. Placer sur la grille chaude et faire cuire 8 à 10 minutes ou au goût. Retourner les steaks 3 à 4 fois. Assaisonner au goût et badigeonner de temps en temps.

Surprise d'agneau

(pour 4 personnes)

1 PORTION	533 CALORIES	11g GLUCIDES
58g PROTÉINES	27g LIPIDES	0,6g FIBRES

12	cubes d'agneau, 4 cm (1½ po) d'épaisseur
12	cubes de mozzarella, 4 cm (1½ po) d'épaisseur
250 ml	(1 tasse) sauce barbecue piquante
1 ml	(¼ c. à thé) paprika
1 ml	(¼ c. à thé) sauge
12	feuilles de vigne
	sel et poivre

Préchauffer le barbecue à FORT.

Saler, poivrer l'agneau. Placer un morceau de fromage sur chaque cube de viande. Badigeonner de sauce piquante et saupoudrer d'épices.

Envelopper dans une feuille de vigne et attacher avec des cure-dents. Placer les petits paquets sur la grille chaude et faire cuire 10 à 12 minutes. Retourner fréquemment et assaisonner au goût.

Servir comme amuse-gueule.

Steaks d'agneau et marinade sucrée

(pour 4 personnes)

1 PORTION	318 CALORIES	11g GLUCIDES
35g PROTÉINES	14g LIPIDES	trace FIBRES

Marinade

30 ml	(2 c. à soupe) sirop d'érable
30 ml	(2 c. à soupe) vinaigre de vin
5 ml	(1 c. à thé) persil frais haché
1 ml	(¼ c. à thé) anis en poudre
1 ml	(¼ c. à thé) graines de céleri
1 ml	(¼ c. à thé) marjolaine
2	gousses d'ail, écrasées et hachées
	jus de 1 orange

Recette

4	steaks d'agneau (du gigot), 1,2 cm (½ po) d'épaisseur
30 ml	(2 c. à soupe) huile
	sel et poivre

Préchauffer le barbecue à FORT.

Bien incorporer tous les ingrédients de la marinade. Verser sur l'agneau et réfrigérer 2 heures.

Badigeonner les steaks d'agneau d'huile et les placer sur la grille chaude. Faire cuire 10 à 12 minutes ou au goût. Retourner 3 fois durant la cuisson. Bien assaisonner et badigeonner de temps en temps du reste de marinade.

Servir avec des légumes.

Demandez à **1** votre boucher de couper les steaks d'agneau, une scie étant nécessaire pour couper l'os central.

Ajouter épices et **3** ail; bien mélanger avec un fouet.

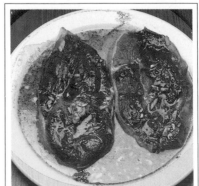

Mettre sirop **2** d'érable, vinaigre, persil et jus d'orange dans un bol.

Verser sur **4** l'agneau et réfrigérer 2 heures.

Roulade d'agneau

(pour 4 personnes)

1 PORTION	287 CALORIES	5g GLUCIDES
38g PROTÉINES	12g LIPIDES	1,0g FIBRES

8	côtelettes d'agneau, désossées
1	oignon, haché et cuit
30 ml	(2 c. à soupe) poivre vert en grains
15 ml	(1 c. à soupe) coriandre
	sel et poivre
	huile pour badigeonner

Préchauffer le barbecue à MOYEN.

Retirer le surplus de gras des côtelettes. Placer les côtelettes entre deux feuilles de papier ciré et les aplatir avec un maillet. Assaisonner légèrement.

Répartir oignon, poivre vert et coriandre entre les côtelettes. Rouler et envelopper dans du papier d'aluminium, tel qu'indiqué dans la technique. Réfrigérer 12 heures.

Retirer les côtelettes du papier et les badigeonner d'huile. Placer sur la grille chaude; couvrir et faire cuire 14 à 16 minutes. Retourner au minimum 4 fois durant la cuisson.

Retirer le surplus de gras des côtelettes.

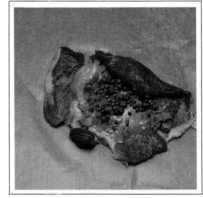

Répartir oignon, poivre vert et coriandre entre les côtelettes.

Placer entre deux feuilles de papier ciré et aplatir avec un maillet. Assaisonner légèrement.

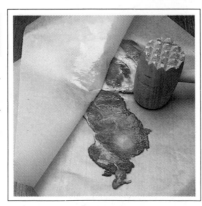

Rouler et envelopper dans du papier d'aluminium. Réfrigérer 12 heures.

Roulade d'agneau aux rognons

(pour 4 personnes)

1 PORTION	380 CALORIES	5g GLUCIDES
46g PROTÉINES	18g LIPIDES	trace FIBRES

4	rognons d'agneau, dégraissés, lavés et très finement hachés
60 ml	(4 c. à soupe) chapelure
15 ml	(1 c. à soupe) persil frais haché
4	escalopes d'agneau
45 ml	(3 c. à soupe) beurre fondu
	sel et poivre

Préchauffer le barbecue à MOYEN.

Bien incorporer rognons, chapelure, persil et poivre. Étendre sur l'agneau, rouler et attacher avec des cure-dents.

Badigeonner les rouleaux de beurre fondu et assaisonner généreusement. Placer sur la grille chaude; faire cuire 13 à 15 minutes ou au goût. Retourner fréquemment. Rectifier l'assaisonnement.

Servir avec une julienne de légumes.

Côtelettes d'agneau au romarin et à la menthe

(pour 4 personnes)

1 PORTION	321 CALORIES	4g GLUCIDES
37g PROTÉINES	17g LIPIDES	trace FIBRES

125 ml	(½ tasse) sauce à la menthe commerciale
5 ml	(1 c. à thé) romarin
30 ml	(2 c. à soupe) huile végétale
8	côtelettes d'agneau, dégraissées
	sel et poivre

Préchauffer le barbecue à FORT.

Mettre sauce à la menthe, romarin et huile dans un plat profond; remuer avec un fouet. Ajouter l'agneau; laisser mariner 30 minutes.

Placer les côtelettes sur la grille chaude; faire cuire 8 minutes ou selon la grosseur et le goût. Retourner 2 fois durant la cuisson et bien assaisonner.

Servir avec des haricots verts.

Côtelettes d'agneau Liza

(pour 4 personnes)

1 PORTION	303 CALORIES	2g GLUCIDES
29g PROTÉINES	19g LIPIDES	trace FIBRES

50 ml	(¼ tasse) huile
15 ml	(1 c. à soupe) romarin
30 ml	(2 c. à soupe) persil frais haché
15 ml	(1 c. à soupe) poivre moulu
1	gousse d'ail, écrasée et hachée
8	côtelettes d'agneau, désossées
	sel

Préchauffer le barbecue à MOYEN.

Mélanger huile, épices et ail. Badigeonner généreusement l'agneau du mélange.

Placer sur la grille chaude; faire cuire 12 à 15 minutes en retournant et badigeonnant fréquemment.

Servir avec des légumes.

Rognons d'agneau

(pour 4 personnes)

1 PORTION	189 CALORIES	5g GLUCIDES
21g PROTÉINES	7g LIPIDES	trace FIBRES

8	rognons d'agneau
15 ml	(1 c. à soupe) beurre
3	échalotes sèches hachées
15 ml	(1 c. à soupe) persil frais haché
125 ml	(½ tasse) vin blanc sec
15 ml	(1 c. à soupe) pâte de tomates
	sel et poivre

Préchauffer le barbecue à FORT.

Dégraisser les rognons, les rincer à l'eau froide et les couper en deux. Mettre de côté.

Faire chauffer le beurre dans une casserole à feu moyen. Ajouter les échalotes; faire cuire 2 minutes.

Incorporer persil et vin; amener à ébullition. Continuer la cuisson 3 minutes.

Retirer la casserole du feu et incorporer la pâte de tomates. Laisser refroidir légèrement.

Badigeonner les rognons du mélange et les placer sur la grille chaude. Faire cuire 4 à 5 minutes de chaque côté en badigeonnant fréquemment. Assaisonner au goût.

Cubes d'agneau en brochettes

(pour 4 personnes)

1 PORTION	684 CALORIES	2g GLUCIDES
72g PROTÉINES	42g LIPIDES	trace FIBRES

Marinade

125 ml	(½ tasse) huile d'olive
2	gousses d'ail, écrasées et hachées
15 ml	(1 c. à soupe) romarin
2 ml	(½ c. à thé) chili en poudre
15 ml	(1 c. à soupe) poudre de cari

Recette

1,4 kg	(3 livres) gigot d'agneau, en cubes
	sel et poivre

Préchauffer le barbecue à FORT.

Mélanger tous les ingrédients de la marinade. Verser sur les cubes d'agneau et réfrigérer 2 heures.

Enfiler les cubes sur des brochettes. Placer sur la grille chaude et faire cuire 8 à 10 minutes ou au goût. Retourner 4 à 5 fois durant la cuisson. Badigeonner et assaisonner au goût.

Servir sur du riz.

London Broil à l'agneau

(pour 4 personnes)

1 PORTION	824 CALORIES	3g GLUCIDES
70g PROTÉINES	57g LIPIDES	trace FIBRES

500 g	(1 livre) agneau haché
250 g	(½ livre) porc maigre haché
250 g	(½ livre) veau maigre haché
1	oignon, haché et cuit
2	gousses d'ail, écrasées et hachées
15 ml	(1 c. à soupe) persil frais haché
1	œuf
4	lanières de surlonge de bœuf, 25 cm (10 po) de longueur
	sel et poivre

Préchauffer le barbecue à MOYEN.

Bien incorporer viandes, oignon, ail, persil et œuf dans un malaxeur.

Former 4 hamburger steaks. Enrouler une lanière de bœuf autour de chaque steak. Attacher avec un cure-dents.

Placer sur la grille chaude; faire cuire 12 à 14 minutes ou au goût. Retourner quatre fois et assaisonner au goût durant la cuisson.

Si désiré, servir avec une sauce trempette au soya.

Sauce trempette au soya

1 PORTION	47 CALORIES	11g GLUCIDES
0.7g PROTÉINES	--g LIPIDES	--g FIBRES

125 ml	(½ tasse) eau
60 ml	(4 c. à soupe) sucre granulé
15 ml	(1 c. à soupe) miel
30 ml	(2 c. à soupe) sauce soya
5 ml	(1 c. à thé) fécule de maïs
30 ml	(2 c. à soupe) eau froide

Mettre 125 ml (½ tasse) d'eau, sucre, miel et soya dans une casserole; faire cuire 3 minutes à feu moyen.

Délayer fécule de maïs et 30 ml (2 c. à soupe) d'eau froide. Incorporer à la sauce; faire chauffer 1 minute.

Retirer du feu. Servir avec de l'agneau.

Carré d'agneau

(pour 4 personnes)

1 PORTION	712 CALORIES	4g GLUCIDES
50g PROTÉINES	48g LIPIDES	trace FIBRES

30 ml	(2 c. à soupe) beurre
30 ml	(2 c. à soupe) persil frais haché
2	échalotes sèches, finement hachées
1	gousse d'ail, écrasée et hachée
30 ml	(2 c. à soupe) chapelure
2	carrés d'agneau, de 500 g (1 livre) chacun
	sel et poivre
	huile pour badigeonner

Préchauffer le barbecue à MOYEN.

Mélanger beurre, persil et échalotes. Ajouter ail et chapelure; bien assaisonner. Mettre de côté.

Préparer l'agneau en retirant le gras entre les côtes. Recouvrir les os de papier d'aluminium pour les empêcher de noircir pendant la cuisson.

Badigeonner l'agneau d'huile. Placer sur le barbecue, le côté des os touchant la grille chaude. Couvrir partiellement et cuire 15 minutes; retourner 1 fois. Assaisonner au goût.

Continuer la cuisson, partiellement couvert, pendant 30 minutes. Retourner fréquemment et badigeonner d'huile.

2 minutes avant la fin de la cuisson, étendre le mélange de beurre sur l'agneau.

Servir avec des pommes de terre.

Préparer l'agneau en retirant le gras entre les côtes.

Recouvrir les os de papier d'aluminium pour les empêcher de noircir pendant la cuisson.

Badigeonner d'huile et placer sur le barbecue, le côté des os touchant la grille chaude.

2 minutes avant la fin de la cuisson, étendre le mélange de beurre sur l'agneau.

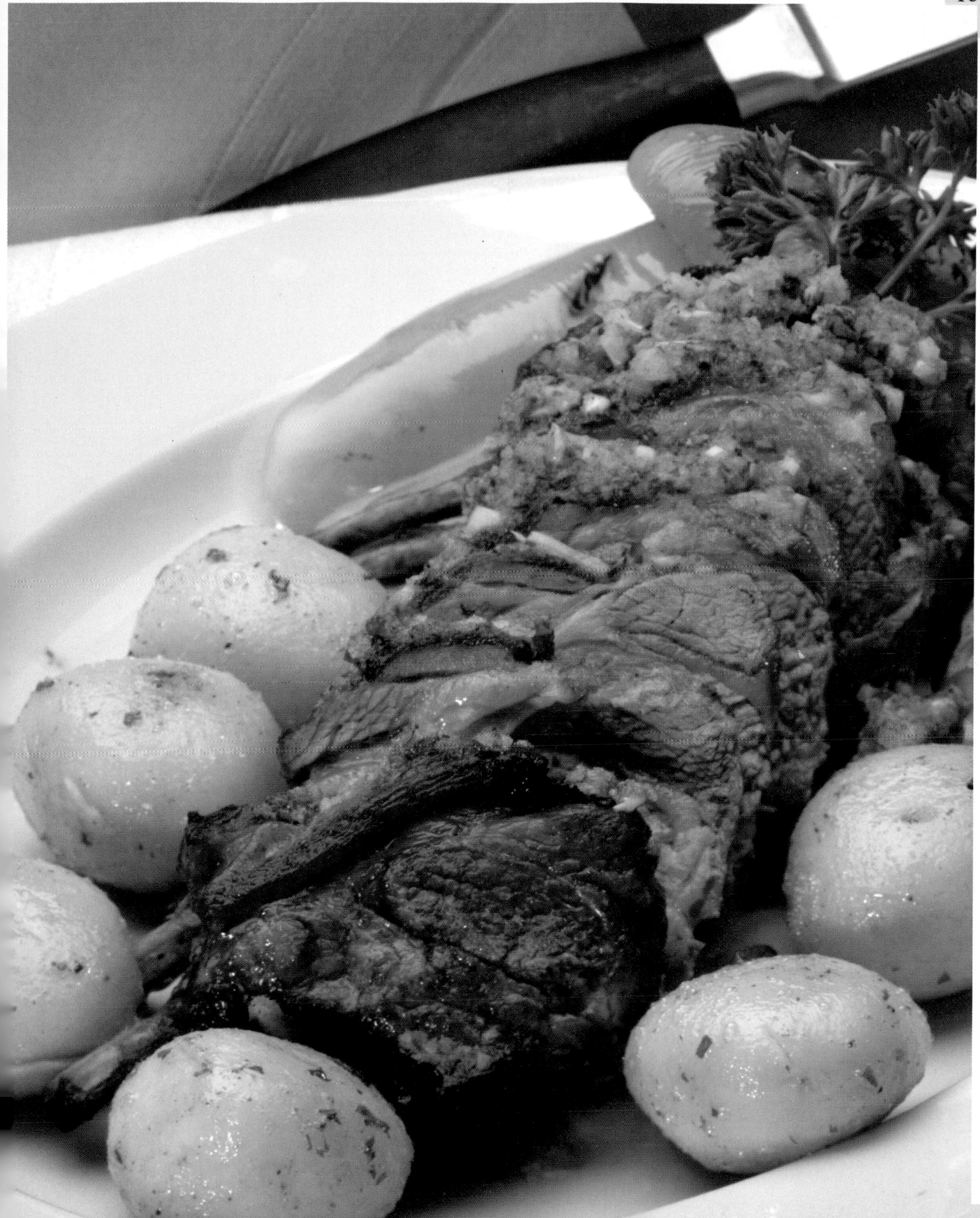

Médaillons de porc barbecue

(pour 4 personnes)

1 PORTION	642 CALORIES	17g GLUCIDES
70g PROTÉINES	27g LIPIDES	trace FIBRES

Marinade

50 ml	(¼ tasse) sauce soya
125 ml	(½ tasse) sherry
30 ml	(2 c. à soupe) miel
15 ml	(1 c. à soupe) cassonade
1	gousse d'ail, écrasée et hachée
30 ml	(2 c. à soupe) gingembre frais haché
	jus de ½ citron
	sel et poivre

Recette

900 g	(2 livres) filet de porc dégraissé, coupé en médaillons de 4 cm (1½ po)

Préchauffer le barbecue à MOYEN.

Mélanger les ingrédients de la marinade dans un grand bol. Ajouter le porc; laisser mariner 20 minutes.

Placer les médaillons sur la grille chaude. Faire cuire 2 à 3 minutes de chaque côté en badigeonnant fréquemment. Assaisonner au goût.

Filet de porc grillé

(pour 4 personnes)

1 PORTION	303 CALORIES	1g GLUCIDES
26g PROTÉINES	21g LIPIDES	trace FIBRES

30 ml	(2 c. à soupe) huile
2	gousses d'ail, écrasées et hachées
15 ml	(1 c. à soupe) sauce soya
15 ml	(1 c. à soupe) jus de citron
2	filets de porc, dégraissés
	sel et poivre

Préchauffer le barbecue à FORT.

Mélanger huile, ail, soya et jus de citron dans un bol. Mettre de côté.

Couper chaque filet sur la longueur, aux ¾ de leur épaisseur. Ouvrir en papillon.

Entailler la chair des deux côtés. Badigeonner du mélange de citron. Placer sur la grille chaude et couvrir partiellement. Faire cuire 8 à 10 minutes de chaque côté. Badigeonner de temps en temps et retourner 3 à 4 fois pendant la cuisson. Saler, poivrer.

Trancher les filets cuits. Servir avec riz sauvage et champignons.

Boulettes de porc

(pour 4 personnes)

1 PORTION	651 CALORIES	8g GLUCIDES
36g PROTÉINES	52g LIPIDES	trace FIBRES

125 ml	(½ tasse) mie de pain hachée
750 g	(1½ livre) porc maigre haché
1	oignon, haché et cuit
15 ml	(1 c. à soupe) persil frais haché
15 ml	(1 c. à soupe) menthe fraîche hachée
1 ml	(¼ c. à thé) piment de la Jamaïque
1 ml	(¼ c. à thé) chili en poudre
1	œuf
45 ml	(3 c. à soupe) huile d'olive
2	gousses d'ail, écrasées et hachées
	jus de citron
	sel et poivre

Préchauffer le barbecue à DOUX.

Bien mélanger mie de pain, porc, oignon, épices et œuf dans un malaxeur.

Former des petites boulettes et les enfiler sur des brochettes. Mettre de côté.

Mélanger le reste des ingrédients. Badigeonner les brochettes et les placer sur la grille chaude. Couvrir partiellement et faire cuire 8 minutes. Retourner fréquemment et badigeonner quelques fois.

Servir avec des frites.

Longe de porc à l'orange

(pour 4 personnes)

1 PORTION	693 CALORIES	33g GLUCIDES
47g PROTÉINES	38g LIPIDES	trace FIBRES

250 ml	(1 tasse) vin blanc sec
15 ml	(1 c. à soupe) miel
900 g	(2 livres) longe de porc désossée et dégraissée, la chair entaillée
15 ml	(1 c. à soupe) beurre
1	oignon, en dés
15 ml	(1 c. à soupe) vinaigre
284 ml	(10 oz) mandarines en conserve, en sections
250 ml	(1 tasse) sauce brune chaude
	jus de 2 oranges
	sel et poivre

Préchauffer le barbecue à DOUX.

Amener le vin à ébullition dans une petite casserole. Faire chauffer 2 minutes.

Incorporer miel et jus d'orange; faire chauffer 3 minutes.

Badigeonner le porc du mélange de miel. Placer la viande sur la grille chaude; couvrir partiellement et faire cuire 40 à 45 minutes selon la grosseur. Retourner fréquemment et badigeonner de temps en temps. Assaisonner au goût.

Entre-temps, faire chauffer le beurre dans une petite casserole. Ajouter l'oignon; faire cuire 3 minutes à feu moyen.

Incorporer le vinaigre et la moitié du jus des mandarines; faire chauffer 3 minutes.

Rectifier l'assaisonnement. Incorporer sauce brune et mandarines; laisser mijoter 3 à 4 minutes. Servir avec le porc tranché.

Côtelettes de porc à la bière

(pour 4 personnes)

1 PORTION	270 CALORIES	14g GLUCIDES
24g PROTÉINES	11g LIPIDES	0,5g FIBRES

Marinade

250 ml	(1 tasse) bière
15 ml	(1 c. à soupe) sauce tériyaki
2 ml	(½ c. à thé) piment de la Jamaïque
15 ml	(1 c. à soupe) pâte de tomates
	sel et poivre

Recette

4	côtelettes de porc, 2 cm (¾ po) d'épaisseur
2	pommes pelées, évidées et émincées
50 ml	(¼ tasse) ananas broyés
15 ml	(1 c. à soupe) beurre
2 ml	(½ c. à thé) cannelle

Préchauffer le barbebue à FORT.

Bien mélanger les ingrédients de la marinade. Verser sur le porc et laisser mariner 30 minutes.

Mettre pommes, ananas, beurre et cannelle dans une grande feuille de papier d'aluminium double. Former une poche et sceller les extrémités.

Égoutter et mettre les côtelettes sur la grille chaude ainsi que la poche d'aluminium; couvrir et faire cuire 8 à 10 minutes ou au goût.

Retourner les côtelettes 3 à 4 fois durant la cuisson. Badigeonner et bien assaisonner. Retourner la poche une fois.

Servir.

Retirer le surplus de gras des côtelettes.

Ajouter la pâte de tomates; bien mélanger.

Mettre bière, sauce tériyaki et piment de la Jamaïque dans un bol.

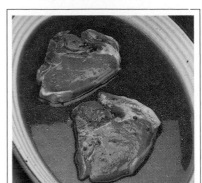
Laisser mariner les côtelettes de porc 30 minutes.

Côtelettes de porc et relish de mangue

(pour 4 personnes)

1 PORTION	673 CALORIES	79g GLUCIDES
49g PROTÉINES	20g LIPIDES	0,1g FIBRES

1	mangue mûre
125 ml	(½ tasse) vinaigre de cidre
125 ml	(½ tasse) cassonade
125 g	(¼ livre) dattes dénoyautées
125 ml	(½ tasse) raisins de Smyrne
15 ml	(1 c. à soupe) gingembre frais haché
5 ml	(1 c. à thé) ail haché
50 ml	(¼ tasse) noix de coco râpée
8	côtelettes de porc, 2 cm (¾ po) d'épaisseur
	huile
	sel et poivre

Préchauffer le barbecue à FORT.

Couper la mangue en deux sur la longueur et retirer le noyau et les fibres. Couper la chair en dés et mettre de côté.

Amener rapidement à ébullition vinaigre et sucre dans une petite casserole. Réduire le feu et faire chauffer 4 à 5 minutes.

Ajouter les dattes et bien remuer. Incorporer raisins, gingembre, ail et mangue. Parsemer de noix de coco et saler légèrement. Faire cuire 20 minutes à feu doux.

Badigeonner les côtelettes d'huile. Placer sur la grille chaude et faire cuire 6 à 8 minutes ou selon l'épaisseur. Retourner 2 fois durant la cuisson et bien assaisonner.

Accompagner les côtelettes de relish de mangue.

Couper la mangue en deux sur la longueur. Retirer le noyau.

Retirer la partie fibreuse qui entoure le noyau. Couper la chair en dés. Mettre de côté.

Amener rapidement à ébullition vinaigre et sucre dans une petite casserole. Réduire le feu et faire chauffer 4 à 5 minutes.

Ajouter les dattes et bien remuer. Parsemer de noix de coco et saler légèrement. Faire cuire 20 minutes à feu doux.

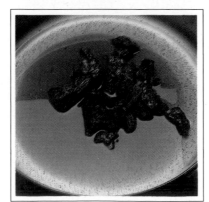

Brochettes de saucisse

(pour 4 personnes)

1 PORTION	530 CALORIES	33g GLUCIDES
19g PROTÉINES	36g LIPIDES	0,5g FIBRES

Marinade

125 ml	(½ tasse) vinaigre de cidre
30 ml	(2 c. à soupe) sirop de maïs
30 ml	(2 c. à soupe) mélasse
3	clous de girofle
2 ml	(½ c. à thé) canelle

Recette

500 g	(1 livre) saucisse polonaise, en tranches de 2 cm (¾ po) d'épaisseur
2	pommes avec la peau, en sections
1	piment rouge, en gros dés
4	petits oignons, coupés en deux
	sel et poivre

Préchauffer le barbecue à MOYEN.

Faire bouillir les ingrédients de la marinade 3 à 4 minutes dans une casserole.

Entre-temps, alterner saucisse, pomme, piment et oignon sur des brochettes. Placer dans un plat profond et arroser de marinade. Bien assaisonner et laisser mariner 10 à 12 minutes.

Retirer les brochettes du plat et les placer sur la grille chaude. Faire cuire 10 à 12 minutes en badigeonnant fréquemment. Retourner les brochettes 2 à 3 fois pendant la cuisson. Assaisonner.

Servir avec des bâtonnets de légumes frais.

Côtes levées sucrées

(pour 4 personnes)

1 PORTION	1189 CALORIES	24g GLUCIDES
53g PROTÉINES	146g LIPIDES	0,6g FIBRES

Marinade

2	gousses d'ail, écrasées et hachées
5 ml	(1 c. à thé) piment jalapeno finement haché
5 ml	(1 c. à thé) moutarde sèche
2 ml	(½ c. à thé) origan
2 ml	(½ c. à thé) romarin
45 ml	(3 c. à soupe) miel
250 ml	(1 tasse) sauce tomate
	jus de 2 oranges

Recette

1,6 kg	(3½ livres) côtes levées, environ 10 à 15 cm (4 à 6 po) de longueur
	sel et poivre

Préchauffer le barbecue à DOUX.

Faire chauffer tous les ingrédients de la marinade pendant 15 minutes à feu très doux.

Entre-temps, faire blanchir les côtes levées dans l'eau bouillante pendant 15 minutes.

Égoutter et badigeonner de marinade. Placer sur la grille chaude et couvrir partiellement; faire cuire 10 minutes ou selon la grosseur. Retourner fréquemment. Badigeonner de temps en temps et assaisonner au goût.

Si désiré, servir avec le reste de la marinade.

Côtelettes de porc aux piments

(pour 4 personnes)

1 PORTION	517 CALORIES	6g GLUCIDES
60g PROTÉINES	27g LIPIDES	1,0g FIBRES

5 ml	(1 c. à thé) origan
5 ml	(1 c. à thé) romarin
2	gousses d'ail, écrasées et hachées
5 ml	(1 c. à thé) miel
2 ml	(½ c. à thé) huile d'olive
4	grosses côtelettes de porc, dégraissées
30 ml	(2 c. à soupe) huile végétale
4	piments doux, coupés en deux et épépinés
	sel et poivre

Préchauffer le four à MOYEN.

Mélanger épices, ail, miel et huile. Étendre sur les côtelettes.

Placer les côtelettes sur la grille chaude; faire cuire 15 à 18 minutes ou selon l'épaisseur. Assaisonner et retourner de temps en temps.

Badigeonner les piments d'huile végétale; faire cuire 3 à 4 minutes au barbecue.

Servir avec les côtelettes de porc.

Demi-poulet barbecue

(pour 2 personnes)

1 PORTION	1311 CALORIES	14g GLUCIDES
124g PROTÉINES	77g LIPIDES	trace FIBRES

Marinade

125 ml	(½ tasse) vin blanc sec
50 ml	(¼ tasse) jus de citron
1	gousse d'ail, écrasée et hachée
5 ml	(1 c. à thé) estragon
1 ml	(¼ c. à thé) paprika
15 ml	(1 c. à soupe) gingembre frais haché
30 ml	(2 c. à soupe) huile
15 ml	(1 c. à soupe) miel
	sel et poivre

Recette

1,4 kg	(3 livres) poulet nettoyé et coupé en deux

Préchauffer le barbecue à DOUX.

Bien incorporer tous les ingrédients de la marinade. Mettre de côté.

Préparer les demi-poulets tel qu'indiqué dans la technique.

Placer les demi-poulets dans un grand plat à rôtir et les arroser de marinade. Réfrigérer 30 minutes.

Placer les demi-poulets sur le barbecue, l'os touchant la grille chaude. Couvrir et faire cuire 30 minutes. Badigeonner et assaisonner de temps en temps mais sans retourner le poulet.

Puis retourner le poulet; couvrir et faire cuire 30 minutes. Badigeonner de temps en temps et retourner fréquemment.

Couper le poulet en deux.

À l'aide d'un couteau à légumes, faire une incision dans la chair. L'incision doit être assez grande pour y passer un doigt.

 Pousser la cuisse dans l'incision. De cette façon le poulet ne se déformera pas pendant la cuisson.

 Laisser le poulet mariner au réfrigérateur pendant 30 minutes avant la cuisson.

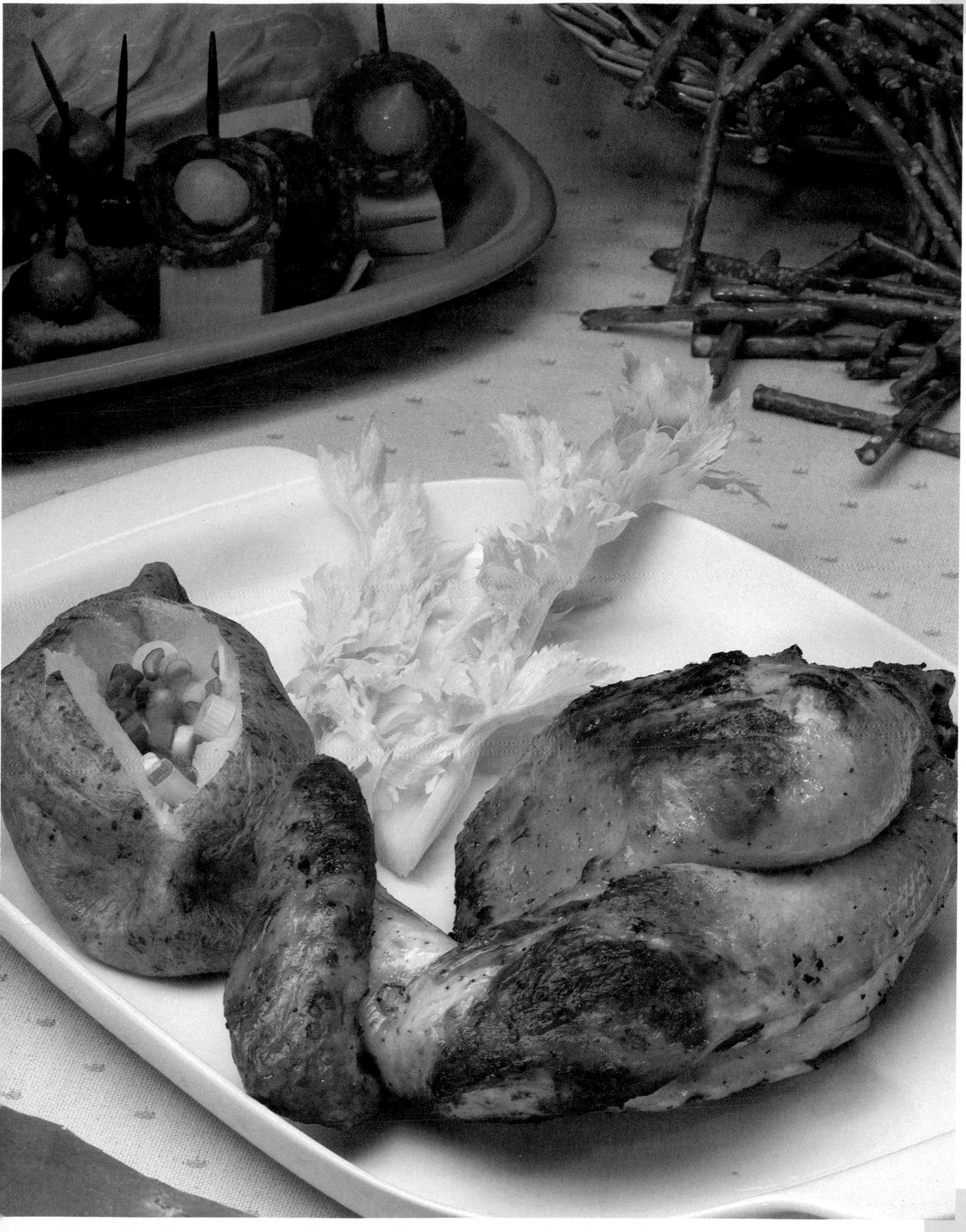

Poitrine de poulet à la diable

(pour 4 personnes)

1 PORTION	321 CALORIES	12g GLUCIDES
29g PROTÉINES	15g LIPIDES	0,7g FIBRES

125 ml	(½ tasse) vin blanc sec
30 ml	(2 c. à soupe) vinaigre de vin rouge
2	échalotes sèches hachées
45 ml	(3 c. à soupe) poivre vert en grains
300 ml	(1¼ tasse) sauce brune chaude
2	poitrines de poulet, sans peau, désossées et coupées en deux
	sel et poivre

Préchauffer le barbecue à MOYEN.

Faire chauffer vin, vinaigre et échalotes dans une petite casserole à feu vif; amener à ébullition. Continuer la cuisson 4 à 5 minutes à feu moyen.

Ajouter poivre vert et sauce brune; rectifier l'assaisonnement. Amener rapidement à ébullition et retirer du feu.

Assaisonner et badigeonner les poitrines de sauce. Placer sur la grille chaude; faire cuire 10 minutes de chaque côté. Retourner 4 à 5 fois durant la cuisson et badigeonner de temps en temps.

Servir avec une salade.

Poulet grillé aux anchois

(pour 4 personnes)

1 PORTION	416 CALORIES	trace GLUCIDES
30g PROTÉINES	32g LIPIDES	trace FIBRES

4	filets d'anchois, égouttés
125 ml	(½ tasse) beurre mou
5 ml	(1 c. à thé) raifort
2 ml	(½ c. à thé) jus de citron
2	poitrines de poulet sans peau, coupées en deux
	poivre de Cayenne au goût

Préchauffer le barbecue à MOYEN.

Assécher les filets d'anchois et les écraser dans un mortier. Ajouter beurre, raifort, jus de citron et poivre de Cayenne; bien incorporer.

Forcer le beurre d'anchois à travers une fine passoire avec le dos d'une cuiller. Étendre sur les deux côtés des poitrines. Placer 2 demi-poitrines dans une double feuille de papier d'aluminium et bien sceller le paquet. Répéter pour les autres poitrines.

Placer sur la grille chaude; couvrir et faire cuire 35 minutes. Retourner 2 fois durant la cuisson.

Retirer les poitrines du papier et les placer directement sur la grille chaude. Faire griller 5 minutes sans couvrir.

Note: durant la cuisson, un peu de sauce s'est accumulée dans le papier. Servir avec le poulet.

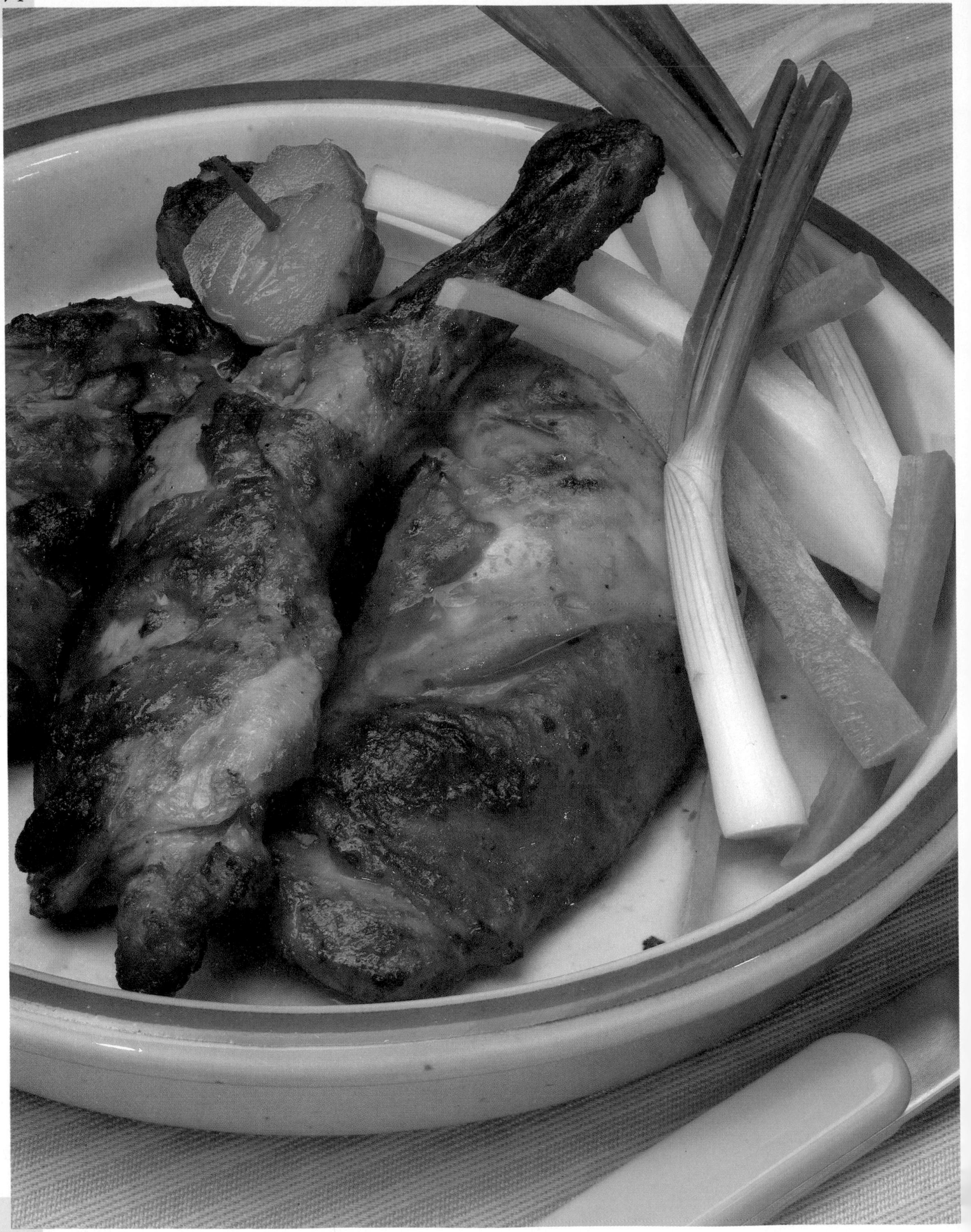

Cuisses de poulet à l'indienne

(pour 4 personnes)

1 PORTION	282 CALORIES	11g GLUCIDES
49g PROTÉINES	15g LIPIDES	trace FIBRES

4	cuisses de poulet
125 ml	(½ tasse) ketchup
50 ml	(¼ tasse) vinaigre de vin
1 ml	(¼ c. à thé) sauce Tabasco
125 ml	(½ tasse) jus de tomates aux palourdes
2	gousses d'ail, écrasées et hachées
1 ml	(¼ c. à thé) cumin
1 ml	(¼ c. à thé) poudre de cari
2 ml	(½ c. à thé) fines herbes
	paprika
	sel et poivre

Préchauffer le barbecue à FORT.

Entailler les cuisses de poulet et les saupoudrer de paprika. Mettre de côté.

Mettre ketchup, vinaigre, sauce Tabasco et jus de tomates aux palourdes dans un bol. Ajouter ail et épices; bien remuer avec un fouet.

Placer les cuisses sur la grille chaude. Badigeonner du mélange de ketchup. Faire cuire 5 minutes sans couvrir.

Retourner les cuisses et faire cuire 5 minutes de chaque côté en badigeonnant fréquemment. Assaisonner au goût.

Retourner les cuisses; couvrir et continuer la cuisson à DOUX pendant 27 minutes ou selon la grosseur. Badigeonner fréquemment et retourner les cuisses toutes les 4 à 5 minutes.

Entailler les cuisses de poulet pour que la marinade pénètre bien dans la chair. Assaisonner de paprika.

Mettre ketchup, vinaigre, sauce Tabasco et jus de tomates aux palourdes dans un bol. Ajouter ail et épices.

Bien mélanger avec un fouet.

Placer les cuisses de poulet sur la grille chaude; faire cuire 5 minutes. Badigeonner de marinade au ketchup.

Poulet de Cornouailles

(pour 4 personnes)

1 PORTION	636 CALORIES	2g GLUCIDES
61g PROTÉINES	41g LIPIDES	trace FIBRES

3	gousses d'ail, écrasées et hachées
45 ml	(3 c. à soupe) huile végétale
30 ml	(2 c. à soupe) vinaigre de vin
15 ml	(1 c. à soupe) sauce tériyaki
4	poulets de Cornouailles, nettoyés et coupés en deux
	sel et poivre

Préchaufffer le barbecue à DOUX.

Mettre tous les ingrédients dans un plat à rôtir et laisser reposer 15 minutes.

Placer les demi-poulets sur le barbecue, les os touchant la grille chaude. Couvrir et faire cuire 35 à 40 minutes. Badigeonner de temps en temps, retourner fréquemment et assaisonner au goût.

Morceaux de poulet à l'ananas

(pour 4 personnes)

1 PORTION	714 CALORIES	15g GLUCIDES
79g PROTÉINES	20g LIPIDES	trace FIBRES

250 ml	(1 tasse) ananas broyés
30 ml	(2 c. à soupe) cassonade
250 ml	(1 tasse) rhum
2	limettes, coupées en 2
1,6 kg	(3½ livres) poulet sans la peau, coupé en morceaux
	sel et poivre

Préchauffer le barbecue à DOUX.

Mélanger ananas, cassonade et rhum dans une petite casserole; amener à ébullition à feu moyen-vif.

Frotter les limettes sur les morceaux de poulet. Verser le mélange d'ananas sur le poulet et réfrigérer 1 heure.

Placer les morceaux de poulet sur la grille chaude. Couvrir partiellement et faire cuire de la façon suivante:

chair blanche: 8 à 10 minutes de chaque côté
chair brune: 15 minutes de chaque côté

Assaisonner durant la cuisson et badigeonner de temps en temps.

Poulet à l'orange

(pour 4 personnes)

1 PORTION	573 CALORIES	45g GLUCIDES
62g PROTÉINES	15g LIPIDES	trace FIBRES

Marinade

1	oignon, finement haché
1	gousse d'ail, écrasée et hachée
125 ml	(½ tasse) ketchup
250 ml	(1 tasse) jus d'orange
125 ml	(½ tasse) marmelade d'oranges
30 ml	(2 c. à soupe) sauce soya

Recette

1,2 kg	(2½ livres) morceaux de poulet, nettoyés et sans peau
	sel et poivre

Préchauffer le barbecue à MOYEN.

Bien mélanger les ingrédients de la marinade dans une petite casserole; amener à ébullition.

Verser sur les morceaux de poulet; réfrigérer 4 heures.

Placer les morceaux de poulet sur la grille chaude. Couvrir partiellement et faire cuire de la façon suivante:

chair blanche: 8 à 10 minutes de chaque côté
chair brune: 15 minutes de chaque côté

Badigeonner de marinade et assaisonner pendant la cuisson.

Demi-poulet pour deux

(pour 2 personnes)

1 PORTION	1325 CALORIES	40g GLUCIDES
127g PROTÉINES	71g LIPIDES	0,7g FIBRES

Marinade

250 ml	(1 tasse) ketchup
75 ml	(⅓ tasse) eau
15 ml	(1 c. à soupe) huile
1½	oignon, finement haché
2	gousses d'ail, écrasées et hachées
30 ml	(2 c. à soupe) vinaigre
2 ml	(½ c. à thé) chili en poudre
2 ml	(½ c. à thé) gingembre moulu
	une pincée de sucre
	quelques gouttes de sauce Tabasco

Recette

1,4 kg	(3 livres) poulet, nettoyé et coupé en deux
	sel et poivre

Préchauffer le barbecue à DOUX.

Mélanger ketchup et eau; mettre de côté.

Faire chauffer l'huile dans une petite casserole. Ajouter oignon et ail; faire cuire 2 minutes à feu moyen.

Incorporer le mélange de ketchup. Ajouter le reste des ingrédients de la marinade. Amener à ébullition et faire cuire 2 à 3 minutes.

Placer les demi-poulets dans un grand plat à rôtir. Verser la sauce sur le poulet; réfrigérer 30 minutes.

Placer les demi-poulets sur le barbecue, les os touchant la grille chaude. Couvrir et faire cuire 30 minutes. Badigeonner et assaisonner de temps en temps mais sans retourner le poulet.

Retourner maintenant les demi-poulets; couvrir et continuer la cuisson 30 minutes. Badigeonner de temps en temps et retourner le poulet fréquemment.

Ailerons de poulet marinés

(pour 4 personnes)

1 PORTION	559 CALORIES	18g GLUCIDES
42g PROTÉINES	33g LIPIDES	0,5g FIBRES

24	ailerons de poulet
15 ml	(1 c. à soupe) huile de tournesol
2	piments cerises forts marinés, épépinés et finement hachés
1	piment vert, finement haché
2	gousses d'ail, écrasées et hachées
125 ml	(½ tasse) ananas broyés
50 ml	(¼ tasse) cassonade
15 ml	(1 c. à soupe) persil frais haché
30 ml	(2 c. à soupe) vinaigre
50 ml	(¼ tasse) vin blanc sec
30 ml	(2 c. à soupe) sauce soya
1 ml	(¼ c. à thé) paprika sel et poivre

Préchauffer le barbecue à FORT.

Retirer le bout des ailerons et les utiliser pour des bouillons ou d'autres recettes. Placer les ailerons dans un plat profond. Mettre de côté.

Faire chauffer l'huile dans une casserole à feu moyen. Ajouter piments et ail; faire cuire 3 minutes.

Incorporer ananas et cassonade; faire cuire 3 à 4 minutes.

Ajouter persil, vinaigre, vin, sauce soya et épices; continuer la cuisson 3 à 4 minutes.

Verser sur les ailerons; laisser mariner 20 minutes.

Égoutter les ailerons et les placer sur la grille chaude. Couvrir et faire cuire 14 à 16 minutes. Retourner 2 à 3 fois. Assaisonner au goût.

Servir avec une salade de nouilles.

Retirer le bout des ailerons et les utiliser pour des bouillons ou d'autres recettes. Mettre les ailerons dans un plat profond. Mettre de côté.

Incorporer ananas et cassonade; faire cuire 3 à 4 minutes.

Faire cuire piments et ail 3 minutes dans l'huile chaude.

Ajouter les autres ingrédients de la marinade et finir la cuisson. Verser sur les ailerons et laisser mariner 20 minutes.

Ailerons de poulet au vin

(pour 4 personnes)

1 PORTION	616 CALORIES	8g GLUCIDES
42g PROTÉINES	36g LIPIDES	trace FIBRES

Marinade

500 ml	(2 tasses) vin rouge sec
30 ml	(2 c. à soupe) huile d'olive
1	gousse d'ail, écrasée et hachée
1	petit oignon émincé
1	carotte émincée
1	feuille de laurier

Recette

24	ailerons de poulet (sans la pointe)
	sel et poivre

Préchauffer le barbecue à FORT.

Bien mélanger les ingrédients de la marinade. Verser sur les ailerons; laisser mariner 10 à 12 minutes.

Égoutter les ailerons et les placer sur la grille chaude. Couvrir et faire cuire 14 à 16 minutes en retournant 2 à 3 fois. Assaisonner généreusement.

Servir avec des frites.

Lanières de poulet au cidre

(pour 4 personnes)

1 PORTION	447 CALORIES	9g GLUCIDES
62g PROTÉINES	13g LIPIDES	trace FIBRES

Marinade

375 ml	(1 ½ tasse) cidre
30 ml	(2 c. à soupe) huile
2	gousses d'ail, écrasées et hachées
2 ml	(½ c. à thé) estragon
30 ml	(2 c. à soupe) sirop d'érable

Recette

900 g	(2 livres) poitrines de poulet en lanières de 7,5 cm (3 po) de longueur
	sel et poivre

Préchauffer le barbecue à MOYEN.

Amener tous les ingrédients de la marinade à ébullition dans une petite casserole. Faire chauffer 2 minutes.

Verser sur les lanières de poulet; laisser mariner 25 minutes.

Placer les lanières sur la grille chaude. Faire cuire 4 à 5 minutes de chaque côté ou au goût. Badigeonner deux fois et assaisonner.

Servir avec des pommes de terre.

Filets de saumon et hollandaise

(pour 4 personnes)

1 PORTION	778 CALORIES	1g GLUCIDES
70g PROTÉINES	53g LIPIDES	trace FIBRES

30 ml	(2 c. à soupe) beurre fondu
5 ml	(1 c. à thé) graines de fenouil
4	filets de saumon, 250 g (8 oz) chacun
15 ml	(1 c. à soupe) eau chaude
30 ml	(2 c. à soupe) raifort
3	jaunes d'œufs
125 ml	(½ tasse) beurre fondu
	quelques gouttes de sauce Tabasco
	sel et poivre
	jus de citron

Préchauffer le barbecue à FORT.

Badigeonner 30 ml (2 c. à soupe) de beurre fondu sur les filets de saumon. Parsemer de graines de fenouil. Placer sur la grille chaude; faire cuire 5 à 6 minutes de chaque côté ou au goût.

Mélanger eau, raifort, jaunes d'œufs, sel, poivre et jus de citron dans un blender pendant 30 secondes à vitesse rapide.

Réduire la vitesse à faible et très lentement incorporer 125 ml (½ tasse) de beurre fondu. Continuer de mélanger jusqu'à ce que le beurre soit complètement incorporé. Rectifier l'assaisonnement.

Servir avec le saumon.

Queues de homard

(pour 4 personnes)

1 PORTION	413 CALORIES	4g GLUCIDES
36g PROTÉINES	14g LIPIDES	trace FIBRES

4	queues de homard (petites si possible)
8	grosses crevettes, décortiquées
8	gros pétoncles
60 ml	(4 c. à soupe) beurre fondu
15 ml	(1 c. à soupe) jus de citron
15 ml	(1 c. à soupe) sauce soya
1	gousse d'ail, écrasée et hachée
	sel et poivre

Préchauffer le barbecue à FORT.

Retirer la carapace des queues de homard. Mettre la chair dans un bol. Ajouter le reste des ingrédients; laisser mariner 15 minutes.

Enfiler les fruits de mer sur des brochettes de la façon suivante: crevette, pétoncle, homard, pétoncle, crevette.

Placer sur la grille chaude. Faire cuire 4 minutes de chaque côté ou selon la grosseur des queues de homard. Badigeonner et assaisonner au goût.

Queue de saumon suprême

(pour 4 personnes)

1 PORTION	563 CALORIES	3g GLUCIDES
48g PROTÉINES	39g LIPIDES	trace FIBRES

2	queues de saumon, 500 g (1 livre) chacune
30 ml	(2 c. à soupe) sauce tériyaki
2	gousses d'ail, écrasées et hachées
45 ml	(3 c. à soupe) huile d'olive
30 ml	(2 c. à soupe) jus de citron
	sel et poivre

Préchauffer le barbecue à MOYEN.

Glisser un couteau le long de l'épine dorsale du poisson. Retirer le premier morceau et mettre de côté. Glisser le couteau sous l'épine dorsale et trancher tout le long. Mettre le second morceau de côté. Jeter la partie comprenant l'os.

Bien mélanger le reste des ingrédients. Verser sur le poisson; laisser mariner 15 minutes.

Placer les morceaux de poisson sur le barbecue, le côté de la peau touchant la grille chaude; couvrir et faire cuire 14 à 16 minutes. Retourner 2 fois durant la cuisson et badigeonner occasionnel-lement. Assaisonner légèrement.

Glisser un couteau le long de l'épine dorsale du poisson. Mettre le premier morceau de côté.

1

Laisser mariner le poisson 15 minutes.

3

Glisser le couteau sous l'épine dorsale et trancher tout le long. Mettre le second morceau de côté. Jeter la partie comprenant l'os.

2

Placer le poisson sur le barbecue, le côté de la peau touchant la grille chaude.

4

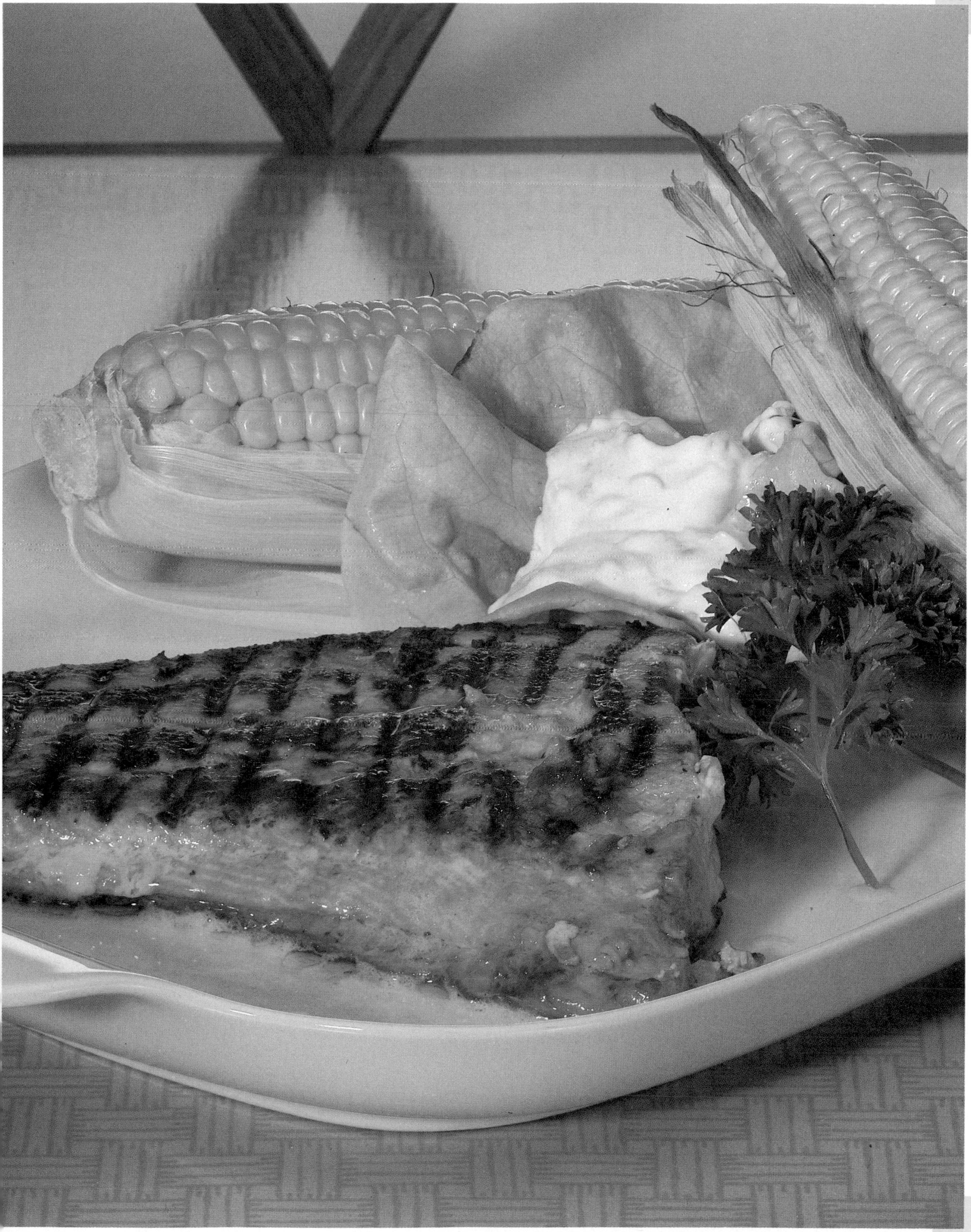

Flet aux légumes

(pour 4 personnes)

1 PORTION	224 CALORIES	20g GLUCIDES
26g PROTÉINES	5g LIPIDES	0,6g FIBRES

15 ml	(1 c. à soupe) huile végétale
2	oignons verts, hachés
2	pousses de bambou, hachées
15 ml	(1 c. à soupe) gingembre frais haché
1	petite carotte, pelée et émincée
15 ml	(1 c. à soupe) zeste de citron
300 ml	(1¼ tasse) bouillon de poulet chaud
30 ml	(2 c. à soupe) miel
30 ml	(2 c. à soupe) pâte de tomates
45 ml	(3 c. à soupe) vinaigre de vin
15 ml	(1 c. à soupe) fécule de maïs
45 ml	(3 c. à soupe) eau froide
4	filets de flet
	sel et poivre

Préchauffer le barbecue à FORT.

Faire chauffer l'huile dans une casserole. Ajouter oignons verts, bambou, gingembre, carotte et zeste; faire cuire 1 minute.

Saler, poivrer. Ajouter bouillon de poulet, miel, pâte de tomates et vinaigre; amener à ébullition. Continuer la cuisson 2 à 3 minutes.

Délayer la fécule de maïs dans l'eau froide. Incorporer à la sauce et faire cuire 1 minute.

Étendre le mélange sur les filets. Placer sur la grille chaude; couvrir partiellement et faire cuire 3 à 4 minutes de chaque côté ou selon la grosseur.

Flet aux tomates

(pour 2 personnes)

1 PORTION	306 CALORIES	6g GLUCIDES
28g PROTÉINES	14g LIPIDES	2,0g FIBRES

2	grands filets de flet
12	tomates naines, coupées en deux
1	oignon haché
30 ml	(2 c. à soupe) sauce soya
30 ml	(2 c. à soupe) beurre fondu
5 ml	(1 c. à thé) jus de citron
	sel et poivre

Préchauffer le barbecue à FORT.

Placer tous les ingrédients dans une feuille de papier d'aluminium triple. Recouvrir d'une feuille simple et sceller les extrémités.

Placer sur la grille chaude; couvrir et faire cuire 7 minutes. Retourner et continuer la cuisson 8 minutes.

Truite arc-en-ciel assaisonnée

(pour 4 personnes)

1 PORTION	380 CALORIES	trace GLUCIDES
27g PROTÉINES	29g LIPIDES	--g FIBRES

4	truites arc-en-ciel, nettoyées
75 ml	(⅓ tasse) beurre fondu
15 ml	(1 c. à soupe) jus de citron
	une pincée de paprika
	quelques gouttes de sauce Tabasco
	sel et poivre

Préchauffer le four à FORT.

Il serait préférable d'utiliser une grille à poisson.

À l'aide de ciseaux, couper toutes les nageoires. Faire des entailles sur un côté du poisson avec un couteau bien affûté. Badigeonner de beurre fondu.

Assaisonner le poisson du reste des ingrédients et le placer sur la grille chaude. Faire cuire 6 minutes de chaque côté. Assaisonner au goût.

Bien évider et nettoyer les truites. **1**

À l'aide de ciseaux, couper les nageoires. **2**

3 Faire des entailles sur un côté du poisson à l'aide d'un couteau bien affûté.

4 Badigeonner de beurre fondu.

Brochettes de flétan et de crevettes

(pour 4 personnes)

1 PORTION	220 CALORIES	7g GLUCIDES
27g PROTÉINES	5g LIPIDES	trace FIBRES

Marinade

250 ml	(1 tasse) vin blanc sec
15 ml	(1 c. à soupe) jus de limette
30 ml	(2 c. à soupe) gingembre frais haché
2	gousses d'ail, écrasées et hachées
1 ml	(¼ c. à thé) piments broyés
30 ml	(2 c. à soupe) sauce soya
15 ml	(1 c. à soupe) huile végétale
	sel et poivre

Recette

375 g	(¾ livre) crevettes décortiquées et nettoyées
1	grand steak de flétan, en cubes

Préchauffer le barbebue à FORT.

Bien mélanger tous les ingrédients de la marinade dans un bol.

Ajouter crevettes et flétan; laisser mariner 30 minutes.

Enfiler crevettes et flétan sur des brochettes. Placer sur la grille chaude; couvrir et faire cuire 8 minutes. Retourner 2 fois, badigeonner de temps en temps et assaisonner au goût.

Servir avec des légumes.

Bien mélanger les ingrédients de la marinade dans un bol.
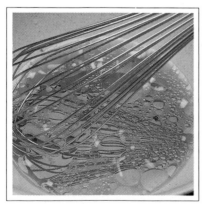

Placer crevettes et flétan dans la marinade; laisser mariner 30 minutes.

Décortiquer et retirer la veine noire des crevettes.

Enfiler crevettes et flétan sur les brochettes. Réserver la marinade pour badigeonner.

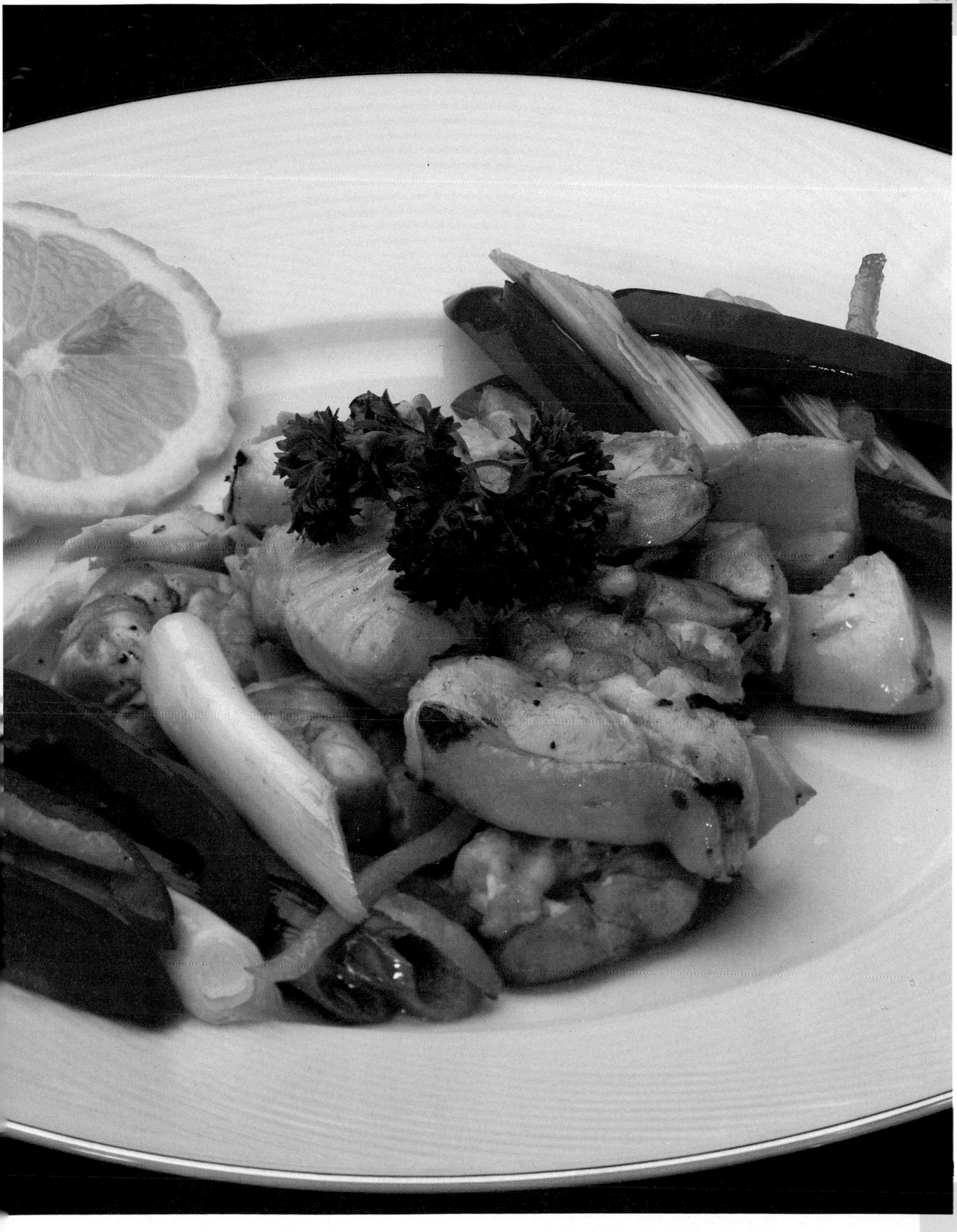

Pétoncles Cartagena

(pour 4 personnes)

1 PORTION	166 CALORIES	12g GLUCIDES
21g PROTÉINES	4g LIPIDES	0,8g FIBRES

500 g	(1 livre) pétoncles
50 ml	(¼ tasse) jus de limette
30 ml	(2 c. à soupe) huile d'olive
15 ml	(1 c. à soupe) persil frais haché
15 ml	(1 c. à soupe) échalote sèche hachée
5	(1 c. à thé)basilic frais
2	grosses tomates, pelées et en dés
1	piment rouge en dés
	sel et poivre

Préchauffer le four à MOYEN.

Placer tous les ingrédients dans une feuille de papier d'aluminium double. Recouvrir d'une feuille simple et sceller les extrémités.

Placer le panier de papier sur la grille chaude; couvrir et faire cuire 8 minutes. Remuer de temps en temps.

Servir sur du riz.

Pétoncles en papier

(pour 4 personnes)

1 PORTION	211 CALORIES	17g GLUCIDES
40g PROTÉINES	7g LIPIDES	1,0g FIBRES

500 g	(1 livre) pétoncles
125 ml	(½ tasse) litchis (facultatif)
2	oignons verts hachés
30 ml	(2 c. à soupe) beurre à l'ail
150 g	(⅓ livre) champignons frais, nettoyés et hachés
125 ml	(½ tasse) ananas en morceaux
	sel et poivre

Préchauffer le barbecue à FORT.

Placer tous les ingrédients dans une feuille de papier d'aluminium double. Recouvrir d'une feuille de papier d'aluminium simple et fermer pour former un panier. Sceller les extrémités.

Placer sur la grille chaude; couvrir et faire cuire 8 à 10 minutes.

À deux reprises pendant la cuisson, ouvrir le panier pour remuer les ingrédients.

Servir sur du riz.

Steaks de flétan

(pour 4 personnes)

1 PORTION	186 CALORIES	trace GLUCIDES
26g PROTÉINES	8g LIPIDES	--g FIBRES

30 ml	(2 c. à soupe) huile
5 ml	(1 c. à thé) jus de citron
2 ml	(½ c. à thé) sauce tériyaki
1 ml	(¼ c. à thé) paprika
4	steaks de flétan
	sel et poivre

Préchauffer le barbecue à FORT.

Mélanger huile, jus de citron, sauce tériyaki et paprika. Assaisonner au goût.

Badigeonner le poisson et placer sur la grille chaude. Faire cuire 10 minutes en retournant 1 ou 2 fois. Badigeonner de temps en temps.

POISSONS GRILLÉS ET FRUITS DE MER

POISSONS ET COQUILLES

Tout le monde a son poisson favori et sa façon préférée de l'apprêter. Pour cet ouvrage, deux types de cuisson traditionnelle ont été sélectionnés : poisson grillé et en coquille et nous avons utilisé des poissons frais, congelés ou en conserve.

Achetez toujours votre poisson chez un marchand ou un poissonnier de bonne renommée. Exigez un poisson frais et n'acceptez aucun compromis. La chair du poisson frais est ferme et rigide au toucher, les écailles adhèrent bien au corps et l'œil est saillant et clair. Refusez tout poisson aux yeux cernés et enfoncés.

Quant à la cuisson d'un poisson, elle est très simple et ne nécessite que peu d'ustensiles. Mis à part la poêle à frire, il ne vous faudra que quelques plats à coquille. Il en existe plusieurs sortes : les coquilles naturelles que l'on peut se procurer à prix modique et les plats à coquille en porcelaine ou en terre cuite qui sont un peu plus chers. Ces derniers ont l'avantage d'être plus grands, plus profonds et très décoratifs.

Les nouvelles recettes que nous vous proposons deviendront sans aucun doute vos favorites, celles que vous souhaiterez savourer entre amis.

Steak de morue aux cornichons

(pour 4 personnes)

1 PORTION	350 CALORIES	24g GLUCIDES
45g PROTÉINES	21g LIPIDES	0,3g FIBRES

4	steaks de morue
250 ml	(1 tasse) farine assaisonnée
30 ml	(2 c. à soupe) huile végétale
30 ml	(2 c. à soupe) beurre fondu
15 ml	(1 c. à soupe) persil frais haché
2	gros cornichons, en dés
1	citron, pelé, épépiné et en dés
	sel et poivre

Préchauffer le four à 70°C (150°F).

Enfariner le poisson. Faire chauffer l'huile dans une grande poêle à frire. Ajouter le poisson; faire cuire 4 à 5 minutes de chaque côté ou selon l'épaisseur. Bien assaisonner.

Retirer le poisson de la poêle. Tenir chaud au four.

Faire chauffer le beurre dans la poêle. Ajouter le reste des ingrédients; faire cuire 2 minutes à feu moyen.

Assaisonner et servir avec le poisson.

Morceaux de sole sautés

(pour 4 personnes)

1 PORTION	274 CALORIES	13g GLUCIDES
22g PROTÉINES	15g LIPIDES	0,5g FIBRES

4	filets de sole, coupés en trois morceaux
125 ml	(½ tasse) farine assaisonnée
45 ml	(3 c. à soupe) beurre fondu
125 g	(¼ livre) champignons frais, émincés
125 ml	(½ tasse) olives vertes farcies
15 ml	(1 c. à soupe) persil frais haché
	sel et poivre
	jus de 1 citron

Enfariner légèrement les morceaux de poisson. Mettre de côté.

Faire chauffer la moitié du beurre dans une grande poêle à frire. Ajouter champignons, olives et persil; bien assaisonner. Faire cuire 3 à 4 minutes à feu moyen.

Transférer le mélange de champignons dans une assiette. Mettre de côté.

Remettre la poêle à frire sur l'élément et faire chauffer le reste du beurre. Ajouter le poisson et cuire 3 à 4 minutes ou selon la grosseur. Retourner le poisson 1 fois durant la cuisson et assaisonner.

Remettre le mélange de champignons dans la poêle avec le poisson. Laisser mijoter le tout 2 minutes. Arroser de jus de citron. Servir.

Filet de sole au parmesan

(pour 4 personnes)

1 PORTION	453 CALORIES	3g GLUCIDES
48g PROTÉINES	27g LIPIDES	-- FIBRES

4	grands filets de sole
3	œufs battus
375 ml	(1½ tasse) fromage parmesan râpé
45 ml	(3 c. à soupe) huile végétale
	sel et poivre blanc
	une pincée de paprika
	jus de citron

Tremper le poisson dans les œufs battus.

Assaisonner le fromage de poivre et de paprika. Bien enrober les filets du mélange.

Faire chauffer l'huile dans une grande poêle à frire. Ajouter le poisson; cuire 2 minutes de chaque côté à feu moyen-vif ou selon la grosseur. Saler, poivrer durant la cuisson.

Servir avec du jus de citron.

Truite marinée grillée

(pour 4 personnes)

1 PORTION	346 CALORIES	5g GLUCIDES
27g PROTÉINES	18g LIPIDES	trace FIBRES

4	truites arc-en-ciel, nettoyées, les filets relevés et coupés en tranches de 2,5 cm (1 po)
375 ml	(1½ tasse) vin blanc sec
30 ml	(2 c. à soupe) jus de citron
15 ml	(1 c. à soupe) zeste d'orange râpé
15 ml	(1 c. à soupe) gingembre frais haché
15 ml	(1 c. à soupe) ciboulette hachée
30 ml	(2 c. à soupe) huile d'olive
2	branches de fenouil
	sel et poivre
	quartiers de citron

Mettre poisson, vin, jus de citron, zeste d'orange, gingembre et ciboulette dans un bol. Réfrigérer 2 heures.

Bien égoutter le poisson.

Faire chauffer l'huile dans une grande poêle à frire. Ajouter poisson et fenouil. Saler, poivrer et cuire 2 à 3 minutes à feu vif. Remuer de temps en temps.

Servir avec des quartiers de citron.

Truite grillée aux tomates

(pour 4 personnes)

1 PORTION	514 CALORIES	32g GLUCIDES
32g PROTÉINES	40g LIPIDES	3,0g FIBRES

30 ml	(2 c. à soupe) huile végétale
4	truites arc-en-ciel, évidées et nettoyées
250 ml	(1 tasse) farine
1	oignon haché
1	piment rouge, en petits dés
½	courgette, en dés
1	gousse d'ail, écrasée et hachée
125 ml	(½ tasse) olives noires farcies
1 ml	(¼ c. à thé) graines de fenouil
15 ml	(1 c. à soupe) grains de poivre vert
250 ml	(1 tasse) tomates hachées
	sel et poivre
	quelques gouttes de jus de citron

Préchauffer le four à 70°C (150°F).

Faire chauffer l'huile dans une grande poêle à frire. Enfariner légèrement les truites et les mettre dans l'huile chaude. Faire cuire 5 à 6 minutes de chaque côté ou selon la grosseur. Bien assaisonner.

Transférer les truites dans un plat de service. Tenir chaud au four.

Mettre oignon, piment, courgette et ail dans la poêle; faire cuire 2 minutes à feu moyen-vif.

Incorporer olives, graines de fenouil, poivre vert et tomates. Saler, poivrer; faire cuire 2 minutes à feu vif.

Étendre le mélange dans le fond d'assiettes individuelles. Déposer une truite dans chaque assiette. Arroser de jus de citron. Servir immédiatement.

Filets de rouget au fenouil

(pour 4 personnes)

1 PORTION	331 CALORIES	36g GLUCIDES
28g PROTÉINES	11g LIPIDES	0,8g FIBRES

4	petits filets de rouget
250 ml	(1 tasse) farine
15 ml	(1 c. à soupe) huile végétale
30 ml	(2 c. à soupe) beurre
1	petit piment rouge, émincé
1	courgette, coupée en deux sur la longueur et émincée
1	pomme verte, évidée et émincée
5 ml	(1 c. à thé) grains de poivre vert
2	branches de fenouil frais, hachées
	sel et poivre

Enfariner légèrement les filets de poisson.

Faire chauffer huile et beurre dans une grande poêle à frire. Ajouter le poisson; faire cuire 3 minutes à feu moyen-vif.

Retourner le poisson, assaisonner et cuire 2 à 3 minutes.

Ajouter piment, courgette et pomme; faire cuire 2 à 3 minutes à feu moyen.

Incorporer poivre vert et fenouil; bien assaisonner. Faire cuire 2 minutes. Servir.

Choisir poisson et fenouil frais.

1

3
Retourner le poisson, bien assaisonner et continuer la cuisson 2 à 3 minutes.

Faire cuire le poisson enfariné pendant 3 minutes à feu moyen-vif.

2

4
Ajouter légumes et pomme. Faire cuire 2 à 3 minutes à feu moyen.

Rouget et crevettes aux amandes

(pour 4 personnes)

1 PORTION	446 CALORIES	27g GLUCIDES
44g PROTÉINES	18g LIPIDES	0,6g FIBRES

4	filets de rouget
250 ml	(1 tasse) farine assaisonnée
30 ml	(2 c. à soupe) huile végétale
30 ml	(2 c. à soupe) beurre fondu
12	crevettes moyennes, décortiquées, nettoyées et coupées en deux
30 ml	(2 c. à soupe) câpres
1	citron, pelé, épépiné et émincé
30 ml	(2 c. à soupe) amandes effilées
	sel et poivre

Préchauffer le four à 70°C (150°F).

Enfariner les filets de poisson. Faire chauffer l'huile dans une grande poêle à frire. Ajouter le poisson; faire cuire, à feu moyen-vif, 3 à 4 minutes de chaque côté ou selon la grosseur. Bien assaisonner.

Retirer le poisson de la poêle. Tenir chaud au four.

Mettre beurre et crevettes dans la poêle. Assaisonner et ajouter le reste des ingrédients; cuire 3 minutes à feu moyen.

Retirer les filets de rouget du four. Servir avec les crevettes aux amandes.

Rouget aux tomates

(pour 4 personnes)

1 PORTION	246 CALORIES	9g GLUCIDES
27g PROTÉINES	12g LIPIDES	0,7g FIBRES

4	filets de rouget
45 ml	(3 c. à soupe) huile d'olive
1	gousse d'ail, écrasée et hachée
1	petit oignon, haché
3	tomates pelées, épépinées et en dés
1 ml	(¼ c. à thé) clou de girofle moulu
1 ml	(¼ c. à thé) sucre
	jus de 1 citron
	sel et poivre

Placer les filets dans un grand plat et les arroser de quelques gouttes d'huile et du jus de ½ citron. Mettre de côté.

Faire chauffer 25 ml (1½ c. à soupe) d'huile dans une grande poêle à frire. Ajouter ail et oignon; cuire 2 à 3 minutes à feu moyen.,

Ajouter tomates, clou de girofle, sucre et reste du jus de citron. Bien assaisonner et cuire 7 à 8 minutes à feu moyen.

Réduire l'élément à feu très doux et laisser mijoter le mélange de tomates.

Faire chauffer le reste d'huile dans une poêle à frire. Ajouter le poisson; faire cuire, à feu moyen, 4 minutes de chaque côté ou selon la grosseur. Bien assaisonner et servir avec le mélange de tomates.

Éperlans frits

(pour 4 personnes)

1 PORTION	718 CALORIES	54g GLUCIDES
38g PROTÉINES	37g LIPIDES	0,1g FIBRES

24 à 28	éperlans, nettoyés et asséchés avec un papier essuie-tout
375 ml	(1½ tasse) farine assaisonnée
375 ml	(1½ tasse) lait
2	œufs
5 ml	(1 c. à thé) huile d'olive
375 ml	(1½ tasse) biscuits soda écrasés
125 ml	(½ tasse) huile d'arachide
	sel et poivre
	jus de citron

Enfariner les éperlans.

Mettre lait, œufs et huile d'olive dans un grand bol; bien incorporer au fouet.

Plonger les éperlans dans le mélange et rouler dans les biscuits écrasés.

Faire chauffer la moitié de l'huile d'arachide dans une sauteuse (à environ 180°C (375°F). Ajouter délicatement la moitié des éperlans; cuire 2 à 3 minutes en retournant une fois.

À l'aide d'une écumoire, retirer les éperlans de l'huile. Égoutter sur du papier essuie-tout.

Verser le reste de l'huile dans la sauteuse et faire chauffer. Cuire le reste des éperlans.

Servir avec du jus de citron.

Steaks de saumon aux herbes

(pour 4 personnes)

1 PORTION	395 CALORIES	2g GLUCIDES
41g PROTÉINES	24g LIPIDES	trace FIBRES

30 ml	(2 c. à soupe) huile végétale
4	steaks de saumon, 2 cm (¾ po) d'épaisseur
30 ml	(2 c. à soupe) beurre
15 ml	(1 c. à soupe) menthe fraîche hachée
15 ml	(1 c. à soupe) ciboulette fraîche hachée
15 ml	(1 c. à soupe) persil frais haché
	sel et poivre
	jus de 1 citron

Faire chauffer l'huile dans une grande poêle à frire. Ajouter le poisson; faire cuire 3 à 4 minutes à feu moyen.

Retourner le poisson, assaisonner et continuer la cuisson 4 minutes.

Retourner le poisson de nouveau, assaisonner et cuire 7 minutes en retournant le poisson à mi-cuisson.

Transférer le poisson dans un plat de service chaud.

Faire chauffer le beurre dans une poêle à frire. Ajouter les herbes et poivrer; faire cuire 1 minute à feu vif.

Arroser de jus de citron, remuer et verser sur le poisson. Servir immédiatement.

Saumon et sauce au Pernod

(pour 4 personnes)

1 PORTION	516 CALORIES	8g GLUCIDES
43g PROTÉINES	32g LIPIDES	0,5g FIBRES

15 ml	(1 c. à soupe) huile végétale
30 ml	(2 c. à soupe) beurre
4	steaks de saumon, 2 cm (¾ po) d'épaisseur
1	échalote sèche hachée
250 g	(½ livre) champignons frais, émincés
45 ml	(3 c. à soupe) Pernod
125 ml	(½ tasse) crème à 35%
15 ml	(1 c. à soupe) persil frais haché
	sel et poivre

Préchauffer le four à 70°C (150°F).

Faire chauffer huile et beurre dans une grande poêle à frire. Ajouter le poisson et bien assaisonner. Couvrir et cuire 4 minutes à feu moyen.

Retourner le poisson; couvrir et continuer la cuisson 4 à 5 minutes.

Retirer le poisson de la poêle. Tenir chaud au four.

Mettre échalote et champignons dans la poêle; bien assaisonner. Couvrir et cuire 3 à 4 minutes.

Incorporer le Pernod et amener à ébullition; faire chauffer 2 minutes à feu vif.

Rectifier l'assaisonnement. Incorporer crème et persil; faire chauffer 2 minutes à feu moyen.

Verser sur le poisson. Servir.

Faire chauffer huile et beurre dans une grande poêle à frire. Ajouter le poisson; bien assaisonner. Couvrir et faire cuire 4 minutes à feu moyen.

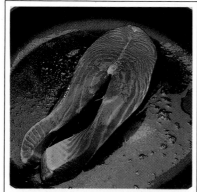

Retourner le poisson; couvrir et continuer la cuisson 4 à 5 minutes. Retirer et tenir chaud au four.

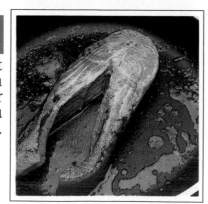

Mettre échalote et champignons dans la poêle; bien assaisonner. Couvrir et cuire 3 à 4 minutes.

Incorporer le Pernod et amener à ébullition; faire chauffer 2 minutes à feu vif.

Saumon al limone

(pour 4 personnes)

1 PORTION	566 CALORIES	30g GLUCIDES
46g PROTÉINES	29g LIPIDES	0,3g FIBRES

4	steaks de saumon, 2 cm (¾ po) d'épaisseur
250 ml	(1 tasse) farine assaisonnée
1 ml	(¼ c. à thé) paprika
30 ml	(2 c. à soupe) beurre
1	oignon moyen, haché
15 ml	(1 c. à soupe) ciboulette hachée
250 ml	(1 tasse) bouillon de poulet léger, chaud
1 ml	(¼ c. à thé) sauce Tabasco
25 ml	(1½ c. à soupe) fécule de maïs
60 ml	(4 c. à soupe) eau froide
50 ml	(¼ tasse) crème légère, chaude
30 ml	(2 c. à soupe) huile végétale
5 ml	(1 c. à thé) beurre
½	concombre, épépiné et tranché épais
	une pincée de gingembre moulu
	sel et poivre
	jus de 1 citron

Enrober le poisson de farine saupoudrée de paprika; mettre de côté.

Faire chauffer 30 ml (2 c. à soupe) de beurre dans une casserole. Ajouter oignon et ciboulette; faire cuire 3 minutes à feu doux.

Ajouter le jus de citron; continuer la cuisson 1 minute à feu doux.

Incorporer bouillon de poulet, sauce Tabasco et gingembre; bien assaisonner et amener à ébullition.

Délayer fécule de maïs et eau froide. Incorporer à la sauce; cuire 1 minute à feu doux.

Incorporer la crème et rectifier l'assaisonnement. Amener rapidement à ébullition et retirer du feu. Mettre de côté.

Faire chauffer l'huile dans une grande poêle à frire. Ajouter le poisson; faire cuire 4 minutes à feu moyen-vif.

Retourner le poisson et assaisonner; cuire 4 minutes.

Retourner le poisson de nouveau et continuer la cuisson 7 minutes en retournant 1 fois à mi-cuisson.

Entre-temps, faire chauffer 5 ml (1 c. à thé) de beurre dans une autre poêle à frire. Ajouter les concombres; faire cuire 3 à 4 minutes à feu moyen-vif.

Réchauffer la sauce au citron à feu doux. Servir avec le poisson et les concombres.

Choisir des steaks de saumon de première qualité.

Enrober le poisson de farine saupoudrée de paprika. Mettre de côté.
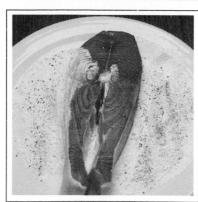

Faire cuire oignon et ciboulette 3 minutes dans le beurre chaud.

Ajouter jus de citron et bouillon de poulet. Épaissir la sauce avec un mélange de fécule.

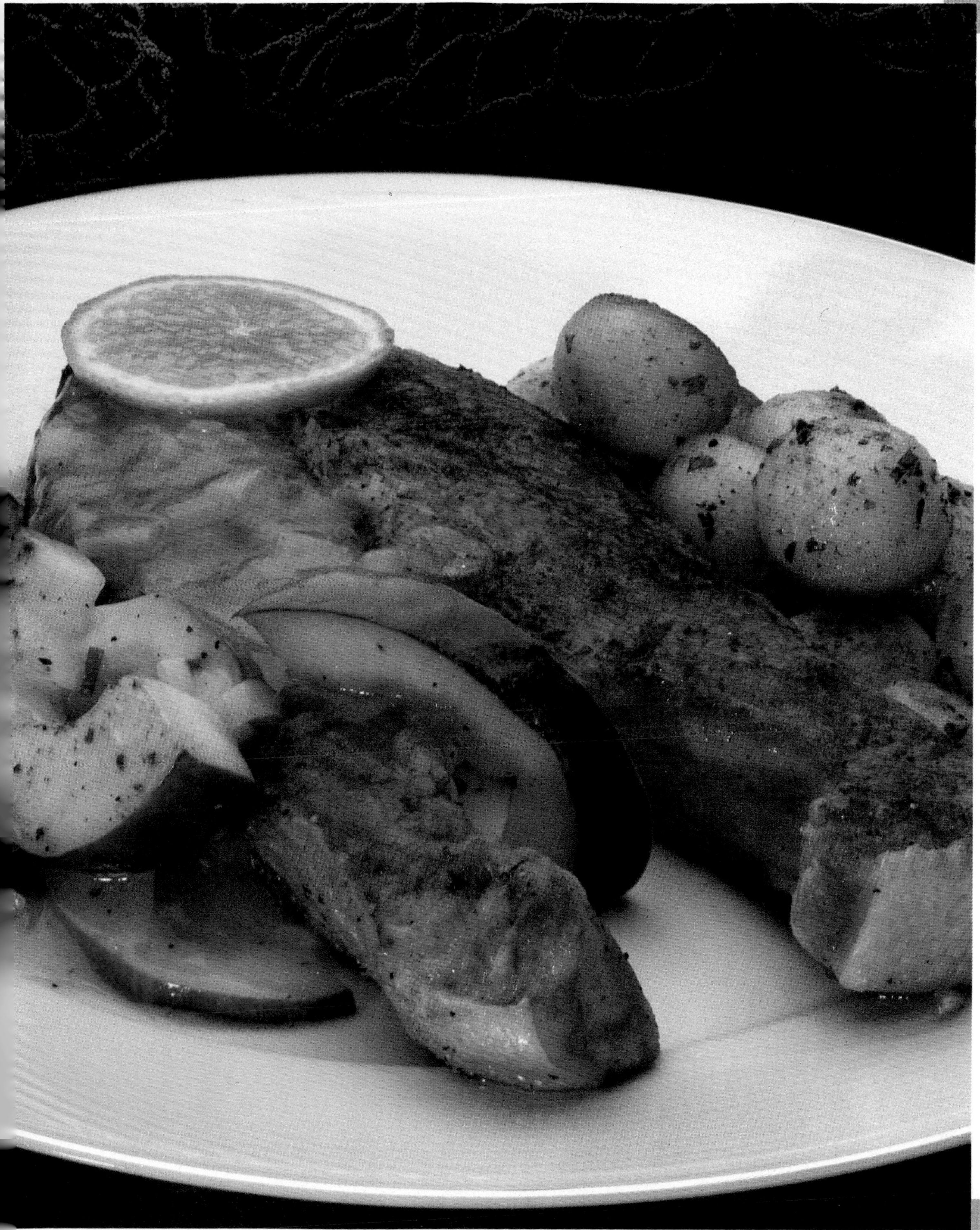

Croquettes de poisson grillées

(pour 4 personnes)

1 PORTION	475 CALORIES	38g GLUCIDES
26g PROTÉINES	24g LIPIDES	0,6 FIBRES

425 ml	(1¾ tasse) flétan cuit, émietté
625 ml	(2½ tasses) purée de pommes de terre, chaude
15 ml	(1 c. à soupe) persil frais haché
45 ml	(3 c. à soupe) oignons hachés cuits
30 ml	(2 c. à soupe) beurre mou
1	œuf battu
250 ml	(1 tasse) farine
45 ml	(3 c. à soupe) huile d'arachide
	sel et poivre

Mettre poisson, pommes de terre, persil, oignons, beurre et œuf battu dans un robot culinaire. Bien assaisonner et mélanger pour incorporer.

Former des boulettes avec le mélange et aplatir. Enfariner légèrement.

Faire chauffer l'huile dans une grande poêle à frire. Ajouter des croquettes de poisson sans surcharger la poêle; cuire 2 à 3 minutes à feu moyen-vif. Retourner les croquettes une fois. Ajuster le temps de cuisson selon leur épaisseur.

Servir avec une sauce tartare.

Flétan, sauce au fenouil

(pour 4 personnes)

1 PORTION	228 CALORIES	4g GLUCIDES
24g PROTÉINES	13g LIPIDES	0,5g FIBRES

15 ml	(1 c. à soupe) huile végétale
2	grands steaks de flétan, avec la peau, coupés en deux
5	branches de fenouil
15 ml	(1 c. à soupe) beurre
250 g	(½ livre) champignons frais, tranchés
1	échalote sèche, hachée
	sel et poivre
	jus de citron

Préchauffer le four à 70°C (150°F).

Faire chauffer l'huile dans une grande poêle à frire. Ajouter le poisson; couvrir et faire cuire 3 minutes à feu moyen-vif.

Retourner le poisson. Saler, poivrer et ajouter 2 branches de fenouil. Cuire 3 à 4 minutes à feu moyen.

Retirer le poisson de la poêle. Tenir chaud au four.

Faire fondre le beurre dans la poêle. Ajouter reste de fenouil, champignons et échalote; couvrir et faire cuire 3 à 4 minutes. Bien assaisonner.

Arroser de jus de citron et verser sur le poisson. Servir avec des légumes.

Sébaste pané

(pour 4 personnes)

1 PORTION	523 CALORIES	38g GLUCIDES
45g PROTÉINES	19g LIPIDES	0,1 FIBRES

30 ml	(2 c. à soupe) huile d'olive
2	œufs battus
8	filets de sébaste
250 ml	(1 tasse) farine assaisonnée
250 ml	(1 tasse) chapelure
30 ml	(2 c. à soupe) huile végétale
	tranches de citron
	sel et poivre

Incorporer l'huile d'olive aux œufs battus.

Enfariner le poisson, le tremper dans les œufs battus et l'enrober de chapelure.

Faire chauffer l'huile végétale dans une grande poêle à frire. Ajouter le poisson; faire cuire 4 à 6 minutes à feu moyen-vif. Retourner le poisson deux fois et assaisonner.

Garnir de tranches de citron. Servir avec une sauce tartare.

Sébaste à la sauce au piment rouge

(pour 4 personnes)

1 PORTION	547 CALORIES	36g GLUCIDES
44g PROTÉINES	25g LIPIDES	0,8g FIBRES

15 ml	(1 c. à soupe) beurre fondu
1	gousse d'ail, écrasée et hachée
1	oignon moyen, émincé
1½	piment rouge, émincé
375 ml	(1½ tasse) sauce blanche chaude
1 ml	(¼ c. à thé) sauce Worcestershire
1 ml	(¼ c. à thé) sauce Tabasco
8	petits filets de sébaste
250 ml	(1 tasse) farine assaisonnée
30 ml	(2 c. à soupe) huile végétale
	sel et poivre
	jus de ½ citron

Faire chauffer le beurre dans une casserole. Ajouter ail et oignon; couvrir et cuire 3 à 4 minutes à feu moyen.

Ajouter le piment et assaisonner; continuer la cuisson 7 à 8 minutes à feu moyen sans couvrir.

Verser le mélange dans un robot culinaire et mettre en purée. Vider dans la casserole et incorporer la sauce blanche. Ajouter les sauces Worcestershire et Tabasco. Arroser de jus de citron.

Laisser mijoter 8 minutes à feu doux sans couvrir.

Entre-temps, enfariner le poisson. Faire chauffer l'huile dans une grande poêle à frire. Ajouter le poisson; faire cuire 3 à 4 minutes de chaque côté ou selon la grosseur. Bien assaisonner.

Dès que le poisson est cuit, le transférer dans un plat de service chaud et napper de sauce au piment.

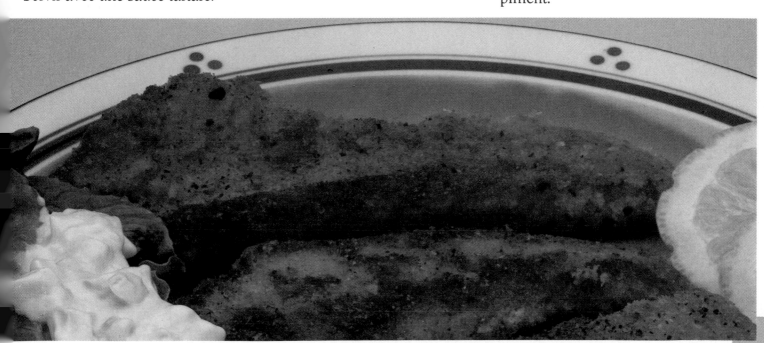

Mérou au cari

(pour 4 personnes)

1 PORTION	507 CALORIES	58g GLUCIDES
46g PROTÉINES	9g LIPIDES	1,0g FIBRES

60 ml	(4 c. à soupe) cari
500 ml	(2 tasses) farine
4	steaks de mérou, de 200 g (7 oz) chacun
30 ml	(2 c. à soupe) huile végétale
½	gros cantaloup, en gros morceaux
1	banane, tranchée épais en biais
	jus de 1 mandarine
	sel et poivre

Mélanger cari et farine. Bien assaisonner. Enfariner le poisson et secouer pour retirer l'excédent de farine.

Faire chauffer l'huile dans une grande poêle à frire. Ajouter le poisson; faire cuire 3 à 4 minutes à feu moyen-vif.

Retourner le poisson; continuer la cuisson 2 à 3 minutes.

Assaisonner et retourner le poisson de nouveau. Cuire 3 à 4 minutes ou selon l'épaisseur. Le poisson est cuit lorsque l'os se détache facilement.

Transférer le poisson dans des assiettes chaudes. Faire cuire rapidement le reste des ingrédients pendant 2 minutes dans la poêle à frire. Verser sur le poisson. Servir.

Mélanger cari et farine. Bien assaisonner. Enfariner le poisson et secouer pour retirer l'excédent de farine.

Faire cuire le poisson 8 à 11 minutes ou selon l'épaisseur. Retourner le poisson 2 fois.

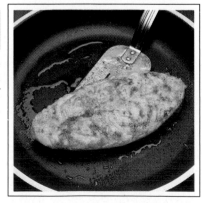

Lorsque l'os se détache facilement, le poisson est cuit.

Faire cuire rapidement le reste des ingrédients pendant 2 minutes dans la poêle à frire.

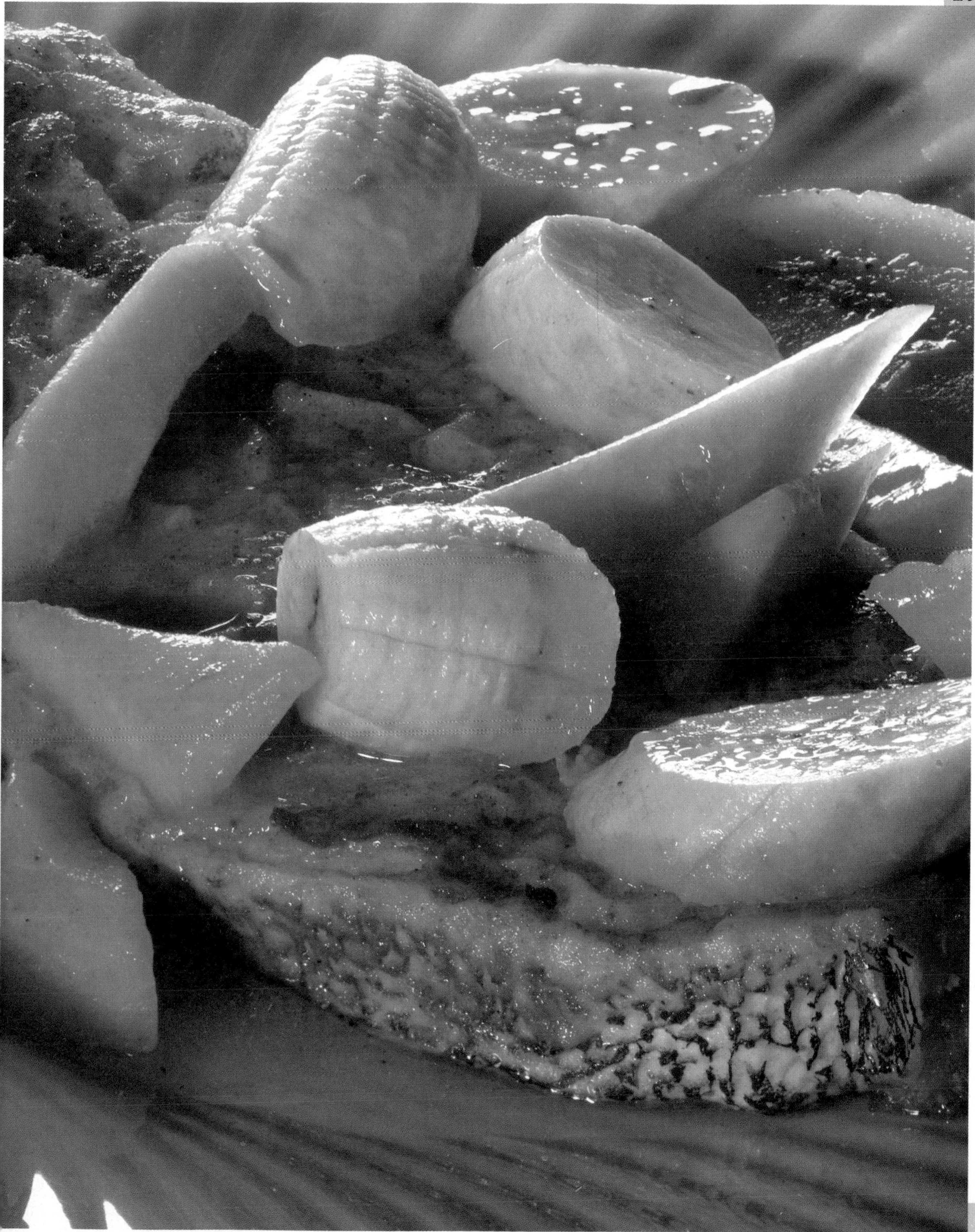

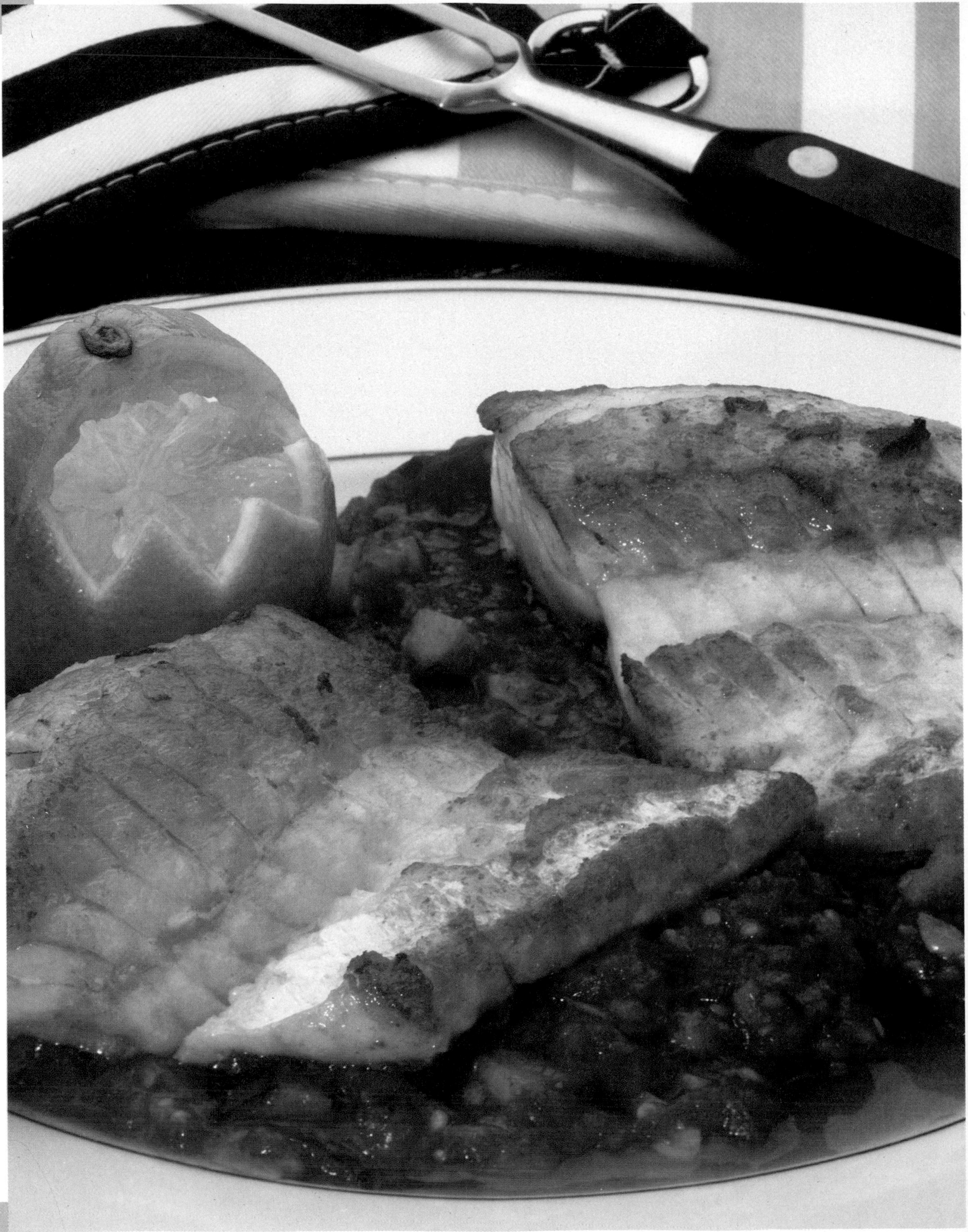

Mérou
à l'italienne

(pour 4 personnes)

1 PORTION	352 CALORIES	15g GLUCIDES
45g PROTÉINES	12g LIPIDES	1,0g FIBRES

30 ml	(2 c. à soupe) huile d'olive
2	grosses échalotes sèches, hachées
1	gousse d'ail, écrasée et hachée
1	petite aubergine avec la peau, en dés
796 ml	(28 oz) tomates en conserve, égouttées et hachées
1 ml	(¼ c. à thé) basilic
1 ml	(¼ c. à thé) marjolaine
½	piment cerise fort mariné, haché
1 ml	(¼ c. à thé) sucre
15 ml	(1 c. à soupe) huile végétale
4	morceaux de mérou, 200 à 225 g (7 à 8 oz) chacun
	sel et poivre

Faire chauffer l'huile d'olive dans une sauteuse. Ajoute échalotes et ail; faire cuire 2 minutes à feu moyen.

Ajouter l'aubergine; couvrir et cuire 8 à 10 minutes en remuant de temps en temps.

Assaisonner et incorporer tomates, épices, piment haché et sucre. Amener à ébullition et faire cuire 8 minutes à feu moyen-vif.

Entre-temps, faire chauffer l'huile végétale dans une grande poêle à frire. Ajouter le poisson; cuire 4 minutes à feu moyen.

Retourner le poisson, assaisonner et continuer la cuisson 4 à 5 minutes ou selon l'épaisseur.

Accompagner le poisson du mélange d'aubergine.

Faire chauffer l'huile d'olive dans une sauteuse. Ajouter échalotes et ail; faire cuire 2 minutes à feu moyen.

Ajouter l'aubergine et couvrir.

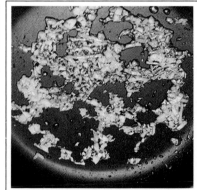

Faire cuire l'aubergine 8 à 10 minutes et bien assaisonner.

Incorporer tomates, épices, piment haché et sucre. Amener à ébullition et cuire 8 minutes à feu moyen-vif.

Aiguillat grillé

(pour 4 personnes)

1 PORTION	473 CALORIES	5g GLUCIDES
41g PROTÉINES	33g LIPIDES	trace

2	steaks d'aiguillat commun, 500 g (1 livre) chacun
45 ml	(3 c. à soupe) huile d'olive
125 ml	(½ tasse) jus de citron
30 ml	(2 c. à soupe) beurre
5 ml	(1 c. à thé) gingembre frais haché
1	gousse d'ail, écrasée et hachée
15 ml	(1 c. à soupe) ciboulette
5 ml	(1 c. à thé) cassonade
5 ml	(1 c. à thé) jus de limette
5 ml	(1 c. à thé) sauce Worcestershire
15 ml	(1 c. à soupe) huile végétale
	sel et poivre

Mettre poisson, huile d'olive et jus de citron dans une assiette profonde; laisser mariner 20 minutes.

Bien égoutter et essuyer le poisson. À l'aide d'un gros couteau, couper chaque steak en 2 morceaux. Utiliser un maillet en bois pour frapper le couteau et couper l'os.

Mettre beurre, gingembre, ail, ciboulette, cassonade, jus de limette et sauce Worcestershire dans une petite casserole; faire fondre.

Badigeonner le poisson du mélange de beurre.

Faire chauffer l'huile végétale dans une grande poêle à frire. Ajouter le poisson; cuire 10 à 12 minutes à feu moyen. Assaisonner et retourner le poisson 2 à 3 fois durant la cuisson.

Si désiré, servir avec des pommes sautées et des haricots verts.

Un steak d'aiguillat de 500 g (1 livre) est suffisant pour 2 personnes.

1

Bien égoutter le poisson mariné. À l'aide d'un maillet, frapper le couteau pour couper le steak en deux morceaux.

2

3  Mettre beurre, gingembre, ail, ciboulette, cassonade, jus de limette et sauce Worcestershire dans une petite casserole et faire fondre.

4  Badigeonner le poisson du mélange avant la cuisson.

Goberge à la niçoise

(pour 4 personnes)

1 PORTION	399 CALORIES 6g GLUCIDES
42g PROTÉINES 22g LIPIDES	0,5g FIBRES

15 ml	(1 c. à soupe) huile d'olive
2	échalotes sèches, hachées
1	gousse d'ail, écrasée et hachée
50 g	(1,75 oz) filets d'anchois en conserve, égouttés et hachés
500 ml	(2 tasses) tomates naines, en deux
125 ml	(½ tasse) olives noires dénoyautées
15 ml	(1 c. à soupe) huile végétale
750 g	(1½ livre) filets de goberge, coupés en gros morceaux et enfarinés légèrement
	sel et poivre

Faire chauffer l'huile d'olive dans une sauteuse. Ajouter échalotes et ail; faire cuire 2 à 3 minutes à feu moyen.

Ajouter les anchois; faire cuire 1 minute.

Bien assaisonner. Ajouter tomates et olives; mélanger et continuer la cuisson 1 minute à feu moyen-vif. Mettre de côté.

Faire chauffer l'huile végétale dans une grande poêle à frire. Ajouter le poisson; cuire 4 à 5 minutes à feu moyen.

Saler, poivrer. Retourner le poisson; continuer la cuisson 4 minutes.

Verser le mélange de tomates sur le poisson; laisser mijoter 1 minute. Servir.

Mettre les anchois dans la sauteuse contenant échalotes et ail. Faire cuire 1 minute.

Après 4 à 5 minutes de cuisson, retourner le poisson et saler, poivrer; continuer la cuisson 4 minutes.

Bien assaisonner. Ajouter tomates et olives; mélanger et continuer la cuisson 1 minute à feu moyen-vif. Mettre de côté.

Verser le mélange de tomates sur le poisson; laisser mijoter 1 minute. Servir.

Queues de homard sautées

(pour 4 personnes)

1 PORTION	330 CALORIES	14g GLUCIDES
16g PROTÉINES	2g LIPIDES	trace FIBRES

30 ml	(2 c. à soupe) beurre fondu
4	queues de homard, décortiquées et coupées en trois
1	échalote sèche hachée
15 ml	(1 c. à soupe) persil frais haché
250 ml	(1 tasse) sauce à l'aneth
	sel et poivre
	jus de citron

Faire chauffer le beurre dans une grande poêle à frire. Ajouter le homard; cuire 2 à 3 minutes à feu moyen-vif.

Bien assaisonner. Ajouter échalote et persil; continuer la cuisson 1 minute.

Arroser de jus de citron. Servir avec la sauce à l'aneth.

Langoustines aigres-douces

(pour 4 personnes)

1 PORTION	324 CALORIES	15g GLUCIDES
33g PROTÉINES	13g LIPIDES	0,3g FIBRES

1	oignon vert haché
45 ml	(3 c. à soupe) vin blanc sec
60 ml	(4 c. à soupe) vinaigre blanc
15 ml	(1 c. à soupe) sucre
50 ml	(¼ tasse) jus d'orange
15 ml	(1 c. à soupe) gingembre frais haché
250 ml	(1 tasse) ananas en dés
250 ml	(1 tasse) bouillon de poulet chaud
15 ml	(1 c. à soupe) fécule de maïs
45 ml	(3 c. à soupe) eau froide
750 g	(1½ livre) langoustines décortiquées
45 ml	(3 c. à soupe) beurre fondu
2 ml	(½ c. à thé) graines de fenouil
	sel et poivre
	jus de citron

Mettre l'oignon vert dans une casserole. Ajouter vin et vinaigre; poivrer généreusement. Amener à ébullition et cuire 3 minutes à feu moyen.

Ajouter sucre, jus d'orange, gingembre, ananas et bouillon de poulet; bien remuer. Amener de nouveau à ébullition.

Délayer fécule de maïs et eau froide. Incorporer à la sauce; cuire 2 minutes.

Préparer les langoustines en deux étapes afin de ne pas surcharger la poêle. Faire chauffer le beurre dans la poêle. Ajouter langoustines et graines de fenouil. Arroser de jus de citron. Saler, poivrer et cuire 3 à 4 minutes en remuant fréquemment.

Servir avec la sauce aigre-douce.

Queues de homard marinées

(pour 4 personnes)

1 PORTION	293 CALORIES	4g GLUCIDES
16g PROTÉINES	25g LIPIDES	0,5g FIBRES

4	grosses queues de homard, décortiquées et coupées en morceaux de 2,5 cm (1 po)
60 ml	(4 c. à soupe) huile d'olive
30 ml	(2 c. à soupe) vinaigre à l'estragon
15 ml	(1 c. à soupe) persil frais haché
15 ml	(1 c. à soupe) estragon frais haché
1 ml	(¼ c. à thé) paprika
45 ml	(3 c. à soupe) beurre fondu
30 ml	(2 c. à soupe) câpres
	sel et poivre
	jus de ½ citron

Mettre homard, huile, vinaigre, persil, estragon et paprika dans un bol. Bien assaisonner et laisser mariner 30 minutes.

Égoutter le homard.

Faire chauffer le beurre dans une grande poêle à frire. Ajouter le homard; cuire 3 à 5 minutes à feu vif. Remuer fréquemment et retourner les morceaux une fois.

Incorporer câpres et jus de citron. Rectifier l'assaisonnement. Prolonger la cuisson de 1 minute.

Servir sur du riz.

Flétan aux fruits frais

(pour 4 personnes)

1 PORTION	382 CALORIES	18g GLUCIDES
21g PROTÉINES	26g LIPIDES	0,2g FIBRES

45 ml	(3 c. à soupe) beurre
2	steaks de flétan, coupés en deux
1	mandarine, pelée et tranchée en rondelles
2	bananes, pelées et tranchées épais
125 ml	(½ tasse) crème à 35 %
5 ml	(1 c. à thé) persil frais haché
1 ml	(¼ c. à thé) paprika
	jus de 1 citron
	sel et poivre

Préchauffer le four à 70°C (150°F).

Faire chauffer le beurre dans une grande poêle à frire. Dès que le beurre est partiellement fondu, ajouter le poisson. Saler, poivrer; couvrir et faire cuire 4 minutes à feu moyen.

Arroser de jus de citron et retourner le poisson. Couvrir et continuer la cuisson 4 minutes. Bien assaisonner.

Retirer le poisson de la poêle. Tenir chaud au four.

Mettre mandarine et bananes dans la poêle; faire cuire 2 minutes à feu vif.

Incorporer crème, persil et paprika. Bien assaisonner. Faire cuire 2 minutes. Verser sur le poisson. Servir.

Crevettes frites
à la poêle

(pour 4 personnes)

1 PORTION	280 CALORIES	5g GLUCIDES
39g PROTÉINES	11g LIPIDES	-- FIBRES

750 g	(1½ livre) crevettes décortiquées et nettoyées
30 ml	(2 c. à soupe) sauce soya
30 ml	(2 c. à soupe) jus de citron
1 ml	(¼ c. à thé) paprika
30 ml	(2 c. à soupe) huile végétale
2	œufs battus
	sel et poivre

Mettre crevettes, sauce soya, jus de citron et paprika dans un grand bol. Laisser mariner 15 minutes.

Faire chauffer l'huile dans une grande poêle à frire. Tremper les crevettes dans les œufs battus. Faire cuire 2 minutes de chaque côté à feu moyen. Bien assaisonner.

Égoutter les crevettes cuites sur un papier essuie-tout. Si désiré, servir avec une sauce aux prunes.

Crevettes papillon
à l'ail

(pour 4 personnes)

1 PORTION	304 CALORIES	8g GLUCIDES
43g PROTÉINES	11g LIPIDES	0,6g FIBRES

45 ml	(3 c. à soupe) beurre
900 g	(2 livres) crevettes moyennes décortiquées, nettoyées et en papillon
3	gousses d'ail, écrasées et hachées
1½	piment vert, en lanières
1	gros citron, pelé et en dés
15 ml	(1 c. à soupe) persil frais haché
1 ml	(¼ c. à thé) paprika
	sel et poivre

Faire chauffer le beurre dans une grande poêle à frire. Ajouter les crevettes; faire cuire 2 minutes de chaque côté, à feu moyen-vif.

Ajouter l'ail; bien assaisonner et continuer la cuisson 1 minute.

Incorporer piment vert et citron; cuire 1 minute.

Rectifier l'assaisonnement. Ajouter persil et paprika; mélanger et servir.

Crevettes au Pernod

(pour 4 personnes)

1 PORTION	648 CALORIES	12g GLUCIDES
44g PROTÉINES	44g LIPIDES	trace

45 ml	(3 c. à soupe) beurre
900 g	(2 livres) crevettes moyennes, décortiquées et nettoyées
15 ml	(1 c. à soupe) persil frais haché
1	échalote sèche, finement hachée
5 ml	(1 c. à thé) ciboulette hachée
50 ml	(¼ tasse) Pernod
375 ml	(1½ tassc) crème à 35%
1 ml	(¼ c. à thé) sauce Tabasco
	sel et poivre

Faire chauffer le beurre dans une grande poêle à frire. Ajouter crevettes, persil, échalote et ciboulette. Faire cuire 2 minutes de chaque côté, à feu moyen-vif.

Bien assaisonner et incorporer le Pernod. Faire chauffer 2 minutes à feu vif.

À l'aide d'une écumoire, retirer les crevettes. Mettre de côté.

Remettre la poêle sur le feu. Incorporer crème et sauce Tabasco. Faire épaissir 1½ minute à feu vif.

Rectifier l'assaisonnement. Remettre les crevettes dans la sauce. Laisser mijoter 2 minutes.

Servir avec des pommes de terre à la parisienne.

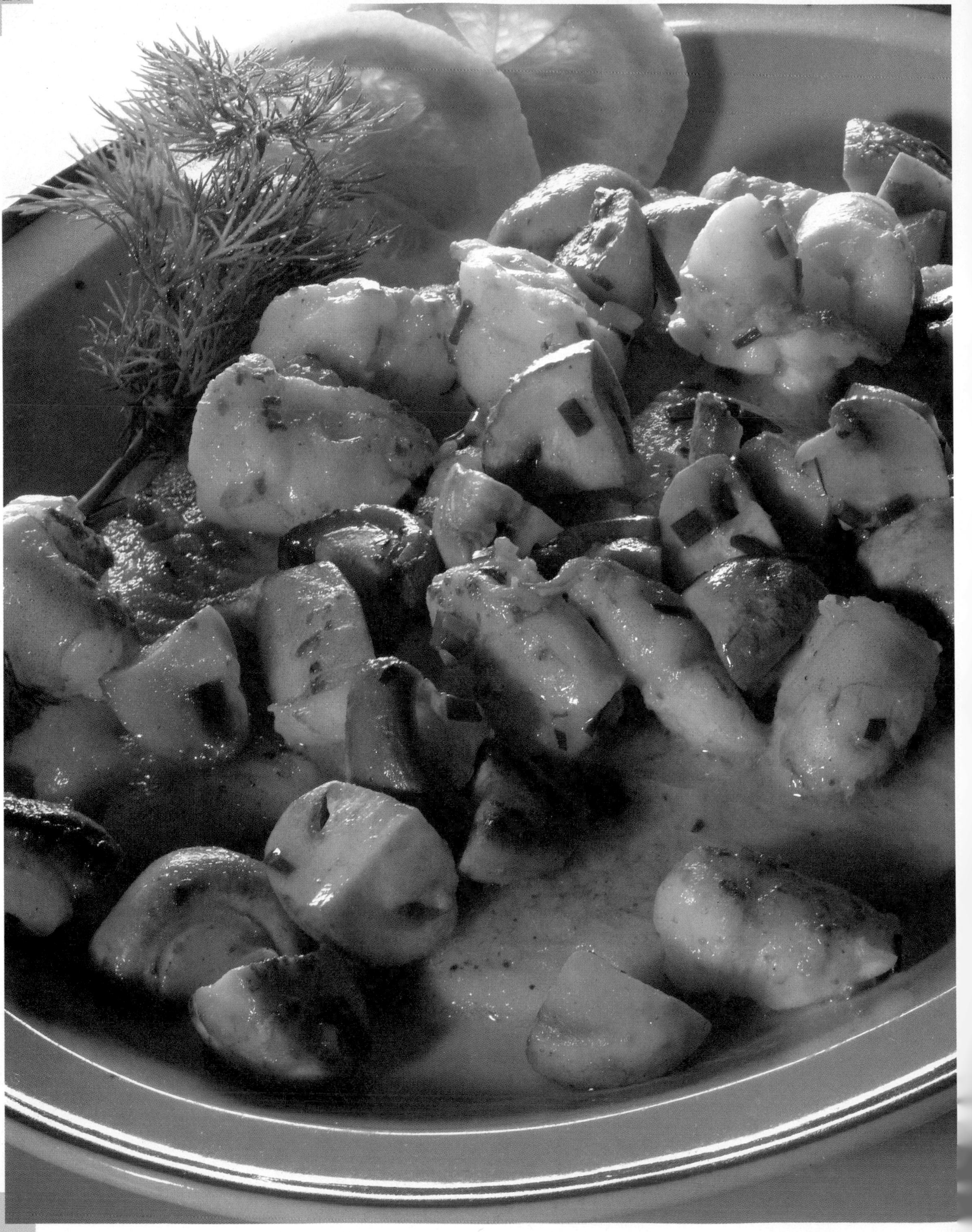

Crevettes et filets de sole grillés

(pour 4 personnes)

1 PORTION	361 CALORIES	28g GLUCIDES
43g PROTÉINES	9g LIPIDES	0,6g FIBRES

1 ml	(¼ c. à thé) paprika
250 ml	(1 tasse) farine
4	grands filets de sole
15 ml	(1 c. à soupe) huile végétale
15 ml	(1 c. à soupe) beurre
250 g	(½ livre) champignons frais, en quartiers
250 g	(½ livre) crevettes, pelées, nettoyées et coupées en trois
15 ml	(1 c. à soupe) ciboulette hachée
	sel et poivre
	jus de 1 citron

Préchauffer le four à 70°C (150°F).

Mélanger paprika et farine. Bien assaisonner. Enfariner les filets et secouer pour retirer l'excédent de farine.

Faire chauffer huile et beurre dans une grande poêle à frire. Ajouter le poisson; faire cuire 2 minutes à feu moyen-vif.

Retourner le poisson, assaisonner et continuer la cuisson 2 minutes.

Retirer le poisson de la poêle. Tenir chaud au four.

Mettre le reste des ingrédients dans la poêle; cuire 3 à 4 minutes à feu moyen-vif.

Verser sur le poisson. Servir.

Mélanger paprika et farine. Bien assaisonner. Enfariner le poisson et secouer pour retirer l'excédent de farine.

Retourner le poisson, assaisonner et continuer la cuisson 2 minutes. Retirer et tenir chaud au four.

Mettre le poisson dans huile et beurre chauds; cuire 2 minutes à feu moyen-vif.

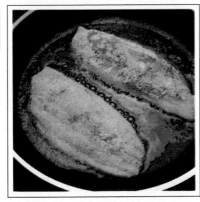

Mettre le reste des ingrédients dans la poêle; faire cuire 3 à 4 minutes à feu moyen-vif.

Huîtres frites

(pour 4 personnes)

1 PORTION	615 CALORIES	55g GLUCIDES
20g PROTÉINES	35g LIPIDES	trace FIBRES

500 ml	(2 tasses) huîtres écaillées en vrac
250 ml	(1 tasse) farine assaisonnée
2	œufs battus
50 ml	(¼ tasse) crème légère
500 ml	(2 tasses) biscuits soda écrasés
75 ml	(⅓ tasse) huile d'arachide
	sel et poivre
	jus de citron

Enfariner les huîtres.

Mélanger œufs et crème. Tremper les huîtres dans le mélange. Enrober de biscuits écrasés.

Faire chauffer l'huile dans une sauteuse. Ajouter la moitié des huîtres; faire cuire 2 minutes de chaque côté à feu vif.

À l'aide d'une écumoire, retirer les huîtres cuites et égoutter sur du papier essuie-tout.

Faire cuire le reste des huîtres.

Servir avec du jus de citron. Si désiré, accompagner d'une sauce tartare.

Pétoncles à la va-vite

(pour 4 personnes)

1 PORTION	274 CALORIES	13g GLUCIDES
32g PROTÉINES	10g LIPIDES	1,0g FIBRES

45 ml	(3 c. à soupe) beurre
750 g	(1½ livre) pétoncles frais
500 g	(1 livre) champignons frais, en quartiers
1	échalote sèche hachée
15 ml	(1 c. à soupe) persil frais haché
15 ml	(1 c. à soupe) ciboulette hachée
	jus de 1 citron
	sel et poivre

Faire chauffer le beurre dans une grande poêle à frire. Ajouter les pétoncles et poivrer. Couvrir et cuire 2 à 3 minutes à feu moyen-vif. Retourner les pétoncles 1 fois.

Ajouter champignons et échalote; couvrir et continuer la cuisson 1 minute.

Ajouter le reste des ingrédients; bien mélanger et rectifier l'assaisonnement.

Servir immédiatement.

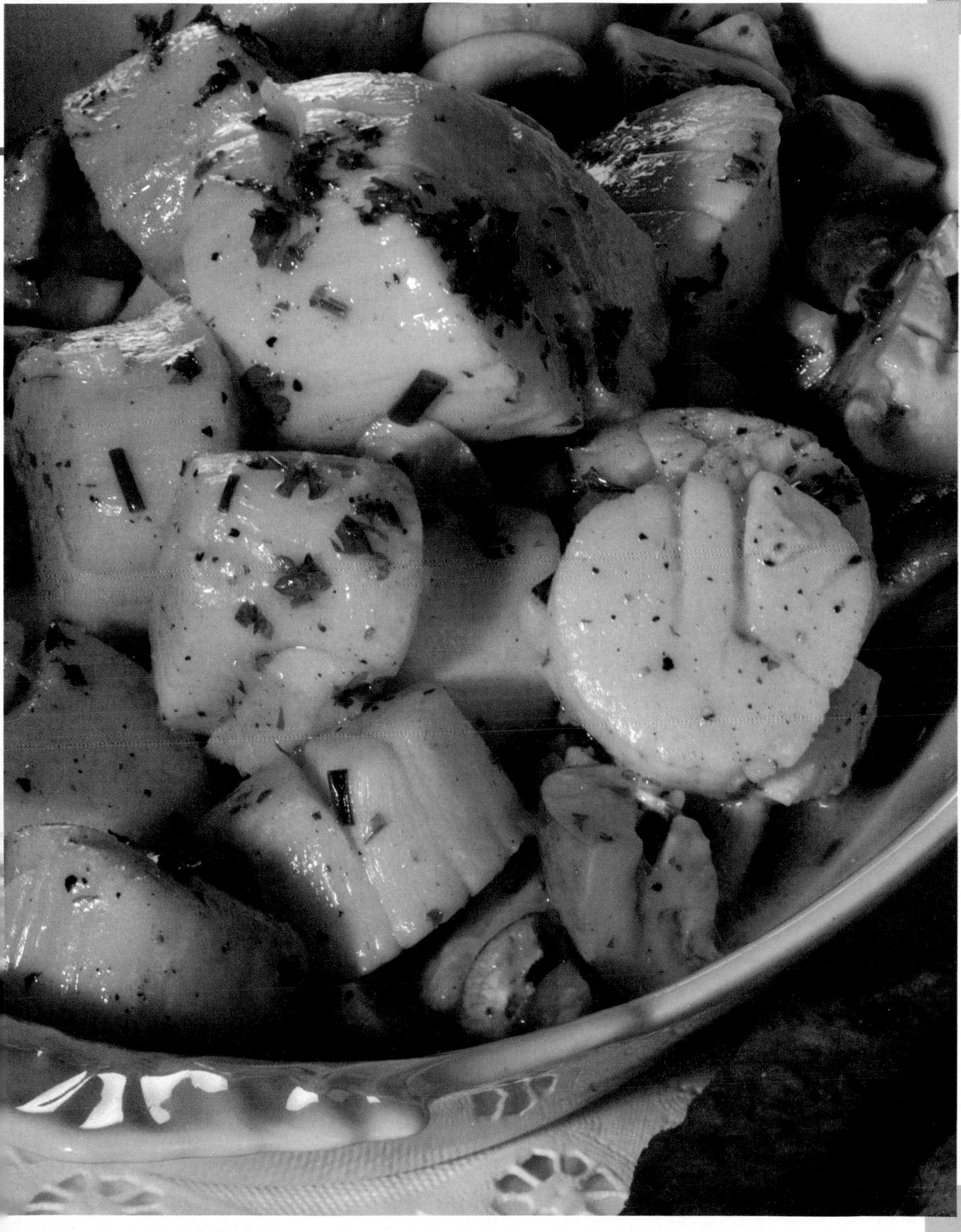

Sauce à l'aneth

1 RECETTE	1172 CALORIES 77g GLUCIDES
6g PROTÉINES	93g LIPIDES 0,4g FIBRES

4	branches de cresson
1	oignon vert, en dés
3	branches d'aneth
2	gousses d'ail, écrasées et hachées
15 ml	(1 c. à soupe) ciboulette hachée
250 ml	(1 tasse) mayonnaise
45 ml	(3 c. à soupe) porto
75 ml	(⅓ tasse) crème sure
	jus de 1 citron
	sel et poivre
	quelques gouttes de sauce Tabasco
	une pincée de paprika

Mettre cresson, oignon vert, aneth, ail et ciboulette dans un robot culinaire; mélanger 1 minute.

Ajouter le reste des ingrédients; mélanger 30 secondes ou jusqu'a l'obtention d'un mélange homogène.

Rectifier l'assaisonnement. Cette sauce accompagne une grande variété de poissons grillés.

Sauce Mornay

1 RECETTE	936 CALORIES 46g GLUCIDES
31g PROTÉINES	71g LIPIDES trace FIBRES

45 ml	(3 c. à soupe) beurre
45 ml	(3 c. à soupe) farine
500 ml	(2 tasses) lait chaud
1	petit oignon
2	clous de girofle
1 ml	(¼ c. à thé) muscade
1	jaune d'œuf
15 ml	(1 c. à soupe) crème légère
50 ml	(¼ tasse) fromage gruyère finement râpé
	sel et poivre

Faire chauffer le beurre dans une casserole. Ajouter la farine; faire cuire 1 minute à feu doux en mélangeant.

Incorporer le lait; bien remuer au fouet. Piquer l'oignon de clous de girofle et mettre dans la casserole. Saupoudrer de muscade et bien assaisonner.

Faire cuire 8 minutes à feu doux en remuant de temps en temps.

Retirer l'oignon. Mélanger jaune d'œuf et crème. Incorporer à la sauce avec un fouet. Ajouter le fromage et bien mélanger.

Servir cette sauce avec un poisson.

Sauce tartare maison

1 RECETTE	970 CALORIES 57g GLUCIDES
2g PROTÉINES	84g LIPIDES -- FIBRES

250 ml	(1 tasse) mayonnaise
30 ml	(2 c. à soupe) crème légère
1	échalote sèche, finement hachée
5 ml	(1 c. à thé) persil frais haché
5 ml	(1 c. à thé) estragon frais haché
5 ml	(1 c. à thé) moutarde sèche
	une pincée de sucre
	sel et poivre
	une pincée de paprika
	jus de citron au goût

Bien incorporer tous les ingrédients dans un bol.

Assaisonner au goût. Servir avec un poisson frit.

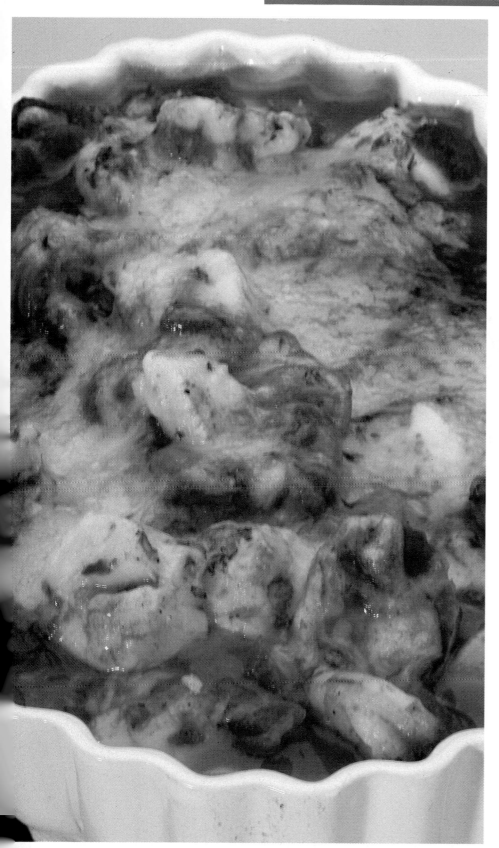

Coquilles aux fruits de mer variés

(pour 4 personnes)

1 PORTION	335 CALORIES	15g GLUCIDES
40g PROTÉINES	13g LIPIDES	1,0g FIBRES

30 ml	(2 c. à soupe) beurre
1	gousse d'ail, écrasée et hachée
250 ml	(1 tasse) chair de crabe, bien égouttée
375 g	(¾ livre) pétoncles
250 g	(½ livre) crevettes décortiquées et nettoyées
796 ml	(28 oz) tomates en conserve, égouttées et hachées
30 ml	(2 c. à soupe) pâte de tomates
15 ml	(1 c. à soupe) persil frais haché
125 ml	(½ tasse) fromage gruyère râpé
	sel et poivre

Faire chauffer le beurre dans une grande poêle à frire. Ajouter ail, chair de crabe, pétoncles et crevettes; bien assaisonner. Faire cuire 3 à 4 minutes à feu moyen-doux.

Incorporer les tomates et rectifier l'assaisonnement; laisser mijoter 2 à 3 minutes.

Incorporer la pâte de tomates; cuire 1 minute à feu moyen.

Verser le mélange dans un grand plat à gratin. Parsemer de persil et de fromage. Faire dorer au four.

Servir dans des plats à coquille.

Coquilles de fruits de mer

(pour 4 personnes)

1 PORTION	354 CALORIES	25g GLUCIDES
31g PROTÉINES	15g LIPIDES	1,0g FIBRES

500 ml	(2 tasses) purée de pommes de terre crémeuse
30 ml	(2 c. à soupe) beurre
1	gousse d'ail, écrasée et hachée
1	oignon vert haché
1	échalote sèche, finement hachée
300 g	(²⁄₃ livre) champignons frais, émincés
300 g	(²⁄₃ livre) pétoncles, grossièrement hachés
300 g	(²⁄₃ livre) crevettes, décortiquées, nettoyées et grossièrement hachées

30 ml	(2 c. à soupe) chapelure
15 ml	(1 c. à soupe) ciboulette hachée
15 ml	(1 c. à soupe) persil frais haché
	sel et poivre
	chapelure en surplus
	beurre en surplus

Introduire la purée de pommes de terre dans un sac à pâtisserie muni d'une douille étoilée et décorer le rebord de 4 plats à coquille. Mettre de côté.

Faire chauffer 30 ml (2 c. à soupe) de beurre dans une grande poêle à frire. Ajouter ail, oignon, ciboulette et champignons; faire cuire 3 à 4 minutes à feu moyen. Bien assaisonner.

Incorporer pétoncles et crevettes; continuer la cuisson 2 à 3 minutes.

Incorporer chapelure, ciboulette et persil. Remplir les coquilles et saupoudrer du surplus de chapelure. Ajouter quelques petites noisettes de beurre.

Faire dorer quelques minutes au four.

Introduire la purée de pommes de terre dans un sac à pâtisserie muni d'une douille étoilée. Décorer le rebord de 4 plats à coquille. Mettre de côté.

Faire cuire ail, oignon vert, échalote et champignons, 3 à 4 minutes à feu moyen.

Incorporer les fruits de mer; continuer la cuisson 2 à 3 minutes.

Ajouter chapelure, ciboulette et persil; bien mélanger et remplir les coquilles. Saupoudrer du surplus de chapelure. Ajouter quelques petites noisettes de beurre. Faire dorer au four.

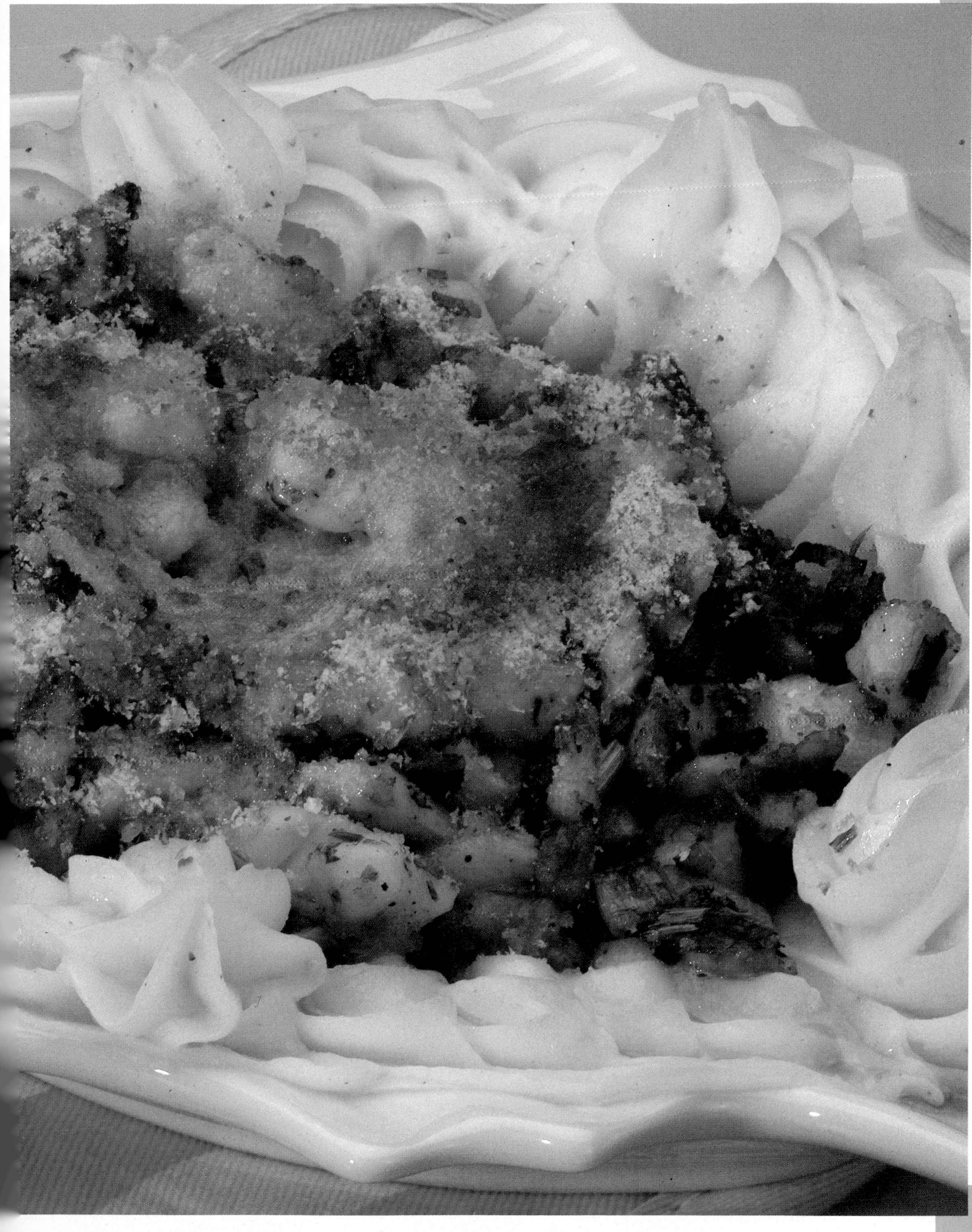

Coquilles de fruits de mer sur riz

(pour 4 personnes)

1 PORTION	851 CALORIES 57g GLUCIDES
39g PROTÉINES	14g LIPIDES trace FIBRES

500 g	(1 livre) pétoncles
125 ml	(½ tasse) vin blanc sec
250 ml	(1 tasse) eau
5 ml	(1 c. à thé) beurre fondu
15 ml	(1 c. à soupe) persil frais haché
4	queues de homard cuit, décortiquées
40 ml	(2½ c. à soupe) beurre
45 ml	(3 c. à soupe) farine
2 ml	(½ c. à thé) cumin
50 ml	(¼ tasse) crème légère chaude
	jus de 1 citron
	riz cuit pour 4 personnes
	sel et poivre

Mettre pétoncles, vin, eau, beurre fondu, persil, poivre et jus de citron dans une casserole; amener à ébullition.

Ajouter le homard; couvrir et retirer la casserole du feu. Laisser reposer 2 à 3 minutes.

Retirer pétoncles et homard à l'aide d'une écumoire. Mettre de côté.

Continuer la cuisson du liquide de cuisson pendant 2 minutes à feu vif. Mettre de côté.

Faire chauffer 40 ml (2½ c. à soupe) de beurre dans une autre casserole. Ajouter la farine; faire cuire 1 minute en mélangeant constamment.

Incorporer le liquide de cuisson avec un fouet. Ajouter le cumin et cuire 1 à 2 minutes à feu moyen.

Incorporer la crème, remuer et cuire 4 à 5 minutes à feu très doux.

Remettre le poisson dans la sauce, remuer et rectifier l'assaisonnement. Laisser mijoter 1 à 2 minutes pour réchauffer.

Servir sur du riz.

Cuisses de grenouilles au fromage

(pour 4 personnes)

1 PORTION	347 CALORIES	11g GLUCIDES
25g PROTÉINES	22g LIPIDES	0,5g FIBRES

15 ml	(1 c. à soupe) beurre
50 ml	(¼ tasse) céleri haché
1	échalote sèche hachée
1 ml	(¼ c. à thé) graines de fenouil
250 g	(½ livre) champignons frais, coupés en deux
16	cuisses de grenouilles, nettoyées
250 ml	(1 tasse) vin blanc sec
125 ml	(½ tasse) eau
2	branches de persil
375 ml	(1½ tasse) sauce Bercy chaude
125 ml	(½ tasse) fromage emmenthal râpé
	jus de ½ citron
	sel et poivre

Beurrer une grande poêle à frire. Ajouter le reste des ingrédients à l'exception de la sauce et du fromage.

Couvrir et faire cuire 10 à 12 minutes à feu doux, selon la grosseur des cuisses. Les cuisses sont cuites, lorsque la chair se détache facilement des os.

Dès que les cuisses sont cuites, retirer la chair des os et la mettre dans des plats à coquille. À l'aide d'une écumoire, retirer les champignons de la poêle et les mettre dans les plats à coquille.

Remettre la poêle contenant le bouillon de cuisson à feu vif; faire chauffer 3 à 4 minutes.

Incorporer la sauce Bercy; continuer la cuisson 2 minutes. Rectifier l'assaisonnement.

Verser la sauce dans les coquilles. Parsemer de fromage. Faire dorer au four pendant quelques minutes.

Coquilles Saint-Jacques

(pour 4 personnes)

1 PORTION	427 CALORIES	16g GLUCIDES
37g PROTÉINES	20g LIPIDES	0,5g FIBRES

60 ml	(4 c. à soupe) beurre
250 g	(½ livre) champignons frais, en quartiers
2	échalotes sèches, finement hachées
1 ml	(¼ c. à thé) paprika
5 ml	(1 c. à thé) persil frais finement haché
750 g	(1½ livre) pétoncles
125 ml	(½ tasse) vin blanc sec
60 ml	(4 c. à soupe) farine
1 ml	(¼ c. à thé) graines de fenouil
375 ml	(1½ tasse) bouillon de poulet ou poisson, chaud
30 ml	(2 c. à soupe) crème à 35%
125 ml	(½ tasse) fromage gruyère râpé
	sel et poivre

À l'aide d'un papier, étendre 2 ml (½ c. à thé) de beurre sur la surface d'une poêle à frire. Ajouter champignons, échalotes, paprika et persil.

Ajouter pétoncles et vin. Bien assaisonner de poivre; couvrir et amener à ébullition à feu moyen-vif.

Retourner les pétoncles et retirer la poêle du feu. Laisser reposer 30 secondes.

À l'aide d'une écumoire, retirer les pétoncles de la poêle; mettre de côté. Verser le reste des ingrédients de la poêle dans un bol; mettre de côté.

Faire fondre le reste du beurre dans une casserole. Ajouter la farine; mélanger et faire cuire 1 minute à feu doux en remuant constamment.

Verser champignons et liquide du bol dans la sauce. Ajouter les graines de fenouil et bien incorporer.

Ajouter le bouillon de poulet, remuer et assaisonner. Incorporer la crème et amener à ébullition; cuire 8 minutes à feu doux.

Remettre les pétoncles dans la sauce et laisser mijoter 1 minute pour réchauffer. Placer le mélange dans des coquilles individuelles. Déposer le tout dans un plat allant au four.

Parsemer de fromage et dorer au four.

1 Mettre champignons, échalotes, paprika et persil dans la poêle beurrée.

2 Ajouter pétoncles et vin; bien assaisonner de poivre. Couvrir et amener à ébullition à feu moyen-vif.

3 À l'aide d'une écumoire, retirer les pétoncles et mettre de côté. Verser le reste des ingrédients et le liquide de cuisson dans un bol.

4 Faire cuire le mélange de farine. Ajouter champignons et liquide de cuisson. Ajouter les graines de fenouil et bien incorporer.

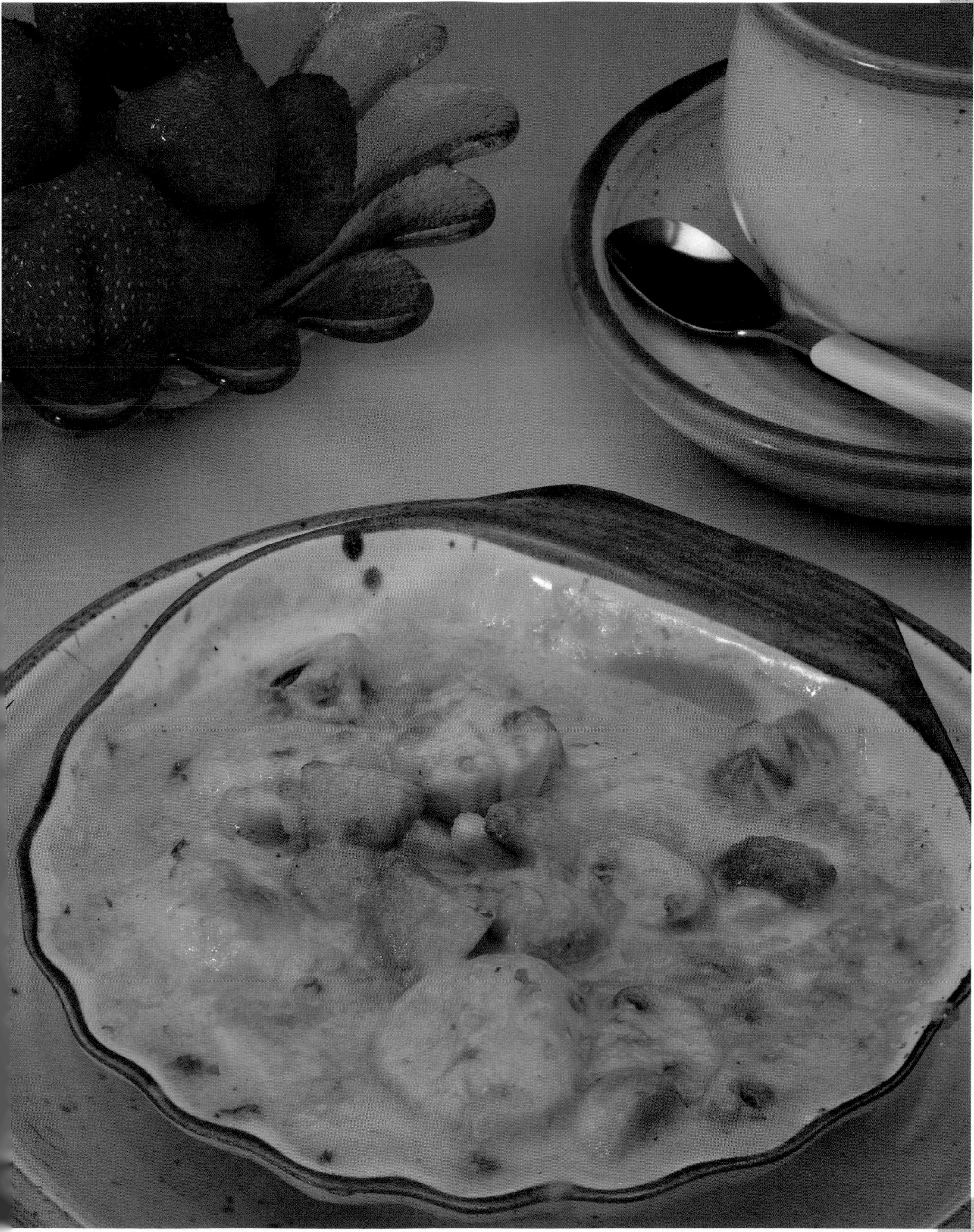

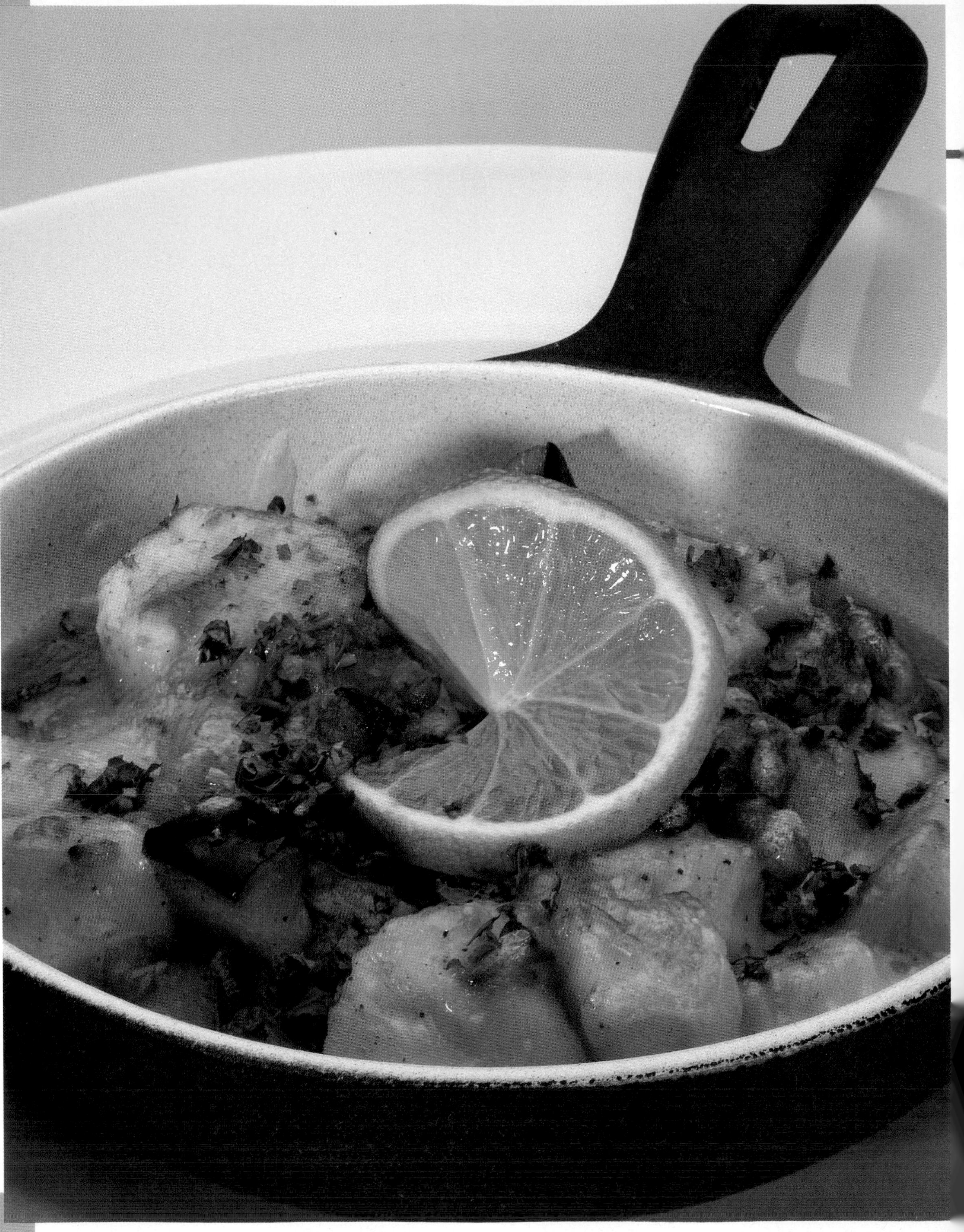

Coquilles de pétoncles à l'emmenthal

(pour 4 personnes)

1 PORTION	327 CALORIES	15g GLUCIDES
30g PROTÉINES	17g LIPIDES	2,0 FIBRES

30 ml	(2 c. à soupe) huile végétale
1	oignon moyen, haché
1	aubergine avec la peau, coupée en dés
2 ml	(½ c. à thé) origan
15 ml	(1 c. à soupe) gingembre frais haché
500 g	(1 livre) pétoncles
250 ml	(1 tasse) fromage emmenthal râpé
5 ml	(1 c. à thé) persil frais haché
	une pincée de paprika
	sel et poivre
	tranches de limette

Faire chauffer l'huile dans une grande poêle à frire. Ajouter les oignons; couvrir et cuire 2 à 3 minutes à feu moyen-doux.

Ajouter aubergine et épices; couvrir et continuer la cuisson 6 à 7 minutes à feu moyen.

Incorporer les pétoncles et bien assaisonner. Couvrir et cuire 3 à 4 minutes à feu moyen; remuer de temps en temps.

Incorporer la moitié du fromage; cuire 1 minute sans couvrir.

Placer le mélange dans des plats à coquille. Parsemer de fromage et faire dorer au four. Garnir de tranches de limette. Parsemer de persil haché.

Pétoncles, sauce à l'ail

(pour 4 personnes)

1 PORTION	371 CALORIES	16g GLUCIDES
31g PROTÉINES	19g LIPIDES	0,6g FIBRES

60 ml	(4 c. à soupe) beurre
2	gousses d'ail, écrasées et hachées
5 ml	(1 c. à thé) ciboulette hachée
1 ml	(¼ c. à thé) graines de fenouil
2	petites courgettes, en dés
55 ml	(3½ c. à soupe) farine
625 ml	(2½ tasses) bouillon de poulet léger, chaud
625 g	(1½ livre) pétoncles cuits, coupés en 2
45 ml	(3 c. à soupe) crème à 35 %
50 ml	(¼ tasse) fromage parmesan râpé
	sel et poivre
	quelques gouttes de jus de citron

Faire chauffer le beurre dans une casserole. Ajouter ail, ciboulette, fenouil et courgettes; bien assaisonner. Faire cuire 4 à 5 minutes à feu moyen; remuer de temps en temps.

Incorporer la farine; cuire 1 minute à feu doux.

Incorporer le bouillon de poulet; remuer et amener au point d'ébullition. Assaisonner et cuire 6 à 8 minutes à feu doux.

Ajouter pétoncles, crème et jus de citron; faire cuire 1 minute.

Placer le mélange dans des plats à coquille. Saupoudrer de fromage. Servir.

Coquilles de poisson aux légumes

(pour 4 personnes)

1 PORTION	517 CALORIES	25g GLUCIDES
30g PROTÉINES	33g LIPIDES	1,0g FIBRES

4	grosses carottes, pelées
1	pomme de terre, pelée
15 ml	(1 c. à soupe) beurre
30 à 45 ml	(2 à 3 c. à soupe) crème légère chaude
500 ml	(2 tasses) saumon cuit, émietté
375 ml	(1½ tasse) sauce blanche chaude
30 ml	(2 c. à soupe) grosse chapelure
	sel et poivre
	quelques gouttes de beurre fondu

Faire cuire carottes et pomme de terre dans de l'eau bouillante, salée. Égoutter et mettre en purée dans un moulin à légumes. Mettre dans un bol.

Ajouter beurre et crème; assaisonner et mélanger pour bien incorporer.

Décorer le contour de 4 plats à coquille de purée de carottes. Mettre de côté.

Mélanger saumon et sauce blanche dans un bol; bien assaisonner. Placer le mélange au milieu de chaque coquille.

Saupoudrer de chapelure et arroser de beurre fondu. Faire dorer au four.

Coquilles de crevettes aux tomates

(pour 4 personnes)

1 PORTION	261 CALORIES	12g GLUCIDES
35g PROTÉINES	8g LIPIDES	1,0g FIBRES

30 ml	(2 c. à soupe) huile d'olive
750 g	(1½ livre) crevettes, décortiquées et nettoyées
2	gousses d'ail, écrasées et hachées
796 ml	(28 oz) tomates en conserve, égouttées et hachées
5 ml	(1 c. à thé) persil frais haché
1 ml	(¼ c. à thé) graines de fenouil
2 ml	(½ c. à thé) jus de limette
	sel et poivre
	une pincée de sucre

Faire chauffer l'huile dans une grande poêle à frire. Ajouter crevettes et ail; assaisonner et cuire 3 à 4 minutes à feu vif. Remuer de temps en temps.

Retirer les crevettes de la poêle. Mettre de côté.

Placer tomates et persil dans la poêle. Saler, poivrer et ajouter les graines de fenouil; cuire 4 à 5 minutes à feu vif en remuant de temps en temps.

Incorporer jus de limette et sucre. Remettre les crevettes dans la poêle. Laisser mijoter 1 minute pour réchauffer.

Mettre dans 4 plats à coquille. Servir avec des légumes.

Décortiquer et nettoyer les crevettes. **1**

Faire cuire **2** crevettes et ail dans l'huile chaude, 3 à 4 minutes à feu vif.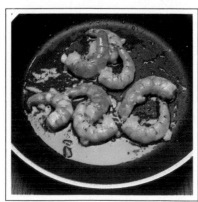

3 Retirer les crevettes de la poêle. Mettre de côté.

4 Placer tomates et persil dans la poêle. Saler, poivrer et ajouter les graines de fenouil; faire cuire 4 à 5 minutes à feu vif.

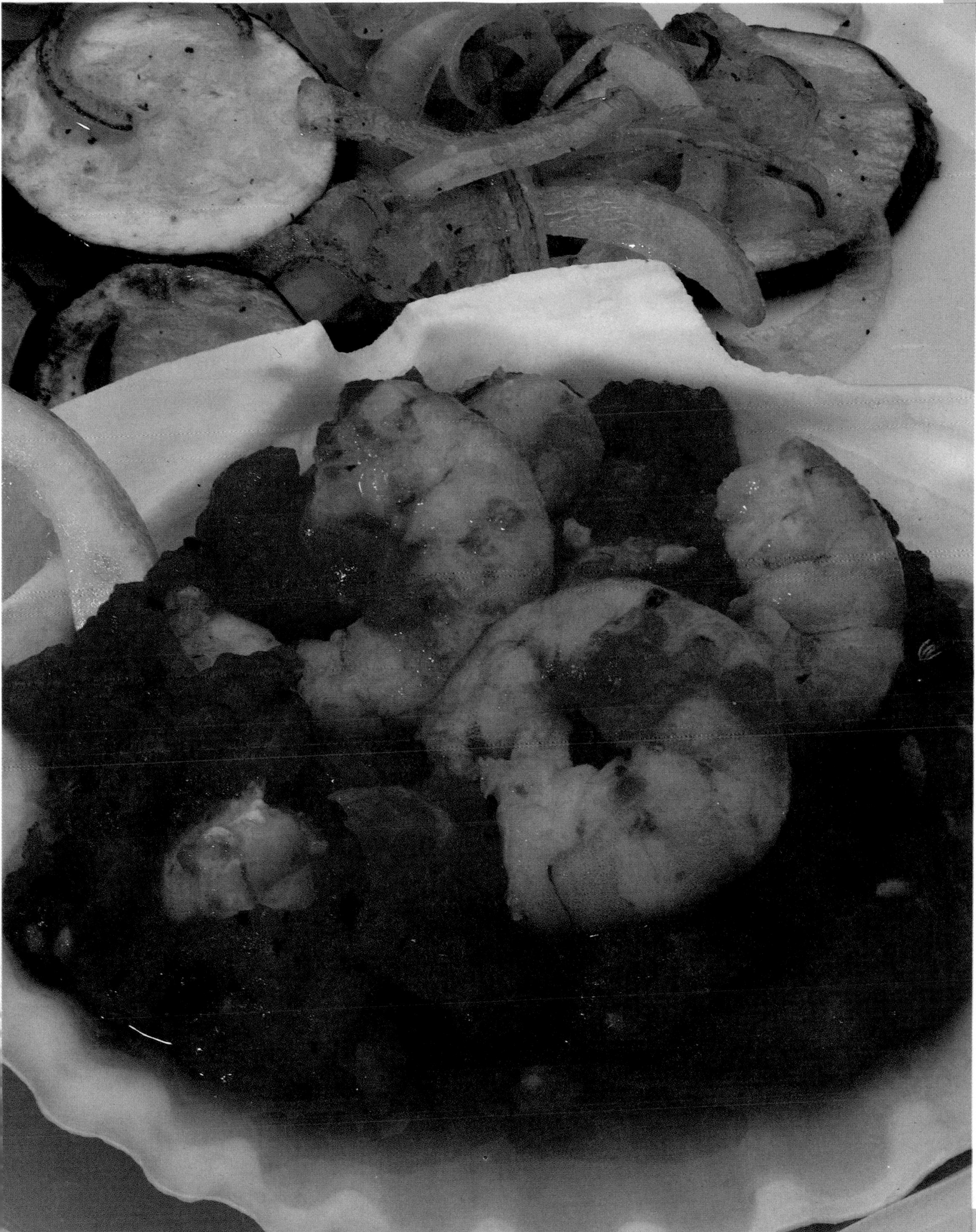

Crevettes côtières

(pour 4 personnes)

1 PORTION	627 CALORIES	49g GLUCIDES
48g PROTÉINES	26g LIPIDES	1,0g FIBRES

45 ml	(3 c. à soupe) beurre
1	petit oignon, haché
250 ml	(1 tasse) riz à longs grains, rincé
375 ml	(1½ tasse) bouillon de poulet léger, chaud
175 ml	(¾ tasse) fromage gruyère râpé
750 g	(1½ livre) petites crevettes, décortiquées et nettoyées
375 ml	(1½ tasse) sauce au paprika, chaude
45 ml	(3 c. à soupe) grosse chapelure
	sel et poivre

Préchauffer le four à 180°C (350°F).

Faire chauffer 15 ml (1 c. à soupe) de beurre dans une casserole allant au four. Ajouter l'oignon ; faire cuire 2 minutes à feu moyen.

Incorporer le riz; cuire 2 minutes à feu vif.

Ajouter le bouillon de poulet; bien remuer. Assaisonner; couvrir et cuire 18 minutes au four.

Quatre minutes avant la fin de la cuisson, incorporer le fromage; couvrir et finir la cuisson.

Retirer le riz cuit du four. Bien mélanger à la fourchette. Mettre de côté.

Faire chauffer le reste du beurre dans une poêle à frire. Ajouter les crevettes; cuire 3 minutes à feu moyen-vif. Remuer une fois et assaisonner.

Étendre une couche de riz dans le fond de chaque plat à coquille. Ajouter les crevettes et recouvrir de sauce.

Parsemer de chapelure. Faire dorer au four pendant quelques minutes.

Coquilles de crevettes et courgettes

(pour 4 personnes)

1 PORTION	381 CALORIES	24g GLUCIDES
30g PROTÉINES	18g LIPIDES	1,0g FIBRES

5 ml	(1 c. à thé) beurre
500 g	(1 livre) crevettes, décortiquées et nettoyées
2	courgettes, en tranches de 1,2 cm (½ po) d'épaisseur
50 ml	(¼ tasse) vin blanc sec
250 ml	(1 tasse) eau
2 ml	(½ c. à thé) graines de fenouil
375 ml	(1½ tasse) sauce blanche épaisse, chaude
45 ml	(3 c. à soupe) chapelure
	jus de 1 citron
	sel et poivre
	quelques gouttes de sauce Tabasco

Beurrer le fond d'une sauteuse. Ajouter crevettes, courgettes, vin, eau, graines de fenouil et jus de citron. Couvrir et amener au point d'ébullition à feu moyen.

Retourner les crevettes; couvrir et continuer la cuisson 1 minute.

À l'aide d'une écumoire, retirer crevettes et courgettes de la sauteuse; mettre de côté.

Amener le liquide de cuisson à ébullition sans couvrir. Faire chauffer 5 minutes à feu vif pour réduire le liquide des ¾.

Incorporer sauce blanche, sel, poivre et sauce Tabasco. Faire cuire 1 à 2 minutes à feu moyen.

Remettre crevettes et courgettes dans la sauce; bien mélanger.

Placer le mélange dans des plats à coquille. Saupoudrer de chapelure. Faire dorer quelques minutes au four.

Crevettes à la provençale

(pour 4 personnes)

1 PORTION	292 CALORIES	7g GLUCIDES
35g PROTÉINES	13g LIPIDES	0,5g FIBRES

45 ml	(3 c. à soupe) huile d'olive
750 g	(1½ livre) crevettes, décortiquées et nettoyées
3	gousses d'ail, écrasées et hachées
1	piment rouge émincé
½	courgette, coupée en deux sur la longueur et émincée
15 ml	(1 c. à soupe) origan frais haché
15 ml	(1 c. à soupe) persil frais haché
45 ml	(3 c. à soupe) fromage parmesan râpé
	sel et poivre
	jus de ½ citron

Faire chauffer 30 ml (2 c. à soupe) d'huile dans une grande poêle à frire. Ajouter crevettes et ail; bien assaisonner. Faire cuire 2 à 3 minutes de chaque côté à feu vif. Remuer de temps en temps.

Retirer les crevettes de la poêle. Mettre de côté.

Faire chauffer le restant d'huile dans la poêle. Ajouter légumes, origan et persil; cuire 2 à 3 minutes à feu moyen-vif. Bien assaisonner et arroser de jus de citron.

Remettre les crevettes dans la poêle, mélanger et cuire 1 minute.

Placer le mélange dans des plats à coquille, parsemer de fromage et faire dorer au four.

Coquilles de homard aux poireaux

(pour 4 personnes)

1 PORTION	334 CALORIES	10g GLUCIDES
20g PROTÉINES	24g LIPIDES	trace FIBRES

30 ml	(2 c. à soupe) beurre fondu
30 ml	(2 c. à soupe) échalotes sèches hachées
2	poireaux, le blanc seulement, bien lavé et finement haché
2 ml	(½ c. à thé) fenouil
375 ml	(1½ tasse) chair de homard cuit, hachée
375 ml	(1½ tasse) sauce blanche chaude
125 ml	(½ tasse) fromage gruyère râpé
	sel et poivre

Faire chauffer le beurre dans une casserole. Ajouter les échalotes; cuire 1 minute à feu moyen.

Ajouter poireaux et fenouil; bien assaisonner. Couvrir et faire cuire 8 à 10 minutes à feu moyen-doux.

Incorporer la chair de homard. Ajouter la sauce blanche et remuer. Assaisonner et laisser mijoter 3 minutes sans couvrir.

Placer le mélange dans des plats à coquille et parsemer de fromage. Faire dorer au four.

Coquilles suprêmes

(pour 4 personnes)

1 PORTION	444 CALORIES	13g GLUCIDES
57g PROTÉINES	16g LIPIDES	trace FIBRES

15 ml	(1 c. à soupe) beurre
2 kg	(4½ livres) moules, cuites* et ôtées de leur coquille
320 g	(11,03 oz) chair de homard en conserve, hachée
15 ml	(1 c. à soupe) câpres
30 ml	(2 c. à soupe) fécule de maïs
60 ml	(4 c. à soupe) eau froide
175 ml	(¾ tasse) fromage gruyère râpé
	persil frais haché
	sel et poivre

* Passer le liquide de cuisson à travers une gaze à fromage et le réserver pour cette recette.

Faire chauffer le beurre dans une grande poêle à frire. Ajouter moules, chair de homard et câpres; faire cuire 2 à 3 minutes à feu moyen.

Poivrer et incorporer le liquide réservé; amener à ébullition.

Délayer fécule de maïs et eau froide. Incorporer à la sauce et faire cuire 1 minute à feu moyen.

Ajouter 75 ml (⅓ tasse) de fromage; continuer la cuisson 1 minute.

Verser le mélange dans un grand plat à gratin. Saupoudrer de fromage et parsemer de persil. Faire dorer au four.

Servir dans des plats à coquille.

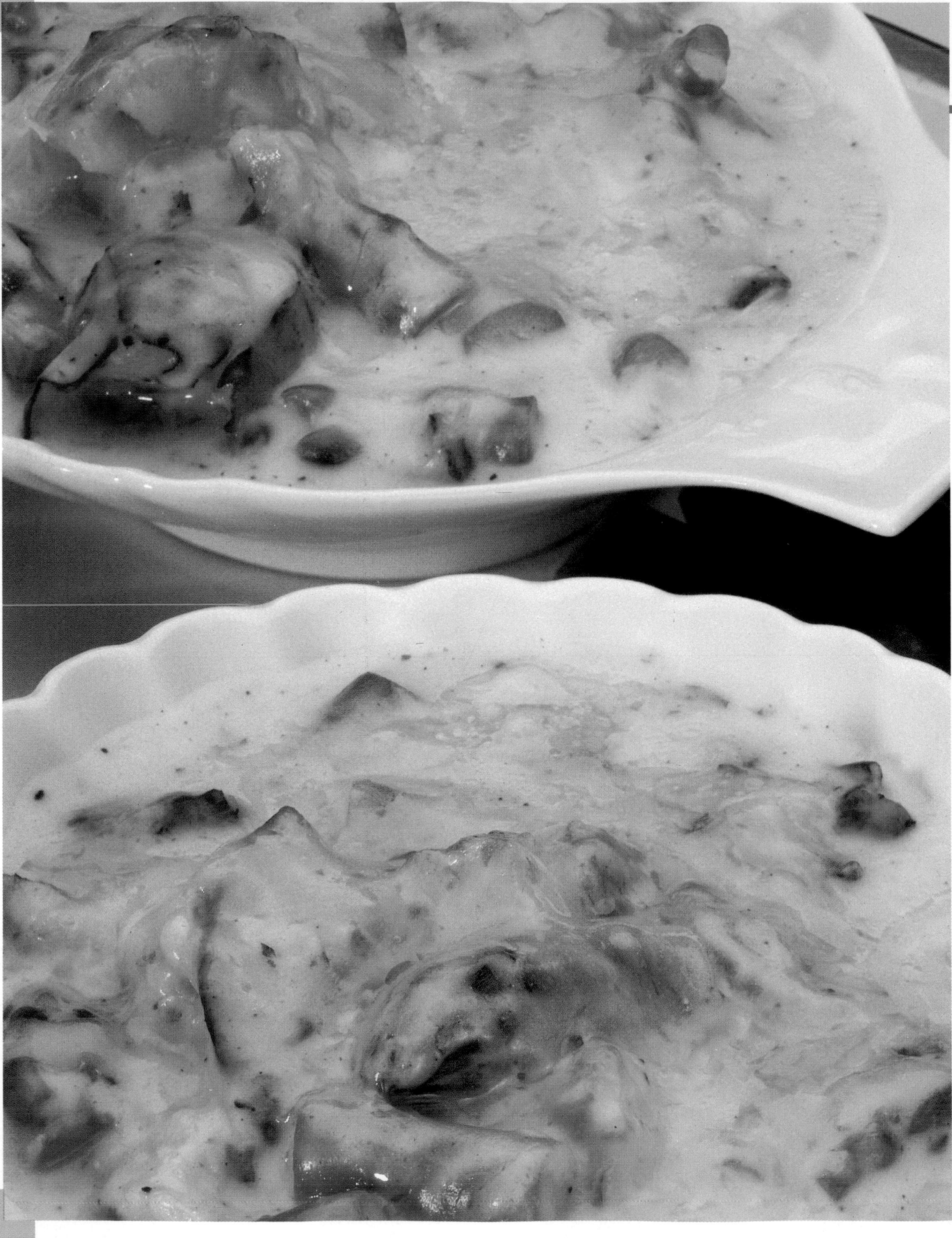

Coquilles de homard aux asperges

(pour 4 personnes)

1 PORTION	426 CALORIES	11g GLUCIDES
35g PROTÉINES	27g LIPIDES	trace FIBRES

55 ml	(3½ c. à soupe) beurre
1	échalote sèche, finement hachée
500 g	(1 livre) chair de homard, décongelée, égouttée et coupée en dés
1	botte d'asperges fraîches, cuites et en dés
1 ml	(¼ c. à thé) jus de citron
45 ml	(3 c. à soupe) farine
500 ml	(2 tasses) lait chaud
1 ml	(¼ c. à thé) muscade
250 ml	(1 tasse) fromage emmenthal râpé
	sel et poivre
	une pincée de clou de girofle

Faire chauffer 5 ml (1 c. à thé) de beurre dans une casserole. Ajouter l'échalote; faire cuire 1 minute à feu moyen.

Incorporer homard, asperges et jus de citron; couvrir et laisser mijoter 6 à 7 minutes à feu très doux.

Faire chauffer le reste du beurre dans une autre casserole. Incorporer la farine; faire cuire 2 minutes à feu doux en mélangeant constamment.

Incorporer le lait et assaisonner de muscade et de clou de girofle. Bien mélanger au fouet. Rectifier l'assaisonnement; faire cuire 6 à 7 minutes à feu doux.

Incorporer le mélange de homard à la sauce. Ajouter la moitié du fromage; laisser mijoter 1 à 2 minutes.

Placer le mélange dans quatre plats à coquille. Parsemer de fromage et faire dorer au four.

Coquilles maritimes

(pour 4 personnes)

1 PORTION	252 CALORIES	12g GLUCIDES
21g PROTÉINES	11g LIPIDES	0,7g FIBRES

15 ml	(1 c. à soupe) beurre fondu
5	feuilles de basilic, hachées
3	grosses tomates, pelées, épépinées et hachées
1	gousse d'ail, écrasée et hachée
50 ml	(¼ tasse) crème à 35%
500 ml	(2 tasses) moules cuites écaillées
125 ml	(½ tasse) fromage mozzarella râpé
	quelques gouttes de jus de citron
	quelques gouttes de sauce Tabasco
	sel et poivre

Faire chauffer le beurre dans une casserole. Ajouter le basilic; couvrir et cuire 3 à 4 minutes à feu moyen-doux. Remuer deux fois durant la cuisson.

Ajouter tomates et ail; bien assaisonner et cuire 5 à 6 minutes à feu vif sans couvrir.

Incorporer la crème et continuer la cuisson 2 minutes.

Ajouter moules, jus de citron et sauce Tabasco; bien remuer.

Placer dans des plats à coquille. Parsemer de fromage et faire dorer quelques minutes au four.

Coquilles aux moules

(pour 4 personnes)

1 PORTION	575 CALORIES	17g GLUCIDES
39g PROTÉINES	36g LIPIDES	-- FIBRES

1,6 kg	(3½ livres) moules fraîches, bien nettoyées
60 ml	(4 c. à soupe) beurre
125 ml	(½ tasse) vin blanc sec
125 ml	(½ tasse) eau froide
1	échalote sèche, finement hachée
300 ml	(1¼ tasse) sauce blanche épaisse, chaude
1 ml	(¼ c. à thé) paprika
175 ml	(¾ tasse) fromage gruyère râpé
	sel et poivre

Mettre moules, beurre et vin dans une grande casserole. Ajouter eau et échalote; couvrir et amener à ébullition. Faire cuire jusqu'à ce que les coquilles s'ouvrent.

Retirer la casserole du feu. Retirer les moules de leur coquille en vidant le jus des coquilles dans la casserole. Mettre les moules de côté. Jeter les coquilles.

Passer le liquide de cuisson à travers une gaze à fromage. Verser le liquide dans une casserole. Amener à ébullition et faire cuire 4 à 5 minutes.

Incorporer sauce blanche et paprika; bien assaisonner. Cuire 3 à 4 minutes à feu doux.

Incorporer 125 ml (½ tasse) de fromage; continuer la cuisson 1 minute à feu doux.

Retirer la casserole du feu. Incorporer les moules et bien mélanger. Placer le mélange dans des plats à coquille. Parsemer de fromage. Faire dorer au four.

1 Bien examiner les moules avant la cuisson. Jeter celles qui sont ouvertes.

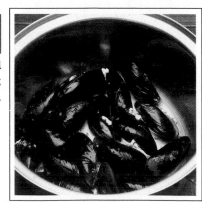

3 Dès que les moules sont ouvertes, retirer la casserole du feu.

2 Mettre moules, beurre, vin et eau dans une casserole; couvrir et faire cuire.

4 Retirer les moules de leur coquille. Vider le jus des moules dans la casserole.

Coquilles à la chair de crabe

(pour 4 personnes)

1 PORTION	330 CALORIES	8g GLUCIDES
34g PROTÉINES	18g LIPIDES	0,8 FIBRES

30 ml	(2 c. à soupe) huile végétale
1	piment jaune, émincé
1	échalote sèche, finement hachée
250 g	(½ livre) champignons frais, finement hachés
30 ml	(2 c. à soupe) pâte de tomates
12	crevettes décortiquées, nettoyées et coupées en 3
200 g	(7 oz) chair de crabe en conserve, hachée
1 ml	(¼ c. à thé) graines de fenouil
5 ml	(1 c. à thé) ciboulette hachée
250 ml	(1 tasse) fromage cheddar râpé
	sel et poivre

Faire chauffer l'huile dans une grande poêle à frire. Ajouter piment, échalote et champignons. Assaisonner; couvrir et faire cuire 5 à 6 minutes à feu moyen.

Incorporer pâte de tomates, crevettes, chair de crabe, graines de fenouil et ciboulette. Couvrir et faire cuire 3 minutes à feu moyen.

Incorporer la moitié du fromage; faire cuire 1 minute sans couvrir.

Rectifier l'assaisonnement. Placer le mélange dans quatre plats à coquille. Parsemer de fromage et faire dorer au four.

Chair de crabe au mozzarella

(pour 4 personnes)

1 PORTION	461 CALORIES	12g GLUCIDES
33g PROTÉINES	31g LIPIDES	trace FIBRES

15 ml	(1 c. à soupe) beurre
½	petit oignon, haché
¼	branche de céleri, hachée
2	œufs durs, tranchés
500 ml	(2 tasses) chair de crabe cuite, en dés ou hachée
500 ml	(2 tasses) sauce au fromage chaude
125 ml	(½ tasse) fromage mozzarella râpé
	quelques gouttes de jus de limette
	sel et poivre

Faire chauffer le beurre dans une casserole. Ajouter oignon et céleri; couvrir et faire cuire 3 minutes à feu moyen.

Ajouter œufs, chair de crabe, jus de limette et sauce au fromage; remuer délicatement. Bien assaisonner et laisser mijoter 2 à 3 minutes.

Placer le mélange dans des plats à coquille et parsemer de fromage. Faire dorer au four.

Délicieuses coquilles d'huîtres

(pour 4 personnes)

1 PORTION	264 CALORIES	12g GLUCIDES
17g PROTÉINES	16g LIPIDES	trace FIBRES

45 ml	(3 c. à soupe) beurre
1	petit oignon haché
1	petite carotte, pelée et en petits dés
¼	branche de céleri, en dés
55 ml	(3½ c. à soupe) farine
625 ml	(2½ tasses) bouillon de poulet chaud
2 ml	(½ c. à thé) basilic
425 ml	(1¾ tasse) huîtres écaillées en vrac, cuites
125 ml	(½ tasse) fromage gruyère râpé
	quelques gouttes de sauce Tabasco
	sel et poivre

Faire chauffer le beurre dans une casserole. Ajouter oignon, carotte et céleri; couvrir et cuire 5 minutes à feu moyen.

Ajouter la farine; bien mélanger et cuire 1 minute à feu doux.

Incorporer le bouillon de poulet et bien remuer. Ajouter basilic et sauce Tabasco. Bien assaisonner et cuire 7 à 8 minutes à feu doux sans couvrir.

Incorporer les huîtres; laisser mijoter 2 à 3 minutes.

Mettre le mélange dans des plats à coquille, parsemer de fromage et dorer au four.

Coquilles à l'hawaïenne

(pour 4 personnes)

1 PORTION	295 CALORIES	10g GLUCIDES
32g PROTÉINES	13g LIPIDES	trace FIBRES

4	petits steaks de flétan
4	tranches d'ananas
15 ml	(1 c. à soupe) persil frais haché
15 ml	(1 c. à soupe) beurre fondu
500 ml	(2 tasses) eau
30 ml	(2 c. à soupe) fécule de maïs
60 ml	(4 c. à soupe) eau froide
50 ml	(¼ tasse) crème légère chaude
1 ml	(¼ c. à thé) paprika
1 ml	(¼ c. à thé) sauce Tabasco
4 à 6	petites tranches carrées de fromage mozzarella
	sel et poivre

Mettre poisson, ananas, persil, beurre et 500 ml (2 tasses) d'eau dans une grande poêle à frire. Couvrir et amener à ébullition.

Retourner le poisson; couvrir et continuer la cuisson 3 minutes à feu doux ou selon la grosseur.

Dès que l'os se détache facilement, le poisson est cuit. Retirer de la poêle et mettre de côté.

Remettre la poêle sur l'élément et amener le liquide à ébullition. Délayer fécule de maïs et eau froide; incorporer au liquide et cuire 2 à 3 minutes à feu vif.

Incorporer la crème. Saler, poivrer et assaisonner de paprika et sauce Tabasco. Faire cuire 2 minutes à feu moyen-vif.

Retirer l'os et défaire le poisson en morceaux. Mettre dans la sauce et ajouter le fromage. Faire chauffer 2 minutes à feu doux.

Servir dans des plats à coquille ou des assiettes individuelles.

L'ananas frais donnera beaucoup de saveur à ce plat.

Mettre poisson, ananas, persil, beurre et 500 ml (2 tasses) d'eau dans une grande poêle à frire. Couvrir et amener à ébullition.

Retourner le poisson; couvrir et continuer la cuisson 3 minutes à feu doux ou selon la grosseur.

Dès que l'os se détache facilement, le poisson est cuit.

Coquilles de sole au gratin

(pour 4 personnes)

1 PORTION	337 CALORIES	9g GLUCIDES
29g PROTÉINES	18g LIPIDES	trace FIBRES

4	filets de sole
1 ml	(¼ c. à thé) graines de fenouil
3 à 4	feuilles de menthe fraîche
125 g	(¼ livre) champignons frais, tranchés épais
125 ml	(½ tasse) vin blanc sec
250 ml	(1 tasse) eau
45 ml	(3 c. à soupe) beurre
55 ml	(3½ c. à soupe) farine
175 ml	(¾ tasse) fromage cheddar râpé
	beurre en surplus
	jus de 1 citron
	sel et poivre

Beurrer légèrement une poêle à frire. Ajouter poisson, graines de fenouil, menthe, champignons et jus de citron; bien assaisonner.

Incorporer vin et eau; couvrir et amener à ébullition.

Retourner le poisson. Retirer la poêle du feu. Laisser reposer le poisson dans le liquide chaud pendant 1 minute.

Retirer le poisson de la poêle. Mettre de côté.

Remettre la poêle sur l'élément et cuire le liquide de cuisson 2 à 3 minutes à feu vif. Mettre de côté.

Faire chauffer 45 ml (3 c. à soupe) de beurre dans une casserole. Ajouter la farine; faire cuire 1 minute en mélangeant constamment.

Ajouter liquide de cuisson et champignons; bien remuer et assaisonner. Cuire 8 minutes à feu doux.

Défaire le poisson en morceaux et le mettre dans des plats à coquille. Arroser de sauce aux champignons. Parsemer de fromage. Faire dorer au four.

Mettre poisson, graines de fenouil, menthe, champignons et jus de citron dans une poêle légèrement beurrée. Bien assaisonner.

Ajouter vin et eau; couvrir et amener à ébullition.

Retirer le poisson cuit de la poêle et mettre de côté.

Incorporer liquide de cuisson et champignons au mélange de farine; bien remuer et assaisonner. Cuire 8 minutes à feu doux.

250

Mettre 45 ml **1** (3 c. à soupe) de beurre et la menthe dans une casserole. Faire fondre à feu moyen.

Ajouter échalote **2** et poudre de cari; cuire 1 minute à feu moyen.

3 Incorporer le lait au fouet. Assaisonner au goût. Faire cuire 7 à 8 minutes à feu doux.

4 Incorporer le lait au fouet. Assaisonner au goût. Faire cuire 7 à 8 minutes à feu doux.

Roulade de sole à la menthe

(pour 4 personnes)

1 PORTION	377 CALORIES	16g GLUCIDES
29g PROTÉINES	22g LIPIDES	trace FIBRES

45 ml	(3 c. à soupe) beurre
3	branches de menthe fraîche, hachées
1	échalote sèche hachée
15 ml	(1 c. à soupe) poudre de cari
55 ml	(3½ c. à soupe) farine
500 ml	(2 tasses) lait chaud
4	filets de sole
375 ml	(1½ tasse) eau
15 ml	(1 c. à soupe) beurre fondu
1	oignon émincé
15 ml	(1 c. à soupe) persil frais haché
60 ml	(4 c. à soupe) amandes effilées
	sel et poivre
	jus de ½ citron

Mettre 45 ml (3 c. à soupe) de beurre et la menthe dans une casserole. Faire fondre à feu moyen.

Ajouter échalote et poudre de cari; cuire 1 minute à feu moyen.

Incorporer la farine avec une cuiller en bois; cuire 2 minutes à feu doux.

Incorporer le lait au fouet. Assaisonner au goût. Faire cuire 7 à 8 minutes à feu doux.

Entre-temps, rouler les filets sans les ficeler et les placer dans une grande sauteuse. Ajouter eau, beurre fondu, oignon, persil, jus de citron, sel et poivre. Couvrir et amener à ébullition.

Retourner les filets; couvrir et continuer la cuisson 2 à 3 minutes à feu doux.

Placer un rouleau de poisson dans 4 plats à coquille. Napper de sauce à la menthe. Parsemer d'amandes et faire dorer au four.

Coquilles de sole aux épinards

(pour 4 personnes)

1 PORTION	303 CALORIES	21g GLUCIDES
24g PROTÉINES	14g LIPIDES	1,0g FIBRES

15 ml	(1 c. à soupe) huile végétale
4	tranches épaisses de tomate
125 ml	(½ tasse) chapelure
375 ml	(1½ tasse) épinards cuits, bien égouttés et hachés
3	filets de sole cuits, en morceaux de 4 cm (1½ po)
375 ml	(1½ tasse) sauce au cari, chaude
60 ml	(4 c. à soupe) noix de coco râpée
	sel et poivre

Faire chauffer l'huile dans une poêle à frire. Enrober les tomates de chapelure et les faire brunir des deux côtés dans l'huile chaude. Retirer et égoutter sur du papier essuie-tout.

Étendre les épinards dans le fond de grands plats à coquille. Placer une tranche de tomate dans chaque plat.

Parsemer de morceaux de poisson et recouvrir de sauce au cari. Bien assaisonner.

Saupoudrer de noix de coco. Faire dorer quelques minutes au four.

Coquilles trompe-œil

(pour 4 personnes)

1 PORTION	350 CALORIES	15g GLUCIDES
30g PROTÉINES	19g LIPIDES	0,8g FIBRES

2	paquets d'épinards de 284 g (10 oz), cuits
4	petits filets de turbot
½	courgette émincée
1	grosse branche de persil
1 ml	(¼ c. à thé) graines de céleri
1 à 2	tranches de citron
375 ml	(1½ tasse) sauce blanche chaude
125 ml	(½ tasse) fromage gruyère râpé
1 ml	(¼ c. à thé) paprika
	sel et poivre
	beurre fondu

Former une boule avec les épinards cuits et bien les presser pour retirer l'excédent d'eau. Hacher et étendre les épinards dans un plat à gratin. Mettre de côté.

Placer poisson, courgette, persil, graines de céleri et citron dans une grande poêle à frire. Saler, poivrer. Verser suffisamment d'eau pour couvrir. Placer un couvercle sur la poêle et amener le tout à ébullition.

Retirer le poisson et le disposer sur les épinards. Jeter le reste des ingrédients.

Recouvrir le poisson de sauce blanche. Parsemer de fromage et paprika. Arroser le tout d'un petit peu de beurre fondu. Faire dorer au four.

Servir dans des coquilles individuelles.

Étendre les épinards hachés dans un plat à gratin. Mettre de côté.

Retirer le poisson de la poêle et le disposer sur les épinards.

Mettre poisson, courgette, persil, graines de céleri et citron dans une grande poêle. Saler, poivrer et ajouter suffisamment d'eau pour couvrir. Placer un couvercle sur la poêle et amener le tout à ébullition.

Recouvrir le poisson de sauce blanche. Parsemer de fromage et de paprika. Faire dorer au four.

Coquilles de turbot Mornay

(pour 4 personnes)

| 1 PORTION | 467 CALORIES | 15g GLUCIDES |
| 44g PROTÉINES | 26g LIPIDES | trace FIBRES |

375 ml	(1½ tasse) eau
1	petit oignon, en quartiers
1	clou de girofle
½	branche de céleri, émincée
900 g	(2 livres) filets de turbot frais, en morceaux de 2,5 cm (1 po)
30 ml	(2 c. à soupe) beurre
125 g	(¼ livre) champignons frais, en dés
5 ml	(1 c. à thé) ciboulette hachée
425 ml	(1¾ tasse) sauce Mornay, chaude
125 ml	(½ tasse) fromage mozzarella râpé
	jus de 1 citron
	sel et poivre

Verser l'eau dans une sauteuse. Piquer le clou de girofle dans un quartier d'oignon. Mettre tous les quartiers dans la sauteuse. Ajouter céleri, jus de citron et sel; amener à ébullition.

Ajouter le poisson; cuire 3 à 4 minutes à feu doux. Retirer le poisson et bien égoutter. Mettre de côté.

Faire chauffer le beurre dans une casserole. Ajouter champignons et ciboulette; cuire 3 minutes à feu doux.

Incorporer la sauce Mornay et bien assaisonner. Laisser mijoter 3 minutes.

Remettre le poisson dans la sauce et bien mélanger; laisser mijoter 1 minute.

Verser dans des plats à coquille, parsemer de fromage et faire dorer au four.

Coquilles de turbot au feta

(pour 4 personnes)

| 1 PORTION | 167 CALORIES | 12g GLUCIDES |
| 15g PROTÉINES | 5g LIPIDES | 1,0g FIBRES |

15 ml	(1 c. à soupe) beurre
2	filets de turbot, en morceaux de 2,5 cm (1 po)
2	échalotes sèches, hachées
250 g	(½ livre) champignons frais, émincés
15 ml	(1 c. à soupe) estragon frais, finement haché
125 ml	(½ tasse) vin blanc sec
425 ml	(1¾ tasse) sauce tomate épicée, chaude
45 ml	(3 c. à soupe) fromage feta
	sel et poivre

Beurrer une grande poêle à frire. Ajouter poisson, échalotes, champignons, estragon et vin. Couvrir d'une feuille de papier ciré et amener au point d'ébullition à feu moyen.

Dès que le liquide commence à bouillir, retirer la poêle du feu et laisser reposer 1 minute.

Retirer le poisson de la poêle. Mettre de côté.

Remettre la poêle sur le feu et faire chauffer 2 à 3 minutes à feu vif. Ajouter la sauce tomate; remuer et bien assaisonner. Continuer la cuisson 2 à 3 minutes à feu vif.

Rectifier l'assaisonnement et remettre le poisson dans la sauce; bien mélanger. Placer le mélange dans des plats à coquille et parsemer de fromage. Faire dorer au four pendant quelques minutes.

Coquilles froides

(pour 4 personnes)

1 PORTION	254 CALORIES 9g GLUCIDES
21g PROTÉINES	15g LIPIDES trace FIBRES

90 g	(3 oz) fromage bleu, écrasé
15 ml	(1 c. à soupe) moutarde de Dijon
60 à 75 ml	(4 à 5 c. à soupe) jus de citron
175 ml	(¾ tasse) crème légère
1	gousse d'ail, écrasée et hachée
375 g	(¾ livre) pétoncles, cuits et refroidis
125 g	(¼ livre) champignons frais, nettoyés et tranchés
15 ml	(1 c. à soupe) persil frais haché
	quelques gouttes de sauce Worcestershire
	quelques gouttes de sauce Tabasco
	sel et poivre
	oignons verts pour décorer

Bien incorporer fromage et moutarde dans un grand bol.

Ajouter du jus de citron au goût. Incorporer crème, ail, sauce Worcestershire, sauce Tabasco, sel et poivre. Mélanger pour bien incorporer.

Mettre pétoncles, champignons et persil dans un autre bol. Arroser du mélange de fromage. Bien incorporer pour enrober les ingrédients.

Servir dans des plats à coquille. Garnir d'oignons verts. Si désiré, décorer de fruits et de feuilles de laitue.

Sauce Bercy

1 RECETTE	626 CALORIES	26g GLUCIDES
14g PROTÉINES	52g LIPIDES	trace FIBRES

60 ml	(4 c. à soupe) beurre
15 ml	(1 c. à soupe) persil frais haché
15 ml	(1 c. à soupe) ciboulette hachée
2	gousses d'ail, écrasées et hachées
15 ml	(1 c. à soupe) estragon frais haché
55 ml	(3½ c. à soupe) farine
500 ml	(2 tasses) bouillon de poulet léger, chaud
	sel et poivre
	quelques gouttes de sauce Tabasco

Faire chauffer le beurre dans une casserole. Ajouter persil, ciboulette, ail et estragon; faire cuire 3 minutes à feu doux.

Incorporer la farine et continuer la cuisson 2 minutes.

Ajouter bouillon de poulet et sauce Tabasco. Saler, poivrer. Remuer et faire cuire 10 à 12 minutes à feu doux en remuant de temps en temps.

Cette sauce peut s'utiliser dans de nombreuses recettes de coquilles.

Sauce paprika

1 RECETTE	942 CALORIES	75g GLUCIDES
24g PROTÉINES	65g LIPIDES	0,5g FIBRES

60 ml	(4 c. à soupe) beurre
2	oignons moyens, émincés
30 ml	(2 c. à soupe) paprika
60 ml	(4 c. à soupe) farine
1	grosse pomme, pelée, évidée et hachée
750 ml	(3 tasses) bouillon de poulet léger, chaud
45 ml	(3 c. à soupe) crème légère chaude
	sel et poivre

Faire chauffer le beurre dans une casserole. Ajouter les oignons; faire cuire 4 minutes à feu doux.

Incorporer paprika et farine; bien mélanger et cuire 1 minute à feu doux.

Ajouter pomme et bouillon de poulet; remuer et assaisonner. Faire cuire la sauce 8 à 10 minutes à feu moyen.

Retirer la sauce du feu et verser dans un robot culinaire. Bien mélanger jusqu'à l'obtention d'un mélange homogène.

Incorporer la crème chaude. Servir.

Sauce au cari

1 RECETTE	672 CALORIES	39g GLUCIDES
20g PROTÉINES	52g LIPIDES	0,3g FIBRES

45 ml	(3 c. à soupe) beurre
1	oignon finement haché
1	petite gousse d'ail, écrasée et hachée
30 ml	(2 c. à soupe) cari
5 ml	(1 c. à thé) cumin
45 ml	(3 c. à soupe) farine
625 ml	(2½ tasses) bouillon de poulet léger chaud
45 ml	(3 c. à soupe) crème légère chaude
	sel et poivre

Faire chauffer le beurre dans une casserole. Ajouter oignon et ail; faire cuire 3 minutes à feu moyen.

Incorporer cari, cumin et farine; faire cuire 4 à 5 minutes à feu doux en remuant fréquemment.

Incorporer le bouillon de poulet et bien assaisonner. Mélanger et faire cuire 7 à 9 minutes à feu moyen.

Ajouter la crème et remuer. Rectifier l'assaisonnement et servir.

SALADES

LES SALADES

Mmm... les salades! Existe-t-il un autre mariage d'aliments aussi frais et alléchant, aussi rempli de couleurs et vous donnant le sentiment de vous diriger, de bouchée en bouchée, vers une meilleure santé?

Vous souhaitez équilibrer un repas riche, débuter ou terminer un repas léger ou tout simplement présenter un plat «vedette»? La solution: les salades. Leur grande diversité n'est restreinte que par la préférence et la disponibilité des produits. Préparer une salade sans pareil est un jeu d'enfant surtout si ces quelques règles sont appliquées.

Premièrement: choisissez des légumes frais de première qualité et sans meurtrissures. Deuxièmement: lavez tous les légumes dans beaucoup d'eau froide. Tous, sans exception! Troisièmement, asséchez les légumes et essorez la laitue pour que la vinaigrette que vous avez préparée si soigneusement adhère aux aliments. Quatrièmement: que la salade soit petite ou grosse, taillez, coupez et préparez les ingrédients selon la recette et déposez-les dans un grand bol pour les mêler. Ceci afin de permettre à la vinaigrette de bien s'incorporer et d'adhérer parfaitement aux ingrédients.

Bonne chance!

Salade estivale

(pour 4 personnes)

1 PORTION	571 CALORIES	20g GLUCIDES
5g PROTÉINES	55g LIPIDES	2,8g FIBRES

15 ml	(1 c. à soupe) moutarde forte
5 ml	(1 c. à thé) ciboulette hachée
5 ml	(1 c. à thé) persil frais haché
15 ml	(1 c. à soupe) grains de poivre vert, écrasés
50 ml	(¼ tasse) vinaigre de vin
250 ml	(1 tasse) huile d'olive
1	laitue romaine, en morceaux
250 ml	(1 tasse) haricots verts cuits
250 ml	(1 tasse) haricots jaunes cuits
250 ml	(1 tasse) pois verts cuits
2	carottes, pelées et en fine julienne
	sel et poivre
	quelques gouttes de jus de citron

Mettre moutarde, ciboulette, persil, poivre vert, sel et jus de citron dans un bol. Ajouter le vinaigre tout en mélangeant au fouet.

Incorporer l'huile, en filet, tout en mélangeant constamment au fouet. Rectifier l'assaisonnement.

Mettre le reste des ingrédients dans un bol à salade. Arroser de vinaigrette; mélanger et servir.

Salade de légumes et vinaigrette au fromage

(pour 4 personnes)

1 PORTION	403 CALORIES	36g GLUCIDES
25g PROTÉINES	22g LIPIDES	2,1g FIBRES

1	laitue Boston
1	petite laitue romaine
1	branche de céleri, émincée
500 ml	(2 tasses) chou-fleur cuit
3	betteraves en conserve, en julienne
125 ml	(½ tasse) bacon croustillant haché
250 ml	(1 tasse) croûtons à l'ail
90 g	(3 oz) fromage bleu
60 ml	(4 c. à soupe) crème sure
45 ml	(3 c. à soupe) jus de citron
15 ml	(1 c. à soupe) vinaigre de cidre
45 ml	(3 c. à soupe) crème à 35%
	sel et poivre

Laver et essorer les laitues. Déchirer en petits morceaux et mettre dans un grand bol.

Ajouter céleri, chou-fleur, betteraves, bacon et croûtons.

Mélanger fromage, crème sure et reste des ingrédients dans un robot culinaire.

Rectifier l'assaisonnement et verser sur la salade. Mélanger et servir.

Petite salade de légumes

(pour 4 personnes)

1 PORTION	165 CALORIES	7g GLUCIDES
7g PROTÉINES	12g LIPIDES	2,9g FIBRES

1	concombre anglais
1	tête de brocoli, les fleurettes cuites
1	carotte, pelée et râpée
90 g	(3 oz) fromage cheddar, en julienne
	sel et poivre
	vinaigrette au choix

Ne pas peler le concombre. Couper en deux sur la longueur, épépiner et émincer.

Mettre le concombre dans un bol et ajouter brocoli, carotte et fromage. Assaisonner et bien mélanger.

Arroser de vinaigrette et mélanger. Servir comme salade d'accompagnement.

Salade à l'aubergine

(pour 4 personnes)

1 PORTION	637 CALORIES	48g GLUCIDES
12g PROTÉINES	48g LIPIDES	1g FIBRES

2	gousses d'ail, écrasées et hachées
50 ml	(¼ tasse) vinaigre de vin
175 ml	(¾ tasse) huile d'olive
15 ml	(1 c. à soupe) jus de citron
1	petite aubergine
4	pommes de terre cuites avec la peau, chaudes
4	grosses tomates, pelées, coupées en deux et émincées
2	bottes de pointes d'asperges, cuites et coupées en deux
250 ml	(1 tasse) d'ananas en cubes, égouttés
60 ml	(4 c. à soupe) amandes effilées grillées
	sel et poivre
	huile végétale

Préchauffer le four à 200°C (400°F).

Mettre ail, vinaigre, huile d'olive, jus de citron, sel et poivre dans un petit bol. Bien mélanger au fouet. Mettre de côté.

Couper l'aubergine sur la longueur, en tranches de 1,2 cm (½ po) d'épaisseur. Puis, couper en longues lanières et recouper en cubes. Placer l'aubergine sur une plaque à biscuits et badigeonner généreusement d'huile végétale.

Faire cuire 15 minutes au four en retournant les cubes fréquemment.

Transférer l'aubergine dans un grand bol à salade.

Peler les pommes de terre chaudes, couper en deux et émincer. Mettre dans le bol à salade.

Ajouter tomates, asperges, ananas et amandes. Arroser de vinaigrette; bien mélanger. Rectifier l'assaisonnement. Servir.

Feuilles de laitue et fruits en salade

(pour 4 personnes)

1 PORTION	447 CALORIES	12g GLUCIDES
3g PROTÉINES	45g LIPIDES	1,4g FIBRES

60 ml	(4 c. à soupe) vinaigre de vin
150 ml	(⅔ tasse) huile d'olive
5 ml	(1 c. à thé) sucre
15 ml	(1 c. à soupe) jus de citron
2	endives, effeuillées et coupées en deux
1	petite botte de cresson
1	laitue Boston, effeuillée
1	piment jaune, en fines lanières
500 ml	(2 tasses) fraises mûres, équeutées
	sel et poivre

Bien mélanger vinaigre, huile, sucre et jus de citron au fouet. Assaisonner au goût. Mettre de côté.

Mettre endives et cresson dans un bol à salade. Briser la laitue en deux et mettre dans le bol. Ajouter le reste des ingrédients.

Bien mélanger la vinaigrette. Verser sur la salade; mélanger et servir.

La meilleure salade de haricots

(pour 4 personnes)

1 PORTION	420 CALORIES	35g GLUCIDES
19g PROTÉINES	26g LIPIDES	2,0g FIBRES

375 ml	(1½ tasse) haricots blancs secs, trempés toute la nuit dans de l'eau froide
1	carotte émincée
1	oignon haché
5 ml	(1 c. à thé) graines de céleri
2	feuilles de laurier
5 ml	(1 c. à thé) basilic
5 ml	(1 c. à thé) persil frais haché
250 ml	(1 tasse) haricots rouges cuits
250 ml	(1 tasse) pois tachetés, prêts à servir
5 ml	(1 c. à thé) huile végétale
4	tranches de bacon de dos, de 0,65 cm (¼ po) d'épaisseur, en dés
1	oignon moyen haché
1	gousse d'ail, écrasée et hachée
15 ml	(1 c. à soupe) moutarde forte
50 ml	(¼ tasse) vinaigre de framboises
125 ml	(½ tasse) huile d'olive sel et poivre

Égoutter les haricots blancs et mettre dans une grande casserole. Ajouter carotte, 1 oignon haché, graines de céleri, feuilles de laurier, basilic et persil.

Recouvrir d'eau froide. L'eau doit dépasser les ingrédients de 5 cm (2 po). Couvrir partiellement et faire cuire 1½ heure. Écumer durant la cuisson, si nécessaire.

Égoutter haricots et légumes; transférer dans un bol à salade.

Ajouter haricots rouges et pois tachetés; mélanger et mettre de côté.

Faire chauffer l'huile végétale dans une petite poêle à frire. Ajouter bacon, oignon moyen et ail; faire cuire 3 à 4 minutes à feu moyen-vif.
Incorporer à la salade.

Mélanger moutarde, vinaigre et huile dans un petit bol. Assaisonner et mélanger au fouet. Verser sur la salade et mélanger. Servir tiède ou réfrigérer légèrement.

1 Égoutter les haricots blancs et les mettre dans une grande casserole. Ajouter carotte, 1 oignon et épices. Recouvrir d'eau froide. Couvrir partiellement et faire cuire 1½ heure. Écumer, si nécessaire.

3 Faire cuire bacon, deuxième oignon et ail dans l'huile chaude. Incorporer à la salade

2 Mettre haricots blancs et légumes égouttés dans un bol. Ajouter haricots rouges et pois tachetés. Mélanger et mettre de côté.

4 Arroser de vinaigrette; mélanger et servir

Salade de tomates à la moutarde

(pour 4 personnes)

1 PORTION	553 CALORIES	8g GLUCIDES
5g PROTÉINES	67g LIPIDES	0,8g FIBRES

4	tomates mûres, coupées en 2 et émincées
2	échalotes sèches, finement hachées
5 ml	(1 c. à thé) persil frais haché
5 ml	(1 c. à thé) ciboulette fraîche hachée
2	œufs durs, tranchés
15 ml	(1 c. à soupe) moutarde de Dijon
50 ml	(¼ tasse) vinaigre de vin
250 ml	(1 tasse) huile d'olive sel et poivre

Mettre tomates, échalotes, persil, ciboulette et œufs dans un bol; bien assaisonner.

Mettre moutarde, vinaigre et huile dans un autre bol. Bien mélanger au fouet. Assaisonner au goût.

Verser la vinaigrette sur les tomates; mélanger et servir.

Petite salade légère

(pour 4 personnes)

1 PORTION	184 CALORIES	28g GLUCIDES
4g PROTÉINES	8g LIPIDES	1,4g FIBRES

3	bananes pelées et tranchées
2	branches de céleri, émincées
12	tomates naines, coupées en deux
15 ml	(1 c. à soupe) jus de citron
60 ml	(4 c. à soupe) crème sure
50 ml	(¼ tasse) noix hachées sel et poivre
	feuilles de laitue Boston

Mettre bananes, céleri et tomates dans un bol. Incorporer jus de citron et crème sure; bien assaisonner.

Disposer les feuilles de laitue dans des petites assiettes individuelles. Ajouter la salade et parsemer de noix hachées avant de servir.

Salade de concombre, vinaigrette à la crème sure

(pour 4 personnes)

1 PORTION	79 CALORIES	12g GLUCIDES
3g PROTÉINES	3g LIPIDES	1,1g FIBRES

1	concombre, pelé, épépiné et émincé
2	branches de céleri, émincées
12	tomates naines, coupées en deux
3	cœurs de palmier, émincés
15 ml	(1 c. à soupe) persil frais haché
60 ml	(4 c. à soupe) crème sure
1 ml	(¼ c. à thé) moutarde sèche
5 ml	(1 c. à thé) vinaigre de vin rouge
	jus de 1 citron
	une pincée de sucre
	sel et poivre
	germes de luzerne pour décorer
	une pincée de paprika

Mettre concombre, céleri, tomates, cœurs de palmier et persil dans un bol à salade. Mélanger délicatement.

Mélanger le reste des ingrédients, sauf germes de luzerne et paprika.

Verser sur la salade et bien mélanger pour enrober les ingrédients. Servir sur des germes de luzerne et saupoudrer de paprika.

Salade de cresson

(pour 4 personnes)

1 PORTION	614 CALORIES	12g GLUCIDES
18g PROTÉINES	57g LIPIDES	1,7g FIBRES

50 ml	(¼ tasse) vinaigre de vin
125 ml	(½ tasse) huile d'olive
½	courgette, en julienne, blanchie
125 g	(¼ livre) haricots verts, nettoyés et cuits
2	endives, effeuillées
1	petite botte de cresson
170 g	(6 oz) fromage cheddar, en julienne
2	œufs durs, tranchés
125 ml	(½ tasse) noix hachées
½	avocat mûr, en tranches épaisses
	sel et poivre
	jus de 1 citron

Bien mélanger vinaigre, sel, poivre et jus de citron dans un petit bol. Ajouter l'huile, en filet, tout en mélangeant constamment au fouet. Mettre de côté.

Mettre le reste des ingrédients dans un bol à salade. Arroser de vinaigrette. Mélanger et servir.

Salade d'endives Robert

(pour 4 personnes)

1 PORTION	429 CALORIES	08g GLUCIDES
22g PROTÉINES	21g LIPIDES	2,7g FIBRES

+ Avocat .

6	fonds d'artichaut, coupés en trois
5	endives, effeuillées et lavées
1	poitrine de poulet cuit, sans peau, en julienne
1	laitue Boston
2	tomates, évidées et en sections
½	concombre, pelé, épépiné et émincé
1	oignon finement haché
50 ml	(¼ tasse) vinaigre de vin
250 ml	(1 tasse) vin blanc sec
150 ml	(⅔ tasse) sauce brune chaude
	sel et poivre
	vinaigrette au choix

Mettre fonds d'artichaut, endives et poulet dans un bol à salade.

Déchirer la laitue en morceaux et mettre dans le bol. Ajouter tomates et concombre.

Mettre l'oignon dans une petite casserole. Ajouter vinaigre et vin; poivrer. Faire cuire 4 minutes à feu moyen-vif.

Incorporer la sauce brune et assaisonner; faire cuire 2 minutes.

Incorporer une certaine quantité de sauce à la vinaigrette choisie. Ajuster au goût.

Verser la vinaigrette sur la salade; mélanger et servir.

Réfrigérer le reste de la sauce brune pour d'autres usages.

Endives et mayonnaise au concombre

(pour 4 personnes)

1 PORTION	576 CALORIES	24g GLUCIDES
42g PROTÉINES	35g LIPIDES	0,7g FIBRES

½	concombre, pelé et épépiné
300 ml	(1¼ tasse) mayonnaise
1 ml	(¼ c. à thé) paprika
1 ml	(¼ c. à thé) sauce Tabasco
5 ml	(1 c. à thé) jus de citron
3	endives, effeuillées et coupées en deux
1	pomme, pelée, évidée et émincée
4	tranches de jambon Forêt Noire, en julienne
30 ml	(2 c. à soupe) pignons (noix de pin)
	sel et poivre

Placer le concombre dans un robot culinaire et mettre en purée.

Ajouter mayonnaise, paprika, sauce Tabasco, jus de citron, sel et poivre; mélanger 30 secondes. Mettre de côté.

Disposer endives, pomme et jambon dans un grand bol à salade. Ajouter la mayonnaise au concombre; bien incorporer.

Servir et garnir de pignons.

268

Salade de pommes de terre au bacon

(pour 4 personnes)

1 PORTION	263 CALORIES	31g GLUCIDES
10g PROTÉINES	22g LIPIDES	0,8g FIBRES

2	oignons verts, hachés
1	échalote sèche, hachée
6	pommes de terre chaudes cuites avec la peau, pelées et coupées en cubes
15 ml	(1 c. à soupe) persil frais haché
4	tranches de bacon croustillant, hachées
45 ml	(3 c. à soupe) vinaigre de vin
75 ml	(⅓ tasse) huile d'olive
45 ml	(3 c. à soupe) vin blanc sec
	sel et poivre

Mettre oignons, échalote, pommes de terre et persil dans un grand bol. Mélanger et assaisonner.

Ajouter bacon et reste des ingrédients; mélanger délicatement.

Laisser refroidir avant de servir.

Salade de pommes de terre chaudes

(pour 4 personnes)

1 PORTION	236 CALORIES	18g GLUCIDES
5g PROTÉINES	16g LIPIDES	0,5g FIBRES

4	pommes de terre moyennes
2	œufs durs hachés
30 ml	(2 c. à soupe) vinaigre de vin
60 ml	(4 c. à soupe) huile d'olive
15 ml	(1 c. à soupe) ciboulette hachée
	sel et poivre
	quelques branches de cresson frais

Faire cuire les pommes de terre avec la peau dans de l'eau bouillante salée.

Égoutter et laisser reposer 5 minutes dans la casserole.

Peler et couper les pommes de terre en deux. Émincer et mettre dans un bol.

Ajouter les œufs; mélanger délicatement. Ajouter le reste des ingrédients, sauf le cresson. Bien incorporer.

Décorer de cresson avant de servir.

Salade de pommes de terre aux moules

(pour 4 personnes)

1 PORTION	470 CALORIES	27g GLUCIDES
20g PROTÉINES	32g LIPIDES	1,3g FIBRES

5 ml	(1 c. à thé) cari moulu
5 ml	(1 c. à thé) sucre
60 ml	(4 c. à soupe) vinaigre de vin
125 ml	(½ tasse) huile d'olive
2 ml	(½ c. à thé) jus de citron
15 ml	(1 c. à soupe) persil frais haché
1	gousse d'ail, écrasée et hachée
1	botte de pointes d'asperges, cuites
4	pommes de terre, cuites avec la peau et chaudes
2	œufs durs, en quartiers
375 ml	(1½ tasse) moules marinées, égouttées
30 ml	(2 c. à soupe) piment doux mariné, haché
	quelques cosses de pois blanchies
	sel et poivre

Mélanger cari, sucre, vinaigre de vin, huile, sel et poivre dans un bol. Mélanger au fouet pour bien incorporer.

Ajouter jus de citron, persil et ail; incorporer et mettre de côté.

Mettre les pointes d'asperges cuites dans un grand bol.

Peler les pommes de terre chaudes et les couper en gros cubes. Mettre dans le bol avec le reste des ingrédients.

Fouetter de nouveau la vinaigrette. Verser sur la salade; mélanger et servir.

Salade de légumes chauds pour accompagnement

(pour 4 personnes)

1 PORTION	187 CALORIES	14g GLUCIDES
3g PROTÉINES	10g LIPIDES	1,5g FIBRES

½	piment rouge, en cubes
½	piment jaune, en cubes
1	oignon, en gros dés
250 ml	(1 tasse) vin blanc sec
1	branche de céleri, tranchée épais
3	oignons verts, en morceaux de 2,5 cm (1 po)
¼	tête de brocoli, en fleurettes
⅓	concombre, pelé, épépiné et coupé épais
⅓	courgette, tranchée épais
¼	chou chinois, tranché épais
2	gousses d'ail, écrasées et hachées
15 ml	(1 c. à soupe) persil frais haché
2	feuilles de laurier
5 ml	(1 c. à thé) basilic
45 ml	(3 c. à soupe) huile d'olive
45 ml	(3 c. à soupe) vinaigre de vin
	sel et poivre
	menthe fraîche au goût
	fenouil frais au goût
	jus de ½ limette

Mettre piments, oignon, vin, céleri et oignons verts dans une sauteuse. Assaisonner; couvrir et faire cuire 3 minutes à feu vif.

Ajouter le reste des ingrédients, sauf le jus de limette; couvrir et faire cuire 6 minutes à feu moyen-vif.

Arroser de jus de limette. Servir immédiatement.

Nettoyer et tailler **1** les légumes uniformément pour offrir une belle présentation.

Ajouter le reste **3** des ingrédients, sauf le jus de limette; couvrir et faire cuire 6 minutes à feu moyen-vif.

Mettre piments, **2** oignon, vin, céleri et oignons verts dans une sauteuse. Assaisonner; couvrir et faire cuire 3 minutes à feu vif.

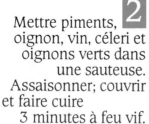

Arroser de jus **4** de limette. Servir immédiatement.

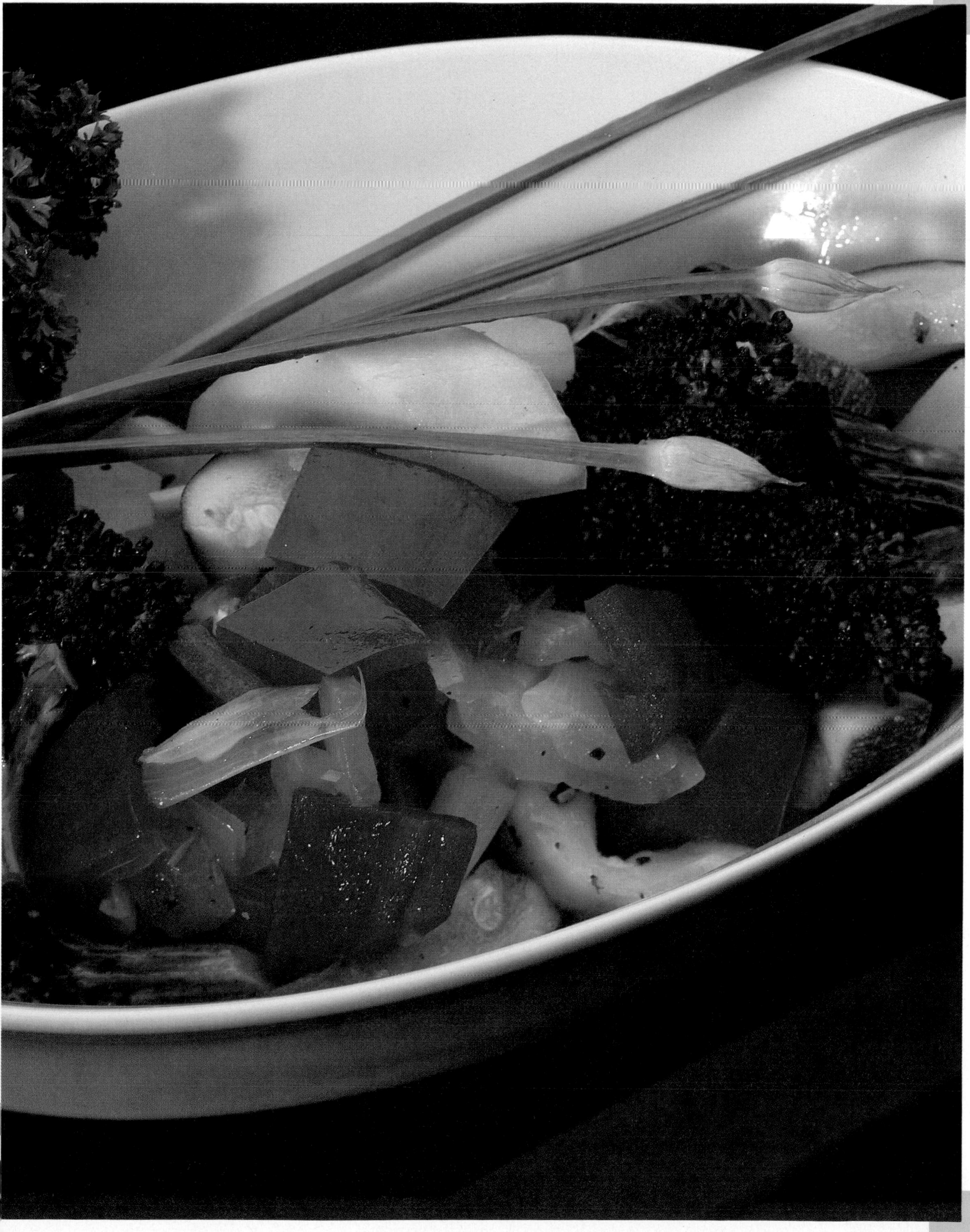

Champignons marinés

(pour 4 personnes)

1 PORTION	335 CALORIES	14g GLUCIDES
6g PROTÉINES	31g LIPIDES	1,8g FIBRES

900 g	(2 livres) champignons frais, bien nettoyés
15 ml	(1 c. à soupe) beurre
15 ml	(1 c. à soupe) persil frais haché
1	citron, coupé en deux
250 ml	(1 tasse) vin rouge sec
50 ml	(¼ tasse) vinaigre de vin
125 ml	(½ tasse) huile d'olive
5 ml	(1 c. à thé) estragon
1 ml	(¼ c. à thé) clou moulu
1	échalote sèche, hachée
	sel et poivre

Mettre champignons, beurre et persil dans une casserole. Arroser de jus de citron et mettre les demi-citrons pressés dans la casserole. Bien assaisonner.

Incorporer vin, vinaigre et huile d'olive. Bien mélanger.

Ajouter le reste des ingrédients. Assaisonner; couvrir et faire cuire 8 à 10 minutes à feu vif. Remuer 1 à 2 fois durant la cuisson.

Laisser refroidir avant de servir.

Si désiré, servir sur des feuilles de laitue et décorer de rondelles de citron.

Mettre champignons, beurre et persil dans une casserole. Arroser de jus de citron et ajouter les demi-citrons pressés. Bien assaisonner.

Ajouter le vin.

Ajouter le vinaigre.

Incorporer l'huile d'olive.

Salade de riz au citron

(pour 4 personnes)

1 PORTION	622 CALORIES	33g GLUCIDES
27g PROTÉINES	43g LIPIDES	1,3g FIBRES

60 ml	(4 c. à soupe) jus de citron
1	jaune d'œuf
175 ml	(¾ tasse) huile de tournesol
500 ml	(2 tasses) riz cuit
1	piment doux, en petits dés
1	branche de céleri, émincée
16	crevettes cuites, coupées en trois
1	botte de pointes d'asperges, cuites et coupées en morceaux de 2,5 cm (1 po)
125 g	(¼ livre) haricots verts cuits
15 ml	(1 c. à soupe) persil frais haché
	une pincée de sucre
	une pincée de paprika
	sel et poivre

Mettre jus de citron, jaune d'œuf, sucre, paprika, sel et poivre dans un petit bol. Bien mélanger au fouet.

Incorporer l'huile, en filet, tout en mélangeant constamment avec un fouet. Bien assaisonner.

Mettre le reste des ingrédients dans un grand bol à salade. Arroser de vinaigrette. Assaisonner et bien mélanger. Servir.

Salade de pois chiches

(pour 4 personnes)

1 PORTION	521 CALORIES	50g GLUCIDES
17g PROTÉINES	6g LIPIDES	3,3g FIBRES

540 ml	(19 oz) pois chiches en conserve, égouttés
250 g	(½ livre) haricots verts, cuits
375 ml	(1½ tasse) chou-fleur mariné, égoutté
15 ml	(1 c. à soupe) persil frais haché
1	piment jaune, en dés
15 ml	(1 c. à soupe) estragon
50 ml	(¼ tasse) vinaigre de cidre
2 ml	(½ c. à thé) sucre
125 ml	(½ tasse) huile d'olive
5 ml	(1 c. à thé) menthe fraîche hachée
	sel et poivre
	quelques gouttes de jus de citron
	quelques gouttes de sauce Tabasco

Mettre pois chiches, haricots, chou-fleur, persil et piment jaune dans un grand bol à salade.

Mélanger le reste des ingrédients dans un autre bol. Mélanger au fouet pour bien incorporer.

Verser sur la salade, mélanger et servir.

Salade de boucles aux légumes

(pour 4 personnes)

1 PORTION	395 CALORIES	40g GLUCIDES
13g PROTÉINES	21g LIPIDES	1,9g FIBRES

1	gousse d'ail, écrasée et hachée
15 ml	(1 c. à soupe) moutarde de Dijon
1	jaune d'œuf
1	œuf dur
1 ml	(¼ c. à thé) paprika
75 ml	(⅓ tasse) huile d'olive
375 ml	(1½ tasse) boucles moyennes cuites
250 ml	(1 tasse) haricots rouges cuits
125 ml	(½ tasse) petits pois verts cuits

125 ml	(½ tasse) dés de carottes, blanchis
1	oignon vert, haché
2	fonds d'artichaut, émincés
1	branche de céleri, émincée
1	feuille de laitue chinoise, émincée
	sel et poivre
	fromage parmesan râpé, au goût
	jus de 1 citron

Mettre ail, moutarde et jaune d'œuf dans un petit bol; bien mélanger au fouet.

Ajouter l'œuf dur en le forçant à travers une passoire. Ajouter paprika, sel, poivre, une pincée de fromage parmesan et jus de citron; mélanger au fouet.

Incorporer l'huile, en filet, tout en fouettant constamment. Mettre de côté.

Mettre le reste des ingrédients dans un grand bol à salade. Arroser de vinaigrette; mélanger et rectifier l'assaisonnement. Servir.

1 Dans le bol contenant le mélange de moutarde, ajouter l'œuf dur en le forçant à travers une passoire.

3 Incorporer l'huile, en filet, tout en fouettant constamment.

2 Ajouter paprika, sel, poivre, une pincée de parmesan et jus de citron; mélanger au fouet.

4 Verser la vinaigrette sur la salade; mélanger et rectifier l'assaisonnement. Servir.

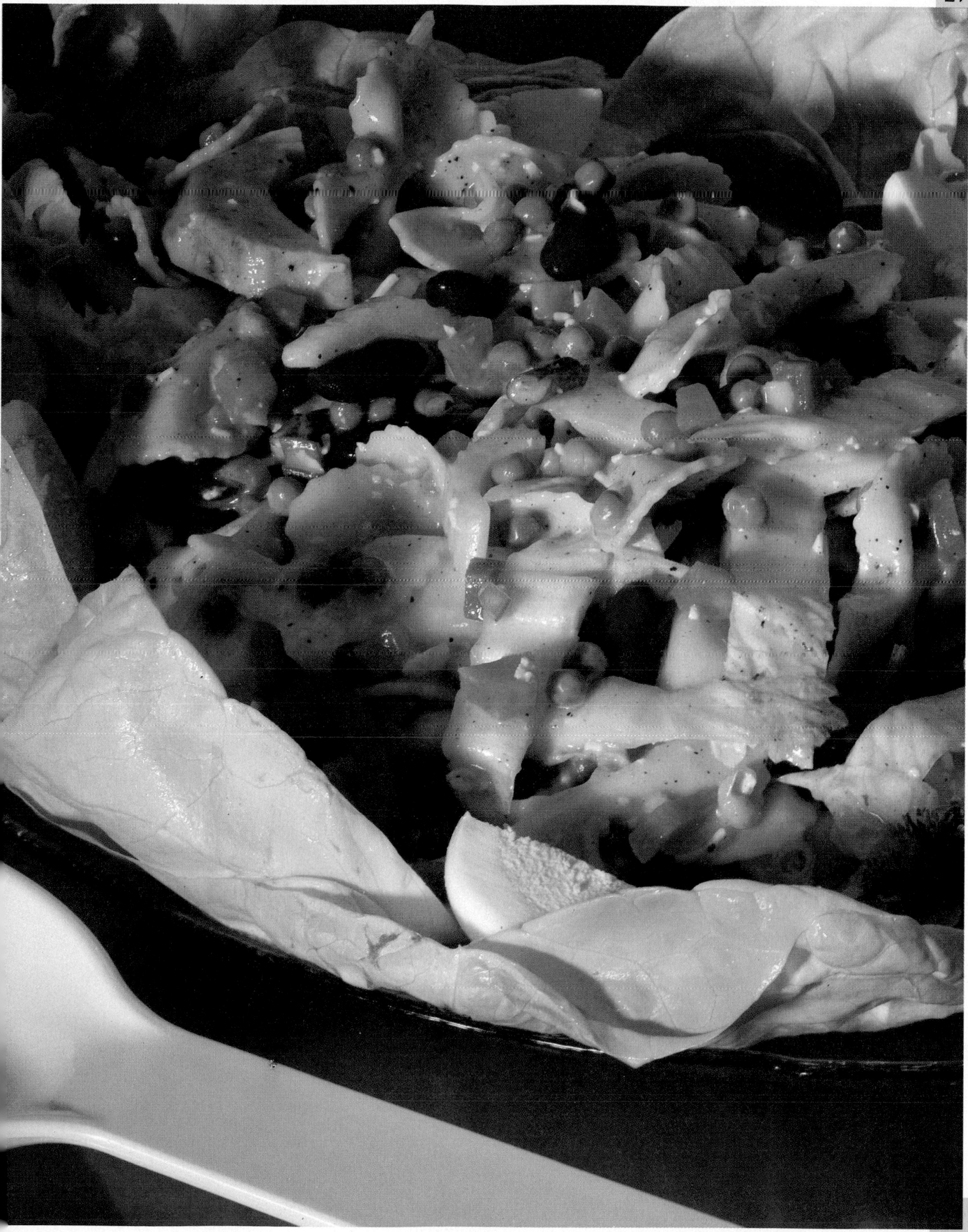

Salade de poulet

(pour 4 personnes)

1 PORTION	286 CALORIES	18g GLUCIDES
32g PROTÉINES	10g LIPIDES	1,0g FIBRES

2	poitrines de poulet entières, sans peau, coupées en deux
1	branche de céleri, tranchée épais
1	branche de persil frais
4	tranches de citron
1	oignon, en gros dés
1 ml	(¼ c. à thé) graines de céleri
1	oignon vert, haché
1	branche de céleri, émincée
2	œufs durs, tranchés
1 ml	(¼ c. à thé) paprika

6	châtaignes d'eau, émincées
125 ml	(½ tasse) raisins verts sans pépins
30 ml	(2 c. à soupe) piment doux mariné, haché
45 ml	(3 c. à soupe) mayonnaise
5 ml	(1 c. à thé) cari moulu
	sel et poivre
	quelques moitiés de tomates naines
	jus de 1 citron

Mettre poulet, céleri tranché, persil, tranches de citron, oignon, graines de céleri, sel et poivre dans une casserole. Recouvrir d'eau froide; couvrir et faire cuire, à feu moyen, 18 minutes ou selon la grosseur des poitrines.

Égoutter le poulet dès qu'il est cuit. Jeter le liquide et les ingrédients de cuisson.

Désosser le poulet et couper en grosses lanières.

Mettre oignon vert, céleri émincé, œufs et paprika dans un bol. Ajouter le poulet; bien assaisonner.

Ajouter châtaignes d'eau, raisins, piment mariné et tomates; mélanger délicatement.

Incorporer le reste des ingrédients. Servir sur des feuilles de laitue.

1 Mettre poulet, céleri tranché, persil, tranches de citron, oignon, graines de céleri, sel et poivre dans une casserole. Recouvrir d'eau froide; couvrir et faire cuire, à feu moyen, 18 minutes ou selon la grosseur des poitrines.

3 Ajouter le poulet cuit. Bien assaisonner.

2 Mettre oignon vert, céleri émincé, œufs et paprika dans un bol.

4 Ajouter le reste des ingrédients; bien mélanger. Rectifier l'assaisonnement.

Salade bœuf et poulet

(pour 4 personnes)

1 PORTION	621 CALORIES	7g GLUCIDES
38g PROTÉINES	49g LIPIDES	0,9g FIBRES

15 ml	(1 c. à soupe) moutarde de Dijon
5 ml	(1 c. à thé) estragon frais haché
1	gousse d'ail, écrasée et hachée
45 ml	(3 c. à soupe) vinaigre de vin
30 ml	(2 c. à soupe) jus de citron
175 ml	(¾ tasse) huile d'olive
1	laitue chinoise
1	poitrine de poulet cuit, sans peau, désossée
250 ml	(1 tasse) restes de steak cuit, en lanières
2	tomates, en sections
1	branche de céleri, émincée
2	œufs durs, tranchés
	sel et poivre

Mettre moutarde, estragon, ail, vinaigre et jus de citron dans un petit bol; mélanger au fouet.

Incorporer l'huile, en filet, tout en mélangeant constamment au fouet. Rectifier l'assaisonnement. Mettre de côté.

Laver et essorer la laitue. Déchirer en morceaux et mettre dans un bol. Couper le poulet en lanières et mettre dans le bol.

Ajouter steak, tomates, céleri et œufs. Bien mélanger.

Mélanger la vinaigrette au fouet et verser sur la salade. Bien mêler. Rectifier l'assaisonnement. Servir.

Salade Chinatown

(pour 4 personnes)

1 PORTION	263 CALORIES	27g GLUCIDES
19g PROTÉINES	2g LIPIDES	1,9g FIBRES

1	poitrine de poulet cuit, sans peau, désossée et coupée en grosses lanières
15 ml	(1 c. à soupe) gingembre frais haché
2	gousses d'ail, écrasées et hachées
15 ml	(1 c. à soupe) sauce soya
375 ml	(1½ tasse) laitue radicchio, émincée
250 ml	(1 tasse) pois verts cuits
250 ml	(1 tasse) fèves germées
1	piment jaune, émincé
2	oignons verts, hachés
45 ml	(3 c. à soupe) vinaigre de vin rouge
50 ml	(¼ tasse) huile de sésame
	sel et poivre

Mettre poulet, gingembre, ail, sauce soya, laitue raddicchio et pois verts dans un bol. Bien assaisonner.

Ajouter fèves germées, piment jaune et oignons verts. Incorporer vinaigre et huile. Mélanger pour bien incorporer les ingrédients. Rectifier l'assaisonnement. Servir.

Mettre poulet, gingembre, ail et sauce soya dans un bol.

Ajouter fèves germées, piment jaune et oignons verts. Incorporer le vinaigre.

Ajouter laitue radicchio et pois verts; bien assaisonner.

Ajouter l'huile, mélanger et rectifier l'assaisonnement.

Salade de crevettes aux fraises

(pour 4 personnes)

1 PORTION	459 CALORIES	70g GLUCIDES
31g PROTÉINES	6g LIPIDES	1,8g FIBRES

375 g	(¾ livre) crevettes cuites
12	jeunes épis de maïs en conserve
1	poire, pelée et émincée
250 g	(½ livre) fraises mûres, équeutées et coupées en deux
60 ml	(4 c. à soupe) crème sure
5 ml	(1 c. à thé) moutarde sèche
15 ml	(1 c. à soupe) cidre de pomme
5 ml	(1 c. à thé) gingembre moulu
	jus de 1 citron
	une pincée de sucre
	quelques gouttes de sauce Tabasco

Mettre crevettes, maïs, poire et fraises dans un bol à salade.

Mélanger crème sure et moutarde. Ajouter le jus de citron.

Incorporer cidre, sucre, gingembre et sauce Tabasco avec un fouet.

Verser sur la salade et bien mélanger. Servir sur des feuilles de laitue.

Salade de crevettes et de piments

(pour 4 personnes)

1 PORTION	412 CALORIES	9g GLUCIDES
17g PROTÉINES	35g LIPIDES	1,5g FIBRES

30 ml	(2 c. à soupe) huile végétale
1	oignon émincé
2	piments jaunes émincés
2	gousses d'ail, écrasées et hachées
375 ml	(1½ tasse) aubergine émincée
250 g	(½ livre) crevettes cuites
45 ml	(3 c. à soupe) vinaigre de vin
125 ml	(½ tasse) huile d'olive
	sel et poivre

Faire chauffer l'huile végétale dans une sauteuse. Ajouter oignon, piments, ail et aubergine; couvrir et faire cuire 7 minutes à feu moyen. Mélanger 2 à 3 fois durant la cuisson. Saler, poivrer.

Retirer les légumes de la sauteuse et les transférer dans un bol à salade. Mettre de côté.

Mettre crevettes, vinaigre et huile dans la sauteuse; bien assaisonner. Faire cuire 1 à 2 minutes à feu moyen-vif.

Jeter la majeure partie de l'huile et transférer les crevettes dans le bol à salade. Mélanger et laisser refroidir légèrement avant de servir.

Salade
de pétoncles

(pour 4 personnes)

1 PORTION	309 CALORIES	28g GLUCIDES
35g PROTÉINES	6g LIPIDES	1,6g FIBRES

3	grosses pommes de terre, pelées et taillées en petites boules
500 g	(1 livre) champignons frais, nettoyés et en quartiers
15 ml	(1 c. à soupe) jus de citron
15 ml	(1 c. à soupe) huile
1 ml	(¼ c. à thé) graines de fenouil
500 g	(1 livre) pétoncles
15 ml	(1 c. à soupe) persil frais haché
45 ml	(3 c. à soupe) crème sure
15 ml	(1 c. à soupe) moutarde de Dijon
15 ml	(1 c. à soupe) piment doux mariné, haché
	jus de 1 citron
	sel et poivre

Placer les pommes de terre dans une casserole et recouvrir d'eau froide. Saler et amener à ébullition; continuer la cuisson 5 minutes à feu moyen.

Ajouter champignons, 15 ml (1 c. à soupe) jus de citron, huile et fenouil; continuer la cuisson 2 minutes.

Ajouter les pétoncles et prolonger la cuisson 1 minute.

Bien égoutter. Transférer les ingrédients cuits dans un bol à salade. Parsemer de persil.

Arroser de jus de citron et bien assaisonner. Incorporer crème sure, moutarde et piment doux. Mélanger pour bien enrober les ingrédients.

Servir.

Salade de légumes au poisson

(pour 4 personnes)

1 PORTION	431 CALORIES 18g GLUCIDES
15g PROTÉINES	35g LIPIDES 2,1g FIBRES

45 ml	(3 c. à soupe) vinaigre de vin
2	gousses d'ail, écrasées et hachées
15 ml	(1 c. à soupe) sauce soya
2 ml	(½ c. à thé) sucre
125 ml	(½ tasse) huile d'olive
30 ml	(2 c. à soupe) huile végétale
2	filets de sole, coupés en morceaux de 2,5 cm (1 po)
500 ml	(2 tasses) fleurettes de brocoli, blanchies
125 g	(¼ livre) cosses de pois, blanchies

6	asperges cuites, coupées en morceaux de 2,5 cm (1 po)
6	tomates naines, coupées en deux
30 ml	(2 c. à soupe) ciboulette fraîche hachée
6	châtaignes d'eau, émincées
1 ml	(¼ c. à thé) gingembre moulu
2 ml	(½ c. à thé) cumin moulu
	jus de citron
	sel et poivre

Mélanger vinaigre, ail, sauce soya, sucre, huile d'olive et jus de citron pour bien incorporer. Mettre de côté.

Faire chauffer l'huile végétale dans une poêle à frire. Ajouter le poisson; faire cuire 2 minutes de chaque côté à feu vif.

Ajouter brocoli et cosses de pois; bien mélanger.

Ajouter le reste des ingrédients. Assaisonner au goût et faire cuire 3 à 4 minutes à feu vif.

Transférer le tout dans un bol à salade. Mélanger la vinaigrette de nouveau et verser sur la salade. Mélanger et servir immédiatement.

Faire cuire le poisson 2 minutes de chaque côté à feu vif.

Ajouter brocoli et cosses de pois.

Ajouter le reste des ingrédients. Assaisonner au goût et faire cuire 3 à 4 minutes à feu vif.

Arroser de vinaigrette; mélanger et servir.

Plumes au crabe *(pour 4 personnes)*

1 PORTION	494 CALORIES 40g GLUCIDES
14g PROTÉINES	30g LIPIDES 0,6g FIBRES

50 ml	(¼ tasse) vinaigre de vin
15 ml	(1 c. à soupe) persil frais haché
125 ml	(½ tasse) huile d'olive
15 ml	(1 c. à soupe) moutarde de Dijon
5 ml	(1 c. à thé) sucre
5 ml	(1 c. à thé) estragon
50 ml	(¼ tasse) fromage parmesan râpé
1	échalote sèche, finement hachée

2	gousses d'ail, écrasées et hachées
1 ml	(¼ c. à thé) sauce Tabasco
750 ml	(3 tasses) nouilles plumes (penne), cuites
5	asperges cuites, en gros dés
2	cœurs de palmier, émincés
120 g	(4,25 oz) chair de crabe en conserve, bien égouttée
30 ml	(2 c. à soupe) piment doux mariné, haché
	sel et poivre
	feuilles de laitue pour garnir

Bien incorporer vinaigre, persil et huile avec un fouet.

Ajouter moutarde, sucre, estragon, fromage, échalote, ail et sauce Tabasco. Saler, poivrer et bien fouetter pour épaissir la vinaigrette.

Mettre le reste des ingrédients dans un bol à salade. Arroser de vinaigrette. Assaisonner au goût. Mélanger et servir.

Bien incorporer vinaigre, persil et huile avec un fouet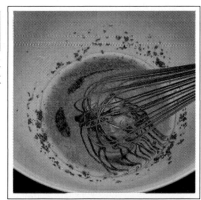

Ajouter moutarde, sucre, estragon, fromage, échalote, ail et sauce Tabasco. Saler, poivrer et bien fouetter pour épaissir la vinaigrette.

Mettre le reste des ingrédients dans le bol à salade.

Arroser de vinaigrette. Assaisonner et mélanger.

Salade élégante

(pour 4 personnes)

1 PORTION	306 CALORIES	41g GLUCIDES
13g PROTÉINES	13g LIPIDES	4,2g FIBRES

3	poires, pelées et en sections
250 g	(½ livre) champignons frais, en julienne
500 ml	(2 tasses) haricots verts cuits
1	piment jaune, émincé
250 ml	(1 tasse) raisins verts sans pépins
142 g	(5 oz) chair de crabe en conserve, égouttée
15 ml	(1 c. à soupe) cari
45 ml	(3 c. à soupe) jus de citron
15 ml	(1 c. à soupe) raifort
250 ml	(1 tasse) crème sure
15 ml	(1 c. à soupe) ciboulette hachée
	sel et poivre

Mettre poires, champignons, haricots, piment, raisins et crabe dans un bol à salade.

Mettre cari, jus de citron et raifort dans un petit bol; bien mélanger au fouet. Assaisonner généreusement.

Ajouter crème sure et ciboulette; bien incorporer au fouet. Assaisonner et verser sur la salade. Mélanger et servir.

Salade de harengs

(pour 4 personnes)

1 PORTION	595 CALORIES	29g GLUCIDES
13g PROTÉINES	49g LIPIDES	1g FIBRES

1	œuf dur
15 ml	(1 c. à soupe) moutarde de Dijon
60 ml	(4 c. à soupe) vinaigre de vin
175 ml	(¾ tasse) huile d'olive
15 ml	(1 c. à soupe) jus de citron
3	filets de harengs cuits marinés, en cubes
3	pommes pelées, évidées et émincées
3	pommes de terre cuites, pelées et émincées
2	cornichons, en julienne
3	betteraves en conserve, émincées
	sel et poivre

Couper l'œuf dur en deux. Forcer blanc et jaune à travers une fine passoire et mettre dans un bol.

Ajouter moutarde et vinaigre; mélanger au fouet.

Incorporer l'huile, en filet, tout en mélangeant constamment au fouet. Ajouter le jus de citron. Rectifier l'assaisonnement.

Mettre harengs, pommes, pommes de terre, cornichons et betteraves dans un grand bol à salade.

Arroser de vinaigrette. Bien mélanger et rectifier l'assaisonnement.

HORS-D'ŒUVRE

HORS-D'ŒUVRE

Hors-d'œuvre, canapés et amuse-gueule arrivent à notre table sous une multitude de formes et de grandeurs, tout cela dans l'espoir de réveiller nos palais endormis en s'aventurant à tenter nos sens de multiples façons. Chauds ou froids, ils sont servis pour le seul plaisir de manger et de ce fait ne devraient pas être trop riches ou trop compliqués afin de nous permettre de savourer et d'apprécier chaque bouchée. Du plus simple au plus élaboré, les amuse-gueule encouragent la spontanéité non seulement dans le choix des ingrédients, mais aussi dans la présentation. Pour servir un assortiment de hors-d'œuvre dans le style «buffet», soignez la présentation des plats en les plaçant à différents niveaux et en les entourant d'assiettes et de serviettes de table attrayantes. Garnissez les plats d'herbes fraîches et de condiments tels que cornichons et olives farcies. Décorez la table de fleurs fraîchement coupées. Voici une intéressante sélection d'amuse-gueule qui saura satisfaire tous les palais même le plus capricieux. Mais n'hésitez pas à y apporter votre touche personnelle car c'est là que réside le secret de la réussite!

Homard Liza

(pour 4 à 6 personnes)

1 PORTION	326 CALORIES	27g GLUCIDES
25g PROTÉINES	11g LIPIDES	0,9g FIBRES

30 ml	(2 c. à soupe) beurre
2	échalotes sèches hachées
1	piment vert haché
500 g	(1 livre) chair de homard cuit, hachée
300 ml	(1¼ tasse) sauce tomate chaude
15 ml	(1 c. à soupe) jus de citron
125 ml	(½ tasse) fromage parmesan râpé
	sel et poivre
	pain blanc grillé

Faire chauffer le beurre dans une casserole. Ajouter échalotes et piment; faire cuire 3 minutes à feu doux.

Incorporer homard et sauce tomate. Bien assaisonner et arroser de jus de citron. Faire cuire 2 à 3 minutes à feu doux.

Rectifier l'assaisonnement. À l'aide d'une cuiller, placer le mélange sur le pain grillé. Parsemer de fromage. Faire griller 2 à 3 minutes au four.

Friture de poisson

(pour 4 à 6 personnes)

1 PORTION	460 CALORIES	53g GLUCIDES
29g PROTÉINES	14g LIPIDES	trace

500 ml	(2 tasses) biscuits soda écrasés
1	gousse d'ail, écrasée et hachée
15 ml	(1 c. à soupe) cari
15 ml	(1 c. à soupe) graines de céleri
4	grands filets de sole
375 ml	(1½ tasse) farine assaisonnée
3	œufs battus
	poivre
	huile d'arachide pour la friture

Mélanger biscuits soda, ail, cari et graines de céleri dans un bol. Mettre de côté.

Couper le poisson en lanières de 1,2 cm (½ po) de largeur. Bien enfariner.

Tremper le poisson dans les œufs battus et rouler dans les biscuits écrasés. Poivrer.

Plonger 2 minutes dans l'huile chaude.

Égoutter sur du papier essuie-tout. Servir avec des quartiers de citron.

Brochettes de crevettes

(pour 4 personnes)

1 PORTION	422 CALORIES	20g GLUCIDES
32g PROTÉINES	24g LIPIDES	0,7g FIBRES

24	crevettes, pelées et nettoyées
45 ml	(3 c. à soupe) huile de sésame
15 ml	(1 c. à soupe) jus de citron
1 ml	(¼ c. à thé) sauce Tabasco
24	gros cubes d'ananas frais
24	sections de pommes
	sel et poivre
	beurre citronné fondu

Mettre crevettes, huile, jus de citron et sauce Tabasco dans un bol. Laisser mariner 30 minutes.

Sur de courtes brochettes, enfiler, en alternant, crevette, ananas et pomme. Badigeonner de beurre fondu. Bien assaisonner.

Placer les brochettes dans un plat allant au four. Faire cuire au four à Gril (broil), 3 minutes de chaque côté. Badigeonner fréquemment.

Canapés de saumon fumé

(pour 4 à 6 personnes)

1 PORTION	658 CALORIES	47g GLUCIDES
34g PROTÉINES	36g LIPIDES	-- FIBRES

500 g	(1 livre) tranches de saumon fumé
125 ml	(½ tasse) beurre mou
15 ml	(1 c. à soupe) jus de citron
1 ml	(¼ c. à thé) sauce Tabasco
1	pain français, tranché
45 ml	(3 c. à soupe) câpres
	poivre
	œufs durs tranchés

Mettre 4 tranches de saumon fumé dans un robot culinaire. Ajouter beurre, jus de citron, sauce Tabasco et poivre; mélanger 30 secondes.

Beurrer le pain du mélange de saumon et couronner le tout de tranches de saumon fumé. Parsemer de câpres. Décorer le plat d'œufs durs tranchés.

Canapés au riz

(pour 6 à 8 personnes)

1 PORTION	336 CALORIES	49g GLUCIDES
12g PROTÉINES	10g LIPIDES	trace

5	œufs durs, hachés
250 ml	(1 tasse) riz cuit au safran
½	branche de céleri, en petits dés
2	oignons verts, finement hachés
5 ml	(1 c. à thé) ciboulette hachée
45 ml	(3 c. à soupe) mayonnaise
30 ml	(2 c. à soupe) crème sure
5 ml	(1 c. à thé) sauce Worcestershire
	jus de ½ citron
	sel et poivre
	pain italien tranché

Mettre œufs, riz, céleri, oignons et ciboulette dans un bol; bien mélanger.

Ajouter mayonnaise, crème sure, sauce Worcestershire, jus de citron, sel et poivre; bien incorporer.

Étendre sur le pain tranché. Servir.

Canapés de pommes au cresson

(pour 4 personnes)

1 PORTION	289 CALORIES	39g GLUCIDES
7g PROTÉINES	10g LIPIDES	1,0g FIBRES

4	branches de cresson, finement hachées
1	branche de céleri, finement hachée
1	pomme rouge, pelée, évidée et hachée
15 ml	(1 c. à soupe) pignons (noix de pin)
15 ml	(1 c. à soupe) persil frais haché
5 ml	(1 c. à thé) cari moulu
30 ml	(2 c. à soupe) mayonnaise
15 ml	(1 c. à soupe) crème sure
5 ml	(1 c. à thé) jus de citron
10 à 12	tranches de pain à cocktail de seigle clair au carvi
	sel et poivre
	demi-tomates naines pour décorer

Bien mélanger tous les ingrédients, sauf le pain et les tomates.

Assaisonner au goût. Étendre sur les tranches de pain. Décorer de tomates. Si désiré, accompagner le tout de brocoli blanchi.

Canapés de rôti de bœuf

(pour 4 personnes)

1 PORTION	866 CALORIES	60g GLUCIDES
31g PROTÉINES	56g LIPIDES	0,5g FIBRES

250 g	(½ livre) beurre mou
1	oignon moyen, finement haché
1	gousse d'ail, écrasée et hachée
15 ml	(1 c. à soupe) paprika
1	pain français
250 g	(½ livre) minces tranches de rôti de bœuf
	quelques gouttes de jus de citron
	sel et poivre

Faire chauffer 15 ml (1 c. à soupe) de beurre dans une petite casserole. Ajouter oignon et ail; faire cuire 3 minutes à feu moyen.

Ajouter le paprika; faire cuire 1 minute. Retirer et mettre en purée dans un robot culinaire. Laisser refroidir.

Incorporer le reste du beurre, jus de citron, sel et poivre au mélange d'oignon.

Trancher le pain et faire griller au four. Étendre le mélange de beurre sur le pain et garnir de rôti de bœuf.

Servir froid avec des cornichons.

Canapés au pastrami

(pour 4 personnes)

1 PORTION	569 CALORIES	17g GLUCIDES
31g PROTÉINES	41g LIPIDES	trace

10	fines tranches de pain de seigle
60 ml	(4 c. à soupe) beurre
15 ml	(1 c. à soupe) moutarde
5 ml	(1 c. à thé) raifort
10	tranches de pastrami
250 ml	(1 tasse) pâté de foie fin aux herbes
30 ml	(2 c. à soupe) crème sure
	laitue fraîche ciselée

Placer les tranches de pain sur une planche à découper.

Mélanger beurre, moutarde et raifort. Étendre sur le pain.

Placer une tranche de pastrami sur chaque morceau de pain. Retirer la croûte. Couper le pain en triangles.

Placer les canapés sur la laitue ciselée.

Bien incorporer pâté et crème sure. Mettre dans un sac à pâtisserie muni d'une douille étoilée. Décorer les canapés.

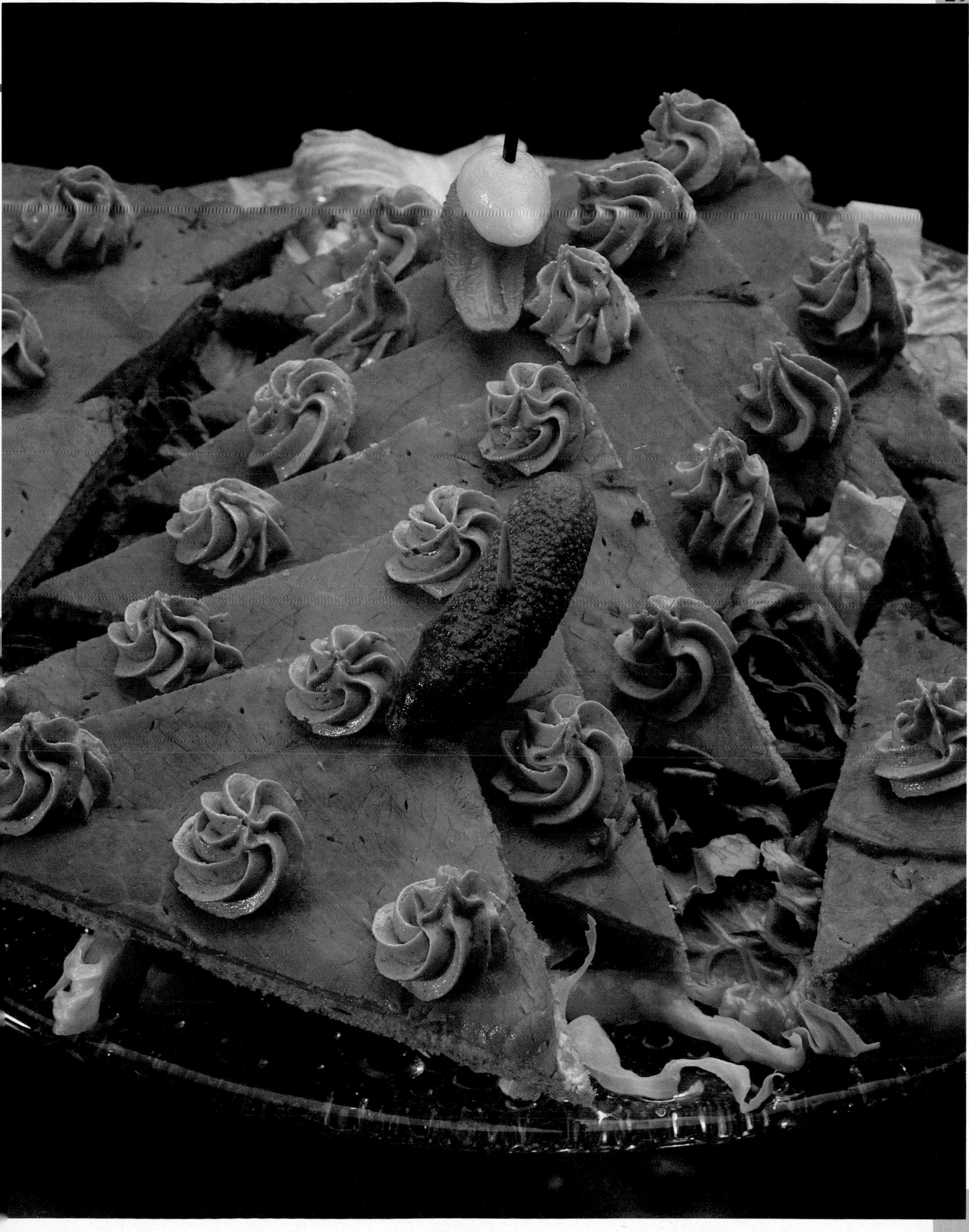

Pain grillé au crabe

(pour 6 personnes)

1 PORTION	335 CALORIES	26g GLUCIDES
13g PROTÉINES	20g LIPIDES	trace

45 ml	(3 c. à soupe) beurre
1	oignon haché
125 g	(¼ livre) champignons frais, hachés
142 g	(5 oz) chair de crabe en conserve, égouttée
300 ml	(1¼ tasse) sauce blanche chaude
8 à 10	tranches de pain blanc, grillées
125 ml	(½ tasse) fromage emmenthal râpé
	sel et poivre
	quelques gouttes de sauce Tabasco

Faire chauffer le beurre dans une casserole. Ajouter oignon et champignons; faire cuire 2 minutes à feu moyen-vif. Bien assaisonner et arroser de sauce Tabasco.

Incorporer crabe et sauce blanche. Rectifier l'assaisonnement; faire cuire 2 minutes à feu moyen.

À l'aide d'une cuiller, placer le mélange sur le pain grillé. Parsemer de fromage. Faire griller 2 minutes au four.

Gourmandises au camembert

(pour 6 à 8 personnes)

1 PORTION	243 CALORIES	26g GLUCIDES
11g PROTÉINES	10g LIPIDES	trace

250 ml	(1 tasse) chapelure fine
3	gousses d'ail, écrasées et hachées
15 ml	(1 c. à soupe) persil frais haché
5 ml	(1 c. à thé) graines de céleri
5 ml	(1 c. à thé) graines de sésame
1 ml	(¼ c. à thé) paprika
1	petit fromage camembert rond, froid
½	baguette de pain français tranchée et grillée
	une pincée de Cayenne

Mélanger chapelure, ail, persil et épices. Mettre de côté.

Retirer la croûte blanche tout autour du fromage À l'aide d'un petit couteau, gratter légèrement la croûte du dessus et du dessous.

Mettre le fromage dans le bol contenant la chapelure et bien l'enrober. Retirer le fromage et le placer sur une planche à découper. L'aplatir avec un rouleau à pâte.

Retourner le fromage et le saupoudrer de chapelure; rouler de nouveau. Répéter le même procédé jusqu'à ce que le fromage atteigne 0,65 cm (¼ po) d'épaisseur.

À l'aide d'un couteau à biscuits, découper des ronds de fromage de la grandeur des tranches de pain. Placer sur le pain.

Faire dorer 2 minutes au four.

Laisser refroidir et servir.

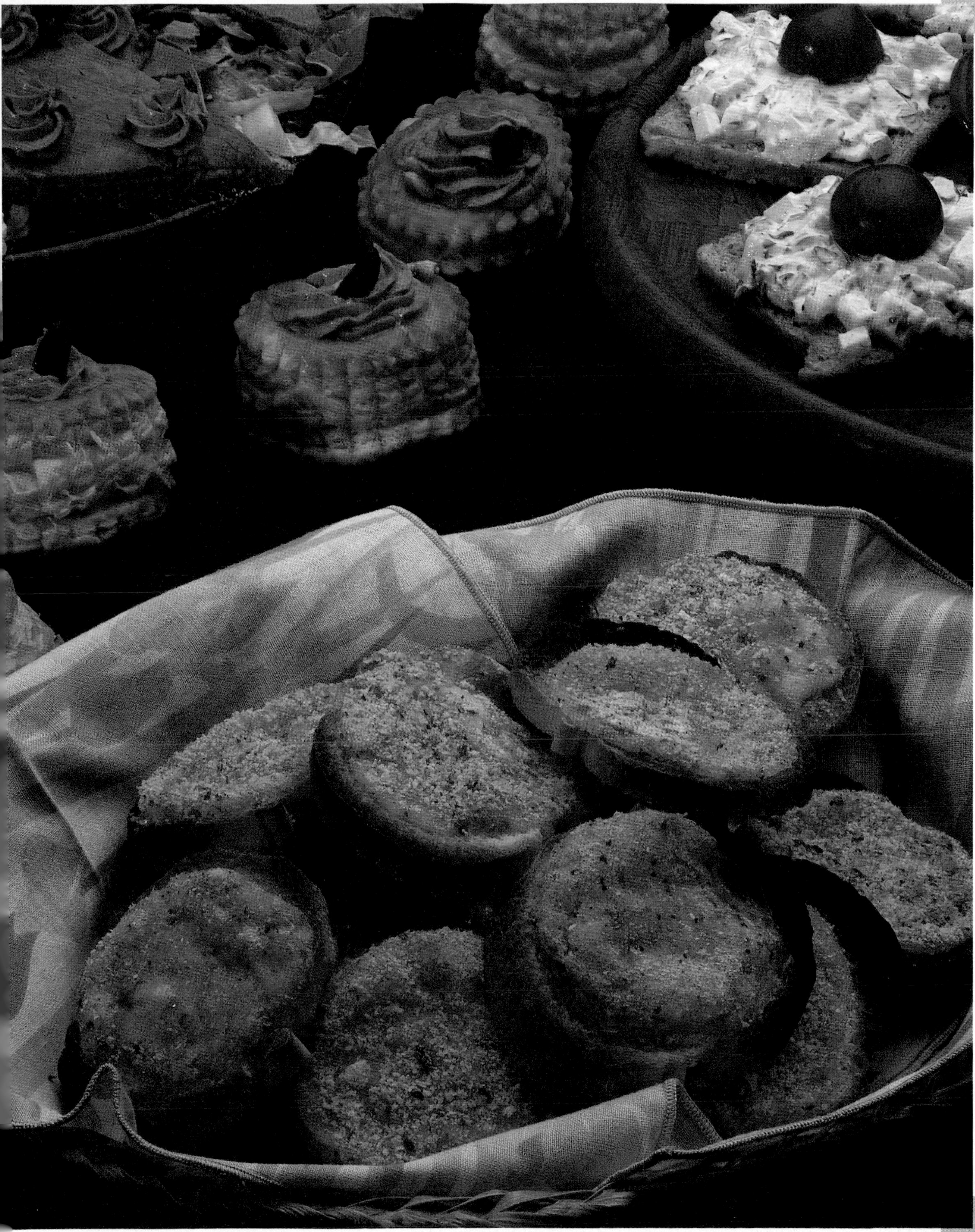

Canapés de bœuf mariné

(pour 8 à 10 personnes)

1 PORTION	314 CALORIES	26g GLUCIDES
19g PROTÉINES	15g LIPIDES	trace

15 ml	(1 c. à soupe) huile végétale
750 g	(1½ livre) contre-filet de bœuf, 2,5 cm (1 po) d'épaisseur, dégraissé
1	échalote sèche, hachée
15 ml	(1 c. à soupe) persil frais haché
5 ml	(1 c. à thé) jus de citron
5 ml	(1 c. à thé) sauce Worcestershire
15 ml	(1 c. à soupe) vinaigre de vin rouge
30 ml	(2 c. à soupe) huile d'olive
45 ml	(3 c. à soupe) beurre
5 ml	(1 c. à thé) moutarde forte
	sel et poivre
	baguette tranchée
	feuilles d'endives pour décorer

Faire chauffer l'huile dans une grande poêle à frire ou une grille en téflon. Ajouter la viande; faire saisir 3 minutes à feu moyen-vif.

Retourner la viande. Bien assaisonner et faire saisir 3 à 4 minutes.

Retourner la viande de nouveau; finir la cuisson 3 minutes ou au goût.

Retirer la viande et l'émincer en biais. Placer la viande dans une assiette.

Recouvrir la viande d'échalote, persil, jus de citron, sauce Worcestershire, vinaigre, huile et poivre. Couvrir légèrement d'une pellicule plastique et réfrigérer 2 heures.

Égoutter la viande s'il y a trop de liquide dans l'assiette. Mettre de côté.

Mélanger beurre et moutarde. Étendre sur le pain et faire griller au four.

Retirer du four. Placer la viande sur les morceaux de pain. Garnir de feuilles d'endives avant de servir.

Dégraisser la viande.

Faire saisir la viande 9 à 10 minutes pour une cuisson saignante.

 Retirer la viande et l'émincer en biais. Mettre dans une assiette.

 Recouvrir la viande d'échalote, persil, jus de citron, sauce Worcestershire, vinaigre, huile et poivre. Couvrir légèrement d'une pellicule plastique. Réfrigérer 2 heures.

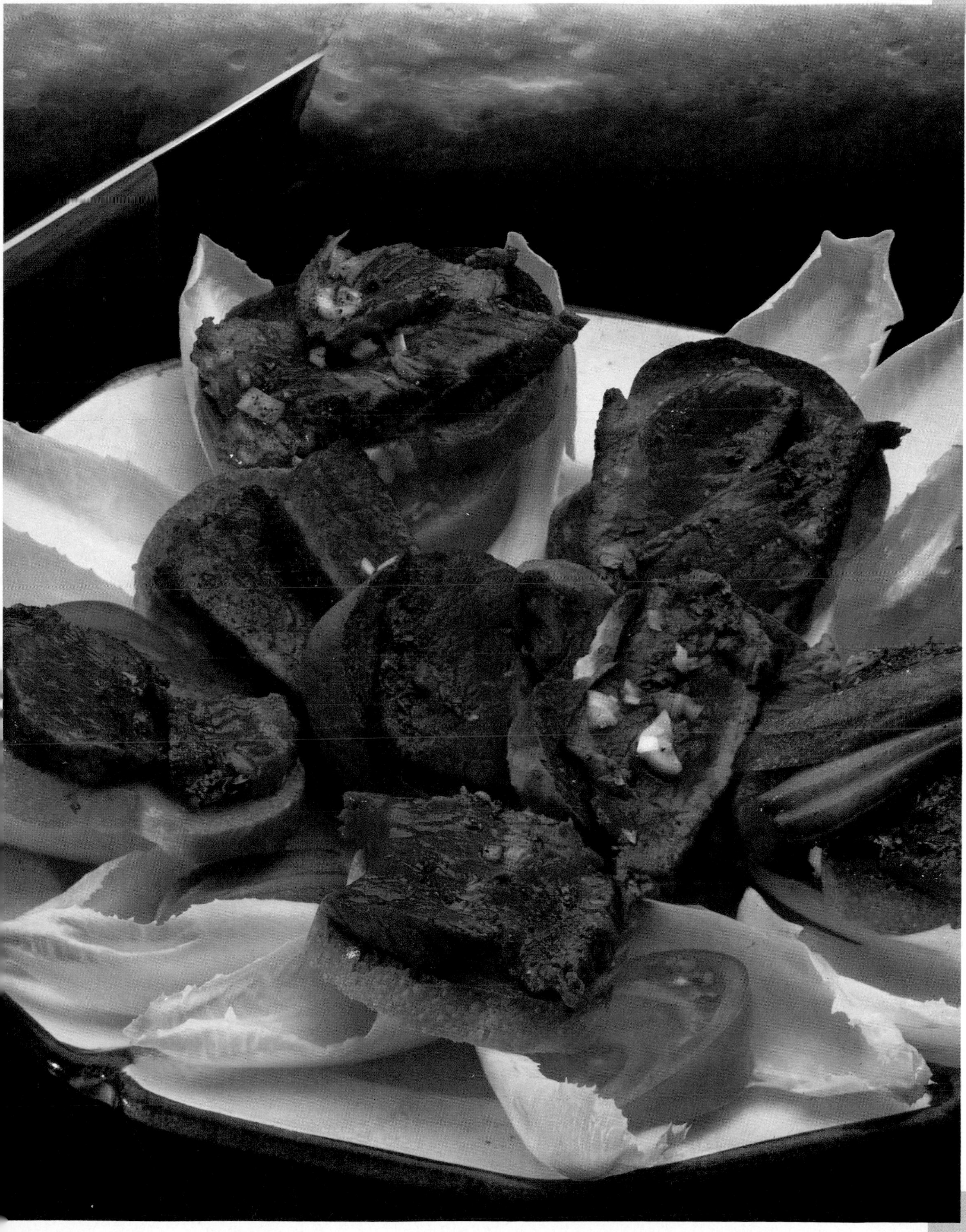

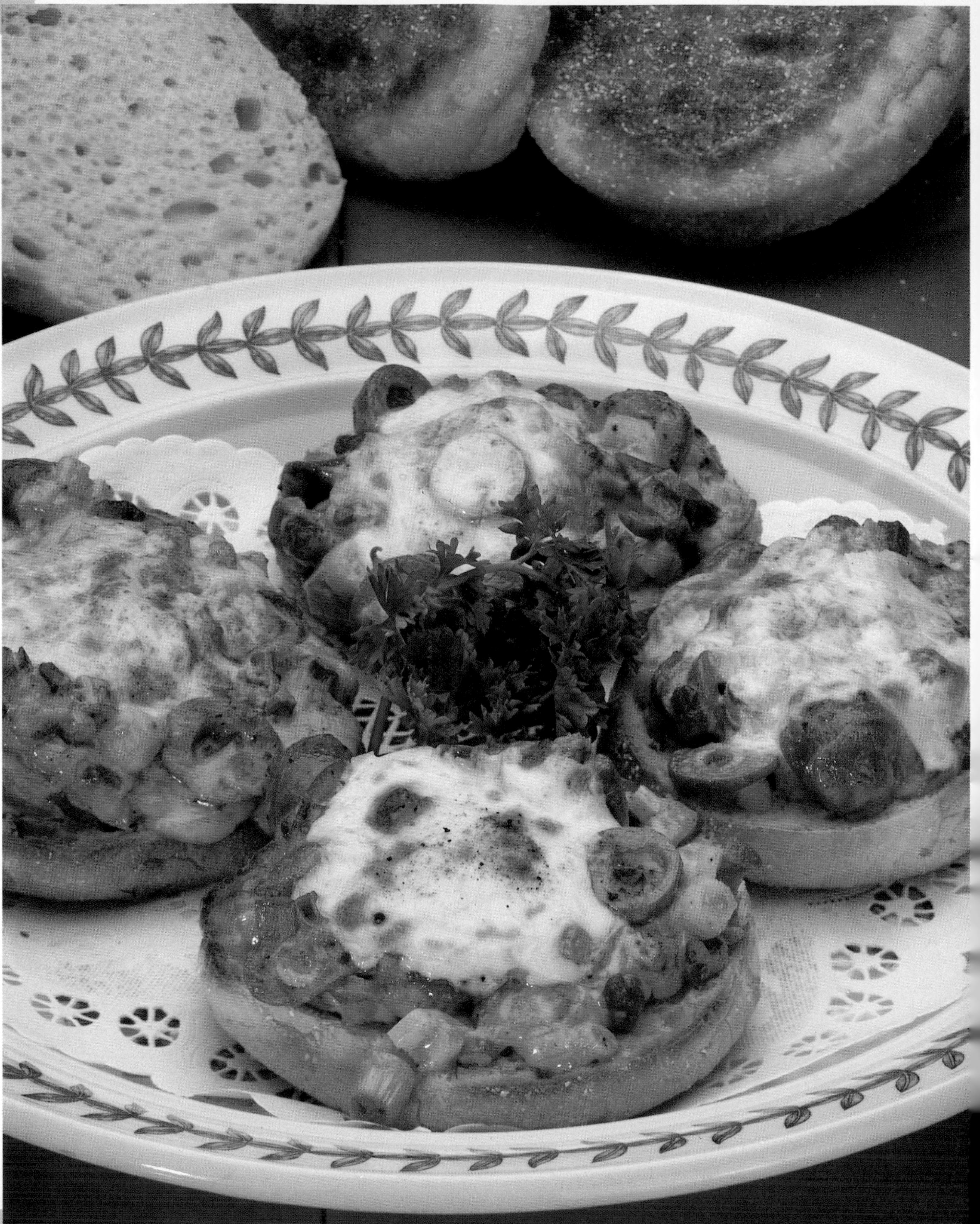

Tentation sur muffin

(pour 4 personnes)

1 PORTION	413 CALORIES 25g GLUCIDES
15g PROTÉINES	29g LIPIDES 2,0g FIBRES

250 ml	(1 tasse) olives vertes farcies, émincées
4	oignons verts hachés
1	branche de céleri, hachée
2	tranches de gruyère, en dés
1 ml	(¼ c. à thé) graines de céleri
1 ml	(¼ c. à thé) paprika
45 ml	(3 c. à soupe) mayonnaise
15 ml	(1 c. à soupe) moutarde de Dijon
5 ml	(1 c. à thé) jus de citron
1 ml	(¼ c. à thé) sauce Worcestershire
2	muffins à l'anglaise, en deux
4	petites tranches carrées de mozzarella
	sel et poivre

Mettre olives, oignons, céleri, gruyère, épices et mayonnaise dans un bol; bien mélanger.

Ajouter moutarde, jus de citron et sauce Worcestershire; mélanger et rectifier l'assaisonnement.

Placer les demi-muffins dans un grand plat allant au four. Étendre le mélange d'olives sur les muffins. Ajouter le mozzarella et saupoudrer de paprika.

Faire dorer au four jusqu'à ce que le fromage soit fondu.

Mettre olives oignons et céleri dans un bol.

Ajouter gruyère, épices et mayonnaise; bien mélanger.

Ajouter moutarde, jus de citron et sauce Worcestershire; mélanger et rectifier l'assaisonnement.

Placer les demi-muffins dans un grand plat allant au four. Étendre le mélange d'olives sur les muffins. Ajouter le mozzarella et saupoudrer de paprika. Faire dorer au four jusqu'à ce que le fromage soit fondu.

Pain au ricotta

(pour 4 à 6 personnes)

1 PORTION	429 CALORIES	58g GLUCIDES
16g PROTÉINES	14g LIPIDES	1,0g FIBRES

30 ml	(2 c. à soupe) huile végétale
1	branche de céleri, en dés
½	piment vert, haché
1	oignon haché
2	gousses d'ail, écrasées et hachées
1 ml	(¼ c. à thé) paprika
1 ml	(¼ c. à thé) chili en poudre
796 ml	(28 oz) tomates en conserve, égouttées et hachées
45 ml	(3 c. à soupe) pâte de tomates
75 ml	(⅓ tasse) fromage parmesan râpé
1	baguette de pain français
125 ml	(½ tasse) fromage ricotta
	sel et poivre

Faire chauffer l'huile dans une sauteuse. Ajouter céleri, piment, oignon, ail, paprika et chili; faire cuire 4 à 5 minutes à feu doux.

Incorporer tomates et pâte de tomates. Bien assaisonner et continuer la cuisson 15 minutes.

Ajouter le parmesan; prolonger la cuisson de 5 minutes.

Couper la baguette en deux, sur la longueur. Recouper en trois, sur la largeur. Placer sur une plaque à biscuits et faire griller au four.

Retirer du four. Étendre le mélange de tomates sur le pain grillé et couronner de fromage ricotta.

Faire dorer 3 à 4 minutes au four.

Servir immédiatement.

Faire cuire céleri, piment, oignon, ail, paprika et chili, dans l'huile chaude, 3 à 4 minutes à feu doux.

Incorporer tomates et pâte de tomates. Bien assaisonner et faire cuire 15 minutes.

 Ajouter le parmesan et prolonger la cuisson de 5 minutes.

 Étendre le mélange de tomates sur le pain grillé. Couronner de ricotta et faire dorer au four.

Pain sandwich aux légumes

(pour 6 à 8 personnes)

1 PORTION	323 CALORIES	42g GLUCIDES
9g PROTÉINES	13g LIPIDES	trace

170 g	(6 oz) fromage à la crème au poivre
45 ml	(3 c. à soupe) crème sure
5 ml	(1 c. à thé) persil frais haché
1 ml	(¼ c. à thé) paprika
1	pain blanc à sandwich, non tranché
½	concombre anglais, émincé
6	radis, lavés et émincés
1	petite botte d'asperges lavées et cuites
	sel et poivre

Mélanger fromage, crème sure, persil, paprika, sel et poivre dans un robot culinaire.

À l'aide d'un long couteau à pain, retirer la croûte du dessus et du dessous du pain et la jeter. Couper le reste du pain, en longueur, pour obtenir 4 grandes tranches uniformes.

Beurrer la première tranche de pain du mélange de fromage. Placer sur une grande feuille de papier d'aluminium et recouvrir de rangs de concombre tranché. Bien assaisonner.

Beurrer la seconde tranche de pain, des deux côtés, du mélange de fromage. Placer le tout sur les concombres. Recouvrir de rangs de radis et assaisonner.

Beurrer la troisième tranche, des deux côtés, du mélange de fromage. Placer le tout sur les radis. Disposer les asperges sur le pain et les tailler, si nécessaire. Bien assaisonner.

Beurrer la dernière tranche de pain du mélange de fromage, sur un côté seulement. Placer le côté beurré sur les asperges. Envelopper le pain dans le papier d'aluminium. Réfrigérer toute la nuit.

Trancher et servir. Si désiré, retirer la croûte.

Bien mélanger fromage, crème sure, persil, paprika, sel et poivre dans un robot culinaire.

À l'aide d'un long couteau à pain, retirer la croûte du dessus et du dessous du pain.

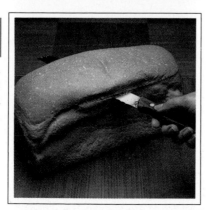

Couper le reste du pain, en longueur, pour obtenir 4 grandes tranches uniformes.

Placer la dernière couche de légumes sur le pain.

Crêpes aux épinards

(pour 4 personnes)

1 PORTION	579 CALORIES	35g GLUCIDES
22g PROTÉINES	36g LIPIDES	1,0g FIBRES

250 ml	(1 tasse) farine tout usage
1 ml	(¼ c. à thé) sel
1 ml	(¼ c. à thé) paprika
1 ml	(¼ c. à thé) gingembre moulu
2 ml	(½ c. à thé) graines de céleri
3	œufs entiers
250 ml	(1 tasse) bière
60 ml	(4 c. à soupe) beurre fondu
125 ml	(½ tasse) lait
2	paquets d'épinards, de 284 g (10 oz), bien lavés et essorés
125 ml	(½ tasse) fromage parmesan râpé
50 ml	(¼ tasse) huile d'olive
1 ml	(¼ c. à thé) muscade
125 ml	(½ tasse) fromage romano râpé
	beurre fondu
	sel et poivre

Mélanger farine, sel, paprika, gingembre et graines de céleri dans un bol.

Bien incorporer les œufs avec un fouet. Ajouter la bière et mélanger de nouveau au fouet. Ajouter 45 ml (3 c. à soupe) de beurre fondu.

Passer la pâte à travers une passoire moyenne-fine et la transférer dans un bol propre.

Incorporer le lait; bien remuer. Réfrigérer 2 heures sans couvrir.

Retirer la pâte du réfrigérateur et bien mélanger. Si trop épaisse, ajouter un peu de lait.

À l'aide d'un papier essuie-tout, étendre une petite quantité de beurre fondu dans une poêle à crêpe et faire chauffer à feu moyen-vif.

Verser une petite louche de pâte dans la poêle et avec un mouvement de rotation, bien recouvrir le fond de la poêle. Vider l'excédent de pâte dans le bol.

Faire cuire 1 minute à feu moyen-vif. À l'aide d'une longue spatule, retourner la crêpe et continuer la cuisson 1 minute.

Beurrer légèrement la poêle avant la cuisson de chaque crêpe et faire chauffer si nécessaire.

Mettre toutes les crêpes de côté.

Faire cuire les épinards 3 minutes à la vapeur. Bien égoutter. Presser les épinards avec le dos d'une grosse cuiller pour retirer le surplus d'eau. Mettre dans un robot culinaire et mélanger 2 minutes.

Incorporer le parmesan; mélanger 1 minute et assaisonner généreusement.

Ajouter l'huile et bien mélanger. Rectifier l'assaisonnement et ajouter la muscade.

Étendre une couche de purée d'épinards sur le nombre de crêpes requises. Congeler le reste des crêpes pour d'autres recettes.

Rouler et placer les crêpes farcies sur une plaque à biscuits. Parsemer de fromage romano et arroser de 15 ml (1 c. à soupe) de beurre fondu. Faire dorer au four.

Si désiré, décorer les crêpes avec de la purée d'épinards.

Mélanger farine,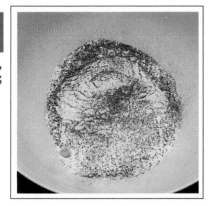
sel, paprika,
gingembre et graines
de céleri dans un bol.

Bien incorporer
les œufs avec un
fouet.

 Faire cuire
la crêpe 1 minute à
feu moyen-vif. À
l'aide d'une longue
spatule, retourner la
crêpe.

 Faire cuire
1 minute.

Vol-au-vent
au crabe

(pour 4 personnes)

1 PORTION	537 CALORIES	26g GLUCIDES
16g PROTÉINES	41g LIPIDES	trace

45 ml	(3 c. à soupe) beurre
1	échalote sèche hachée
½	branche de céleri, hachée
8	gros champignons, hachés
1 ml	(¼ c. à thé) anis
1 ml	(¼ c. à thé) paprika
30 ml	(2 c. à soupe) farine
375 ml	(1½ tasse) lait chaud
5 ml	(1 c. à thé) cumin
142 g	(5 oz) chair de crabe en conserve, égouttée
12	petits vol-au-vent, cuits
250 ml	(1 tasse) fromage cheddar râpé
	sel et poivre

Faire chauffer le beurre dans une sauteuse. Ajouter l'échalote; faire cuire 1 minute.

Ajouter céleri, champignons, anis, paprika, sel et poivre. Continuer la cuisson 2 à 3 minutes à feu moyen.

Incorporer la farine; faire cuire 2 minutes à feu moyen-doux.

Ajouter le lait; bien remuer et amener à ébullition. Ajouter le cumin et continuer la cuisson 4 à 5 minutes à feu doux.

Incorporer le crabe; faire cuire 2 minutes à feu doux.

Remplir les vol-au-vent du mélange. Placer dans un plat allant au four. Parsemer de fromage. Faire dorer au four jusqu'à ce que le fromage soit fondu.

Si désiré, garnir d'olives.

Ajouter céleri, champignons, anis, paprika, sel et poivre à l'échalote. Continuer la cuisson 2 à 3 minutes à feu moyen.

Incorporer le lait; bien remuer et amener à ébullition. Ajouter le cumin et continuer la cuisson 4 à 5 minutes à feu doux.

Incorporer la farine; faire cuire 2 minutes à feu moyen-doux.

Incorporer le crabe; faire cuire 2 minutes à feu doux.

Vol-au-vent aux pétoncles

(pour 4 à 6 personnes)

1 PORTION	514 CALORIES	27g GLUCIDES
16g PROTÉINES	34g LIPIDES	trace

15 ml	(1 c. à soupe) beurre
250 g	(½ livre) champignons frais, en quartiers
125 ml	(½ tasse) vin blanc sec
15 ml	(1 c. à soupe) échalote sèche hachée
15 ml	(1 c. à soupe) persil frais haché
250 g	(½ livre) pétoncles, en deux
175 ml	(¾ tasse) sauce blanche épaisse, chaude
12	petits vol-au-vent ou tartelettes, cuits et refroidis
125 ml	(½ tasse) fromage parmesan râpé
	sel et poivre

Faire chauffer le beurre dans une sauteuse. Ajouter champignons, vin, échalote et persil; faire cuire 3 à 4 minutes à feu moyen-vif.

Incorporer les pétoncles; faire cuire 2 minutes à feu moyen.

Incorporer la sauce blanche. Saler, poivrer; cuire 1 minute.

Placer les vol-au-vent dans un plat de service allant au four et les farcir du mélange de pétoncles. Parsemer de fromage. Faire griller 2 à 3 minutes au four.

Si désiré, servir sur des feuilles de laitue.

Vol-au-vent aux champignons

(pour 4 personnes)

1 PORTION	692 CALORIES	27g GLUCIDES	
16g PROTÉINES	57g LIPIDES	0,5g FIBRES	

284 g	(10 oz) pâté de foie fin
30 ml	(2 c. à soupe) crème sure
15 ml	(1 c. à soupe) moutarde de Dijon
30 ml	(2 c. à soupe) beurre
1	échalote sèche hachée
1	gousse d'ail, écrasée et hachée
250 g	(½ livre) champignons frais, finement hachés
45 ml	(3 c. à soupe) fromage ricotta
12	petits vol-au-vent, cuits
	une pincée de paprika
	sel et poivre

Bien incorporer pâté, crème sure et moutarde dans un robot culinaire. Mettre de côté.

Faire chauffer le beurre dans une casserole. Ajouter échalote et ail; faire cuire 2 minutes à feu moyen.

Ajouter champignons et paprika. Bien assaisonner et continuer la cuisson 4 à 5 minutes.

Incorporer le fromage. Rectifier l'assaisonnement et faire cuire 2 minutes à feu doux. Retirer la casserole du feu. Laisser refroidir.

Remplir les vol-au-vent du mélange refroidi et les placer dans un plat de service.

Mettre le mélange de pâté dans un sac à pâtisserie muni d'une douille unie. Garnir le dessus des vol-au-vent. Utiliser le reste de pâté pour étendre sur des biscottes.

Si désiré, garnir de cresson et d'olives noires.

Tartelettes aux asperges
(pour 8 à 10 personnes)

1 PORTION	558 CALORIES	46g GLUCIDES
9g PROTÉINES	38g LIPIDES	0,7g FIBRES

45 ml	(3 c. à soupe) beurre
15 ml	(1 c. à soupe) grains de poivre vert, écrasés
1	piment rouge, en dés
1	oignon vert, en dés
5 ml	(1 c. à thé) piment jalapeno haché
45 ml	(3 c. à soupe) farine
375 ml	(1½ tasse) lait chaud
5 ml	(1 c. à thé) graines de fenouil
2	bottes de pointes d'asperges, cuites et hachées
24	tartelettes cuites et refroidies
125 ml	(½ tasse) fromage cheddar râpé
	sel et poivre

Faire chauffer le beurre dans une sauteuse. Ajouter poivre écrasé, piment rouge, oignon vert et piment jalapeno; faire cuire 3 minutes à feu moyen.

Incorporer la farine; faire cuire 2 minutes à feu doux.

Incorporer lait et fenouil. Saler, poivrer; remuer et continuer la cuisson 5 à 6 minutes à feu doux.

Ajouter les asperges; remuer. Saler, poivrer et laisser mijoter 2 minutes.

Placer les tartelettes dans un plat de service allant au four et les remplir du mélange d'asperges. Garnir de fromage. Faire dorer au four jusqu'à ce que le fromage fonde.

Si désiré, servir sur un lit de germes de luzerne.

Tartelettes aux légumes
(pour 4 personnes)

1 PORTION	569 CALORIES	40g GLUCIDES
10g PROTÉINES	40g LIPIDES	0,6g FIBRES

30 ml	(2 c. à soupe) beurre
2	échalotes sèches, finement hachées
1	gousse d'ail, écrasée et hachée
250 g	(½ livre) champignons frais, hachés
250 ml	(1 tasse) sauce blanche chaude
8	tartelettes cuites
50 ml	(¼ tasse) fromage parmesan râpé
	sel et poivre
	une pincée de muscade

Faire chauffer le beurre dans une casserole. Ajouter échalotes et ail; faire cuire 2 minutes à feu doux.

Bien assaisonner. Ajouter champignons et muscade; faire cuire 4 à 5 minutes à feu moyen-vif.

Incorporer la sauce blanche; continuer la cuisson 2 à 3 minutes à feu moyen.

Remplir les tartelettes du mélange et placer sur une plaque à biscuits. Parsemer de fromage. Faire dorer 3 minutes au four.

Tartelettes de crevettes aux champignons
(pour 4 personnes)

1 PORTION	713 CALORIES	43g GLUCIDES
31g PROTÉINES	47g LIPIDES	0,7g FIBRES

30 ml	(2 c. à soupe) beurre
18	champignons frais, en dés
1	échalote sèche hachée
15 ml	(1 c. à soupe) cari
375 g	(¾ livre) crevettes cuites, en dés
375 ml	(1½ tasse) sauce blanche chaude
8	tartelettes cuites
125 ml	(½ tasse) fromage gruyère râpé
	sel et poivre

Faire chauffer le beurre dans une poêle à frire à feu moyen. Ajouter champignons et échalote; faire cuire 4 minutes.

Assaisonner. Ajouter cari et crevettes; faire cuire 1 minute.

Incorporer la sauce; remuer et faire cuire 1 minute.

Remplir les tartelettes du mélange. Parsemer de fromage. Faire dorer 2 à 3 minutes au four. Servir.

Champignons farcis aux épinards

(pour 4 personnes)

1 PORTION	233 CALORIES	14g GLUCIDES
12g PROTÉINES	16g LIPIDES	1,0g FIBRES

45 ml	(3 c. à soupe) beurre
500 g	(1 livre) épinards cuits, essorés et hachés
2	gousses d'ail, écrasées et hachées
45 ml	(3 c. à soupe) farine
375 ml	(1½ tasse) lait chaud
1 ml	(¼ c. à thé) muscade
300 ml	(1¼ tasse) fromage mozzarella râpé
900 g	(2 livres) têtes de champignons frais, nettoyées
30 ml	(2 c. à soupe) beurre fondu
	sel et poivre
	jus de ½ citron
	une pincée de paprika

Faire chauffer 45 ml (3 c. à soupe) de beurre dans une sauteuse. Ajouter épinards et ail; faire cuire 3 à 4 minutes à feu moyen-vif.

Incorporer la farine; faire cuire 2 à 3 minutes à feu doux en remuant constamment avec un fouet.

Incorporer le lait. Assaisonner de muscade, sel et poivre. Bien remuer. Ajouter 125 ml (½ tasse) de fromage; mélanger et cuire 2 à 3 minutes à feu moyen.

Disposer les têtes de champignons dans un plat de service allant au four. Arroser de jus de citron et de beurre fondu. Saupoudrer de paprika. Faire griller 5 minutes au four à Gril (broil).

Farcir les têtes de champignons du mélange d'épinards. Parsemer du reste de fromage. Faire griller au four 5 minutes ou jusqu'à ce que le fromage commence à dorer.

Fonds d'artichaut aux légumes

(pour 4 personnes)

1 PORTION	223 CALORIES	20g GLUCIDES
5g PROTÉINES	15g LIPIDES	4,0g FIBRES

8	fonds d'artichaut
15 ml	(1 c. à soupe) jus de citron
30 ml	(2 c. à soupe) huile d'olive
1 ml	(¼ c. à thé) sauce Tabasco
1	piment vert, en petits dés
1	carotte, pelée et en petits dés
1	piment jaune, en petits dés
⅓	branche de céleri, en petits dés
45 ml	(3 c. à soupe) mayonnaise
1 ml	(¼ c. à thé) sauce Worcestershire
	sel et poivre

Mettre les fonds d'artichaut dans un bol. Arroser de jus de citron, huile et sauce Tabasco. Saler, poivrer et laisser mariner 15 minutes.

Mettre le reste des légumes dans un autre bol. Ajouter mayonnaise, sauce Worcestershire, sel et poivre; bien mélanger.

Remplir les fonds d'artichaut du mélange. Servir.

Fonds d'artichaut garnis

(pour 4 personnes)

1 PORTION	378 CALORIES	25g GLUCIDES
18g PROTÉINES	26g LIPIDES	0,5g FIBRES

12	olives vertes farcies, hachées
12	olives noire dénoyautées, hachées
113 g	(4 oz) petites crevettes en conserve, égouttées et rincées
5 ml	(1 c. à thé) persil frais haché
1	branche de céleri, hachée
½	piment banane mariné, haché
45 ml	(3 c. à soupe) mayonnaise
50 ml	(¼ tasse) eau
15 ml	(1 c. à soupe) beurre
10	fonds d'artichaut
10	petites tranches carrées de mozzarella
	sel, poivre et paprika
	jus de ½ citron

Mélanger olives, crevettes, persil, céleri, piment et mayonnaise. Rectifier l'assaisonnement. Si nécessaire, ajouter un peu de mayonnaise.

Mettre eau, beurre, fonds d'artichaut et jus de citron dans une casserole; amener à ébullition. Retirer la casserole du feu et laisser reposer de 2 à 3 minutes.

Retirer les fonds d'artichaut de la casserole et les transférer dans un plat de service allant au four. Les remplir de farce aux crevettes. Couronner le tout d'une tranche de fromage.

Faire griller 2 à 3 minutes au four ou jusqu'à ce que le fromage fonde. Saupoudrer de paprika avant de servir.

Œufs farcis aux crevettes

(pour 4 personnes)

1 PORTION	280 CALORIES 1g GLUCIDES
18g PROTÉINES 23g LIPIDES	-- FIBRES

6	gros œufs
113 g	(4 oz) petites crevettes en conserve, égouttées et rincées
5 ml	(1 c. à thé) persil frais haché
30 ml	(2 c. à soupe) beurre mou
45 ml	(3 c. à soupe) mayonnaise
1 ml	(¼ c. à thé) paprika
	quelques gouttes de jus de citron
	quelques gouttes de sauce Worcestershire
	sel et poivre
	persil frais haché pour décorer
	mayonnaise pour décorer

Faire cuire les œufs 10 minutes dans de l'eau bouillante. Égoutter et laisser refroidir 3 à 4 minutes sous l'eau froide.

Écailler les œufs et les couper en deux, en longueur ou en largeur.

Retirer délicatement les jaunes et les mettre dans une passoire placée sur un bol à mélanger. Forcer les jaunes à l'aide d'un pilon. Bien gratter le dessous de la passoire pour retirer tous les jaunes. Mettre de côté.

Assécher les crevettes avec un papier essuie-tout. Mettre crevettes et persil dans un robot culinaire. Mettre en purée.

Transférer les crevettes dans le bol contenant les jaunes d'œufs. Ajouter le beurre et bien incorporer.

Incorporer mayonnaise, paprika, jus de citron, sauce Worcestershire, sel et poivre. Bien mélanger avec une spatule.

Placer la majeure partie des blancs d'œufs dans un plat de service. Décorer les autres en les trempant dans la mayonnaise et le persil haché. Disposer sur le plat de service.

Placer le mélange de crevettes dans un sac à pâtisserie muni d'une grosse douille étoilée. Farcir les blancs d'œufs. Décorer au goût.

Faire refroidir les œufs, 3 à 4 minutes, sous l'eau froide et les écailler.

Forcer les jaunes d'œufs à travers une fine passoire à l'aide d'un pilon.

Couper les œufs en deux, en longueur ou en largeur.

Mettre crevettes et persil en purée dans un robot culinaire.

Trempette de légumes au fromage *(pour 6 à 8 personnes)*

1 PORTION	255 CALORIES	29g GLUCIDES
16g PROTÉINES	12g LIPIDES	4,0g FIBRES

170 g	(6 oz) fromage bleu, en morceaux
5 ml	(1 c. à thé) sauce Worcestershire
125 ml	(½ tasse) crème sure
1 ml	(¼ c. à thé) paprika
30 ml	(2 c. à soupe) caviar ou œufs de lump
1	tête de brocoli, les fleurettes blanchies

2	carottes pelées et coupées en bâtonnets (blanchies, si désiré)
6	oignons verts, en bâtonnets
1	courgette pelée et en bâtonnets
1	pomme, évidée et en sections
1	branche de céleri, en bâtonnets
1	piment vert, émincé
	quelques feuilles de laitue Boston
	sel et poivre

Mettre fromage et sauce Worcestershire dans un robot culinaire. Mettre en purée.

Ajouter crème sure et paprika; continuer de mélanger pour bien incorporer. Nettoyer fréquemment les parois du bol avec une spatule.

Ajouter le caviar; mélanger 30 secondes. Saler, poivrer au goût.

Disposer les feuilles de laitue au centre d'un grand plat de service. Placer la trempette de fromage dans les feuilles. Entourer le tout de légumes et de pommes.

Il est préférable de blanchir le brocoli. Quant aux carottes, ceci est une question de goût.

Mettre fromage et sauce Worcestershire dans un robot-culinaire. Mettre en purée.

Ajouter crème sure et paprika; continuer de mélanger pour bien incorporer. Nettoyer fréquemment les parois du bol avec une spatule.

Ajouter le caviar; mélanger 30 secondes. Saler, poivrer au goût.

Trempette piquante pour légumes

(pour 4 personnes)

1 RECETTE	948 CALORIES	13g GLUCIDES
21g PROTÉINES	92g LIPIDES	1,0g FIBRES

5 ml	(1 c. à thé) moutarde forte
250 g	(½ livre) fromage à la crème
125 ml	(½ tasse) piment rouge, finement haché
2 ml	(½ c. à thé) cumin
1	gousse d'ail, écrasée et hachée
15 ml	(1 c. à soupe) crème sure
5 ml	(1 c. à thé) ciboulette finement hachée
1 ml	(¼ c. à thé) paprika
1 ml	(¼ c. à thé) graines de céleri
	quelques gouttes de jus de citron
	sel et poivre
	légumes frais assortis

Mettre moutarde et crème sure dans un robot culinaire; bien mélanger.

Ajouter piment, cumin, ail et crème sure; bien mélanger.

Incorporer ciboulette, paprika, graines de céleri, jus de citron; bien assaisonner.

Servir avec des légumes frais.

Trempette de cheddar

(pour 4 personnes)

1 RECETTE	1997 CALORIES	6g GLUCIDES
65g PROTÉINES	192g LIPIDES	-- FIBRES

250 g	(½ livre) fromage cheddar fort
50 ml	(¼ tasse) crème sure
125 g	(¼ livre) beurre mou
15 ml	(1 c. à soupe) ciboulette hachée
15 ml	(1 c. à soupe) persil frais haché
	quelques gouttes de sauce Tabasco
	quelques gouttes de sauce Worcestershire
	sel et poivre
	biscuits soda

Bien mélanger le cheddar dans un robot culinaire.

Ajouter crème sure et beurre; mélanger de nouveau.

Ajouter ciboulette, persil, sauce Tabasco, sauce Worcestershire, sel et poivre. Bien incorporer.

Servir sur des biscuits soda.

Hors-d'œuvre aux foies de volaille

(pour 4 personnes)

1 PORTION	312 CALORIES	9g GLUCIDES
34g PROTÉINES	14g LIPIDES	0,6g FIBRES

1	laitue Boston
30 ml	(2 c. à soupe) huile d'olive
500 g	(1 livre) foies de volaille, nettoyés, coupés en deux et dégraissés
2	gousses d'ail, écrasées et hachées
1	oignon émincé
3	filets d'anchois, hachés
30 ml	(2 c. à soupe) câpres
1 ml	(¼ c. à thé) sauge
375 ml	(1½ tasse) bouillon de poulet chaud
15 ml	(1 c. à soupe) fécule de maïs
45 ml	(3 c. à soupe) eau froide
	sel et poivre

Laver et essorer la laitue. Arranger les feuilles de laitue «en panier» sur 4 assiettes individuelles. Mettre de côté.

Faire chauffer l'huile dans une poêle à frire. Ajouter foies de volaille, ail et oignon; faire cuire 3 à 4 minutes à feu moyen. Bien assaisonner.

Incorporer anchois, câpres et sauge; faire cuire 1 minute.

Incorporer le bouillon de poulet et amener à ébullition. Délayer fécule de maïs et eau froide. Incorporer à la sauce; faire chauffer 1 minute à feu doux.

À l'aide d'une cuiller, placer le mélange dans les feuilles de laitue. Servir immédiatement.

DESSERTS

Desserts

«Si je devais vivre le reste de ma vie sous forme de fruit, je choisirais la fraise solitaire, délicatement recouverte d'une savoureuse sauce au chocolat, perchée au sommet d'un tourbillon de crème glacée à la vanille, entourée de brillants colorés.»

Anonyme

Peu importe nos efforts pour résister à la tentation, il semblerait que les desserts, sous leurs formes et leurs déguisements multiples, gagnent presque toujours la bataille! Que dire de l'élégance d'un parfait dans son verre givré ou de la beauté d'un gâteau au chocolat enrobé de crème fouettée arrosée de cognac ou, encore de la saveur exotique de la mousse à la mangue? Tentation! Tentation!

Mais quel plaisir que d'y succomber!

Glaçage au chocolat

50 ml (¼ tasse) 248 CALORIES 35g GLUCIDES		
2g PROTÉINES	10g LIPIDES	0,2g FIBRES

125 g	(4 oz) chocolat non sucré
550 ml	(2¼ tasses) sucre à glacer
45 ml	(3 c. à soupe) rhum chaud
2	jaunes d'œufs
50 ml	(¼ tasse) beurre non salé, mou

Mettre le chocolat dans un bol en acier inoxydable. Placer le bol sur une casserole à moitié remplie d'eau chaude. Faire fondre le chocolat.

Retirer le bol de la casserole. Ajouter le sucre à glacer. Incorporer le tout au batteur électrique.

Ajouter le rhum chaud et mélanger à la spatule.

Ajouter les jaunes d'œufs, un à un, tout en mélangeant bien entre chaque addition.

Ajouter le beurre et bien mélanger à la spatule ou au batteur électrique. Le mélange doit être onctueux.

Laisser refroidir. Utiliser pour glacer un grand assortiment de gâteaux.

Sundae au chocolat

(pour 4 personnes)

1 PORTION	598 CALORIES	55g GLUCIDES
10g PROTÉINES	37g LIPIDES	0,9g FIBRES

125 g	(4 oz) chocolat non sucré
125 ml	(½ tasse) sucre granulé
15 ml	(1 c. à soupe) sirop d'érable
50 ml	(¼ tasse) eau
30 ml	(2 c. à soupe) rhum
125 ml	(½ tasse) crème à 35%
	crème glacée à la vanille
	noix hachées

Mettre le chocolat dans un bol en acier inoxydable. Placer le bol sur une casserole à moitié remplie d'eau chaude. Faire fondre le chocolat.

Retirer le bol du feu. Mettre de côté.

Mettre sucre, sirop d'érable et eau dans une casserole. Amener à ébullition et cuire 2 à 3 minutes à feu moyen.

Retirer la casserole du feu et laisser refroidir légèrement.

Dès que le mélange est tiède, ajouter le rhum et mélanger.

Ajouter le chocolat fondu et bien remuer.

Ajouter lentement la crème tout en mélangeant constamment au fouet.

Verser la sauce au chocolat dans un bol et réfrigérer pour refroidir.

Servir sur de la crème glacée. Décorer de noix hachées.

Gâteau au chocolat riche

(pour 8 à 10 personnes)

1 PORTION	479 CALORIES	57g GLUCIDES
7g PROTÉINES	25g LIPIDES	0,4g FIBRES

500 ml	(2 tasses) farine à pâtisserie
425 ml	(1¾ tasse) sucre granulé
150 ml	(⅔ tasse) cacao non sucré
15 ml	(1 c. à soupe) bicarbonate de soude
5 ml	(1 c. à thé) poudre à pâte
175 ml	(¾ tasse) shortening (tout végétal)
250 ml	(1 tasse) lait
3	œufs
	une pincée de sel
	crème fouettée
	chocolat râpé pour décorer

Préchauffer le four à 160°C (325°F).

Beurrer un moule à fond amovible de 25 cm (10 po).

Tamiser farine, sucre, cacao, bicarbonate de soude, poudre à pâte et sel dans un grand bol.

Ajouter le shortening et bien incorporer au couteau à pâtisserie.

Ajouter le lait et bien mélanger au batteur électrique jusqu'à ce que la pâte soit homogène.

Ajouter les œufs, un à un, tout en battant 30 secondes entre chaque addition.

Verser le mélange dans le moule beurré et cuire 65 minutes ou jusqu'à ce que le gâteau soit cuit.

Retirer du four et laisser reposer 10 à 15 minutes dans le moule.

Démouler délicatement et laisser refroidir complètement sur une grille à la température de la pièce.

Couper le gâteau en trois parties, sur la longueur. Glacer de crème fouettée. Saupoudrer de chocolat râpé avant de servir.

Mousse au chocolat

(pour 4 à 6 personnes)

1 PORTION	376 CALORIES	9g GLUCIDES
9g PROTÉINES	34g LIPIDES	0,5g FIBRES

170 g	(6 oz) chocolat mi-sucré
45 ml	(3 c. à soupe) beurre doux
50 ml	(¼ tasse) eau
4	jaunes d'œufs
30 ml	(2 c. à soupe) liqueur Tia Maria
4	blancs d'œufs, battus ferme
125 ml	(½ tasse) crème à 35 %, fouettée
	copeaux de chocolat pour décorer

Mettre chocolat, beurre et eau dans une casserole. Faire fondre à feu doux en remuant constamment avec une cuiller.

Retirer du feu et verser le chocolat dans un bol à mélanger.

Ajouter les jaunes d'œufs, un à un, tout en mélangeant au fouet entre chaque addition.

Ajouter le Tia Maria et mélanger quelques secondes au fouet.

Incorporer les blancs d'œufs à la spatule, sans mélanger excessivement.

Incorporer la crème fouettée à la spatule. Puis, mélanger seulement quelques secondes au fouet.

Verser dans des coupes en verre et réfrigérer 4 heures. Décorer de copeaux de chocolat avant de servir.

Mousse de chocolat aux fraises

(pour 4 à 6 personnes)

1 PORTION	321 CALORIES	24g GLUCIDES
3g PROTÉINES	24g LIPIDES	0,5g FIBRES

3	carrés de chocolat mi-sucré
1	œuf
125 ml	(½ tasse) purée de fraises
250 ml	(1 tasse) crème à 35% chaude
3	blancs d'œufs
125 ml	(½ tasse) sucre

Mettre le chocolat dans un bol en acier inoxydable placé sur une casserole à moitié remplie d'eau chaude. Faire fondre à feu moyen.

Retirer le bol de la casserole et incorporer l'œuf au fouet.

Ajouter la purée de fraises et bien mêler. Verser dans un robot culinaire et mélanger 1 minute.

Ajouter la crème chaude et bien incorporer au mélange. Verser dans un bol et faire refroidir au réfrigérateur.

Battre les blancs d'œufs fermement jusqu'à ce qu'ils forment des pics. Ajouter lentement le sucre tout en continuant de battre pour bien incorporer.

Plier les blancs d'œufs dans le mélange refroidi. Verser la mousse dans des coupes en verre.

Réfrigérer avant de servir.

Mousse de fraises et de framboises

(pour 6 à 8 personnes)

1 PORTION	226 CALORIES	28g GLUCIDES
4g PROTÉINES	11g LIPIDES	1,6g FIBRES

1½	petite enveloppe de gélatine non aromatisée
50 ml	(¼ tasse) eau chaude
150 ml	(⅔ tasse) sucre granulé
45 ml	(3 c. à soupe) sirop d'érable
125 ml	(½ tasse) eau bouillante
500 ml	(2 tasses) fraises fraîches, nettoyées
250 ml	(1 tasse) framboises fraîches
15 ml	(1 c. à soupe) zeste de citron râpé
5	blancs d'œufs
250 ml	(1 tasse) crème à 35%, fouettée

Huiler un moule à soufflé de 2 L (8 tasses).

Verser l'eau chaude dans un petit bol. Saupoudrer la gélatine sur l'eau. Mettre de côté.

Mettre la moitié du sucre, tout le sirop d'érable et l'eau chaude dans une casserole. Amener à ébullition et continuer la cuisson 2 minutes à feu moyen.

Incorporer fruits et zeste de citron; continuer la cuisson 3 minutes.

Verser le tout dans un robot culinaire et réduire en purée.

Transvider le mélange dans la casserole et incorporer la gélatine. Cuire 1 minute.

Verser le mélange de fruits dans un bol et réfrigérer.

Dès que le mélange de fruits commence à raffermir, commencer la préparation des blancs d'œufs.

Mettre les blancs dans un bol en acier inoxydable et les battre au batteur électrique jusqu'à ce qu'ils forment des pics.

Ajouter le restant de sucre et battre 30 secondes.

À l'aide d'une spatule, ajouter le mélange de fruits, en pliant.

Incorporer la crème fouettée. Verser le tout dans le moule. Réfrigérer 8 heures.

Démouler et servir avec une sauce aux fruits.

Omelette aux fraises

(pour 4 personnes)

1 PORTION	369 CALORIES	28g GLUCIDES
13g PROTÉINES	23g LIPIDES	1,8g FIBRES

500 ml	(2 tasses) fraises, nettoyées et tranchées en trois
60 ml	(4 c. à soupe) beurre
45 ml	(3 c. à soupe) sucre
250 ml	(1 tasse) jus d'orange
10 ml	(2 c. à thé) fécule de maïs
45 ml	(3 c. à soupe) eau froide
8	œufs, bien battus

Mettre les fraises de côté dans un bol.

Faire chauffer la moitié du beurre dans une poêle à frire. Ajouter 30 ml (2 c. à soupe) de sucre; cuire 2 minutes à feu vif tout en mélangeant constamment.

Incorporer le jus d'orange et amener à ébullition. Faire chauffer 2 minutes à feu vif.

Délayer fécule de maïs et eau froide. Incorporer à la sauce; faire chauffer 1 minute à feu vif en remuant de temps en temps.

Verser le mélange sur les fraises. Laisser reposer 15 minutes.

Faire chauffer le reste du beurre dans une grande poêle en téflon ou une poêle à omelette. Verser les œufs dans le beurre chaud; faire cuire 30 secondes à feu vif tout en mélangeant avec une fourchette.

Puis continuer la cuisson 30 secondes, sans mêler, pour permettre à l'omelette de prendre. Ajouter la moitié des fraises et continuer la cuisson 20 secondes.

Délicatement, rouler l'omelette sur elle-même tout en penchant la poêle vers l'avant. Retourner l'omelette sur un plat de service allant au four.

Saupoudrer du reste de sucre. Faire dorer au four quelques minutes.

Entre-temps, faire chauffer le reste des fraises dans une petite casserole. Verser sur l'omelette. Si désiré, garnir de noix de coco râpée.

Mettre beurre
et cassonade dans un
bol; défaire en crème
à l'aide d'une spatule.

1

Ajouter un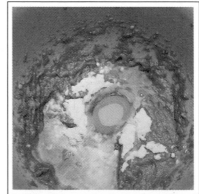
autre œuf et 30 ml
(2 c. à soupe) de
farine au mélange de
beurre. Bien
incorporer au batteur
électrique.

3

Ajouter un
œuf et bien mélanger
au batteur électrique.

2

Ajouter le
dernier œuf et le
reste de farine. Battre
de nouveau.
Incorporer la crème,
battre et ajouter les
cerises.

4

Clafoutis aux cerises

(pour 4 à 6 personnes)

1 PORTION	362 CALORIES	42g GLUCIDES
6g PROTÉINES	19g LIPIDES	0,1g FIBRES

50 ml	(¼ tasse) beurre mou
125 ml	(½ tasse) cassonade
3	œufs
125 ml	(½ tasse) farine tout usage
5 ml	(1 c. à thé) poudre à pâte
50 ml	(¼ tasse) café noir fort, refroidi
30 ml	(2 c. à soupe) rhum
250 ml	(1 tasse) crème légère
398 ml	(14 oz) cerises dénoyautées Bing en conserve, bien égouttées
15 ml	(1 c. à soupe) sucre granulé
	crème fouettée

Préchauffer le four à 180°C (350°F).

Beurrer un plat à tarte de 25 cm (10 po).

Mettre beurre et cassonade dans un bol; défaire en crème à l'aide d'une spatule.

Ajouter un œuf et bien mélanger au batteur électrique.

Tamiser farine et poudre à pâte.

Ajouter un autre œuf et 30 ml (2 c. à soupe) de farine au mélange de beurre. Bien incorporer au batteur électrique.

Ajouter le dernier œuf et le reste de farine. Battre de nouveau.

Ajouter café et rhum et incorporer au batteur électrique. Incorporer la crème, battre et ajouter les cerises.

Verser la pâte dans le plat à tarte. Cuire 45 à 50 minutes ou jusqu'à ce qu'un cure-dents en ressorte sec.

5 minutes avant la fin de la cuisson, saupoudrer le clafoutis d'un peu de sucre granulé.

Servir avec de la crème fouettée.

Crème bavaroise aux cerises

(pour 6 à 8 personnes)

1 PORTION	260 CALORIES	22g GLUCIDES
5g PROTÉINES	17g LIPIDES	0,3g FIBRES

6	jaunes d'œufs
125 ml	(½ tasse) sucre
500 ml	(2 tasses) lait chaud
15 ml	(1 c. à soupe) vanille
30 ml	(2 c. à soupe) gélatine
50 ml	(¼ tasse) eau froide
250 ml	(1 tasse) crème à 35%
500 ml	(2 tasses) cerises dénoyautées

Mettre jaunes d'œufs et sucre dans un bol en acier inoxydable. Bien mélanger au batteur électrique pendant 2 minutes.

Ajouter lait chaud et vanille; bien incorporer.

Placer le bol sur une casserole à moitié remplie d'eau chaude. Faire cuire à feu moyen tout en mélangeant constamment avec une cuiller en bois jusqu'à ce que le mélange nappe le dos d'une cuiller.

Retirer le bol de la casserole et mettre de côté. Diluer la gélatine dans l'eau froide; laisser reposer 2 minutes.

Incorporer la gélatine diluée à la crème cuite. Placer le bol sur un récipient rempli de glace.

Dès que le mélange commence à «prendre», fouetter la crème à 35% et mettre de côté.

Incorporer les cerises au mélange de crème. Puis, incorporer la crème fouettée.

Verser dans un moule huilé et réfrigérer toute la nuit.

Sundae au fromage cottage

(pour 4 personnes)

50 ml (¼ tasse)	81 CALORIES	8g GLUCIDES
3g PROTÉINES	4g LIPIDES	0g FIBRES

375 g	(¾ livre) cerises dénoyautées
50 ml	(¼ tasse) sucre
50 ml	(¼ tasse) eau
15 ml	(1 c. à soupe) zeste de citron râpé
5 ml	(1 c. à thé) fécule de maïs
30 ml	(2 c. à soupe) eau froide
625 ml	(2½ tasses) fromage cottage
	crème fouettée
	cerises au marasquin pour décorer

Mettre cerises, sucre, 50 ml (¼ tasse) d'eau et zeste de citron dans une casserole. Couvrir et cuire 2 à 3 minutes à feu moyen tout en remuant de temps en temps.

Délayer fécule de maïs et 30 ml (2 c. à soupe) d'eau froide. Incorporer à la sauce; continuer la cuisson 1 minute. Retirer du feu et laisser refroidir.

Alterner sauce aux cerises et fromage cottage dans de grands verres à dessert.

Couronner de crème fouettée. Décorer de cerises au marasquin.

Crème
pâtissière

50 ml (¼ tasse) 81 CALORIES	8g GLUCIDES
3g PROTÉINES 4g LIPIDES	0g FIBRES

4	jaunes d'œufs
50 ml	(¼ tasse) sucre granulé
60 ml	(4 c. à soupe) farine
500 ml	(2 tasses) lait chaud
30 ml	(2 c. à soupe) amandes effilées

Mettre les jaunes d'œufs dans un bol. Ajouter le sucre et bien mélanger au fouet.

Ajouter la farine et remuer au fouet. Incorporer le lait et continuer à fouetter pour bien incorporer.

Ajouter les amandes, mélanger et verser le tout dans une casserole. Faire cuire à feu moyen, en remuant constamment, jusqu'à ce que le mélange atteigne le point d'ébullition.

Cuire 2 minutes ou jusqu'à ce que la crème commence à épaissir.

Verser la crème dans un bol et laisser tiédir légèrement. Couvrir d'une pellicule plastique placée directement sur la crème et réfrigérer pour refroidir.

Cette crème pâtissière peut être utilisée dans de nombreux desserts.

Poires à la
crème pâtissière

(pour 6 personnes)

1 PORTION	179 CALORIES	36g GLUCIDES
6g PROTÉINES	1g LIPIDES	4,8g FIBRES

1 L	(4 tasses) eau
375 ml	(1½ tasse) sucre granulé
15 ml	(1 c. à soupe) jus de citron
30 ml	(2 c. à soupe) rhum léger
6	poires, évidées, pelées
375 ml	(1½ tasse) crème pâtissière
4	blancs d'œufs, battus fermement
50 ml	(¼ tasse) rhum chaud

Mettre eau, sucre, jus de citron et rhum léger dans une casserole; amener à ébullition et continuer la cuisson 4 minutes à feu moyen.

Ajouter les poires entières et cuire 6 à 7 minutes à feu doux.

Retirer du feu et laisser refroidir les poires dans le sirop.

Verser la crème pâtissière dans un plat à gratin. Disposer les poires dans le plat. Mettre les blancs d'œufs battus dans un sac à pâtisserie muni d'une douille étoilée et décorer les côtés du plat.

Faire griller 2 minutes au four pour dorer la meringue.

Retirer du four et arroser de rhum; flamber. Servir aussitôt.

Poires
au sucre

(pour 4 personnes)

1 PORTION	514 CALORIES	87g GLUCIDES
3g PROTÉINES	17g LIPIDES	7,2g FIBRES

125 ml	(½ tasse) sucre
500 ml	(2 tasses) eau
125 ml	(½ tasse) jus d'orange
4	grosses poires, le cœur retiré, pelées et coupées en deux
15 ml	(1 c. à soupe) fécule de maïs
45 ml	(3 c. à soupe) eau froide
45 ml	(3 c. à soupe) noix de coco râpée
250 ml	(1 tasse) macarons écrasés
15 ml	(1 c. à soupe) beurre

Mettre sucre, 500 ml (2 tasses) d'eau et jus d'orange dans une casserole. Amener à ébullition à feu moyen et continuer la cuisson 3 à 4 minutes.

Ajouter les poires; cuire 3 minutes à feu doux.

Retirer la casserole du feu. Laisser reposer les poires 5 à 6 minutes dans le sirop.

Retirer les poires de la casserole et les transférer dans un plat allant au four. Mettre de côté.

Remettre la casserole sur le feu et faire chauffer le sirop 4 à 5 minutes à feu vif.

Délayer fécule de maïs et 45 ml (3 c. à soupe) d'eau froide. Incorporer au sirop et continuer la cuisson 1 minute à feu doux.

Verser la moitié du sirop sur les poires. Parsemer de noix de coco et de macarons. Ajouter quelques noisettes de beurre. Faire dorer 3 minutes au four.

Poires
à l'orange

(pour 4 personnes)

1 PORTION	181 CALORIES	42g GLUCIDES
0g PROTÉINES	0g LIPIDES	4,7g FIBRES

125 ml	(½ tasse) sucre
625 ml	(2½ tasses) eau
5 ml	(1 c. à thé) vanille
4	poires Bartlett
125 ml	(½ tasse) jus d'orange
30 ml	(2 c. à soupe) zeste d'orange râpé
5 ml	(1 c. à thé) fécule de maïs
30 ml	(2 c. à soupe) eau froide
30 ml	(2 c. à soupe) liqueur d'orange

Mettre sucre, 625 ml (2½ tasses) d'eau et vanille dans une casserole. Amener à ébullition.

Entre-temps, retirer le cœur des poires sans ôter la queue. Peler et placer les poires dans la casserole contenant le sirop.

Cuire 4 à 5 minutes à feu doux. Retirer la casserole du feu. Laisser refroidir les poires dans le sirop.

Transférer les poires dans un plat de service. Mettre de côté.

Retirer 250 ml (1 tasse) du sirop et le verser dans une autre casserole. Amener à ébullition.

Ajouter jus et zeste d'orange. Amener de nouveau à ébullition; continuer la cuisson 3 minutes à feu vif.

Délayer fécule de maïs et 30 ml (2 c. à soupe) d'eau froide. Incorporer au sirop à l'orange; cuire 1 minute.

Incorporer la liqueur. Verser sur les poires. Refroidir avant de servir.

Crêpes à la farine de sarrasin

(pour 6 à 8 personnes)

1 PORTION	264 CALORIES	32g GLUCIDES
5g PROTÉINES	13g LIPIDES	1,1g FIBRES

250 ml	(1 tasse) farine de sarrasin
50 ml	(¼ tasse) farine tout usage
2 ml	(½ c. à thé) sel
375 ml	(1½ tasse) lait
3	œufs battus
30 ml	(2 c. à soupe) beurre fondu
60 ml	(4 c. à soupe) beurre
60 ml	(4 c. à soupe) cassonade
5	grosses pêches, blanchies, pelées et tranchées
45 ml	(3 c. à soupe) rhum
	sucre à glacer

Tamiser les deux farines et le sel dans un grand bol. Bien incorporer le lait. Ajouter les œufs et mélanger vigoureusement au fouet.

Passer au tamis. Ajouter le beurre fondu. Réfrigérer 1 heure.

Beurrer légèrement une poêle à crêpe et faire chauffer à feu moyen-vif. Bien fouetter la pâte à crêpe.

Dès que le beurre est fondu, retirer l'excédent avec un papier essuie-tout. Verser une petite louche de pâte dans la poêle chaude et avec le poignet, faire un léger mouvement de rotation pour que la pâte recouvre complètement le fond de la poêle. Faire cuire 1 minute.

À l'aide d'une spatule, retourner la crêpe et continuer la cuisson 1 minute.

Répéter pour cuire toutes les crêpes. Au besoin beurrer la poêle.

Préparation de la garniture: faire chauffer 60 ml (4 c. à soupe) de beurre dans une casserole. Ajouter cassonade et pêches; cuire 2 minutes à feu moyen-vif.

Incorporer le rhum. Déposer une petite quantité du mélange au milieu de chaque crêpe. Plier en quatre et disposer dans un plat allant au four.

Saupoudrer de sucre à glacer. Faire dorer quelques minutes au four.

Bagatelle de fruits

(pour 10 à 12 personnes)

1 PORTION	305 CALORIES	43g GLUCIDES
5g PROTÉINES	11g LIPIDES	2,1g FIBRES

4	jaunes d'œufs
125 ml	(½ tasse) sucre
250 ml	(1 tasse) lait bouilli, tiède
15 ml	(1 c. à soupe) rhum brun
250 ml	(1 tasse) mûres fraîches
500 ml	(2 tasses) bleuets
500 ml	(2 tasses) melon d'eau, en dés
1	petit gâteau des anges ou éponge, tranché en trois sur la longueur
75 ml	(⅓ tasse) rhum léger
750 ml	(3 tasses) fraises, nettoyées et coupées en deux
625 ml	(2½ tasses) crème fouettée

Mettre jaunes d'œufs et sucre dans un bol en acier inoxydable. Bien mélanger au batteur électrique jusqu'à ce que le mélange épaississe et forme des rubans.

Bien incorporer le lait. Ajouter le rhum brun. Placer le bol sur une casserole remplie à moitié d'eau chaude. Faire cuire à feu moyen tout en mélangeant constamment avec une cuiller en bois. Ne pas faire bouillir.

Faire cuire jusqu'à ce que le mélange épaississe et nappe le dos d'une cuiller. Retirer le bol et laisser refroidir la crème anglaise.

Mélanger mûres, bleuets et melon d'eau dans un bol.

Placer une couche de gâteau dans le fond d'un moule à bagatelle ou d'un grand bol de verre. Arroser de rhum léger.

Recouvrir d'une couche de fraises, de crème fouettée, de crème anglaise et de fruits mélangés.

Répéter le tout pour utiliser tous les ingrédients en terminant avec la crème fouettée pour décorer.

Si désiré, arroser de glaçage transparent aux fraises.

Fruits en surprise

(pour 2 personnes)

1 PORTION	390 CALORIES	79g GLUCIDES
2g PROTÉINES	7g LIPIDES	8,5g FIBRES

1	petite poire, pelée et en dés
1	brugnon, en dés
1	tranche de melon d'eau, épépiné et en dés
12	fraises, nettoyées et en deux
1	kiwi, pelé et tranché
6 à 8	mûres
50 ml	(¼ tasse) bleuets
15 ml	(1 c. à soupe) beurre mou
30 ml	(2 c. à soupe) sucre
45 ml	(3 c. à soupe) rhum
1	ananas
	jus de 1 orange
	jus de 1 citron
	quelques cerises dénoyautées
	fraises entières pour décorer

Mettre poire, brugnon, melon d'eau, demi-fraises, kiwi, mûres et bleuets dans un bol à mélanger; mettre de côté.

Faire chauffer le beurre dans une poêle à frire à feu moyen. Ajouter le sucre; faire cuire 3 minutes à feu vif en remuant constamment pour caraméliser le mélange.

Ajouter jus d'orange et citron; bien remuer. Incorporer le rhum et faire chauffer 3 minutes.

Verser le sirop sur les fruits dans le bol. Mélanger et laisser mariner 30 minutes.

Couper l'ananas en deux sur la longueur. À l'aide d'un couteau et d'une cuiller, retirer toute la pulpe en prenant soin de ne pas abîmer l'écorce. Réserver la pulpe pour d'autres recettes.

Placer les fruits marinés dans les demi-ananas. Décorer de cerises et de fraises.

Fruits à la crème dorée

(pour 4 personnes)

1 PORTION	355 CALORIES	39g GLUCIDES
1g PROTÉINES	22g LIPIDES	2,4g FIBRES

250 ml	(1 tasse) fraises, nettoyées et coupées en deux
250 ml	(1 tasse) framboises
2	kiwis, pelés et tranchés
250 ml	(1 tasse) crème à 35 %, fouettée
125 ml	(½ tasse) cassonade
125 ml	(½ tasse) rhum chaud

Répartir les fruits entre 4 plats à gratin individuels.

Couronner de crème fouettée. Saupoudrer de cassonade. Faire dorer 1 minute au four à Gril (broil).

Retirer du four. Arroser de rhum et flamber.

Fruits à la mode

(pour 4 personnes)

1 PORTION	598 CALORIES	67g GLUCIDES
4g PROTÉINES	13g LIPIDES	4,2g FIBRES

50 ml	(¼ tasse) sucre
5 ml	(1 c. à thé) vanille
250 ml	(1 tasse) eau
4	grosses pêches, blanchies, pelées et coupées en deux
250 ml	(1 tasse) fraises, nettoyées et coupées en deux
250 ml	(1 tasse) framboises
30 ml	(2 c. à soupe) sucre fin
30 ml	(2 c. à soupe) Cointreau
4	grosses boules de crème glacée à la vanille
	crème fouettée

Mettre sucre, vanille et eau dans une casserole; amener à ébullition. Continuer la cuisson 2 à 3 minutes à feu moyen.

Ajouter les pêches; continuer la cuisson 2 minutes. Retirer du feu et laisser refroidir les pêches dans le sirop.

Mettre fraises et framboises en purée dans un robot culinaire. Verser le tout dans une poêle en téflon et incorporer le sucre. Cuire 3 minutes à feu moyen.

Ajouter le Cointreau; faire chauffer 1 minute à feu vif. Forcer le tout à travers une passoire et mettre dans un bol.

Placer une petite quantité de sauce dans le fond de 4 coupes à dessert. Ajouter ½ pêche et une boule de crème glacée.

Recouvrir d'une autre ½ pêche, napper de sauce et garnir de crème fouettée.

Coupe de fruits au fromage

(pour 4 personnes)

1 PORTION	348 CALORIES	31g GLUCIDES
5g PROTÉINES	23g LIPIDES	2,1g FIBRES

2	kiwis pelés et en dés
2	bananes pelées et tranchées
1	pomme, évidée, pelée et tranchée
60 ml	(4 c. à soupe) yogourt nature ou au choix
30 ml	(2 c. à soupe) liqueur préférée
1	paquet de fromage à la crème de 250 g (8 oz), mou
	jus de 1 orange

Mettre kiwis et bananes dans un robot culinaire; réduire en purée.

Ajouter pomme et jus d'orange; mélanger quelques secondes.

Ajouter yogourt, liqueur et fromage à la crème; bien mélanger au robot culinaire pour obtenir un mélange homogène.

À l'aide d'une cuiller, placer le mélange dans des petites coupes de verre et réfrigérer avant de servir.

Bleuets dans le sirop

(pour 4 personnes)

1 PORTION	295 CALORIES	46g GLUCIDES
5g PROTÉINES	10g LIPIDES	2,1g FIBRES

60 ml	(4 c. à soupe) cassonade
5 ml	(1 c. à thé) vanille
15 ml	(1 c. à soupe) zeste de citron râpé
15 ml	(1 c. à soupe) zeste d'orange râpé
250 ml	(1 tasse) eau
500 ml	(2 tasses) bleuets
4	grosses boules de crème glacée

Mettre cassonade, vanille, zestes et eau dans une casserole. Bien remuer et amener à ébullition. Faire cuire 2 à 3 minutes à feu doux pour que le sirop épaississe.

Incorporer les bleuets. Retirer du feu et laisser refroidir les fruits dans le sirop.

Napper la sauce aux bleuets sur la crème glacée. Servir.

Punch au melon d'eau

(pour 10 à 12 personnes)

1 PORTION	129 CALORIES	21g GLUCIDES
0g PROTÉINES	0g LIPIDES	0,5g FIBRES

½	melon d'eau, épépiné et en cubes
125 ml	(½ tasse) jus de limette
250 ml	(1 tasse) rhum léger
1 L	(4 tasses) jus d'orange
250 ml	(1 tasse) jus d'ananas
125 ml	(½ tasse) sucre fin
	beaucoup de glace

Mettre le melon en purée dans un robot culinaire. Passer à travers une passoire et verser dans un bol à punch.

Ajouter le reste des ingrédients; bien mélanger et réfrigérer 3 à 4 heures.

Servir avec beaucoup de glace. Si désiré, décorer de fruits frais tranchés avant de servir.

Compote au melon

(pour 4 personnes)

1 PORTION	129 CALORIES	31g GLUCIDES
1g PROTÉINES	0g LIPIDES	1,5g FIBRES

50 ml	(¼ tasse) cassonade
125 ml	(½ tasse) eau
15 ml	(1 c. à soupe) zeste de citron râpé
500 ml	(2 tasses) melon d'eau en dés
2	grosses pêches, blanchies, pelées et émincées
125 ml	(½ tasse) raisins verts sans pépins
	jus de 2 limettes

Mettre cassonade, eau, zeste de citron et jus de limette dans une petite casserole. Amener à ébullition.

Ajouter les fruits et bien remuer; couvrir et cuire 3 à 4 minutes à feu doux.

Retirer du feu. Laisser refroidir les fruits dans le sirop. Servir sur de la crème glacée.

Tartelettes au cantaloup *(pour 4 personnes)*

1 PORTION	605 CALORIES 71g GLUCIDES
9g PROTÉINES 32g LIPIDES	1,4g FIBRES

250 ml	(1 tasse) lait
15 ml	(1 c. à soupe) eau
5 ml	(1 c. à thé) Pernod
125 ml	(½ tasse) sucre
3	jaunes d'œufs
50 ml	(¼ tasse) farine tout usage, tamisée
1	petit cantaloup mûr
8	tartelettes cuites
	cerises vertes au marasquin

Verser lait et eau dans une casserole et amener à ébullition à feu moyen. Incorporer le Pernod. Retirer du feu et mettre de côté.

Mettre sucre et jaunes d'œufs dans un bol en acier inoxydable. Battre 3 à 4 minutes au batteur électrique ou jusqu'à ce que le mélange devienne mousseux et presque blanc.

Incorporer la farine avec un fouet. Bien mélanger.

Ajouter graduellement la moitié du lait tout en mélangeant au fouet. Bien mélanger.

Incorporer le reste du lait. Placer immédiatement le bol sur une casserole à moitié remplie d'eau chaude. Faire cuire à feu moyen tout en mélangeant constamment au fouet jusqu'à ce que le mélange épaississe et nappe le dos d'une cuiller.

Verser la crème pâtissière dans un autre bol et laisser refroidir. Recouvrir d'un papier ciré beurré et réfrigérer.

Entre-temps, couper le cantaloup en quartiers et retirer les pépins. Couper chaque quartier, en biais, en fines tranches.

Remplir chaque tartelette de crème pâtissière froide et garnir de cantaloup émincé. Décorer de cerises au marasquin.

Servir les tartelettes immédiatement ou les recouvrir d'un glaçage transparent.

Mousse aux bananes

(pour 4 personnes)

1 PORTION	369 CALORIES	39g GLUCIDES
4g PROTÉINES	22g LIPIDES	2,4g FIBRES

50 ml	(¼ tasse) sucre
75 ml	(⅓ tasse) eau
4	bananes mûres, pelées et tranchées
1 ml	(¼ c. à thé) cannelle
3	blancs d'œufs, battus fermement
250 ml	(1 tasse) crème à 35 %, fouettée

Faire chauffer sucre et eau dans une casserole pendant 1 minute à feu moyen.

Ajouter bananes et cannelle; cuire 3 minutes à feu moyen-vif.

Verser le tout dans un robot culinaire et mettre en purée. Verser dans un bol à mélanger et réfrigérer.

Incorporer les blancs d'œufs battus au mélange froid.

Mettre la crème fouettée dans un grand bol. Incorporer le mélange de bananes à la crème. Bien incorporer à la spatule.

Verser dans des coupes à dessert. Réfrigérer avant de servir.

Bananes aux macarons

(pour 4 personnes)

1 PORTION	574 CALORIES	73g GLUCIDES
8g PROTÉINES	28g LIPIDES	4,9g FIBRES

4	grosses bananes
50 ml	(¼ tasse) bourbon
5 ml	(1 c. à thé) jus de limette
2	œufs battus
375 ml	(1½ tasse) macarons écrasés
45 ml	(3 c. à soupe) beurre

Peler et placer les bananes dans un grand plat. Arroser de bourbon et jus de limette. Laisser mariner 1 heure.

Tremper les bananes dans les œufs battus et rouler dans les macarons écrasés.

Faire chauffer le beurre dans une grande poêle à frire. Ajouter les bananes; cuire 2 à 3 minutes à feu moyen. Tourner fréquemment pour brunir tous les côtés.

Si désiré, avant de servir, faire chauffer le restant de marinade et verser sur les bananes. Flamber et servir.

Bananes flic flac

(pour 4 personnes)

1 PORTION	224 CALORIES	25g GLUCIDES
4g PROTÉINES	12g LIPIDES	1,2g FIBRES

2	bananes pelées
375 ml	(1½ tasse) lait froid
250 ml	(1 tasse) crème légère, froide
30 ml	(2 c. à soupe) sirop d'érable
50 ml	(¼ tasse) rhum brun
	quelques gouttes de jus de limette
	rondelles d'orange pour décorer

Mettre les bananes dans un robot culinaire et réduire en purée.

Ajouter lait, crème, sirop d'érable, rhum et jus de limette; bien mélanger jusqu'à ce que le liquide mousse.

Verser dans de grands verres. Décorer de rondelles d'orange. Servir.

Crème de fruits de la passion

(pour 4 personnes)

1 PORTION	333 CALORIES	49g GLUCIDES
7g PROTÉINES	12g LIPIDES	—g FIBRES

4	jaunes d'œufs
125 ml	(½ tasse) sucre
250 ml	(1 tasse) lait bouilli, tiède
15 ml	(1 c. à soupe) rhum
4	fruits de la passion
45 ml	(3 c. à soupe) crème à 35 %

Mettre jaunes d'œufs et sucre dans un bol en acier inoxydable. Bien mélanger au batteur électrique jusqu'à ce que le mélange épaississe et forme des rubans.

Bien incorporer le lait. Ajouter le rhum et placer le bol sur une casserole à moitié remplie d'eau chaude. Faire cuire à feu moyen tout en remuant constamment avec une cuiller en bois. Ne pas laisser bouillir.

Faire cuire jusqu'à ce que le mélange épaississe et nappe le dos d'une cuiller. Retirer le bol et laisser refroidir.

Trancher les fruits de la passion en deux sur la largeur. À l'aide d'une cuiller, retirer pulpe et graines et mettre dans un blender. Ajouter la crème à 35 %; mélanger 1 minute à vitesse moyenne.

Incorporer le mélange à la crème anglaise et remuer. Servir froid dans des assiettes ou des bols à dessert.

Rafraîchissement à la mangue

(8 portions)

1 PORTION	174 CALORIES	40g GLUCIDES
0g PROTÉINES	0g LIPIDES	0,9g FIBRES

1,6 kg	(3½ livres) mangues mûres
250 ml	(1 tasse) sucre granulé
150 ml	(⅔ tasse) eau
45 ml	(3 c. à soupe) rhum blanc
	jus de 3 limettes

Peler les mangues et couper en tranches pour détacher la chair du noyau. Mettre dans un robot culinaire et réduire en purée.

Mettre sucre et eau dans une petite casserole. Cuire 5 minutes à feu vif.

Retirer la casserole du feu et laisser refroidir le sirop.

Verser la purée de mangue dans un bol à mélanger. Ajouter sirop, rhum et jus de limette. Bien mélanger.

Congeler en suivant le mode d'emploi de votre appareil à crème glacée.

Salade de mangue

(pour 4 personnes)

1 PORTION	176 CALORIES	31g GLUCIDES
8g PROTÉINES	2g LIPIDES	0,9g FIBRES

2	grosses mangues
45 ml	(3 c. à soupe) sucre fin
250 à 375 ml	(1 à 1½ tasse) fromage cottage
375 ml	(1½ tasse) framboises
	jus de 2 limettes

Couper chaque mangue en 4 sections sur la longueur. Peler une section et couper la pulpe en fines lanières tout en la détachant du noyau. Répéter.

Mettre les mangues tranchées dans un bol. Arroser de jus de limette et saupoudrer de sucre. Laisser mariner 30 minutes.

Répartir le fromage cottage entre 4 assiettes à dessert ou bols. Entourer le tout de mangues tranchées. Couronner de framboises. Servir.

Mousse à la mangue

(pour 4 personnes)

1 PORTION	260 CALORIES	35g GLUCIDES
3g PROTÉINES	12g LIPIDES	1,4g FIBRES

3	mangues, pelées et tranchées
750 ml	(3 tasses) eau
50 ml	(¼ tasse) sucre
125 ml	(½ tasse) crème à 35 %, fouettée
3	blancs d'œufs, battus fermement
	jus de ½ citron
	chocolat en fines lamelles pour décorer

Mettre mangues, eau, sucre et jus de citron dans une casserole. Cuire 5 à 6 minutes à feu moyen.

Forcer le mélange à travers une passoire et mettre dans un bol. Laisser refroidir.

Incorporer la crème fouettée au mélange froid. Puis, plier les blancs battus dans le mélange en les incorporant complètement.

Réfrigérer avant de servir et décorer de chocolat.

Prosciutto et mangue

(pour 4 personnes)

1 PORTION	138 CALORIES	23g GLUCIDES
7g PROTÉINES	2g LIPIDES	1,4g FIBRES

3	mangues, pelées
125 g	(¼ livre) prosciutto
	tranches de limette
	poivre moulu

Couper les mangues en morceaux de 2,5 cm (1 po).

Couper les tranches de prosciutto en trois et enrouler autour des morceaux de mangues. Attacher avec un cure-dents.

Servir avec des tranches de limette. Poivrer généreusement.

Pudding de riz aux framboises

(pour 4 à 6 personnes)

1 PORTION	355 CALORIES	72g GLUCIDES
7g PROTÉINES	4g LIPIDES	1,7g FIBRES

625 ml	(2½ tasses) eau salée
250 ml	(1 tasse) riz à longs grains, rincé
750 ml	(3 tasses) lait
250 ml	(1 tasse) sucre
5 ml	(1 c. à thé) vanille
2 ml	(½ c. à thé) muscade
375 ml	(1½ tasse) framboises

Verser l'eau salée dans une casserole et amener à ébullition. Ajouter le riz et mélanger; couvrir et cuire 19 à 21 minutes à feu doux.

Ajouter lait, moitié du sucre, vanille et muscade; amener à ébullition. Bien remuer; couvrir et cuire 30 à 35 minutes à feu doux. Remuer 2 à 3 fois.

Verser le riz cuit dans un moule à soufflé de 2 L (8 tasses). Réfrigérer pour refroidir.

Avant de servir, mettre framboises et reste du sucre dans une petite casserole. Couvrir partiellement et cuire 4 à 5 minutes.

Mettre en purée dans un robot culinaire. Verser sur le pudding froid. Servir.

Parfait aux marrons

(pour 4 personnes)

1 PORTION	395 CALORIES	47g GLUCIDES
7g PROTÉINES	20g LIPIDES	0,8g FIBRES

75 ml	(⅓ tasse) sucre granulé
4	jaunes d'œufs
30 ml	(2 c. à soupe) rhum
250 ml	(1 tasse) lait chaud
50 ml	(¼ tasse) fruits confits
250 ml	(1 tasse) purée de marrons en conserve
500 ml	(2 tasses) crème fouettée

Mettre sucre, jaunes d'œufs et rhum dans un bol. Bien mélanger au batteur électrique pendant 2 minutes ou jusqu'à ce que le mélange mousse.

Ajouter le lait chaud et remuer au fouet. Cuire la crème au bain-marie en remuant constamment jusqu'à ce qu'elle nappe le dos d'une cuiller.

Incorporer les fruits confits.

Dans des grandes coupes à dessert, mettre une grosse cuillerée de purée de marrons. Ajouter une couche de crème anglaise. Répéter pour utiliser tous les ingrédients.

Couronner de crème fouettée. Décorer au goût.

Mettre sucre, jaunes d'œufs et rhum dans un bol.

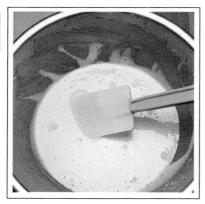

Bien mélanger au batteur électrique pendant 2 minutes ou jusqu'à ce que le mélange mousse.

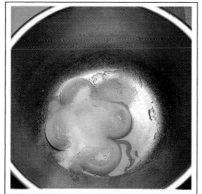

Ajouter le lait chaud et bien remuer au fouet.

Placer une couche de purée de marrons dans une coupe à dessert. Ajouter une couche de crème anglaise. Répéter.

Mettre farine,  175 ml (¾ tasse) beurre et cannelle dans un bol.

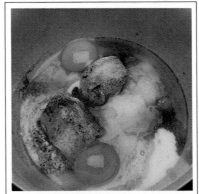 Ajouter 2 œufs et vanille.

Ajouter le  sucre granulé.

 Bien incorporer au couteau à pâtisserie.

Galettes aux pommes

(pour 6 à 8 personnes)

1 PORTION	536 CALORIES	77g GLUCIDES
5g PROTÉINES	23g LIPIDES	1,8g FIBRES

500 ml	(2 tasses) farine tout usage
175 ml	(¾ tasse) beurre mou
5 ml	(1 c. à thé) cannelle
175 ml	(¾ tasse) sucre granulé
2	œufs
5 ml	(1 c. à thé) vanille
30 ml	(2 c. à soupe) eau froide
30 ml	(2 c. à soupe) beurre
4	pommes, évidées, pelées et tranchées
75 ml	(⅓ tasse) cassonade
15 ml	(1 c. à soupe) zeste de citron râpé
250 ml	(1 tasse) sucre à glacer
30 ml	(2 c. à soupe) jus de citron
15 ml	(1 c. à soupe) eau chaude
	œuf battu

Mettre farine, 175 ml (¾ tasse) beurre et cannelle dans un bol. Ajouter sucre granulé, 2 œufs et vanille. Bien incorporer au couteau à pâtisserie.

Ajouter l'eau froide et pétrir pour incorporer. Former une boule. Envelopper la pâte dans un papier ciré et réfrigérer 2 heures. Préchauffer le four à 180°C (350°F).

Retirer la pâte du réfrigérateur et la couper en deux. Rouler la pate sur un comptoir enfariné pour obtenir deux abaisses de 0,65 cm (¼ po) d'épaisseur. Si nécessaire, fariner la pâte.

À l'aide d'un plat à tarte de 22 cm (9 po), découper une galette dans chaque abaisse.

Beurrer et fariner deux plaques à biscuits. Placer une galette sur chaque plaque: Badigeonner légèrement la pâte d'œuf battu. Cuire 10 minutes.

Retirer du four et laisser refroidir.

Faire chauffer 30 ml (2 c. à soupe) de beurre dans une poêle à frire. Ajouter les pommes et cuire 15 minutes à feu vif en remuant fréquemment.

Saupoudrer de cassonade et de zeste de citron; continuer la cuisson 3 minutes.

Retirer la poêle du feu et mettre de côté.

Entre-temps, mettre sucre à glacer, jus de citron et eau chaude dans un petit bol. Bien mélanger.

Pour présenter le dessert: placer une galette dans un plat de service. Couvrir de pommes refroidies. Recouvrir de la seconde galette. Étendre le glaçage au citron sur la galette et en laisser couler sur les côtés. Décorer au goût.

Trancher délicatement et servir.

Compote à la rhubarbe et aux framboises

(pour 4 personnes)

1 PORTION	319 CALORIES	64g GLUCIDES
2g PROTÉINES	6g LIPIDES	5,3g FIBRES

250 ml	(1 tasse) sucre
300 ml	(1¼ tasse) eau
750 g	(1½ livre) rhubarbe en dés
300 ml	(1¼ tasse) framboises
45 ml	(3 c. à soupe) zeste d'orange râpé
	jus de 1 limette
	crème à 35%

Mettre sucre et eau dans une grande casserole. Cuire 4 à 5 minutes à feu moyen-doux ou jusqu'à ce que le sucre soit fondu.

Incorporer rhubarbe et jus de limette; cuire 10 minutes à feu doux.

Ajouter framboises et zeste; bien mélanger. Continuer la cuisson 3 minutes.

Servir la compote dans des bols à dessert. Arroser de crème.

Gâteau au fromage Bing

(pour 10 à 12 personnes)

1 PORTION	410 CALORIES	32g GLUCIDES
6g PROTÉINES	29g LIPIDES	0,1g FIBRES

2	paquets de fromage à la crème de 250 g (8 oz), mou
125 ml	(½ tasse) sucre granulé
45 ml	(3 c. à soupe) liqueur Tia Maria
30 ml	(2 c. à soupe) fécule de maïs
4	jaunes d'œufs
250 ml	(1 tasse) crème à 35%, fouettée
4	blancs d'œufs, battus ferme
398 ml	(14 oz) cerises Bing dénoyautées, en conserve
50 ml	(¼ tasse) sucre granulé
15 ml	(1 c. à soupe) fécule de maïs
45 ml	(3 c. à soupe) eau froide
	une croûte à la chapelure Graham, cuite dans un moule à gâteau à fond amovible de 25 cm (10 po)

Préchauffer le four à 150°C (300°F).

Mettre fromage et 125 ml (½ tasse) de sucre dans un bol à batteur électrique. Mélanger à vitesse moyenne pour obtenir un mélange onctueux.

Ajouter Tia Maria et 30 ml (2 c. à soupe) fécule de maïs. Continuer de mélanger pour bien incorporer les ingrédients.

Ajouter les jaunes d'œufs et bien mélanger au batteur électrique pendant 2 minutes.

Ajouter la crème fouettée et continuer de mélanger au batteur.

Incorporer les blancs battus à la spatule; bien mélanger.

Verser le mélange dans le moule contenant la croûte de chapelure Graham. Cuire 1 h 15 à 1 h 30 ou jusqu'à ce qu'un cure-dents en ressorte sec.

Retirer le gâteau du four et laisser refroidir avant de démouler. Démouler et réfrigérer 1 heure.

Entre-temps, verser le jus des cerises dans une petite casserole. Ajouter 50 ml (¼ tasse) de sucre. Amener à ébullition et cuire 2 à 3 minutes.

Mélanger 15 ml (1 c. à soupe) de fécule de maïs à 45 ml (3 c. à soupe) d'eau froide. Incorporer à la sauce et cuire 1 minute à feu moyen.

Lorsque la sauce commence à épaissir, ajouter les cerises, remuer et retirer du feu. Laisser refroidir.

Verser la sauce sur le gâteau froid, trancher et servir.

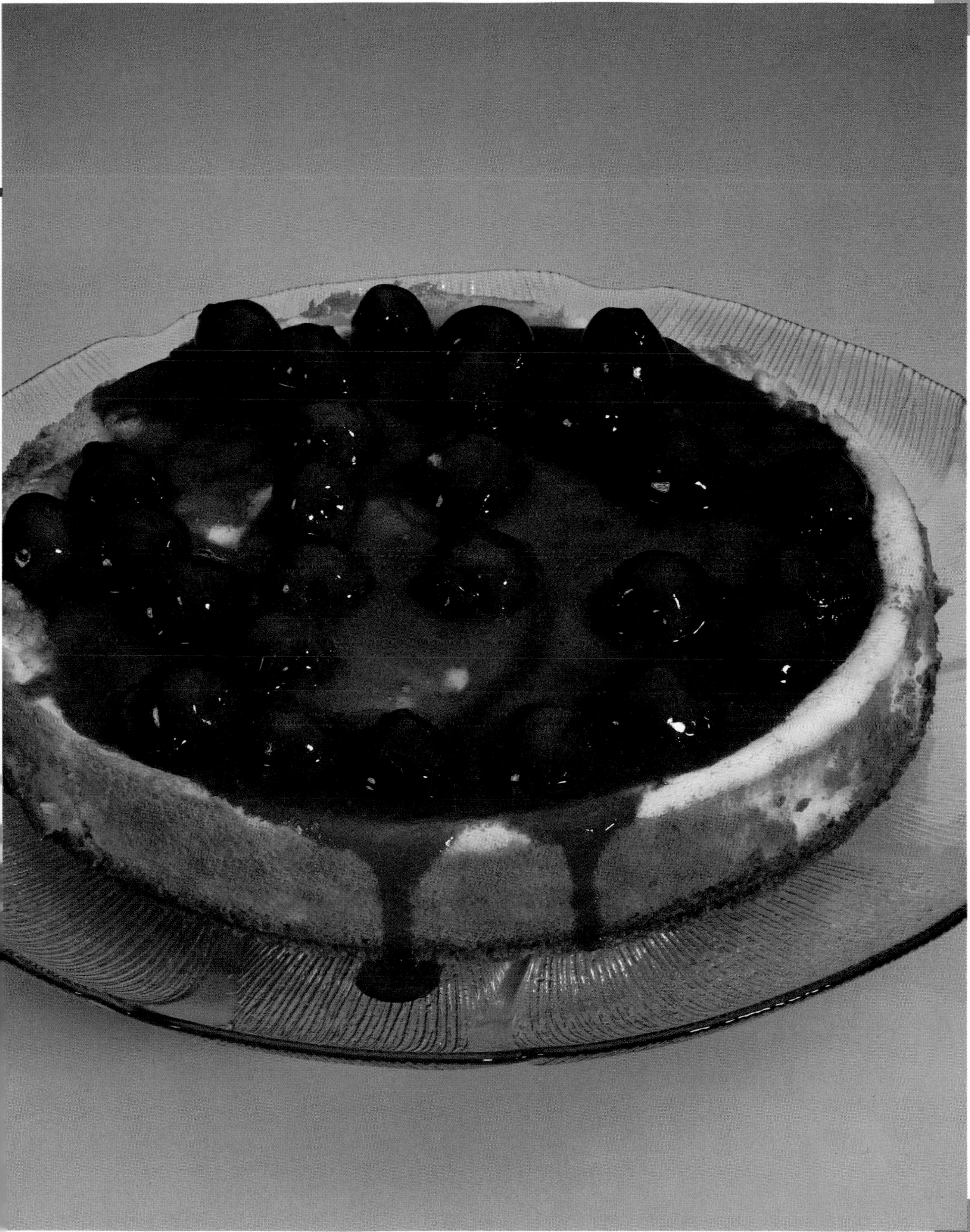

Croûte de gâteau aux fruits

(pour 6 à 8 personnes)

1 PORTION	262 CALORIES	51g GLUCIDES
3g PROTÉINES	5g LIPIDES	0,9g FIBRES

4	brugnons mûrs
2	pêches mûres
125 ml	(½ tasse) sucre
250 ml	(1 tasse) eau
1	paquet 34 g (1,2 oz) de glaçage transparent commercial, préparé
1	grande croûte de gâteau commercial à décorer
	jus de 1 orange
	crème fouettée pour décorer

Couper les fruits en deux et retirer les noyaux. Recouper en quartiers et mettre de côté.

Mettre sucre, eau et jus d'orange dans une casserole; amener à ébullition. Continuer la cuisson 3 à 4 minutes à feu vif.

Ajouter les fruits et amener au point d'ébullition. Continuer la cuisson 2 minutes à feu moyen-doux.

Retirer les fruits du liquide. Peler et couper les quartiers en deux. Mettre de côté dans une assiette.

Remettre la casserole contenant le sirop sur le feu et l'amener à ébullition.

Retirer du feu et incorporer 75 ml (⅓ tasse) de sirop au glaçage préparé. Badigeonner généreusement la croûte à gâteau du mélange.

Disposer les fruits sur le glaçage. Badigeonner de glaçage.

Réfrigérer avant de servir. Si désiré, décorer de crème fouettée et de noix de coco râpée.

1 Couper les fruits mûrs en deux et retirer les noyaux.

3 Incorporer 75 ml (⅓ tasse) de sirop au glaçage préparé.

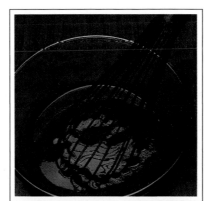

2 Ajouter les fruits au mélange de sirop et amener au point d'ébullition. Faire cuire 2 minutes à feu moyen-doux.

4 Badigeonner généreusement la croûte à gâteau. Garnir de fruits et badigeonner de nouveau.

Gâteau au rhum de l'après-midi

(pour 8 à 10 personnes)

1 PORTION	524 CALORIES	51g GLUCIDES
9g PROTÉINES	32g LIPIDES	0,3g FIBRES

300 ml	(1¼ tasse) beurre mou
250 ml	(1 tasse) sucre granulé
5	œufs
750 ml	(3 tasses) farine tout usage
5 ml	(1 c. à thé) cannelle
10 ml	(2 c. à thé) poudre à pâte
30 ml	(2 c. à soupe) rhum brun
250 ml	(1 tasse) lait
125 ml	(½ tasse) amandes effilées
	zeste de 1 citron râpé
	sucre à glacer
	pincée de sel

Préchauffer le four à 160°C (325°F).

Beurrer généreusement un moule à gâteau de 25 cm (10 po) à fond amovible.

Mettre beurre et zeste de citron dans un grand bol; bien mélanger.

Ajouter le sucre et défaire en crème à l'aide d'une spatule.

Ajouter un œuf, 45 ml (3 c. à soupe) de farine et la cannelle. Incorporer au batteur électrique.

Ajouter les autres œufs et continuer de battre au batteur électrique pour bien incorporer les ingrédients.

Mélanger reste de farine, poudre à pâte et sel dans un autre bol. Tamiser la moitié de la farine dans le mélange d'œufs. Bien incorporer à la spatule.

Ajouter le rhum et bien incorporer.

Ajouter le reste de la farine et bien incorporer.

Ajouter le lait et incorporer à la spatule. Ajouter les amandes en pliant.

Verser la pâte dans le moule beurré et frapper légèrement le moule contre le comptoir pour bien répartir la pâte dans le moule. Cuire 40 minutes ou jusqu'à ce qu'un cure-dents en ressorte sec.

Retirer du four et laisser refroidir 5 à 6 minutes.

Démouler sur une grille et laisser refroidir.

Avant de servir, tamiser le sucre à glacer au-dessus du gâteau.

Mettre beurre et zeste de citron dans un bol; bien mélanger.

Ajouter un œuf, 45 ml (3 c. à soupe) de farine et la cannelle. Bien incorporer au batteur électrique.

Ajouter le sucre et défaire en crème à l'aide d'une spatule.

Ajouter les autres œufs et battre. Ajouter le reste de la farine.

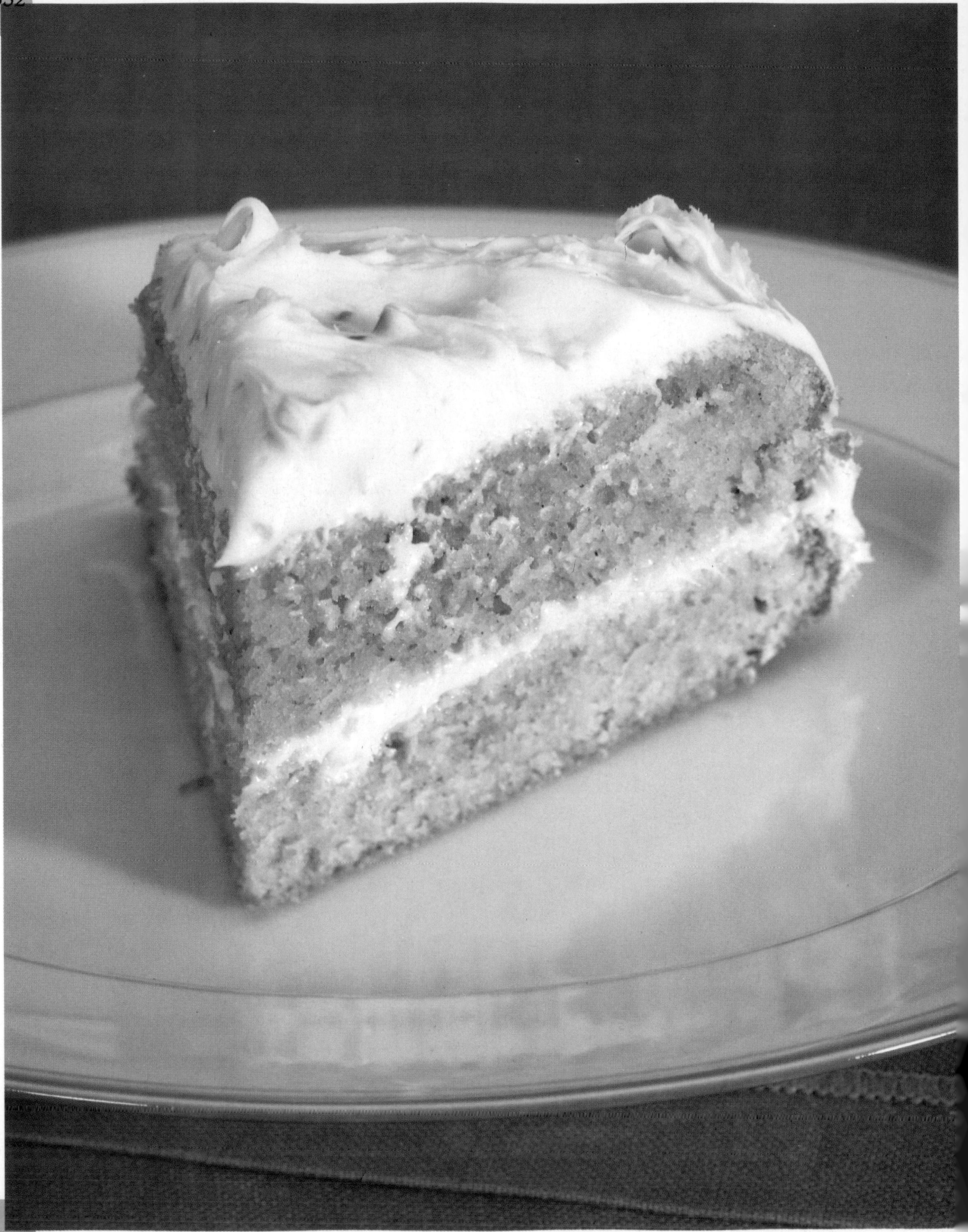

Gourmandises du soir

(pour 6 à 8 personnes)

1 PORTION	240 CALORIES	25g GLUCIDES
4g PROTÉINES	14g LIPIDES	0g FIBRES

125 ml	(½ tasse) beurre mou
125 ml	(½ tasse) sucre granulé
5 ml	(1 c. à thé) cannelle
3	œufs
60 ml	(4 c. à soupe) rhum
300 ml	(1¼ tasse) farine tout usage
	une pincée de sel

Préchauffer le four à 180°C (350°F).

Beurrer un moule à fond amovible de 25 cm (10 po).

Mettre beurre, sucre et cannelle dans un bol; défaire en crème.

Ajouter un œuf et bien mélanger au batteur électrique.

Ajouter les autres œufs, un à un, en battant bien entre chaque addition. Incorporer le rhum au même moment.

Mélanger farine et sel. Bien incorporer au mélange à l'aide d'une spatule. La pâte doit être homogène et lisse.

Verser la pâte dans le moule beurré. Cuire 40 à 45 minutes ou jusqu'à ce qu'un cure-dents en ressorte sec.

Retirer du four et laisser refroidir 10 à 15 minutes avant de démouler sur une grille.

Glacer au goût.

Mettre beurre, sucre et cannelle dans un bol. Défaire en crème.

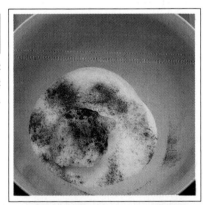

Ajouter les œufs, un à un, en battant bien entre chaque addition. Ajouter le rhum au même moment.

Mélanger farine et sel. Bien incorporer au mélange à l'aide d'une spatule. La pâte doit être homogène et lisse.

Verser la pâte dans le moule beurré.

Gâteau aux fruits *(pour 8 à 10 personnes)*

1 PORTION	619 CALORIES	59g GLUCIDES
9g PROTÉINES	39g LIPIDES	2,1g FIBRES

425 ml	(1¾ tasse) farine tout usage
15 ml	(1 c. à soupe) poudre à pâte
175 ml	(¾ tasse) raisins de Smyrne
250 ml	(1 tasse) noix hachées
250 ml	(1 tasse) amandes effilées
250 ml	(1 tasse) shortening (tout végétal)
125 ml	(½ tasse) cassonade
125 ml	(½ tasse) sucre granulé
4	œufs
125 ml	(½ tasse) fruits confits hachés
50 ml	(¼ tasse) Tia Maria
	une pincée de sel
	une pincée de gingembre moulu

Préchauffer le four à 160°C (325°F).

Beurrer un moule à gâteau carré de 20 cm (8 po).

Tamiser farine, poudre à pâte, sel et gingembre dans un bol.

Mettre raisins, noix et amandes dans un autre bol. Ajouter ⅓ de la farine; mélanger et mettre de côté.

Dans le bol contenant le restant de farine, mettre shortening, cassonade et sucre granulé; bien incorporer au couteau à pâtisserie.

Ajouter les œufs et bien mélanger avec une cuiller en bois.

Ajouter le mélange de raisins et farine; bien incorporer. Ajouter les fruits confits et bien mélanger avec la cuiller.

Incorporer le Tia Maria. Verser la pâte dans le moule beurré. Cuire 1 heure ou jusqu'à ce qu'un cure-dents en ressorte sec.

Laisser refroidir avant de démouler sur une grille.

Servir avec thé, café ou au lunch.

Tamiser farine, poudre à pâte, sel et gingembre.

Mettre shortening, cassonade et sucre granulé dans le bol contenant le restant de farine. Bien incorporer au couteau à pâtisserie.

Mettre raisins, noix et amandes dans un autre bol. Ajouter ⅓ de la farine, mélanger et mettre de côté.

Ajouter les œufs et bien mélanger avec une cuiller en bois.

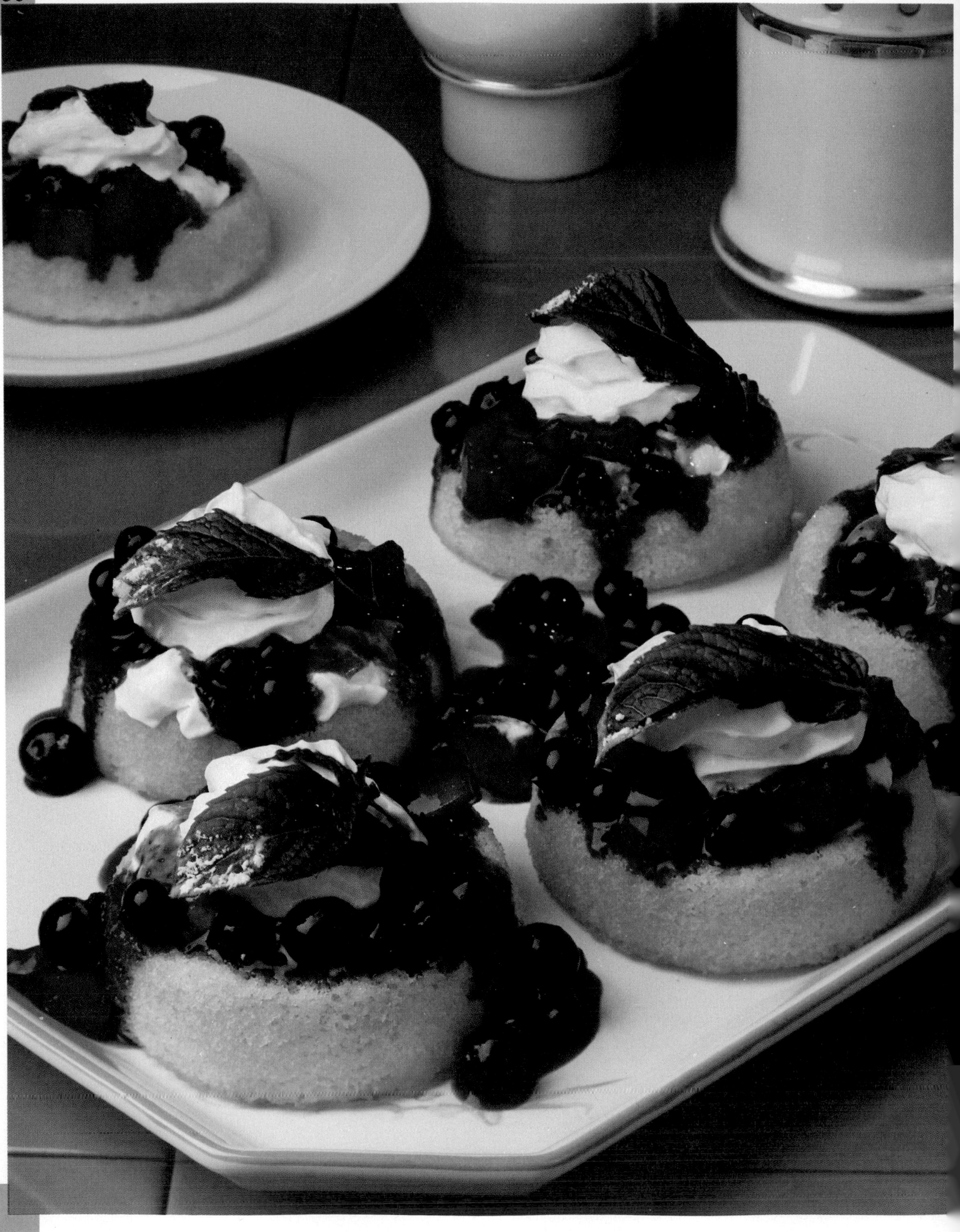

Petits gâteaux à la papaye

(pour 6 personnes)

1 PORTION	233 CALORIES	43g GLUCIDES
4g PROTÉINES	5g LIPIDES	1,3g FIBRES

½	papaye	
75 ml	(⅓ tasse) sucre	
50 ml	(¼ tasse) eau	
375 ml	(1½ tasse) bleuets	
50 ml	(¼ tasse) jus d'orange	
10 ml	(2 c. à thé) fécule de maïs	
45 ml	(3 c. à soupe) eau froide	
6	croûtes à tartelettes gâteau	
	une pincée de zeste de citron râpé	
	crème fouettée au goût	

Trancher la demi-papaye en deux sur la longueur, l'épépiner et la peler. Couper la pulpe en dés.

Mettre papaye, sucre et 50 ml (¼ tasse) d'eau dans une casserole. Amener à ébullition à feu moyen et continuer la cuisson 3 minutes.

Incorporer bleuets, jus d'orange et zeste de citron; amener de nouveau à ébullition.

Délayer fécule de maïs et 45 ml (3 c. à soupe) d'eau froide. Incorporer aux fruits et cuire 1 minute.

Verser dans un bol et faire refroidir au réfrigérateur.

Farcir les petits gâteaux de crème fouettée au goût. Disposer dans un plat de service.

Napper le tout de sauce aux fruits. Décorer de crème fouettée. Servir.

Sauce à l'orange pour gâteau

50 ml (¼ tasse)	93 CALORIES	23g GLUCIDES
0g PROTÉINES	0g LIPIDES	0,5g FIBRES

1	petite orange	
1	limette	
½	citron épépiné	
125 ml	(½ tasse) fraises, nettoyées	
125 ml	(½ tasse) cassonade	
125 ml	(½ tasse) sucre granulé	
150 ml	(⅔ tasse) eau	
30 ml	(1 oz) rhum	

Couper orange et limette en deux et épépiner. Couper orange, limette et citron en cubes, avec la pelure.

Mettre les cubes dans un robot culinaire et bien mélanger. Ajouter les fraises; mélanger 30 secondes. Mettre de côté.

Mettre cassonade, sucre granulé et eau dans une casserole; amener à ébullition. Continuer la cuisson jusqu'à ce que la température atteigne 125°C (260°F) ou jusqu'à l'obtention d'une boule molle.

Retirer la casserole du feu. Laisser refroidir 5 minutes. Incorporer fruits et rhum.

Réfrigérer et servir sur un gâteau.

Gâteau aux amandes *(pour 6 à 8 personnes)*

1 PORTION	410 CALORIES	33g GLUCIDES
7g PROTÉINES	28g LIPIDES	0,7g FIBRES

60 g	(2 oz) chocolat non sucré
125 ml	(½ tasse) beurre mou
175 ml	(¾ tasse) sucre granulé
45 ml	(3 c. à soupe) miel
5 ml	(1 c. à thé) vanille
2	œufs
125 ml	(½ tasse) farine tout usage tamisée
250 ml	(1 tasse) amandes effilées
1	blanc d'œuf, battu fermement
	une pincée de sel

Préchauffer le four à 180°C (350°F).

Beurrer un moule carré de 20 cm (8 po).

Mettre les morceaux de chocolat dans un bol en acier inoxydable. Placer le bol sur une casserole à moitié remplie d'eau chaude. Chauffer pour faire fondre le chocolat.

Mettre beurre, sucre et miel dans un grand bol. Ajouter le chocolat fondu et bien mélanger.

Ajouter la vanille. Ajouter les œufs, un à un, tout en mélangeant bien au batteur électrique entre chaque addition.

Ajouter farine et sel et bien incorporer. Ajouter les amandes. Incorporer le blanc d'œuf battu.

Verser la pâte dans le moule beurré et cuire de 25 à 30 minutes.

Retirer du four. Laisser refroidir 10 à 15 minutes dans le moule. Démouler et laisser refroidir.

Ajouter le chocolat fondu au mélange de beurre et de sucre. Bien mélanger.

Ajouter la vanille. Ajouter les œufs, un à un, tout en mélangeant bien au batteur électrique entre chaque addition.

Bien incorporer farine et sel.

Ajouter les amandes et incorporer le blanc d'œuf battu.

Tarte à la papaye

(pour 6 à 8 personnes)

1 PORTION	336 CALORIES	47g GLUCIDES
3g PROTÉINES	15g LIPIDES	1,0g FIBRES

4	grosses papayes mûres, pelées
175 ml	(¾ tasse) sucre granulé
5 ml	(1 c. à thé) muscade
5 ml	(1 c. à thé) cannelle
30 ml	(2 c. à soupe) beurre
30 ml	(2 c. à soupe) fécule de maïs
1	œuf battu
2	abaisses de pâte de 25 cm (10 po), non cuites*

Préchauffer le four à 220°C (425°F).

Couper les papayes en deux sur la longueur, épépiner et couper en tranches de 1,2 cm (½ po) d'épaisseur. Mettre dans un bol et ajouter sucre, muscade, cannelle, beurre et fécule; bien mélanger.

Foncer un moule à tarte d'une abaisse de pâte. Ajouter la garniture de papaye. Badigeonner d'eau le rebord de la pâte.

Placer la seconde abaisse sur la tarte et sceller les côtés. Faire quelques incisions sur le dessus de la tarte pour permettre à la vapeur de s'échapper durant la cuisson. Badigeonner la pâte d'œuf battu.

Cuire 7 minutes.

Réduire la température du four à 180°C (350°F) et continuer la cuisson 35 à 40 minutes. Note: si la croûte supérieure cuit trop vite, la recouvrir d'un petit papier d'aluminium.

Laisser refroidir avant de servir.

* Si désiré, vous pouvez utiliser la recette de pâte de la Tarte aux bleuets.

Soufflé froid à la limette

(pour 4 à 6 personnes)

1 PORTION	326 CALORIES	32g GLUCIDES
7g PROTÉINES	19g LIPIDES	0g FIBRES

2	petites enveloppes de gélatine non aromatisée
50 ml	(¼ tasse) eau froide
4	jaunes d'œufs
175 ml	(¾ tasse) sucre fin
4	blancs d'œufs, battus ferme
250 ml	(1 tasse) crème à 35 %, fouettée
	jus de 6 grosses limettes

Verser l'eau dans un petit bol et saupoudrer de gélatine. Mettre de côté.

Mettre jaunes d'œufs et sucre dans un grand bol en acier inoxydable. Bien mélanger au fouet.

Placer le bol sur une casserole à moitié remplie d'eau chaude. Cuire à feu doux, en remuant constamment, jusqu'à ce que le mélange nappe le dos d'une cuiller.

Incorporer la gélatine au fouet et cuire 1 minute.

Ajouter le jus de limette. Mélanger rapidement au fouet et retirer du feu.

Mettre de côté et laisser refroidir.

Dès que le mélange de jaunes d'œufs est refroidi, incorporer les blancs d'œufs battus en pliant à la spatule.

Incorporer la crème fouettée à la spatule.

Placer un collet de papier d'aluminium tout autour de l'extérieur du moule; sceller avec un ruban adhésif.

Verser le mélange à soufflé dans le moule et réfrigérer 4 heures.

Retirer le collet. Si désiré, servir avec une sauce aux fruits.

Tarte aux limettes

(pour 6 personnes)

1 PORTION	443 CALORIES	48g GLUCIDES
9g PROTÉINES	24g LIPIDES	0g FIBRES

23 cm	(9 po) abaisse de tarte
300 ml	(1¼ tasse) lait concentré sucré
3	jaunes d'œufs
30 ml	(2 c. à soupe) zeste de limette râpé
125 ml	(½ tasse) jus de limette
2	blancs d'œufs, battus fermement
125 ml	(½ tasse) crème à 35 %, fouettée

Faire cuire le fond de tarte 12 à 15 minutes dans un four préchauffé à 220°C (425°F). Retirer du four et laisser refroidir.

Mettre lait, jaunes d'œufs, zeste et jus de limette dans un bol en acier inoxydable. Placer le bol sur une casserole à moitié remplie d'eau chaude. Faire cuire à feu moyen-doux jusqu'à ce que le mélange épaississe, tout en remuant constamment.

Retirer le bol et laisser refroidir le mélange.

Incorporer les blancs d'œufs à la spatule. Plier la crème fouettée dans le mélange tout en l'incorporant complètement à la spatule.

Verser la garniture dans le fond de tarte cuit. Réfrigérer toute la nuit.

Si désiré, décorer d'amandes grillées et rondelles de limette avant de servir.

Tarte aux bleuets

(pour 6 à 8 personnes)

1 PORTION	433 CALORIES	65g GLUCIDES
3g PROTÉINES	18g LIPIDES	2,1g FIBRES

500 ml	(2 tasses) farine tout usage
150 ml	(⅔ tasse) shortening (tout végétal)
75 à 90 ml	(5 à 6 c. à soupe) eau froide
300 ml	(1¼ tasse) sucre granulé
45 ml	(3 c. à soupe) fécule de maïs
1 L	(4 tasses) bleuets décongelés
15 ml	(1 c. à soupe) beurre fondu
15 ml	(1 c. à soupe) zeste de citron râpé
	sel
	crème légère

Tamiser farine et pincée de sel dans un grand bol. Ajouter le shortening et bien incorporer avec un couteau à pâtisserie.

Ajouter l'eau froide et pétrir la pâte pour former une boule. Envelopper la pâte dans un papier ciré et réfrigérer 2 à 3 heures.

Préchauffer le four à 220°C (425°F).

Couper la pâte en deux. Rouler la pâte sur un comptoir enfariné. Placer une abaisse de pâte dans un plat à tarte de 25 cm (10 po). Mettre de côté.

Mettre sucre, fécule de maïs et reste des ingrédients dans une casserole. Bien remuer et cuire 15 minutes à feu doux.

Verser le mélange de bleuets refroidi dans le fond de tarte. Recouvrir de la seconde abaisse. Pincer le rebord et faire quelques incisions pour permettre à la vapeur de s'échapper durant la cuisson. Badigeonner la pâte de crème légère.

Faire cuire 10 minutes.

Réduire le four à 190°C (375°F) et continuer la cuisson 45 minutes.

Laisser refroidir légèrement avant de servir.

Tamiser farine et pincée de sel dans un grand bol. **1**

Ajouter le shortening et bien incorporer avec un couteau à pâtisserie. **2**

Ajouter l'eau froide et pétrir la pâte pour former une boule. La pâte doit être maniable et les ingrédients bien incorporés. **3**

Envelopper la pâte dans un papier ciré et réfrigérer 2 à 3 heures. **4**

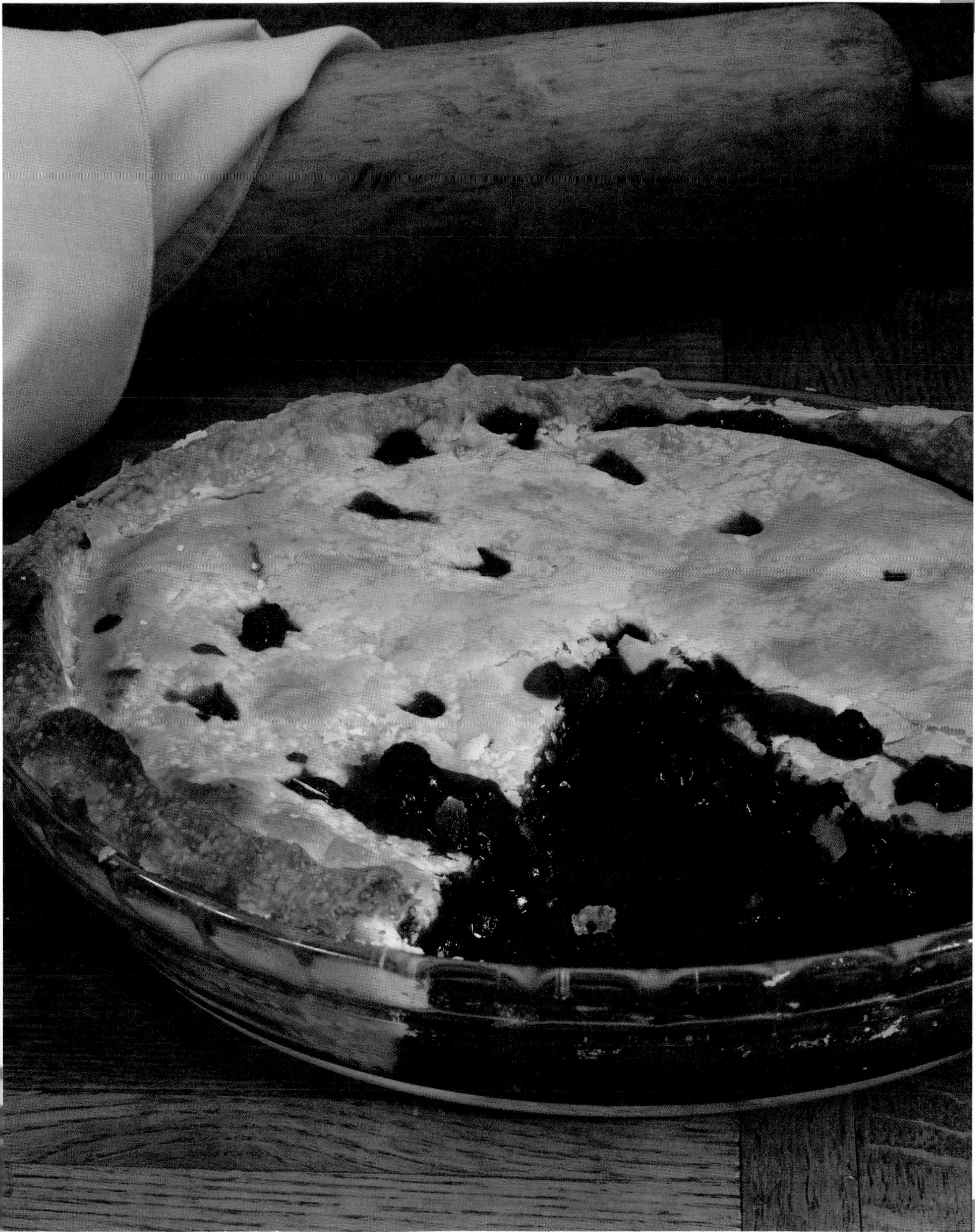

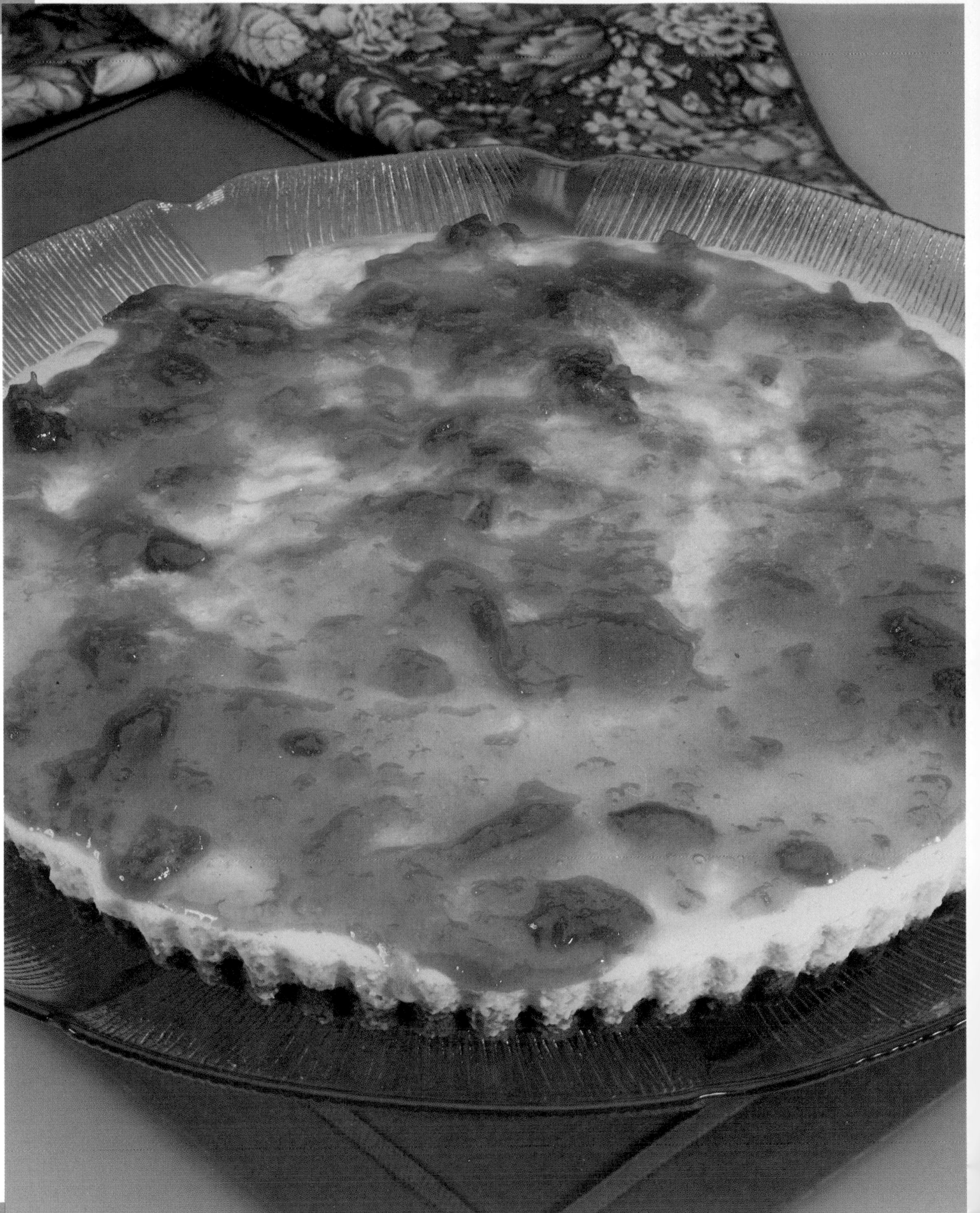

Tarte au rhum Graham *(pour 6 à 8 personnes)*

1 PORTION 7g PROTÉINES	419 CALORIES 23g LIPIDES 43g GLUCIDES 0,5g FIBRES

375 ml	(1½ tasse) chapelure Graham
125 ml	(½ tasse) cassonade
50 ml	(¼ tasse) beurre mou
50 ml	(¼ tasse) eau froide
1	petite enveloppe de gélatine non aromatisée
3	jaunes d'œufs
50 ml	(¼ tasse) sucre granulé
50 ml	(¼ tasse) rhum
50 ml	(¼ tasse) crème légère
3	blancs d'œufs, battus ferme
250 ml	(1 tasse) crème à 35 %, fouettée
	zeste de 1 orange râpé

Mettre chapelure Graham et la moitié de la cassonade dans un bol. Mélanger le tout.

Ajouter le beurre et bien incorporer. Presser le mélange dans un moule à flan à fond amovible. Cuire 8 minutes. Retirer du four et mettre de côté.

Verser l'eau froide dans un petit bol. Saupoudrer de gélatine. Laisser reposer sans remuer.

Mettre les jaunes d'œufs dans un grand bol. Ajouter le reste de cassonade et tout le sucre granulé. Bien incorporer au batteur électrique.

Ajouter le zeste d'orange. Incorporer le rhum et la crème légère.

Cuire le mélange au bain-marie jusqu'à ce que la crème nappe le dos d'une cuiller. Remuer constamment au fouet durant la cuisson.

Incorporer la gélatine et mélanger 30 secondes au fouet. Retirer du feu et réfrigérer.

Dès que la crème est froide et commence à raffermir, la retirer du réfrigérateur et incorporer les blancs d'œufs battus et la crème fouettée à l'aide d'un fouet.

Faire un collet avec une double feuille de papier d'aluminium. Placer le collet tout autour du moule et sceller avec un ruban adhésif.

Verser le mélange dans le moule et réfrigérer toute la nuit.

Servir nature ou avec des fruits.

Mettre les jaunes d'œufs dans un bol. Ajouter le reste de cassonade et tout le sucre granulé. Bien incorporer au batteur électrique.

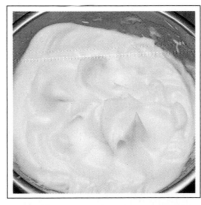

Les blancs d'œufs doivent être battus fermement.

Ajouter le zeste d'orange. Incorporer le rhum et la crème légère.

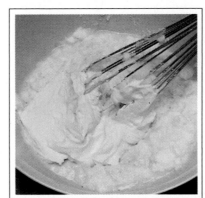

Dès que la crème est froide, incorporer les blancs d'œufs et la crème fouettée au fouet.

Tarte
à la rhubarbe

(pour 6 personnes)

1 PORTION	476 CALORIES	71g GLUCIDES
5g PROTÉINES	19g LIPIDES	2,4g FIBRES

750 g	(1½ livre) rhubarbe en cubes
175 ml	(¾ tasse) sucre granulé
175 ml	(¾ tasse) cassonade
30 ml	(2 c. à soupe) zeste de citron râpé
40 ml	(2½ c. à soupe) fécule de maïs
2	gros œufs
30 ml	(2 c. à soupe) crème à 35%
2	abaisses de pâte à tarte

Préchauffer le four à 220°C (425°F).

Mélanger rhubarbe, sucre, cassonade, zeste et fécule de maïs. Bien mêler pour enrober la rhubarbe uniformément.

Battre œufs et crème. Verser la moitié du mélange sur la rhubarbe et mélanger.

Verser le mélange de rhubarbe dans le fond de tarte. Recouvrir d'une seconde abaisse. Sceller la bordure et faire quelques incisions sur le dessus de la tarte pour permettre à la vapeur de s'échapper durant la cuisson. Badigeonner du restant d'œufs battus.

Cuire 25 minutes au four.

Réduire la chaleur à 180°C (350°F) et continuer la cuisson 15 minutes.

Laisser refroidir avant de servir.

Tarte
au rhum

(pour 6 à 8 personnes)

1 PORTION	260 CALORIES	23g GLUCIDES
2g PROTÉINES	16g LIPIDES	0,g FIBRES

3	jaunes d'œufs
125 ml	(½ tasse) sucre granulé
15 ml	(1 c. à soupe) zeste de citron râpé
250 ml	(1 tasse) lait chaud
60 ml	(4 c. à soupe) rhum
1	petite enveloppe de gélatine non aromatisée
125 ml	(½ tasse) crème à 35%, fouettée
3	blancs d'œufs, battus ferme
23 cm	(9 po) fond de tarte, précuit
	chocolat sucré râpé

Mettre jaunes d'œufs et sucre dans un grand bol et bien mélanger au batteur électrique jusqu'à ce que le mélange pâlisse.

Incorporer le zeste de citron. Incorporer le lait chaud et bien mélanger au fouet.

Verser le rhum dans un petit bol et le saupoudrer de gélatine. Mettre de côté.

Faire cuire le mélange de lait au bain-marie jusqu'à ce que la crème nappe le dos d'une cuiller. Il est important de mélanger constamment au fouet durant la cuisson.

Ajouter la gélatine et continuer la cuisson 1 minute en mélangeant constamment au fouet.

Réfrigérer jusqu'à ce que la crème commence à se raffermir et adhère légèrement aux parois du bol.

Retirer du réfrigérateur. Incorporer la crème fouettée en pliant à la spatule. Puis, continuer d'incorporer au fouet.

Ajouter les blancs d'œufs battus au mélange, en pliant. Puis, incorporer légèrement au fouet. Réfrigérer 5 à 6 minutes.

Mélanger de nouveau au fouet et verser le tout dans le fond de tarte. Réfrigérer 6 heures.

Saupoudrer de chocolat râpé avant de servir.

Mettre jaunes **1** d'œufs et sucre dans un grand bol.

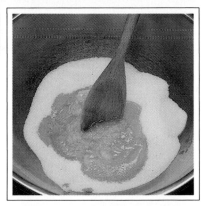

Bien mélanger **2** au batteur électrique jusqu'à ce que le mélange pâlisse. Incorporer le zeste de citron.

3 Incorporer le lait chaud et bien mélanger au fouet.

4 Incorporer la crème fouettée au mélange cuit et refroidi.

Bouchées de noix

(rendement : 24 à 36)

2 BOUCHÉES	140 CALORIES	13g GLUCIDES
2g PROTÉINES	9g LIPIDES	0,2g FIBRES

75 ml	(⅓ tasse) sucre granulé
125 ml	(½ tasse) beurre mou
5 ml	(1 c. à thé) vanille
300 ml	(1¼ tasse) farine tout usage
175 ml	(¾ tasse) noix hachées
50 ml	(¼ tasse) crème légère
50 ml	(¼ tasse) miel liquide

Recouvrir la plaque à biscuits d'une feuille de papier d'aluminium. Beurrer légèrement et mettre de côté.

Bien mélanger sucre et beurre dans un bol.

Ajouter vanille et farine; bien incorporer au couteau à pâtisserie.

Ajouter les noix, puis la crème; mélanger à la main pour bien incorporer tous les ingrédients.

Pétrir la pâte et former une boule. Envelopper d'un papier ciré et réfrigérer 30 minutes.

Préchauffer le four à 180°C (350°F).

Mettre 15 ml (1 c. à soupe) de la pâte sur la plaque à biscuits. Répéter pour utiliser toute la pâte. Aplatir légèrement à l'aide d'une fourchette. Badigeonner de miel. Cuire 18 à 20 minutes.

Retirer du four et laisser refroidir.

Bien mélanger sucre et beurre dans un bol.

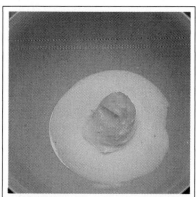

Ajouter vanille et farine; bien incorporer au couteau à pâtisserie.

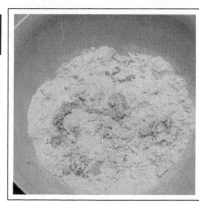

Ajouter les noix, puis la crème; mélanger à la main pour bien incorporer les ingrédients.

Pétrir la pâte et former une boule. Envelopper et réfrigérer.

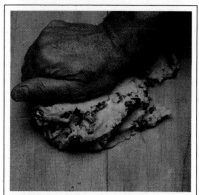

Biscuits glacés au citron

(rendement : 24 à 36)

2 *BISCUITS*	145 CALORIES	16g GLUCIDES
0g PROTÉINES	9g LIPIDES	0g FIBRES

500 ml	(2 tasses) farine tout usage
125 ml	(½ tasse) shortening (tout végétal)
5 ml	(1 c. à thé) muscade
125 ml	(½ tasse) sucre granulé
2	jaunes d'œufs
50 ml	(¼ tasse) beurre mou
75 ml	(⅓ tasse) crème légère
250 ml	(1 tasse) sucre à glacer
30 ml	(2 c. à soupe) jus de citron
15 ml	(1 c. à soupe) eau chaude
	une pincée de sel
	zeste de 1 orange râpé

Préchauffer le four à 180°C (350°F).

Mettre farine, sel, shortening, muscade, sucre granulé et zeste d'orange dans un bol.

Ajouter jaunes d'œufs et beurre; bien incorporer au couteau à pâtisserie.

Ajouter la crème et pincer pour incorporer. Rouler sur un comptoir enfariné pour obtenir une abaisse de 0,65 cm (¼ po) d'épaisseur. Si nécessaire, saupoudrer de farine.

À l'aide d'emporte-pièce différents, découper des biscuits dans la pâte. Placer sur des plaques à biscuits beurrées. Cuire 12 minutes.

Entre-temps, mélanger le reste des ingrédients. Dès que les biscuits sont cuits, les retirer du four et les badigeonner immédiatement de glace au citron.

Laisser refroidir.

Mettre farine, sel, shortening et muscade dans un bol.

Ajouter sucre granulé et zeste d'orange.

 Ajouter les jaunes d'œufs.

 Ajouter le beurre et bien incorporer au couteau à pâtisserie.

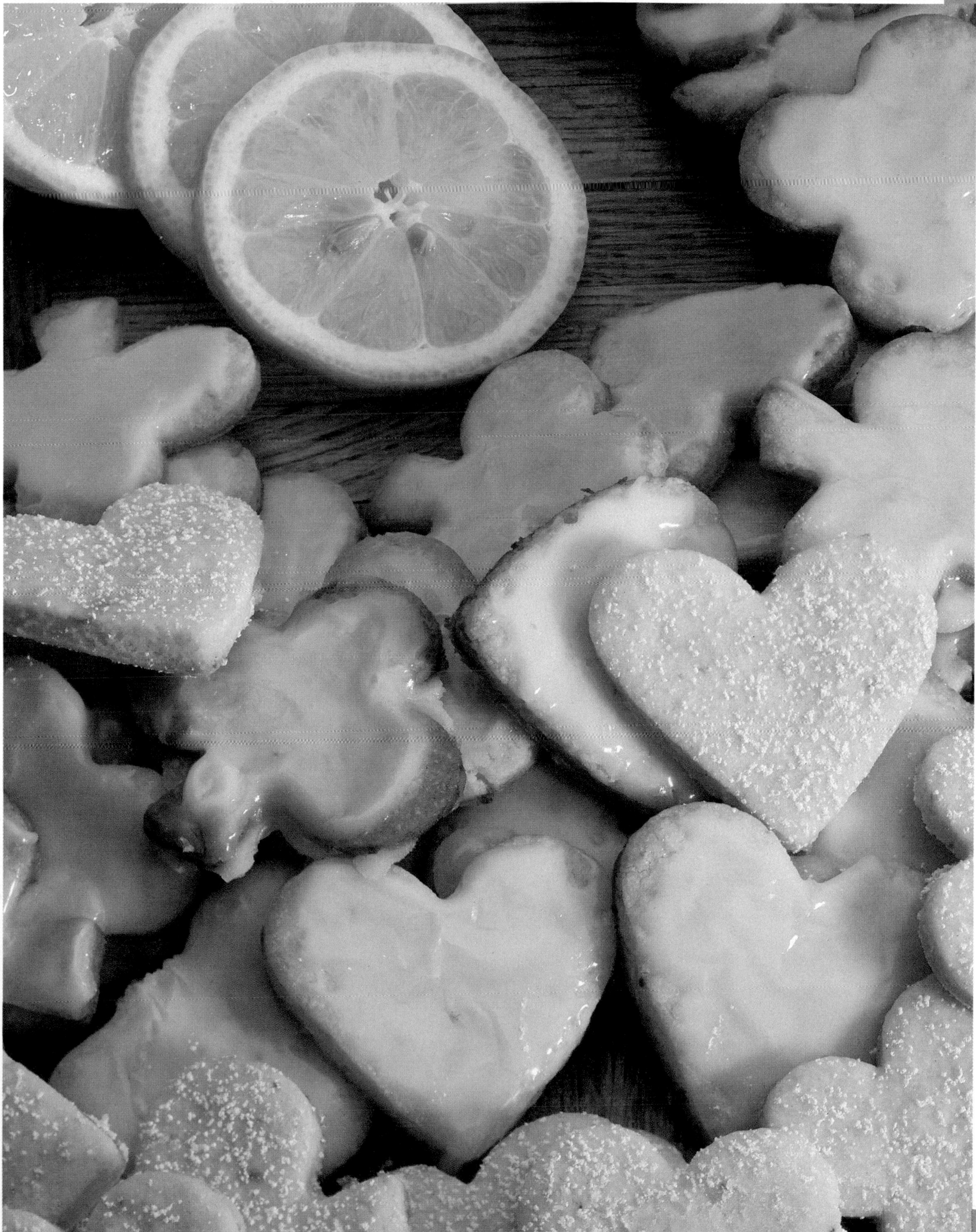

Biscuits aux amandes

(rendement : 24 à 36)

2 BISCUITS	152 CALORIES	15g GLUCIDES
3g PROTÉINES	9g LIPIDES	0,1g FIBRES

175 ml	(¾ tasse) beurre mou
125 ml	(½ tasse) sucre granulé
175 ml	(¾ tasse) amandes moulues
425 ml	(1¾ tasse) farine tout usage
50 ml	(¼ tasse) crème légère
30 ml	(2 c. à soupe) eau froide

Mettre beurre, sucre et amandes dans un bol; bien mélanger.

Ajouter la farine et incorporer au couteau à pâtisserie.

Ajouter la crème et pincer la pâte avec les doigts.

Incorporer l'eau et former une boule. Couvrir d'un papier ciré et réfrigérer 1 heure.

Préchauffer le four à 180°C (350°F).

Rouler la pâte sur un comptoir enfariné pour obtenir une abaisse de 0,65 cm (¼ po) d'épaisseur. Si nécessaire, saupoudrer de farine.

À l'aide d'emporte-pièce différents, tailler les biscuits dans la pâte. Placer sur des plaques à biscuits beurrées. Cuire 10 à 12 minutes.

Retirer du four et laisser refroidir.

Biscuits à l'anis

(rendement : 24 à 36)

2 BISCUITS	102 CALORIES	21g GLUCIDES
2g PROTÉINES	1g LIPIDES	0,1g FIBRES

3	œufs
250 ml	(1 tasse) sucre granulé
500 ml	(2 tasses) farine tout usage
5 ml	(1 c. à thé) poudre à pâte
15 ml	(1 c. à soupe) graines d'anis

Mettre les œufs dans un grand bol et ajouter le sucre; bien mélanger.

Dans un autre bol, tamiser farine et poudre à pâte. Ajouter les graines d'anis et mélanger.

Incorporer la farine au mélange d'œufs. Recouvrir d'un papier ciré et réfrigérer toute la nuit.

Préchauffer le four à 180°C (350°F).

Placer la pâte à biscuits sur un comptoir enfariné. Rouler pour obtenir une abaisse de 0,65 cm (¼ po) d'épaisseur. Si nécessaire, saupoudrer légèrement de farine.

En utilisant des emporte-pièce de différentes formes, découper les biscuits. Placer sur des plaques à biscuits beurrées et enfarinées. Cuire 10 minutes.

Retirer du four et laisser refroidir.

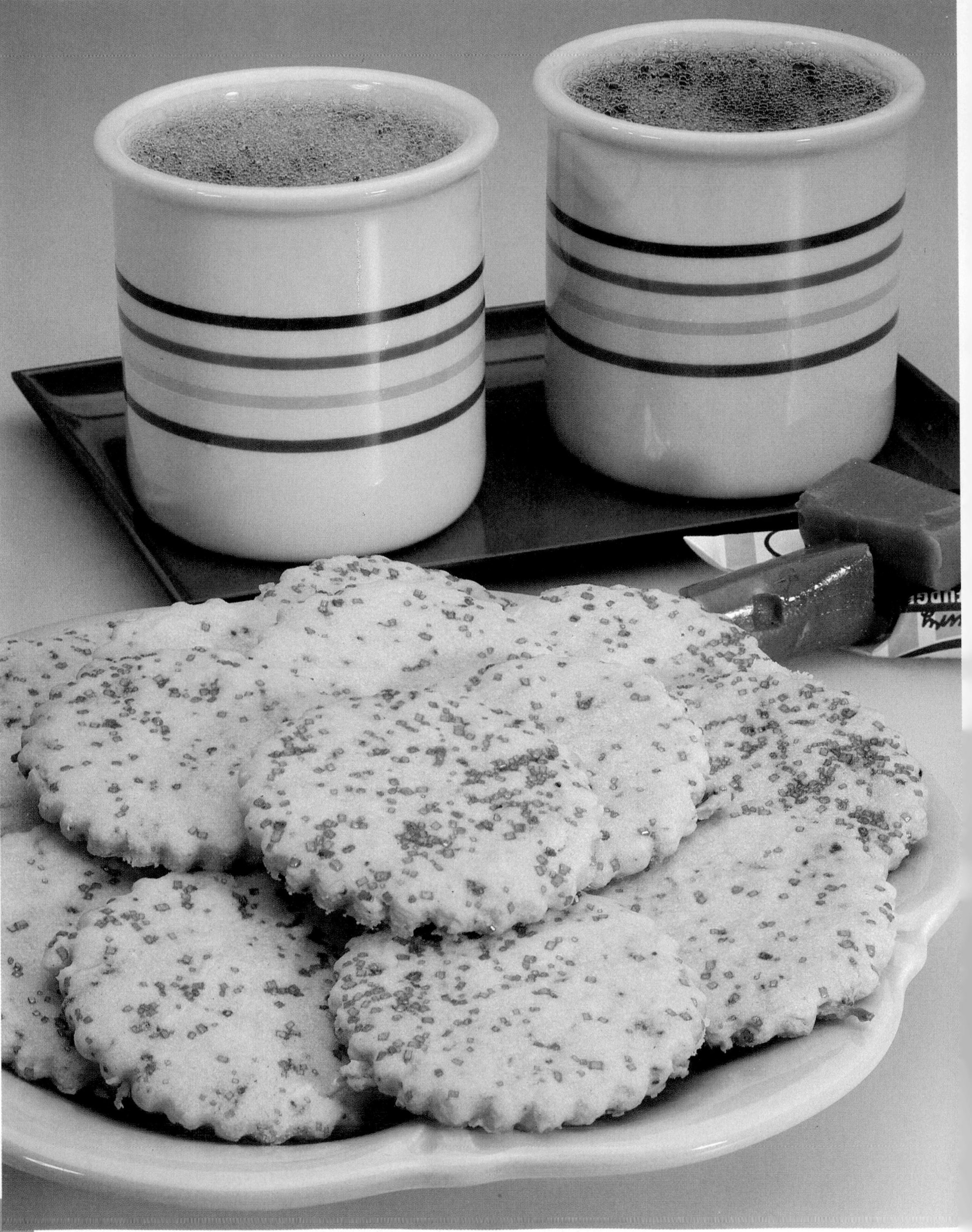

Biscuits brillants

(rendement : 24 à 36)

2 BISCUITS	119 CALORIES	13g GLUCIDES
1g PROTÉINES	7g LIPIDES	0g FIBRES

125 ml	(½ tasse) beurre mou
175 ml	(¾ tasse) sucre granulé
30 g	(1 oz) chocolat mi-sucré, râpé
1	œuf
50 ml	(¼ tasse) noix de coco râpée
300 ml	(1¼ tasse) farine tout usage
5 ml	(1 c. à thé) poudre à pâte
	une pincée de sel
	brillants verts

Mettre beurre, sucre et chocolat dans un bol. Bien mélanger au batteur électrique.

Ajouer l'œuf et continuer de battre. Ajouter la noix de coco et mélanger.

Tamiser farine, poudre à pâte et sel. Incorporer à la pâte. Couvrir d'un papier ciré et réfrigérer 3 heures.

Préchauffer le four à 180°C (350°F).

Placer la pâte à biscuits sur un comptoir enfariné. Rouler pour obtenir une abaisse de 0,65 cm (¼ po) d'épaisseur. Si nécessaire, saupoudrer légèrement de farine.

Saupoudrer la pâte de brillants verts. Couper à l'emporte-pièce.

Placer les biscuits sur des plaques à biscuits beurrées et enfarinées. Cuire 10 minutes. Retirer du four et laisser refroidir.

Mettre beurre, sucre et chocolat dans un bol. Bien mélanger au batteur électrique.

1

Ajouter l'œuf et continuer de battre.

2

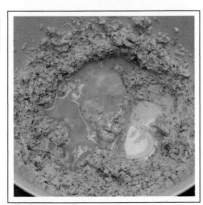

3 Incorporer la noix de coco. Tamiser farine, poudre à pâte et sel. Incorporer le mélange à la pâte. Couvrir d'un papier ciré et réfrigérer 3 heures.

4 Placer les biscuits sur des plaques à biscuits beurrées et enfarinées.

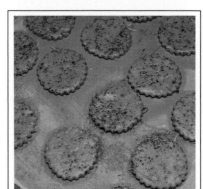

Gâteau roulé au chocolat

(pour 8 à 10 personnes)

1 PORTION	424 CALORIES	27g GLUCIDES
10g PROTÉINES	31g LIPIDES	0,2g FIBRES

250 g	(8 oz) chocolat sucré
125 ml	(½ tasse) café noir fort, froid
30 ml	(2 c. à soupe) liqueur Tia Maria
10	jaunes d'œufs
125 ml	(½ tasse) sucre granulé
10	blancs d'œufs
375 ml	(1½ tasse) crème à 35%, fouettée avec un peu de vanille
125 ml	(½ tasse) amandes effilées

Préchauffer le four à 180°C (350°F).

Beurrer 2 plaques à biscuits. Recouvrir d'une feuille de papier ciré beurrée. Mettre de côté.

Mettre chocolat, café et Tia Maria dans un bol en acier inoxydable. Placer le bol sur une casserole à moitié remplie d'eau bouillante. Faire fondre le chocolat, retirer du feu et laisser refroidir.

Mettre les jaunes d'œufs dans un bol et ajouter le sucre granulé; mélanger 3 à 4 minutes au batteur électrique.

Incorporer le chocolat fondu et continuer de battre 2 à 3 minutes. Placer le bol 5 à 6 minutes au réfrigérateur.

Battre les blancs d'œufs fermement jusqu'à ce qu'ils forment des pics. Incorporer ⅓ des blancs battus au mélange de chocolat refroidi et mélanger à la spatule.

Ajouter le reste des blancs battus et plier à la spatule. Il est important de bien gratter le fond du bol et de tourner le bol sur lui-même, en pliant. Toutefois, ne pas mélanger excessivement.

Verser la pâte sur les plaques à biscuits et étendre également à la spatule. Cuire 15 minutes.

Retirer du four et laisser refroidir 5 à 6 minutes.

Étendre la crème fouettée sur le gâteau et parsemer d'amandes. Délicatement, détacher le gâteau du papier de cuisson tout en roulant le gâteau sur lui-même. Envelopper chaque gâteau dans une nouvelle feuille de papier ciré et réfrigérer 12 heures.

Trancher et servir.

1 Mettre les jaunes d'œufs dans un bol. Ajouter le sucre granulé; mélanger 3 à 4 minutes au batteur électrique.

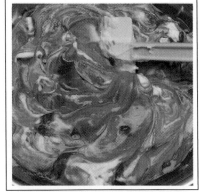

3 Incorporer ⅓ des blancs d'œufs battus au mélange de chocolat. Mélanger à la spatule.

2 Incorporer le chocolat fondu et continuer de battre 2 à 3 minutes.

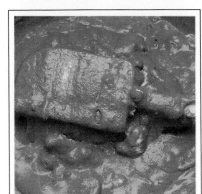

4 Ajouter le reste des blancs battus en pliant à la spatule.

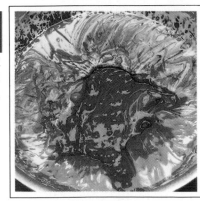

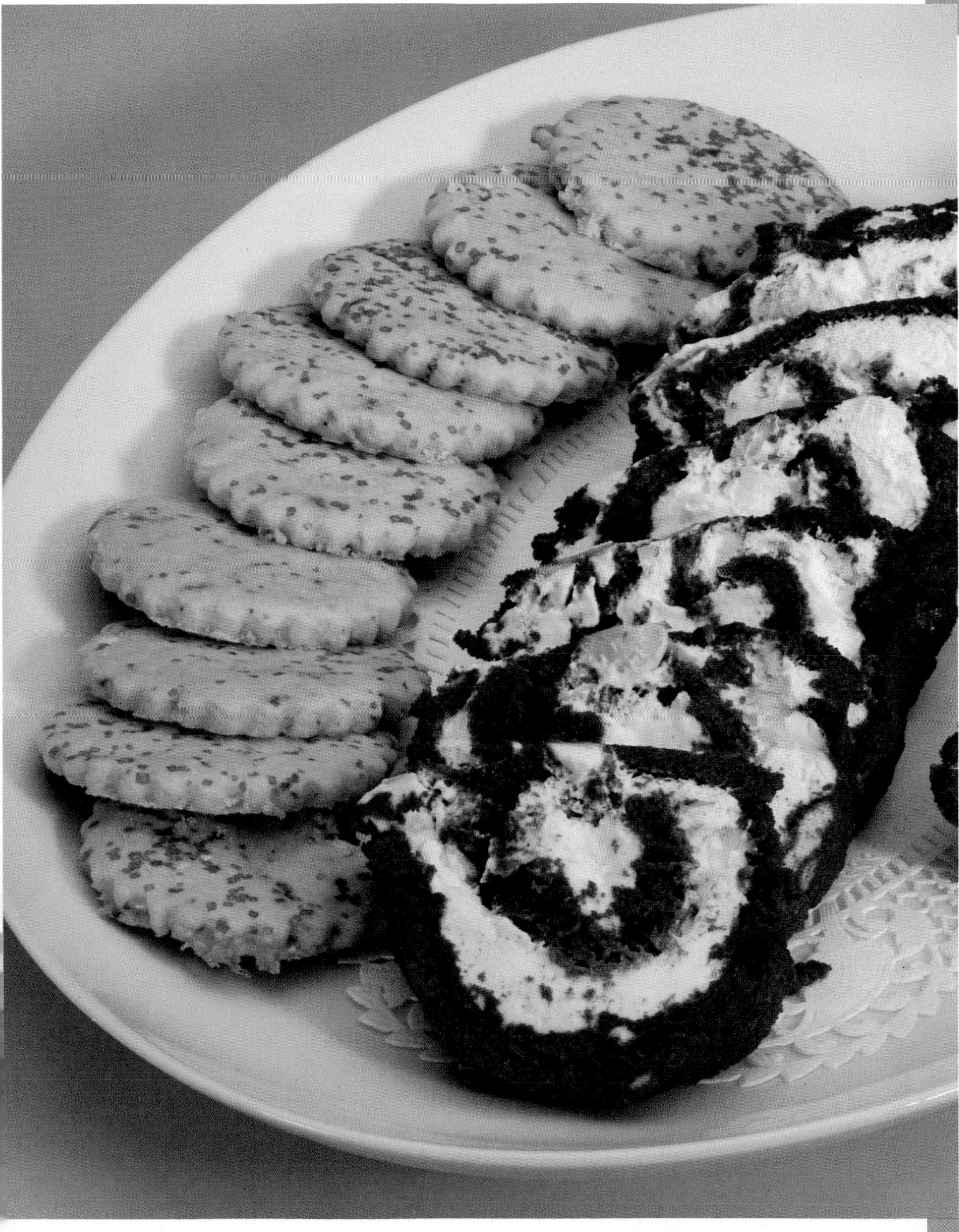

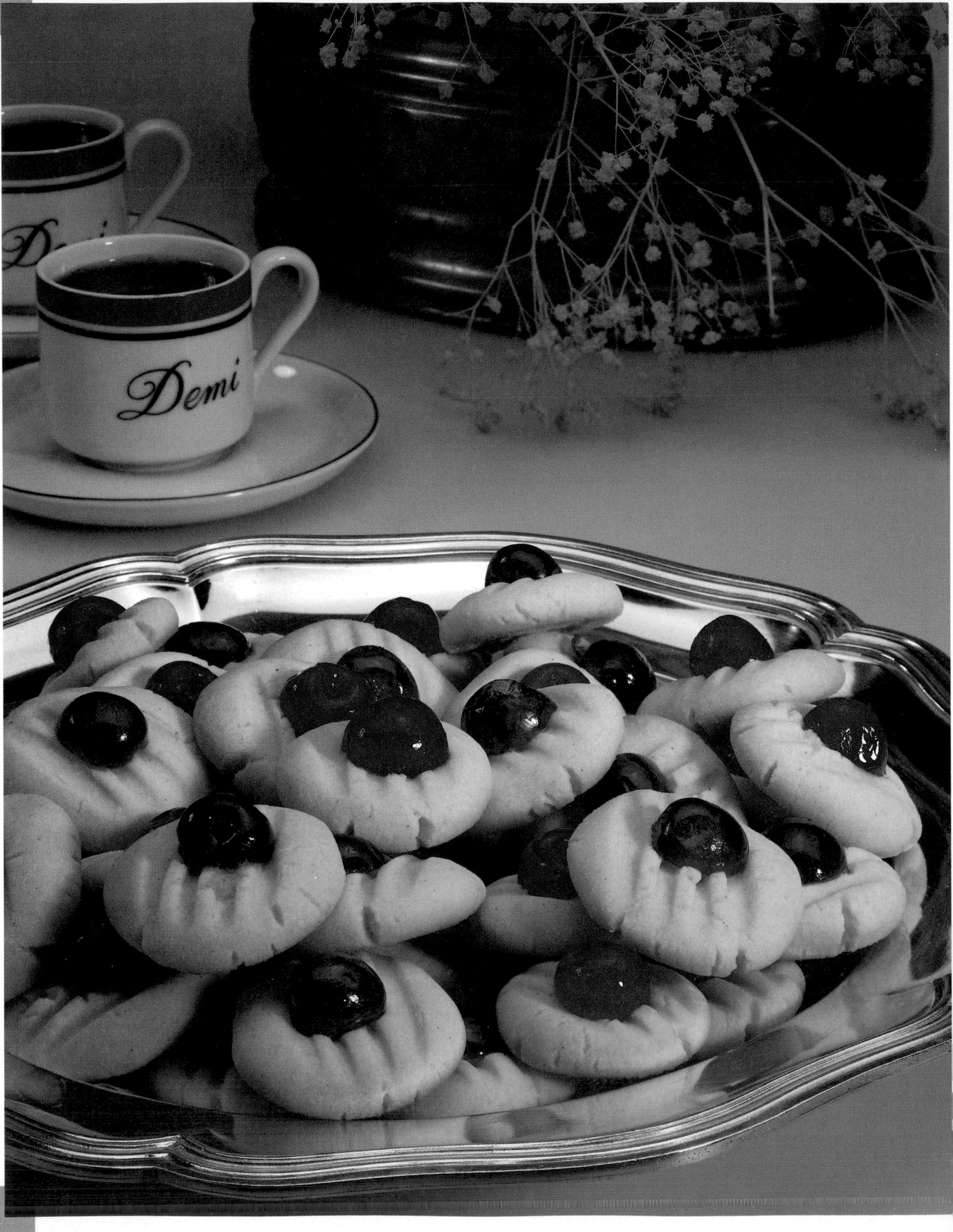
Demi
Demi

Biscuits au beurre

(rendement : 24 à 36)

2 BISCUITS	179 CALORIES	19g GLUCIDES
1g PROTÉINES	11g LIPIDES	0,1g FIBRES

250 g	(½ livre) beurre non salé, mou
125 ml	(½ tasse) sucre à glacer
125 ml	(½ tasse) fécule de maïs
375 ml	(1½ tasse) farine tout usage
5 ml	(1 c. à thé) cannelle
	une pincée de sel
	cerises confites, en moitiés

Mettre le beurre dans un robot culinaire. Ajouter le sucre et mélanger 2 à 3 minutes.

Ajouter fécule de maïs, farine, cannelle et sel. Continuer de mélanger pour bien incorporer.

Préchauffer le four à 160°C (325°F).

Beurrer et fariner des plaques à biscuits. Prendre 15 ml (1 c. à soupe) de pâte et former une petite boule. Placer sur la plaque. Répéter pour utiliser toute la pâte. Aplatir légèrement les boules à l'aide d'une fourchette. Garnir d'une demi-cerise.

Cuire 14 minutes. Retirer du four et laisser refroidir.

Mettre le beurre dans un robot-culinaire.

Ajouter le sucre à glacer.

Mélanger 2 à 3 minutes.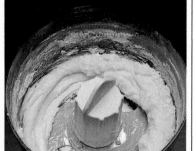

 Ajouter fécule de maïs, farine, cannelle et sel. Continuer de mélanger pour bien incorporer.

Biscuits d'un roi

(rendement : 24 à 36)

2 BISCUITS	155 CALORIES	21g GLUCIDES
2g PROTÉINES	7g LIPIDES	0,3g FIBRES

250 ml	(1 tasse) farine tout usage
3 ml	(¾ c. à thé) bicarbonate de soude
5 ml	(1 c. à thé) poudre à pâte
2 ml	(½ c. à thé) clou de girofle moulu
250 ml	(1 tasse) cassonade
125 ml	(½ tasse) beurre mou
1	œuf battu
5 ml	(1 c. à thé) vanille

250 ml	(1 tasse) gruau à cuisson rapide
125 ml	(½ tasse) noix de coco râpée
	une pincée de sel

Mettre farine, bicarbonate de soude, poudre à pâte, clou de girofle et sel dans un bol. Mélanger et mettre de côté.

Défaire cassonade et beurre en crème dans un autre bol, à l'aide d'une spatule.

Incorporer œuf et vanille; mélanger au batteur électrique.

Ajouter gruau et noix de coco; bien incorporer à la spatule.

Incorporer la farine en pliant; bien mélanger pour incorporer complètement la farine. Couvrir d'un papier ciré et réfrigérer 2 à 3 heures.

Préchauffer le four à 180°C (350°F).

Rouler la pâte sur un comptoir enfariné pour obtenir une abaisse de 0,65 cm (¼ po) d'épaisseur.

À l'aide d'emporte-pièce différents, couper les biscuits. Placer sur une plaque à biscuits beurrée et cuire 10 minutes.

Retirer du four et laisser refroidir.

À l'aide **1** d'une spatule, défaire cassonade et beurre en crème dans un bol.

Incorporer **2** œuf et vanille; mélanger au batteur électrique.

3 Ajouter gruau et vanille; bien incorporer à la spatule.

4 Ajouter la farine en pliant; bien mélanger pour incorporer complètement la farine.

Parfait
au fromage

(pour 2 à 3 personnes)

1 PORTION	505 CALORIES	19g GLUCIDES
6g PROTÉINES	45g LIPIDES	3,1g FIBRES

1	paquet de fromage à la crème, de 250 g (8 oz), mou
45 ml	(3 c. à soupe) cassonade
30 ml	(2 c. à soupe) liqueur Tia Maria
125 ml	(½ tasse) crème à 35 %, fouettée
250 ml	(1 tasse) fraises fraîches, hachées
	fraises entières pour décorer

Mettre le fromage dans un bol à malaxeur. Ajouter la cassonade et bien mélanger 2 minutes.

Ajouter le Tia Maria et continuer de mélanger 30 secondes.

Ajouter crème fouettée et fraises hachées. Incorporer à la spatule.

À l'aide d'une cuiller, placer le mélange dans des coupes à parfait. Réfrigérer 3 à 4 heures avant de servir.

Décorer de fraises entières.

Bouchées
aux amandes

(pour 6 à 8 personnes)

1 PORTION	298 CALORIES	24g GLUCIDES
6g PROTÉINES	20g LIPIDES	1,0g FIBRES

250 ml	(1 tasse) noix hachées
250 ml	(1 tasse) amandes effilées
125 ml	(½ tasse) miel liquide
30 ml	(2 c. à soupe) café noir, froid
	cacao sucré

Mélanger noix et amandes dans un petit bol. Verser le mélange dans un robot culinaire et broyer quelques minutes.

Remettre le mélange dans le bol et ajouter le miel; bien mélanger.

Transvider le mélange de noix dans le robot culinaire et ajouter le café. Mélanger 1 minute.

Étendre le mélange dans une grande assiette et recouvrir d'un papier ciré. Presser pour que le papier touche la surface du mélange. Réfrigérer 2 à 3 heures.

Retirer du réfrigérateur. Former des boulettes et rouler dans le cacao. Réfrigérer 1 heure. Servir.

Si désiré, saupoudrer de sucre à glacer.

Mélanger  noix et amandes dans un petit bol.

'Transvider le  mélange dans le robot culinaire et ajouter le café.

Remettre les 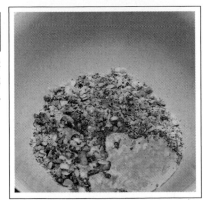 noix broyées dans le bol et ajouter le miel; bien mélanger.

Mélanger  1 minute.

Pudding au café

(pour 6 personnes)

1 PORTION	174 CALORIES	12g GLUCIDES
5g PROTÉINES	12g LIPIDES	0g FIBRES

250 ml	(1 tasse) lait chaud
250 ml	(1 tasse) crème légère, chaude
30 ml	(2 c. à soupe) café espresso ou café fort, chaud
15 ml	(1 c. à soupe) rhum
75 ml	(⅓ tasse) sucre granulé
4	œufs
	crème fouettée

Préchauffer le four à 180°C (350°F).

Verser lait, crème et café dans un bol; bien mélanger au fouet.

Ajouter le rhum et mélanger au batteur électrique.

Ajouter le sucre et continuer de battre pour incorporer.

Battre légèrement les œufs à la fourchette. Verser le tout dans le mélange de lait et bien incorporer au fouet.

Placer 6 ramequins individuels dans un plat à rôtir contenant 2,5 cm (1 po) d'eau chaude. Verser le mélange dans les ramequins et cuire 40 minutes.

Retirer du four et laisser refroidir. Démouler et réfrigérer. Décorer de crème fouettée avant de servir.

Pudding à la mélasse

(pour 6 personnes)

1 PORTION	183 CALORIES	14g GLUCIDES
5g PROTÉINES	12g LIPIDES	0g FIBRES

250 ml	(1 tasse) lait chaud
250 ml	(1 tasse) crème légère, chaude
4	œufs
75 ml	(⅓ tasse) mélasse
2 ml	(½ c. à thé) vanille
	une pincée de sel
	crème fouettée

Préchauffer le four à 180°C (350°F).

Verser lait et crème dans un bol; bien remuer au fouet.

Battre légèrement les œufs à la fourchette. Verser dans le mélange de crème. Ajouter mélasse, sel et vanille; mélanger au fouet.

Placer 6 ramequins individuels dans un plat à rôtir contenant 2,5 cm (1 po) d'eau chaude.

Verser le mélange dans les ramequins et cuire 40 minutes.

Retirer du four et laisser refroidir. Démouler et réfrigérer. Décorer de crème fouettée avant de servir.

Eggnog

(pour 4 à 6 personnes)

1 PORTION	257 CALORIES	21g GLUCIDES
8g PROTÉINES	12g LIPIDES	0g FIBRES

4	jaunes d'œufs
125 ml	(½ tasse) sucre fin
50 ml	(¼ tasse) rhum
30 ml	(2 c. à soupe) cognac
500 ml	(2 tasses) lait froid
250 ml	(1 tasse) crème légère froide
6	blancs d'œufs
	une pincée de muscade

Battre les jaunes d'œufs au batteur électrique. Ajouter la moitié du sucre et continuer de battre jusqu'à épaississement.

Incorporer rhum et cognac; battre 1 minute.

Ajouter lait et crème et battre 30 secondes.

Mettre les blancs d'œufs dans un bol en acier inoxydable. Battre au batteur électrique jusqu'à ce qu'ils forment des pics. Ajouter le reste du sucre et continuer de battre 1 minute.

À l'aide d'une spatule, incorporer les blancs battus au mélange, en pliant.

Servir dans des grands verres avec une pincée de muscade.

MICRO-ONDES 1

Les micro-ondes:

Les micro-ondes sont des ondes courtes qui sont réfléchies sur les parois de métal du four et qui sont ensuite absorbées par les aliments. Les micro-ondes provoquent une vibration rapide des molécules d'eau contenues dans les aliments et produisent ainsi une énergie calorifique qui cuit les aliments. L'émission des micro-ondes s'arrête dès que la porte du four est ouverte.

Comme les micro-ondes commencent par cuire l'extérieur des aliments, la disposition de ces derniers dans un plat est très importante.

— Placer la partie la plus épaisse des aliments vers l'extérieur du plat.

— Remuer les ingrédients en partant de l'extérieur vers le centre pour obtenir une cuisson plus uniforme.

— Pour les aliments qui ne peuvent être remués ou brassés pendant la cuisson, tels les gâteaux: selon la recette, tourner de $\frac{1}{4}$ à $\frac{1}{2}$ tour, dans le sens des aiguilles d'une montre.

Pour couvrir les aliments, on peut utiliser le couvercle du plat, une pellicule de plastique, un papier ciré et dans certains cas, du papier essuie-tout. Toutefois, il est important de percer la pellicule de plastique pour permettre à l'excédent de vapeur de s'échapper durant la cuisson.

Il n'est pas nécessaire d'avoir une armoire pleine de plats spéciaux pour le micro-ondes. Mais il serait utile d'avoir un plat de service, un grand plat rectangulaire et des moules à gâteau.

Les fours micro-ondes diffèrent en voltage et sont sensibles à la force du pouvoir électrique de votre région. Comme chaque modèle a une façon différente de régler sa force de cuisson, nous avons procédé comme suit dans nos recettes:

Réglage	% de la force maximum	watts
FORT	100%	650
MOYEN-FORT	75%	485
MOYEN	50%	325
DOUX	25%	160

Note: n'oubliez pas que tous les micro-ondes sont conçus sur le même principe de base, mais que la similitude s'arrête là. Afin de vous familiariser avec votre micro-ondes, consultez le guide du fabricant.

Bâtonnets mozzarella

(pour 2 personnes)

1 PORTION	352 CALORIES	17g GLUCIDES
30g PROTÉINES	22g LIPIDES	0,5g FIBRES

Réglage: FORT

Temps de cuisson: 14 minutes

Contenant: plat à rôtir ou à bacon micro-ondes — plat de 2 L (8 tasses) avec couvercle

8	tranches de bacon
8	bâtonnets de carottes, 5 cm (2 po) de longueur
8	bâtonnets de mozzarella, 5 cm (2 po) de longueur
	sel et poivre

Faire cuire le bacon 7 minutes en le recouvrant d'un papier essuie-tout pour éviter les éclaboussures.

Retirer du plat et mettre de côté. Laver le plat et le mettre de côté.

Mettre les bâtonnets de carottes dans le plat de 2 litres (8 tasses). Ajouter 250 ml (1 tasse) d'eau; couvrir et faire cuire 6 minutes.

Égoutter et passer les carottes sous l'eau froide pendant quelques secondes.

Assembler un bâtonnet de carotte avec un bâtonnet de fromage. Enrouler dans une tranche de bacon et faire tenir avec un cure-dents.

Placer le tout dans le plat à rôtir et assaisonner au goût. Faire cuire 1 minute sans couvrir.

Œufs pour le snack

(pour 4 personnes)

1 PORTION	594 CALORIES	20g GLUCIDES
34g PROTÉINES	42g LIPIDES	trace FIBRES

Réglage: FORT

Temps de cuisson: 6½ minutes

Contenant: plat de 2 L (8 tasses) avec couvercle

15 ml	(1 c. à soupe) beurre
1	oignon, en dés
1	gousse d'ail, écrasée et hachée
1	piment vert, en dés
375 g	(¾ livre) saucisse italienne, tranchée
4	gros œufs, battus
250 ml	(1 tasse) mozzarella en cubes
4	pains chauds
	sel et poivre

Mettre beurre, oignon, ail et piment dans le plat. Couvrir et faire cuire 2 minutes.

Ajouter les saucisses; couvrir et faire cuire 1 minute.

Incorporer les œufs battus. Bien assaisonner et mélanger avec une cuiller en bois. Faire cuire 1½ minute sans couvrir.

Bien remuer et ajouter le fromage. Faire cuire 1 minute sans couvrir. Remuer et prolonger la cuisson 1 minute.

Servir sur les pains chauds.

Champignons farcis

(pour 4 personnes)

1 PORTION	211 CALORIES	5g GLUCIDES
5g PROTÉINES	15g LIPIDES	1g FIBRES

Réglage: MOYEN

Temps de cuisson: 3 minutes

Contenant: plat de service micro-ondes

1	botte de cresson frais
45 ml	(3 c. à soupe) noix
1	tomate, en morceaux
1	gousse d'ail, écrasée et hachée
50 ml	(¼ tasse) huile d'olive
60 ml	(4 c. à soupe) fromage parmesan râpé
16	grosses têtes de champignons
	quelques gouttes de sauce Tabasco
	quelques gouttes de sauce Worcestershire
	sel et poivre

Laver et assécher le cresson. Mettre dans un robot culinaire et mélanger jusqu'à l'obtention d'une purée.

Ajouter noix et tomate; bien mélanger.

Ajouter ail et huile; mélanger quelques secondes. Ajouter fromage, sauce Tabasco et sauce Worcestershire. Saler, poivrer. Mélanger de nouveau quelques secondes.

Farcir les têtes de champignons et les placer dans le plat de service. Faire cuire 3 minutes.

Servir comme hors-d'œuvre.

1 Laver et assécher le cresson. Mettre dans un robot culinaire et mélanger jusqu'à l'obtention d'une purée.

3 Incorporer ail et huile. Ajouter fromage et reste des ingrédients; mélanger pendant quelques secondes.

2 Ajouter noix et tomate; bien mélanger.

4 Farcir les têtes de champignons. Faire cuire 3 minutes.

Hors-d'œuvre d'artichauts

(pour 4 personnes)

1 PORTION	166 CALORIES	13g GLUCIDES
9g PROTÉINES	10g LIPIDES	1g FIBRES

Réglage: FORT & MOYEN-FORT

Temps de cuisson: 5 minutes

Contenant: plat de 2 L (8 tasses) avec couvercle — plat de service micro-ondes

398 ml	(14 oz) fonds d'artichaut en conserve, égouttés et rincés
30 ml	(2 c. à soupe) beurre
250 g	(½ livre) champignons frais, nettoyés et tranchés
½	branche de céleri, finement hachée
1	petit oignon, finement haché
2	tranches de bacon croustillant, hachées
1	gousse d'ail, écrasée et hachée
45 ml	(3 c. à soupe) fromage ricotta
	sel et poivre

Disposer les fonds d'artichaut dans le plat de service. Mettre de côté.

Mettre beurre, champignons, céleri et oignon dans le plat de 2 L (8 tasses). Couvrir et faire cuire 3 minutes à FORT.

Incorporer bacon, ail et fromage; bien assaisonner.

Remplir les fonds d'artichaut du mélange. Faire cuire 2 minutes à MOYEN-FORT sans couvrir.

Sloppy Jo aux saucisses

(pour 4 personnes)

1 PORTION	376 CALORIES	35g GLUCIDES
16g PROTÉINES	21g LIPIDES	2g FIBRES

Réglage: FORT

Temps de cuisson: 10 minutes

Contenant: plat de 2,8 L (12 tasses) avec couvercle

15 ml	(1 c. à soupe) beurre
1	oignon émincé
1	piment vert émincé
796 ml	(28 oz) tomates en conserve, égouttées et hachées
125 ml	(½ tasse) olives vertes farcies, hachées
2	petites saucisses pepperoni, tranchées
15 ml	(1 c. à soupe) fécule de maïs
30 ml	(2 c. à soupe) eau froide
4	pains hamburger, ouverts et grillés
300 ml	(1¼ tasse) fromage mozzarella râpé
	sel et poivre

Mettre beurre, oignon et piment vert dans le plat. Couvrir et faire cuire 5 minutes.

Incorporer les tomates. Assaisonner au goût. Ajouter olives et saucisses; couvrir et faire cuire 4 minutes.

Délayer fécule de maïs dans eau froide. Incorporer au mélange et faire cuire 1 minute sans couvrir.

Placer la partie supérieure de chaque pain hamburger, à l'envers, sur la partie inférieure. Placer sur une plaque à biscuits et garnir du mélange de saucisses. Parsemer de fromage.

Faire griller dans un four ordinaire jusqu'à ce que le fromage fonde.

Servir immédiatement.

Muffins à la viande

(pour 4 personnes)

1 PORTION	293 CALORIES	55g GLUCIDES
41g PROTÉINES	6g LIPIDES	1g FIBRES

Réglage : FORT

Temps de cuisson : 5 minutes

Contenant : plat à muffins pour le micro-ondes

2	petites pommes de terre pelées et finement râpées
2	carottes pelées et râpées
500 g	(1 livre) bœuf maigre haché
1	œuf
2	oignons moyens, hachés et cuits
1 ml	(¼ c. à thé) piment de la Jamaïque
2 ml	(½ c. à thé) chili en poudre
	sel et poivre

Bien mélanger pommes de terre et carottes dans un grand bol. Ajouter le bœuf; bien incorporer.

Ajouter le reste des ingrédients et mélanger pour bien incorporer.

Presser le mélange dans le moule à muffins. Faire cuire 5 minutes sans couvrir.

Retirer et laisser refroidir légèrement avant de servir. Idéal pour le goûter ou le week-end.

Bien mélanger pommes de terre et carottes dans un grand bol. **1**

Ajouter le bœuf et bien incorporer. **2**

3 Ajouter l'œuf et le reste des ingrédients. Mélanger pour bien incorporer.

4 Presser le mélange dans le moule à muffins.

Crevettes sur muffins

(pour 4 personnes)

1 PORTION	472 CALORIES	40g GLUCIDES
23g PROTÉINES	23g LIPIDES	1g FIBRES

Réglage: FORT

Temps de cuisson: 8 minutes

Contenant: plat de 2,8 L (12 tasses) avec couvercle

45 ml	(3 c. à soupe) beurre
500 g	(1 livre) champignons frais, nettoyés et en dés
1	échalote sèche, hachée
60 ml	(4 c. à soupe) farine
375 ml	(1½ tasse) lait chaud
113 g	(4 oz) crevettes en conserve, égouttées et rincées
1 ml	(¼ c. à thé) muscade
4	muffins anglais entiers, légèrement grillés
250 ml	(1 tasse) fromage cheddar râpé
	sel et poivre

Mettre beurre, champignons et échalote dans le plat. Couvrir et faire cuire 4 minutes.

Incorporer la farine. Ajouter le lait, remuer et assaisonner. Faire cuire 4 minutes sans couvrir.

Incorporer crevettes et muscade; bien mêler.

À l'aide d'un petit couteau, retirer une partie du centre de chaque muffin pour former une cavité. Placer les muffins sur une plaque à biscuits et remplir les cavités du mélange de crevettes. couronner le tout de fromage.

Faire griller dans un four ordinaire jusqu'à ce que le fromage fonde.

Servir pour le lunch.

Bouchées de bacon

(pour 4 personnes)

1 PORTION	131 CALORIES	7g GLUCIDES
37g PROTÉINES	8g LIPIDES	1g FIBRES

Réglage: FORT

Temps de cuisson: 5 minutes

Contenant: plat rectangulaire de 2 L (8 tasses)

4	tranches de bacon de dos
4	rondelles de piment jaune
4	tranches de tomate
4	tranches de camembert ou de brie

Mettre le bacon dans le plat. Placer une rondelle de piment sur chaque tranche. Couvrir d'une pellicule plastique et faire cuire 3 minutes.

Ajouter tomate et fromage; couvrir et faire cuire 2 minutes.

Servir au goûter ou au déjeuner.

Gourmandise au bacon

(pour 4 personnes)

1 PORTION	379 CALORIES	28g GLUCIDES
26g PROTÉINES	25g LIPIDES	1g FIBRES

Réglage: FORT

Temps de cuisson: 10 minutes

Contenant: plat rectangulaire de 2 L (8 tasses)

5	pommes de terre non pelées, lavées et en tranches de 1,2 cm ($\frac{1}{2}$ po) d'épaisseur
1	oignon râpé, cuit
24	olives vertes farcies, hachées
2 ml	($\frac{1}{2}$ c. à thé) piment jalapeno
6	tranches de bacon croustillant, hachées
375 ml	(1 $\frac{1}{2}$ tasse) fromage gruyère râpé
	sel et poivre

Disposer les pommes de terre dans le plat en plaçant les tranches les plus petites au centre et les plus épaisses vers l'extérieur. Couvrir d'une pellicule plastique et faire cuire 4 minutes de chaque côté.

Dès que les pommes de terre sont cuites, les parsemer d'oignon râpé. Mélanger olives et piment; saupoudrer les pommes de terre. Ajouter bacon et fromage.

Bien saler, poivrer et faire cuire 2 minutes sans couvrir. Servir pour le lunch ou au casse-croûte.

Soupe au cresson et au poireau

(pour 4 personnes)

1 PORTION	202 CALORIES	22g GLUCIDES
8g PROTÉINES	8g LIPIDES	trace FIBRES

Réglage : FORT

Temps de cuisson : 23 minutes

Contenant : plat de 2,8 L (12 tasses) avec couvercle

30 ml	(2 c. à soupe) beurre
2	oignons verts, hachés
1	gros poireau, le blanc seulement, haché
45 ml	(3 c. à soupe) farine
4	pommes de terre moyennes, pelées et émincées
1 L	(4 tasses) bouillon de poulet chaud
1 ml	(¼ c. à thé) thym
1 ml	(¼ c. à thé) anis
1	botte de cresson frais lavé et haché
	sel et poivre

Mettre beurre, oignons verts et poireau dans le plat. Couvrir et faire cuire 4 minutes.

Incorporer farine, sel et poivre. Faire cuire 4 minutes sans couvrir.

Ajouter pommes de terre, bouillon de poulet et épices ; couvrir et faire cuire 7 minutes.

Bien remuer. Ajouter le cresson. Assaisonner au goût ; couvrir et faire cuire 5 minutes.

Retirer le couvercle et prolonger la cuisson de 3 minutes.

Pour bien laver les poireaux : en partant de 2,5 cm (1 po) de la base, couper le poireau en 4, sur la longueur. Laver soigneusement à l'eau froide.

Il est important de retirer tout le sable qui s'y trouve. N'utiliser que le blanc du poireau pour cette recette.

3 Faire cuire beurre, oignons et poireau pendant 4 minutes avec un couvercle. Saupoudrer de farine. Saler, poivrer. Mélanger et faire cuire 4 minutes sans couvrir.

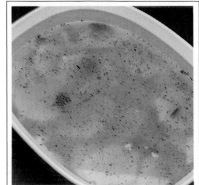

4 Ajouter pommes de terre, bouillon de poulet et épices ; couvrir et faire cuire 7 minutes.

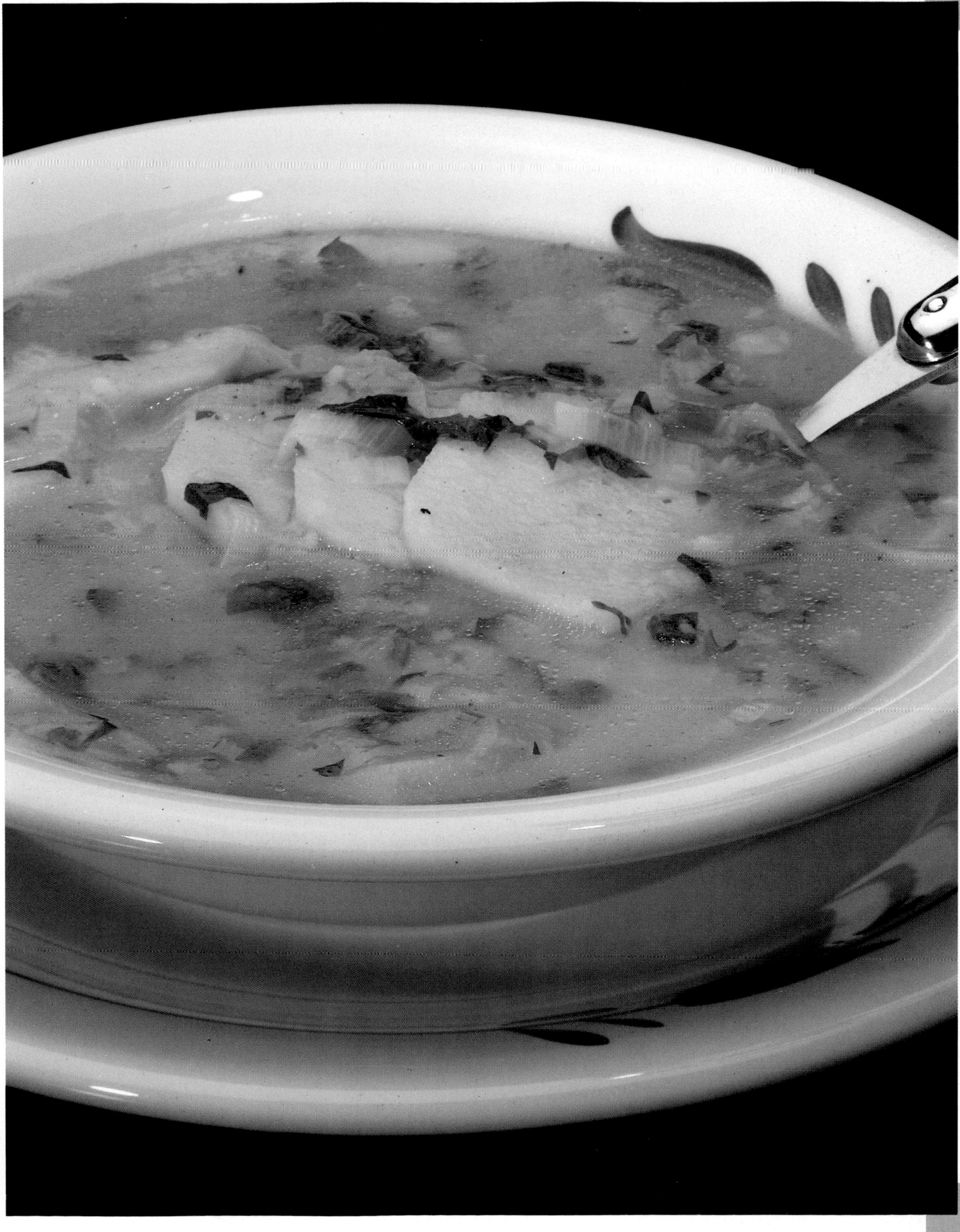

Soupe au brocoli

(pour 4 personnes)

1 PORTION	260 CALORIES	24g GLUCIDES
12g PROTÉINES	14g LIPIDES	2g FIBRES

Réglage: FORT

Temps de cuisson: 19 minutes

Contenant: plat de 2,8 L (12 tasses) avec couvercle

45 ml	(3 c. à soupe) beurre
1	petit oignon haché
2	petits pieds de brocoli, en dés
75 ml	(5 c. à soupe) farine
500 ml	(2 tasses) bouillon de poulet chaud
5 ml	(1 c. à thé) basilic
30 ml	(2 c. à soupe) pâte de tomates
500 ml	(2 tasses) lait chaud
1	grosse tête de brocoli, en fleurettes
	une pincée de paprika
	sel et poivre

Mettre beurre, oignon et brocoli dans le plat. Couvrir et faire cuire 3 minutes.

Incorporer farine, sel, poivre et paprika. Bien remuer avec une cuiller en bois. Couvrir et faire cuire 3 minutes.

Incorporer bouillon de poulet et basilic; rectifier l'assaisonnement. Ajouter la pâte de tomates et bien remuer. Couvrir et faire cuire 4 minutes.

Incorporer le lait et bien remuer. Couvrir et faire cuire 4 minutes.

Ajouter les fleurettes de brocoli; couvrir et faire cuire 5 minutes.

1 Faire cuire les légumes 3 minutes. Ajouter la farine. Assaisonner.

3 Incorporer bouillon de poulet et basilic; rectifier l'assaisonnement. Ajouter la pâte de tomates; bien remuer. Continuer la cuisson 4 minutes.

2 Bien mélanger avec une cuiller en bois. Couvrir et faire cuire 3 minutes.

4 Ajouter le lait; faire cuire. Ajouter les fleurettes de brocoli. Couvrir et faire cuire 5 minutes.

Soupe au macaroni et courge

(pour 4 personnes)

1 PORTION	136 CALORIES	15g GLUCIDES
8g PROTÉINES	5g LIPIDES	2g FIBRES

Réglage: FORT

Temps de cuisson: 18 minutes

Contenant: plat de 2,8 L (12 tasses) avec couvercle

15 ml	(1 c. à soupe) beurre
1	poireau, lavé et émincé
½	courge, épépinée et en dés
1	carotte pelée et émincée
1	courgette, pelée et en dés
1,2 L	(5 tasses) bouillon de poulet chaud
1	feuille de laurier
1 ml	(¼ c. à thé) thym
2 ml	(½ c. à thé) basilic
125 ml	(½ tasse) macaroni coupé
	sel et poivre

Mettre beurre, poireau et courge dans le plat. Couvrir et faire cuire 6 minutes.

Ajouter le reste des ingrédients; couvrir et faire cuire 12 minutes.

Servir chaud.

Soupe de piments doux

(pour 4 personnes)

1 PORTION	141 CALORIES	16g GLUCIDES
5g PROTÉINES	7g LIPIDES	1g FIBRES

Réglage: FORT

Temps de cuisson: 20 minutes

Contenant: plat de 2,8 L (12 tasses) avec couvercle

30 ml	(2 c. à soupe) beurre
1	branche de céleri, en dés
2	oignons verts, en dés
60 ml	(4 c. à soupe) farine
2	gros piments rouges doux, épépinés et émincés
500 ml	(2 tasses) jus de tomates aux palourdes, chaud
500 ml	(2 tasses) bouillon de poulet chaud
1 ml	(¼ c. à thé) graines de céleri
5 ml	(1 c. à thé) sucre
	sel et poivre

Mettre beurre, céleri et oignons verts dans le plat. Couvrir et faire cuire 4 minutes.

Ajouter la farine; couvrir et faire cuire 4 minutes.

Ajouter les piments rouges et le reste des ingrédients. Bien mélanger; couvrir et faire cuire 12 minutes.

Verser la soupe dans un robot culinaire et mettre en purée.

Soupe campagnarde

(pour 4 personnes)

1 PORTION	289 CALORIES	11g GLUCIDES
32g PROTÉINES	12g LIPIDES	1g FIBRES

Réglage: FORT

Temps de cuisson: 48 minutes

Contenant: plat de 2,8 L (12 tasses) avec couvercle

30 ml	(2 c. à soupe) beurre
1	branche de céleri, en dés
1	carotte, pelée et en dés
1	oignon moyen, en dés
1	gousse d'ail, écrasée et hachée
2 ml	(½ c. à thé) cerfeuil
1	feuille de laurier
125 ml	(½ tasse) pois cassés jaunes
250 g	(½ livre) steak de flanc, émincé et saisi à l'huile
1,2 L	(5 tasses) bouillon de bœuf léger, chaud
6	gros champignons frais, en dés
	sel et poivre

Mettre beurre, céleri, carotte, oignon, ail et épices dans le plat. Couvrir et faire cuire 5 minutes.

Incorporer pois, viande et bouillon de bœuf; rectifier l'assaisonnement. Couvrir et continuer la cuisson 40 minutes.

Incorporer les champignons; faire cuire 3 minutes sans couvrir.

Soupe au fenouil

(pour 4 personnes)

1 PORTION	246 CALORIES	11g GLUCIDES
7g PROTÉINES	20g LIPIDES	trace FIBRES

Réglage: FORT

Temps de cuisson: 22 minutes

Contenant: plat de 2,8 L (12 tasses) avec couvercle

60 ml	(4 c. à soupe) beurre
1	poireau, coupé en 4 sur la longueur, lavé et émincé
1	bulbe de fenouil moyen, bulbe et feuilles émincés
75 ml	(5 c. à soupe) farine
1 L	(4 tasses) bouillon de poulet léger, chaud
125 ml	(½ tasse) crème légère, chaude
	une pincée de cerfeuil
	jus de citron
	sel et poivre

Mettre beurre, poireau et fenouil dans le plat. Couvrir et faire cuire 10 minutes.

Bien mélanger. Ajouter le reste des ingrédients à l'exception de la crème. Couvrir et continuer la cuisson 10 minutes.

Forcer le mélange à travers une fine passoire ou un moulin à légumes. Incorporer la crème et verser dans le plat. Faire cuire 2 minutes sans couvrir.

Servir chaud.

Potage de pommes de terre

(pour 4 personnes)

1 PORTION	313 CALORIES	42g GLUCIDES
15g PROTÉINES	11g LIPIDES	1g FIBRES

Réglage: MOYEN-FORT et MOYEN

Temps de cuisson: 31 minutes

Contenant: plat de 2,8 L (12 tasses) avec couvercle

2	tranches de bacon, en dés
3	oignons moyens, en dés
60 ml	(4 c. à soupe) farine
1 L	(4 tasses) lait chaud
3	grosses pommes de terre, pelées et émincées
5 ml	(1 c. à thé) estragon
	sel et poivre blanc
	une pincée de paprika

Mettre bacon et oignons dans le plat. Couvrir et faire cuire 6 minutes à MOYEN-FORT.

Incorporer la farine. Ajouter lait, estragon, sel, poivre et paprika. Bien remuer.

Ajouter les pommes de terre; couvrir et faire cuire 14 minutes à MOYEN-FORT.

Bien remuer. Couvrir et continuer la cuisson 11 minutes.

Servir chaud.

Soupe de restes de légumes

(pour 4 personnes)

1 PORTION	289 CALORIES	27g GLUCIDES
20g PROTÉINES	11g LIPIDES	1g FIBRES

Réglage: FORT

Temps de cuisson: 23 minutes

Contenant: plat de 2,8 L (12 tasses) avec couvercle

30 ml	(2 c. à soupe) beurre
2	poireaux, le blanc seulement, émincés
1	gousse d'ail, écrasée et hachée
1	piment vert, en dés
2	pommes de terre, pelées, en quartiers et émincées
1	grosse patate douce, pelée, en quartiers et émincées
2 ml	(½ c. à thé) basilic
1 ml	(¼ c. à thé) graines de céleri
1 ml	(¼ c. à thé) anis
1,2 L	(5 tasses) bouillon de poulet chaud
250 ml	(1 tasse) poulet cuit en dés
	sel et poivre

Mettre le beurre dans le plat; couvrir et faire cuire 1 minute. Ajouter les poireaux; couvrir et faire cuire 5 minutes.

Incorporer ail, piment vert, sel et poivre. Couvrir et faire cuire 3 minutes.

Bien remuer. Ajouter pommes de terre, patate sucrée et épices. Couvrir et faire cuire 3 minutes.

Incorporer le bouillon de poulet; remuer et faire cuire 10 minutes sans couvrir.

Ajouter le poulet cuit et rectifier l'assaisonnement. Couvrir et faire cuire 1 minute.

Soupe à la perche
(pour 4 personnes)

1 PORTION	209 CALORIES	23g GLUCIDES
21g PROTÉINES	4g LIPIDES	2g FIBRES

Réglage: MOYEN-FORT et MOYEN

Temps de cuisson: 31 minutes

Contenant: plat de 2,8 L (12 tasses) avec couvercle

2	tranches de bacon, en dés
1	branche de céleri, en dés
1	gousse d'ail, écrasée et hachée
60 ml	(4 c. à soupe) farine
1 L	(4 tasses) bouillon de poulet léger, chaud
2	grosses pommes de terre, pelées et en dés
1 ml	(¼ c. à thé) fenouil
5 ml	(1 c. à thé) persil frais haché
1	feuille de laurier
2 ml	(½ c. à thé) thym
2	filets de perche, en cubes
1	piment rouge, en dés
	sel et poivre

Mettre bacon, céleri et ail dans le plat. Couvrir et faire cuire 5 minutes à feu MOYEN-FORT.

Incorporer la farine. Ajouter le bouillon de poulet et remuer de nouveau. Ajouter pommes de terre, fenouil, persil, laurier et thym. Couvrir et faire cuire 20 minutes à MOYEN-FORT. Remuer 1 fois durant la cuisson.

Ajouter poisson et piment. Rectifier l'assaisonnement. Faire cuire, sans couvrir, 6 minutes à MOYEN.

Servir chaud.

Casserole de poulet

(pour 4 personnes)

1 PORTION	361 CALORIES	22g GLUCIDES
31g PROTÉINES	16g LIPIDES	1g FIBRES

Réglage: FORT

Temps de cuisson: 16 minutes

Contenant: plat de 2,8 L (12 tasses) avec couvercle

60 ml	(4 c. à soupe) beurre
2	pommes de terre, pelées et en cubes
2	carottes, pelées et en cubes
2	branches de céleri, en cubes
15 ml	(1 c. à soupe) persil frais haché
2	poitrines de poulet sans peau, coupées en deux et désossées
1 ml	(¼ c. à thé) anis
45 ml	(3 c. à soupe) farine
375 ml	(1½ tasse) bouillon de poulet chaud
250 ml	(1 tasse) petits oignons blancs cuits
	sel et poivre

Mettre beurre, pommes de terre, carottes, céleri et persil dans le plat. Couvrir et faire cuire 8 minutes.

Ajouter poitrines de poulet et anis. Assaisonner généreusement.

Ajouter la farine et bien mêler. Incorporer le bouillon de poulet; couvrir et faire cuire 6 minutes.

Incorporer les oignons; faire cuire 2 minutes sans couvrir.

Mettre beurre, pommes de terre, carottes, céleri et persil dans le plat. Couvrir et faire cuire 8 minutes.

Vérifier la cuisson des légumes en les piquant avec la pointe d'un couteau.

Ajouter poitrines de poulet et anis. Assaisonner généreusement.

Bien incorporer la farine.

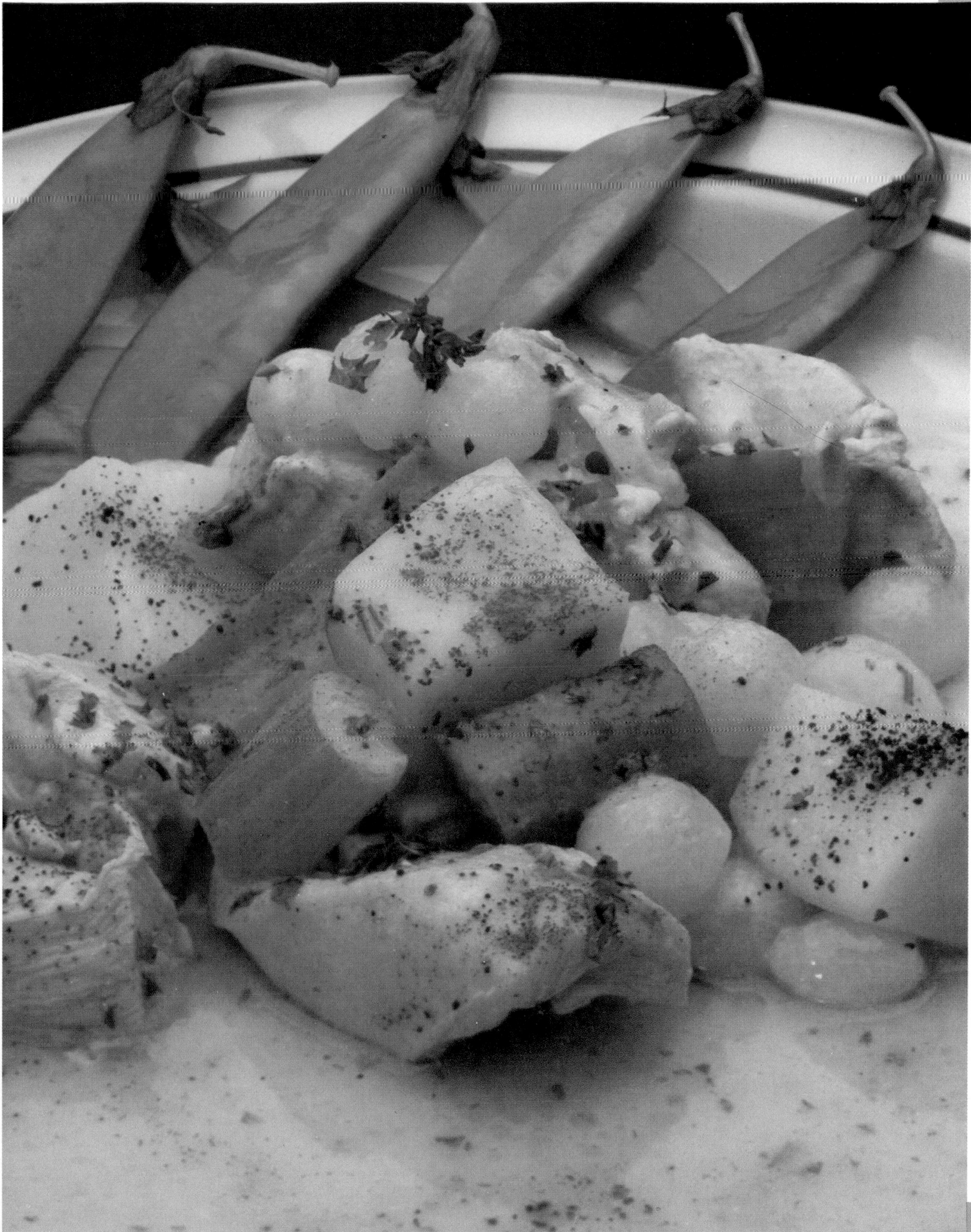

Casserole de poulet et de crevettes

(pour 4 personnes)

1 PORTION	644 CALORIES	35g GLUCIDES
84g PROTÉINES	13g LIPIDES	1g FIBRES

Réglage: MOYEN-FORT

Temps de cuisson: 10 minutes

Contenant: plat de 2,8 L (12 tasses) avec couvercle

30 ml	(2 c. à soupe) beurre
15 ml	(1 c. à soupe) échalote sèche hachée
500 g	(1 livre) champignons frais, en dés
24	grosses crevettes, décortiquées et nettoyées
2	poitrines de poulet sans peau, désossées et coupées en cubes de 1 po (2,5 cm)
500 ml	(2 tasses) macaroni coupé, cuit
250 ml	(1 tasse) fromage mozzarella râpé
125 ml	(½ tasse) sauce tomate chaude
250 ml	(1 tasse) sauce brune chaude
	sel et poivre

Mettre beurre, échalote, champignons, crevettes et poulet dans le plat. Couvrir et faire cuire 5 minutes.

Saler, poivrer et mélanger. Ajouter le reste des ingrédients; couvrir et faire cuire 5 minutes.

Servir avec une salade verte.

Casserole de poulet au cantaloup

(pour 4 personnes)

1 PORTION	334 CALORIES	14g GLUCIDES
30g PROTÉINES	13g LIPIDES	1g FIBRES

Réglage: FORT

Temps de cuisson: 13 minutes

Contenant: plat de 2,8 L (12 tasses) avec couvercle

45 ml	(3 c. à soupe) beurre
2	poitrines de poulet sans peau, désossées et coupées en cubes
15 ml	(1 c. à soupe) persil frais haché
5 ml	(1 c. à thé) estragon
1	branche de céleri, émincée
20	champignons frais, coupés en deux
45 ml	(3 c. à soupe) farine
300 ml	(1¼ tasse) bière
1	cantaloup, coupé en deux
	sel et poivre

Mettre beurre et poulet dans le plat. Ajouter persil, estragon, céleri, sel et poivre. Couvrir et faire cuire 6 minutes.

Ajouter champignons et farine; bien mêler. Incorporer la bière; faire cuire 6 minutes sans couvrir.

À l'aide d'une cuiller à légumes, retirer la chair du cantaloup en formant des boules. Mettre dans le plat; bien mélanger et faire cuire 1 minute sans couvrir.

Poulet aux fèves blanches

(pour 4 personnes)

1 PORTION	387 CALORIES	37g GLUCIDES
31g PROTÉINES	13g LIPIDES	2g FIBRES

Réglage: FORT

Temps de cuisson:
1 h 35 minutes

Contenant: plat de 2,8 L
(12 tasses) avec couvercle

15 ml	(1 c. à soupe) beurre
1	oignon haché
2	branches de céleri, hachées
1	petit poireau, lavé et haché
375 ml	(1½ tasse) poulet cru haché, chair brune si possible
750 ml	(3 tasses) fèves blanches, trempées toute la nuit
1 ml	(¼ c. à thé) piments rouges broyés
2 ml	(½ c. à thé) origan
2 ml	(½ c. à thé) cumin
2 ml	(½ c. à thé) piment de la Jamaïque moulu
2	piments bananes forts
	bouillon de poulet chaud
	sel et poivre
	fromage mozzarella râpé

Mettre beurre, oignon, céleri, poireau, sel et poivre dans le plat. Couvrir et faire cuire 5 minutes.

Bien mélanger. Ajouter poulet, fèves (et liquide de trempage), épices et piments forts. Verser assez de bouillon de poulet pour que le liquide recouvre les fèves de 5 cm (2 po). Couvrir et faire cuire 1 heure 15 en remuant 2 à 3 fois durant la cuisson.

Note: au cours de la cuisson, il faudra retirer les piments forts. Pour un plat moyennement épicé, ôtez les piments après 15 minutes de cuisson.

Ajoutez du bouillon de poulet pendant la cuisson si le liquide a considérablement réduit.

Incorporer le fromage au goût. Rectifier l'assaisonnement. Couvrir et finir la cuisson 15 minutes.

Casserole de bœuf et pommes de terre

(pour 4 personnes)

1 PORTION	473 CALORIES	33g GLUCIDES
61g PROTÉINES	11g LIPIDES	2g FIBRES

Réglage: FORT

Temps de cuisson: 25 minutes

Contenant: plat de 2,8 L (12 tasses) avec couvercle

15 ml	(1 c. à soupe) beurre
½	oignon rouge, finement haché
750 g	(1½ livre) bœuf maigre haché
1 ml	(¼ c. à thé) chili en poudre
1 ml	(¼ c. à thé) piment de la Jamaïque
2 ml	(½ c. à thé) thym
3	pommes de terre, pelées et émincées
1 ml	(¼ c. à thé) paprika
796 ml	(28 oz) tomates en conserve, égouttées et hachées
250 ml	(1 tasse) sauce tomate chaude
	sel et poivre
	persil frais haché, au goût

Mettre beurre, oignon et viande dans le plat. Ajouter chili, piment de la Jamaïque et thym; couvrir et faire cuire 6 minutes.

Bien remuer; couvrir de la moitié des pommes de terre. Saupoudrer de paprika.

Ajouter tomates, sauce tomate et persil haché. Couvrir du reste de pommes de terre et bien assaisonner.

Couvrir et faire cuire 12 minutes.

Bien mêler; couvrir et continuer la cuisson 7 minutes.

1 Mettre beurre, oignon et viande dans le plat. Ajouter chili, piment de la Jamaïque et thym. Couvrir et faire cuire 6 minutes.

3 Ajouter tomates, sauce tomate et persil.

2 Bien remuer; couvrir de la moitié des pommes de terre. Saupoudrer de paprika.

4 Couvrir du reste de pommes de terre et bien assaisonner. Couvrir et faire cuire 12 minutes. Bien mêler; couvrir et continuer la cuisson 7 minutes.

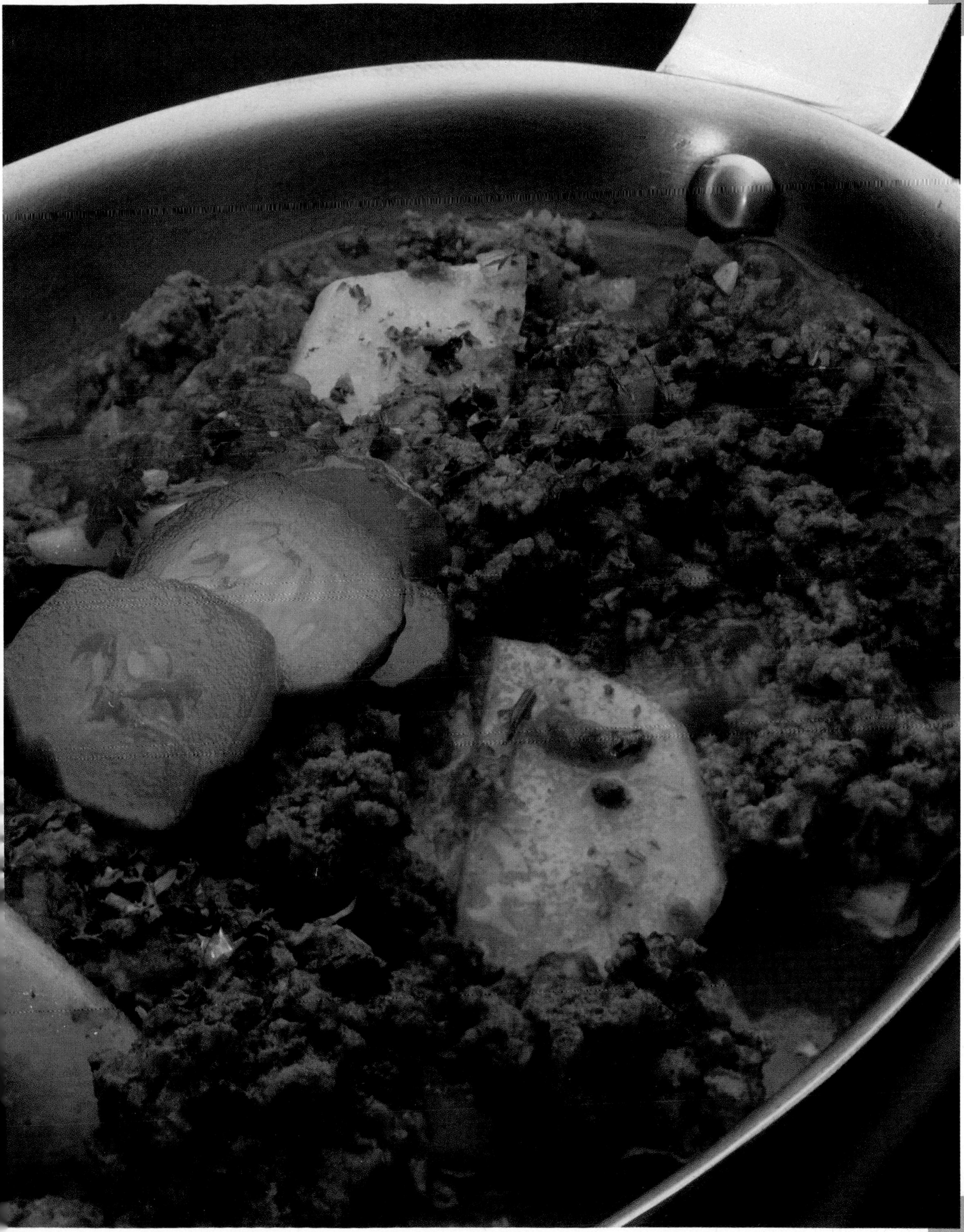

Casserole de veau haché

(pour 4 personnes)

1 PORTION	498 CALORIES	15g GLUCIDES
55g PROTÉINES	24g LIPIDES	2g FIBRES

Réglage: FORT
Temps de cuisson: 10 minutes
Contenant: plat de 2,8 L (12 tasses) avec couvercle

30 ml	(2 c. à soupe) beurre
1	oignon moyen, haché
1	piment vert, en dés
1	piment jaune, en dés
5 ml	(1 c. à thé) origan
750 g	(1½ livre) veau maigre haché
796 ml	(28 oz) tomates en conserve, hachées avec le jus
30 ml	(2 c. à soupe) pâte de tomates
250 ml	(1 tasse) fromage cheddar en dés
	sel et poivre

Mettre beurre, oignon, piments et origan dans le plat. Couvrir et faire cuire 3 minutes.

Ajouter le veau; mélanger et assaisonner. Couvrir et faire cuire 3 minutes.

Ajouter le reste des ingrédients et bien mélanger. Rectifier l'assaisonnement; couvrir et faire cuire 4 minutes.

Servir avec du pain frais.

Casserole de bœuf aux tomates

(pour 4 personnes)

1 PORTION	446 CALORIES	13g GLUCIDES
60g PROTÉINES	17g LIPIDES	1g FIBRES

Réglage: FORT
Temps de cuisson: 10 minutes
Contenant: plat de 2,8 L (12 tasses) avec couvercle

30 ml	(2 c. à soupe) beurre
1	petit oignon, finement haché
2	gousses d'ail, écrasées et hachées
250 g	(½ livre) champignons frais, en dés
15 ml	(1 c. à soupe) ciboulette hachée
2 ml	(½ c. à thé) chili en poudre
750 g	(1½ livre) bœuf maigre haché
375 ml	(1½ tasse) sauce tomate chaude
50 ml	(¼ tasse) crème sure
	sel et poivre

Mettre beurre, oignon, ail, champignons, ciboulette et chili dans le plat. Couvrir et faire cuire 4 minutes.

Bien assaisonner et incorporer la viande; couvrir et continuer la cuisson 3 minutes.

Incorporer la sauce tomate; couvrir et faire cuire 3 minutes.

Retirer du micro-ondes. Incorporer la crème sure. Servir sur des nouilles.

Casserole de restes variés

(pour 4 personnes)

1 PORTION	681 CALORIES	50g GLUCIDES
63g PROTÉINES	24g LIPIDES	1g FIBRES

Réglage: FORT
Temps de cuisson: 7 minutes
Contenant: plat de 2,8 L (12 tasses) avec couvercle

500 g	(1 livre) restes de jambon cuit, en lanières
½	oignon, émincé
30 ml	(2 c. à soupe) beurre à l'ail
2	gousses d'ail, écrasées et hachées
15 ml	(1 c. à soupe) persil frais haché
796 ml	(28 oz) tomates en conserve, hachées et avec la moitié du jus
750 ml	(3 tasses) restes de macaroni cuit
½	piment vert, émincé
15 ml	(1 c. à soupe) pâte de tomates
250 ml	(1 tasse) restes de fromage cheddar ou autre, râpé
	sel et poivre

Mettre jambon, oignon, beurre à l'ail, ail, persil, sel et poivre dans le plat. Couvrir et faire cuire 3 minutes.

Incorporer tomates, macaroni et piment; assaisonner généreusement.

Ajouter pâte de tomates et fromage; bien mélanger. Couvrir et faire cuire 4 minutes.

Souper aux fèves de Lima

(pour 4 personnes)

1 PORTION	261 CALORIES	42g GLUCIDES
15g PROTÉINES	8g LIPIDES	2g FIBRES

Réglage: FORT

Temps de cuisson:
56½ minutes

Contenant: plat de 2,8 L (12 tasses) avec couvercle

15 ml	(1 c. à soupe) beurre
1	oignon moyen, haché
2 ml	(½ c. à thé) marjolaine
2 ml	(½ c. à thé) cerfeuil
4	tranches de bacon, en dés
3	branches de céleri, en dés
400 g	(14 oz) fèves de Lima, trempées toute la nuit
30 ml	(2 c. à soupe) cassonade
30 ml	(2 c. à soupe) mélasse
5 ml	(1 c. à thé) moutarde sèche
15 ml	(1 c. à soupe) fécule de maïs
30 ml	(2 c. à soupe) eau froide
	une pincée de paprika
	bouillon de poulet chaud
	sel et poivre

Mettre le beurre dans le plat; faire chauffer ½ minute sans couvrir.

Ajouter oignon, marjolaine et cerfeuil. Couvrir et faire cuire 2 minutes.

Incorporer le bacon; faire cuire 4 minutes sans couvrir. Bien mélanger et continuer la cuisson 3 minutes.

Parsemer le bacon de céleri. Recouvrir des fèves de Lima (et du liquide de trempage). Saupoudrer de cassonade et arroser de mélasse.

Incorporer la moutarde. Saler, poivrer et saupoudrer de paprika; mélanger de nouveau.

Verser assez de bouillon de poulet pour recouvrir le tout. Couvrir le plat et faire cuire 30 minutes.

Bien remuer; couvrir et continuer la cuisson 17 minutes.

Délayer fécule de maïs et eau froide. Incorporer au mélange de fèves. Laisser reposer ½ minute. Servir.

Mettre oignon, marjolaine et cerfeuil dans le plat contenant le beurre chaud; couvrir et faire cuire 2 minutes.

Ajouter le bacon; faire cuire 4 minutes sans couvrir. Remuer et continuer la cuisson 3 minutes.

Ajouter céleri, fèves, cassonade et mélasse.

Incorporer moutarde, sel, poivre et paprika. Recouvrir de bouillon de poulet. Couvrir et faire cuire 47 minutes en remuant 1 fois durant la cuisson.

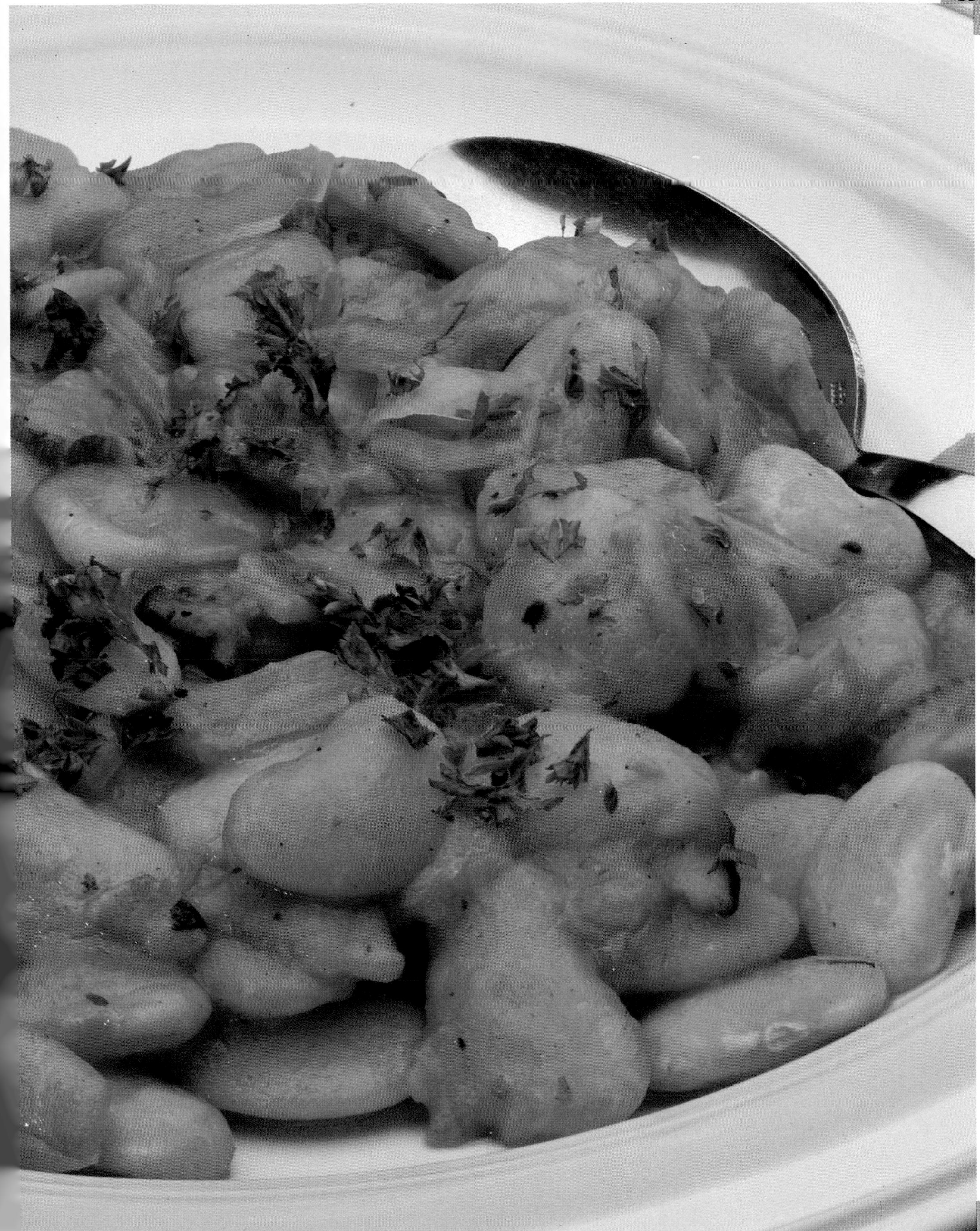

Riz au cresson

(pour 4 personnes)

1 PORTION	124 CALORIES	18g GLUCIDES
4g PROTEINES	5g LIPIDES	trace FIBRES

Réglage: FORT

Temps de cuisson:
20½ minutes

Contenant: plat de 2,8 L
(12 tasses) avec couvercle

15 ml	(1 c. à soupe) beurre
2	oignons verts, hachés
½	oignon blanc moyen, haché
250 ml	(1 tasse) riz à longs grains, lavé et égoutté
500 ml	(2 tasses) bouillon de poulet chaud
45 ml	(3 c. à soupe) cresson finement haché
15 ml	(1 c. à soupe) persil frais haché
15 ml	(1 c. à soupe) ciboulette hachée
	une pincée d'estragon
	beurre au goût
	sel, poivre et paprika

Mettre le beurre dans le plat; faire cuire ½ minute sans couvrir.

Ajouter oignons verts et oignon blanc; couvrir et faire cuire 2 minutes.

Incorporer riz, sel, poivre et paprika. Incorporer le bouillon de poulet. Couvrir et faire cuire 18 minutes en remuant 1 fois pendant la cuisson.

Incorporer le reste des ingrédients. Servir.

1 Incorporer riz, sel, poivre et paprika aux oignons cuits.

2 Incorporer le bouillon de poulet et mélanger de nouveau. Couvrir et faire cuire 18 minutes.

3 Le riz doit être tendre et gonflé.

4 Incorporer le reste des ingrédients. Servir.

Casserole de pâtes aux légumes

(pour 4 personnes)

1 PORTION	407 CALORIES	56g GLUCIDES
17g PROTÉINES	14g LIPIDES	2g FIBRES

Réglage: FORT

Temps de cuisson: 14 minutes

Contenant: plat de 2,8 L (12 tasses) avec couvercle

15 ml	(1 c. à soupe) beurre
½	piment jaune, en cubes
½	piment rouge, en cubes
½	piment vert, en cubes
1	très petite aubergine, en cubes
45 ml	(3 c. à soupe) farine
375 ml	(1½ tasse) lait chaud
2	branches de céleri, émincées
½	concombre, pelé, épépiné et émincé
8	litchis
750 ml	(3 tasses) pâtes «coquilles» moyennes cuites
250 ml	(1 tasse) fromage mozzarella râpé
1 ml	(¼ c. à thé) muscade
1 ml	(¼ c. à thé) sel de céleri
250 ml	(1 tasse) sauce tomate chaude
	sel et poivre

Mettre beurre, piments et aubergine dans le plat. Saler, poivrer; couvrir et faire cuire 4 minutes.

Ajouter la farine et mélanger. Incorporer le lait chaud et bien remuer.

Incorporer le reste des ingrédients. Rectifier l'assaisonnement. Couvrir et faire cuire 10 minutes.

Si désiré, garnir de tranches de tomate avant de servir.

Macaroni et œufs en casserole

(pour 4 personnes)

1 PORTION	818 CALORIES	59g GLUCIDES
54g PROTÉINES	41g LIPIDES	1g FIBRES

Réglage: FORT et MOYEN-FORT

Temps de cuisson: 10 minutes

Contenant: plat de 2,8 L (12 tasses) avec couvercle

30 ml	(2 c. à soupe) beurre
150 g	(⅓ livre) champignons frais, en dés
5 ml	(1 c. à thé) persil frais haché
1	échalote sèche hachée
1 L	(4 tasses) restes de macaroni cuit
5	œufs durs, tranchés
375 ml	(1½ tasse) jambon cuit en dés
250 ml	(1 tasse) fromage gruyère râpé
625 ml	(2½ tasses) sauce blanche légère, chaude
	sel et poivre
	quelques gouttes de jus de citron

Mettre beurre, champignons, persil, échalote, sel, poivre et jus de citron dans le plat. Couvrir et faire cuire 4 minutes à FORT.

Égoutter les champignons. Réserver le liquide. Mettre de côté.

Étendre la moitié des macaroni dans le fond du plat. Recouvrir de tranches d'œufs durs.

Parsemer de jambon et de champignons cuits. Ajouter la moitié du fromage. Recouvrir du reste de macaroni.

Incorporer le liquide des champignons à la sauce blanche et verser sur les macaroni. Parsemer de fromage râpé.

Couvrir et faire cuire 6 minutes à MOYEN-FORT.

Salade de pétoncles

(pour 4 personnes)

1 PORTION	395 CALORIES	8g GLUCIDES
20g PROTÉINES	31g LIPIDES	1g FIBRES

Réglage : MOYEN

Temps de cuisson : 3 minutes

Contenant : plat de 2,8 L (12 tasses) avec couvercle

500 g	(1 livre) pétoncles
30 ml	(2 c. à soupe) jus de limette
15 ml	(1 c. à soupe) beurre
1 ml	(¼ c. à thé) graines d'anis
50 ml	(¼ tasse) vin blanc sec
1	branche de céleri, émincé
125 ml	(½ tasse) radis, émincés
2	oignons verts, hachés
15 ml	(1 c. à soupe) moutarde de Dijon
45 ml	(3 c. à soupe) vinaigre de framboises
125 ml	(½ tasse) huile d'olive
	sel et poivre du moulin
	jus de citron
	quelques gouttes de sauce Tabasco

Mettre pétoncles, jus de limette, beurre, graines d'anis, vin et poivre dans le plat. Couvrir et faire cuire 3 minutes.

Égoutter les pétoncles et les transférer dans un bol. Ajouter céleri, radis et oignons verts; mélanger et mettre de côté.

Dans un second bol, mélanger moutarde, vinaigre, sel et poivre avec un fouet.

Incorporer l'huile, en filet, tout en mélangeant constamment avec un fouet. Rectifier l'assaisonnement. Incorporer jus de citron et sauce Tabasco. Verser sur la salade.

Remuer et servir.

Casserole d'aiglefin

(pour 4 personnes)

1 PORTION	414 CALORIES	45g GLUCIDES
25g PROTÉINES	15g LIPIDES	2g FIBRES

Réglage: FORT

Temps de cuisson: 21 minutes

Contenant: plat de 2,8 L (12 tasses) avec couvercle

60 ml	(4 c. à soupe) beurre
2	branches de céleri, tranchées épais
1	oignon, en morceaux
1	bulbe de fenouil, tranché en 2 et coupé en cubes
75 ml	(5 c. à soupe) farine
750 ml	(3 tasses) bouillon de poulet chaud
300 g	(10 oz) filets d'aiglefin, coupés en lanières de 1 po (2,5 cm) de largeur
8	petites pommes de terre rondes, pelées et cuites*
1	patate douce, pelée, cuite et en cubes*
	sel et poivre

Mettre beurre, céleri, oignon et fenouil dans le plat; assaisonner. Couvrir et faire cuire 5 minutes.

Incorporer la farine; couvrir et faire cuire 2 minutes.

Incorporer le bouillon de poulet; faire cuire 5 minutes sans couvrir. Bien remuer; continuer la cuisson 5 minutes sans couvrir.

Rectifier l'assaisonnement. Ajouter poisson, pommes de terre et patate. Faire cuire 4 minutes sans couvrir.

* Les pommes de terre en conserve sont un excellent substitut.

Mettre beurre, céleri, oignon et fenouil dans le plat; assaisonner et faire cuire 5 minutes.

Incorporer la farine; couvrir et faire cuire 2 minutes.

3 Incorporer le bouillon de poulet; faire cuire 5 minutes sans couvrir. Bien remuer et continuer la cuisson 5 minutes sans couvrir.

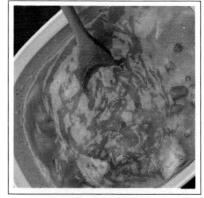

4 Rectifier l'assaisonnement. Ajouter poisson, pommes de terre et patate. Faire cuire 4 minutes sans couvrir.

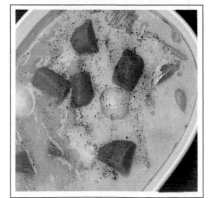

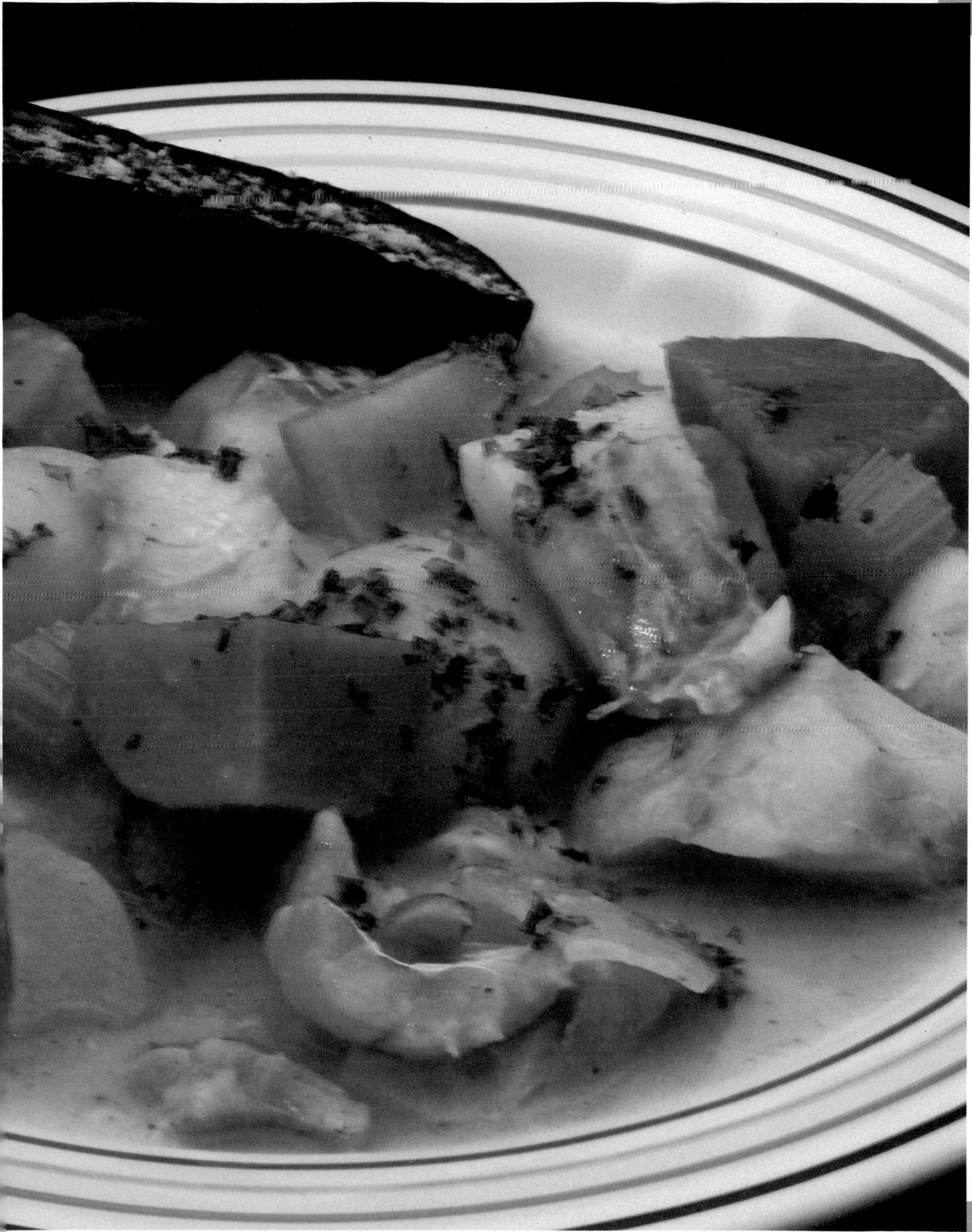

Filets de goberge aux légumes

(pour 4 personnes)

1 PORTION	169 CALORIES	8g GLUCIDES
19g PROTÉINES	6g LIPIDES	1g FIBRES

Réglage: FORT et MOYEN-FORT

Temps de cuisson: 12 minutes

Contenant: plat de 2,8 L (12 tasses) avec couvercle

1	poireau, coupé en 4 sur la longueur, lavé et émincé
15 ml	(1 c. à soupe) persil frais haché
15 ml	(1 c. à soupe) beurre
1 ml	(¼ c. à thé) fenouil
350 g	(12 oz) filets de goberge
8	litchis
2	tomates, tranchées
	sel et poivre

Mettre poireau, persil, beurre et fenouil dans le plat. Couvrir et faire cuire 4 minutes à FORT.

Étendre les filets dans le plat. Ajouter litchis et tomates. Couvrir et faire cuire 5 minutes à MOYEN-FORT.

Retourner les filets. Rectifier l'assaisonnement. Couvrir et faire cuire 3 minutes à MOYEN-FORT.

Bisque de crevettes

(pour 4 personnes)

1 PORTION	315 CALORIES	13g GLUCIDES
24g PROTÉINES	20g LIPIDES	trace FIBRES

Réglage: FORT

Temps de cuisson: 25 minutes

Contenant: plat de 2,8 L (12 tasses) avec couvercle

60 ml	(4 c. à soupe) beurre
1	carotte, pelée et en dés
1	branche de céleri, en dés
1	échalote sèche, hachée
12	grosses crevettes non décortiquées
1 ml	(¼ c. à thé) fenouil
5 ml	(1 c. à thé) ciboulette hachée
75 ml	(5 c. à soupe) farine
1 L	(4 tasses) bouillon de poisson chaud
125 ml	(½ tasse) crème légère chaude
	sel et poivre

Mettre beurre, légumes, échalote et crevettes dans le plat. Saler, poivrer; couvrir et faire cuire 8 minutes.

Retirer les crevettes du plat et les décortiquer. Mettre crevettes et carapaces de côté.

Ajouter épices et farine aux légumes; bien mêler. Ajouter carapaces et bouillon de poisson. Couvrir et faire cuire 15 minutes.

Forcer le mélange à travers une passoire, à l'aide d'un pilon. Transvider le tout dans le plat.

Hacher les crevettes et les incorporer à la soupe. Ajouter la crème et assaisonner au goût. Faire cuire 2 minutes sans couvrir.

Truite arc-en-ciel grillée

(pour 2 personnes)

1 PORTION	370 CALORIES	1g GLUCIDES
28g PROTÉINES	27g LIPIDES	-- FIBRES

Réglage: FORT

Temps de cuisson: 5½ minutes

Contenant: plat de 2,8 L (12 tasses) avec couvercle

15 ml	(1 c. à soupe) beurre
2	truites arc-en-ciel, nettoyées
	jus de limette
	sel et poivre
	beurre fondu
	amandes effilées grillées

Mettre le beurre dans le plat. Faire cuire ½ minute sans couvrir.

Saler, poivrer l'intérieur des truites et arroser de jus de limette. Mettre dans le plat; couvrir et faire cuire 3 minutes.

Retourner les truites; couvrir et continuer la cuisson 2 minutes.

Servir avec du beurre fondu. Garnir d'amandes grillées.

Pétoncles au vermouth

(pour 4 personnes)

1 PORTION	336 CALORIES	14g GLUCIDES
28g PROTÉINES	17g LIPIDES	1g FIBRES

Réglage: MOYEN-FORT et FORT

Temps de cuisson: 11 minutes

Contenant: plat de 2,8 L (12 tasses) avec couvercle 4 coquilles individuelles pour le micro-ondes

500 g	(1 livre) pétoncles frais
45 ml	(3 c. à soupe) beurre
15 ml	(1 c. à soupe) persil frais haché
250 g	(½ livre) champignons frais, en quartiers
15 ml	(1 c. à soupe) jus de limette
45 ml	(3 c. à soupe) vermouth sec
45 ml	(3 c. à soupe) farine
125 ml	(½ tasse) lait chaud
1 ml	(¼ c. à thé) graines de fenouil
250 ml	(1 tasse) fromage mozzarella râpé
	sel et poivre
	une pincée de paprika
	quelques gouttes de jus de citron

Mettre pétoncles, beurre, persil, champignons et jus de limette dans le plat.

Ajouter le vermouth; couvrir et faire cuire 3 minutes à MOYEN-FORT.

Incorporer la farine; couvrir et continuer la cuisson 3 minutes à MOYEN-FORT.

Retirer les pétoncles. Mettre de côté.

Verser le lait chaud dans le plat. Ajouter fenouil, sel, poivre et paprika; bien incorporer et arroser de jus de citron. Faire cuire 4 minutes sans couvrir à FORT.

Remettre les pétoncles dans le plat et bien mêler. À l'aide d'une cuiller, transférer le mélange dans les coquilles. Parsemer de fromage et faire cuire 1 minute à FORT sans couvrir.

Mettre pétoncles, beurre, persil, champignons et jus de limette dans le plat.
1

Ajouter le vermouth; couvrir et faire cuire 3 minutes à MOYEN-FORT.
2

Incorporer la farine. Couvrir et continuer la cuisson 3 minutes à MOYEN-FORT.
3

Retirer les pétoncles. Mettre de côté.
4

424

Aiglefin
au fromage

(pour 4 personnes)

1 PORTION	166 CALORIES	2g GLUCIDES
21g PROTÉINES	7g LIPIDES	trace FIBRES

Réglage: MOYEN-FORT

Temps de cuisson: 8 minutes

Contenant: plat de 2,8 L (12 tasses) avec couvercle plat de service micro-ondes

350 g	(12,3 oz) de filets d'aiglefin congelés
15 ml	(1 c. à soupe) jus de citron ou de limette
3	oignons verts, hachés
15 ml	(1 c. à soupe) beurre
1 ml	(¼ c. à thé) graines de fenouil
1 ml	(¼ c. à thé) estragon
125 ml	(½ tasse) fromage mozzarella râpé
	sel et poivre
	paprika au goût

Beurrer le plat et y mettre poisson congelé, jus de limette et oignons verts.

Ajouter beurre, fenouil et estragon; bien assaisonner. Couvrir et faire cuire 5 minutes.

Retourner les filets; couvrir et faire cuire 2 minutes.

Transférer le poisson dans le plat de service. Saupoudrer de paprika et couronner de fromage. Faire cuire 1 minute sans couvrir.

Servir avec une salade et des légumes.

Utiliser le poisson congelé.

Placer poisson congelé, jus de limette et oignons verts dans le plat beurré. Ajouter beurre, fenouil et estragon; bien assaisonner. Couvrir et faire cuire 5 minutes.

Retourner les filets; couvrir et continuer la cuisson 2 minutes.

Transférer le poisson dans un plat de service. Saupoudrer de paprika et couronner de fromage. Faire cuire 1 minute sans couvrir.

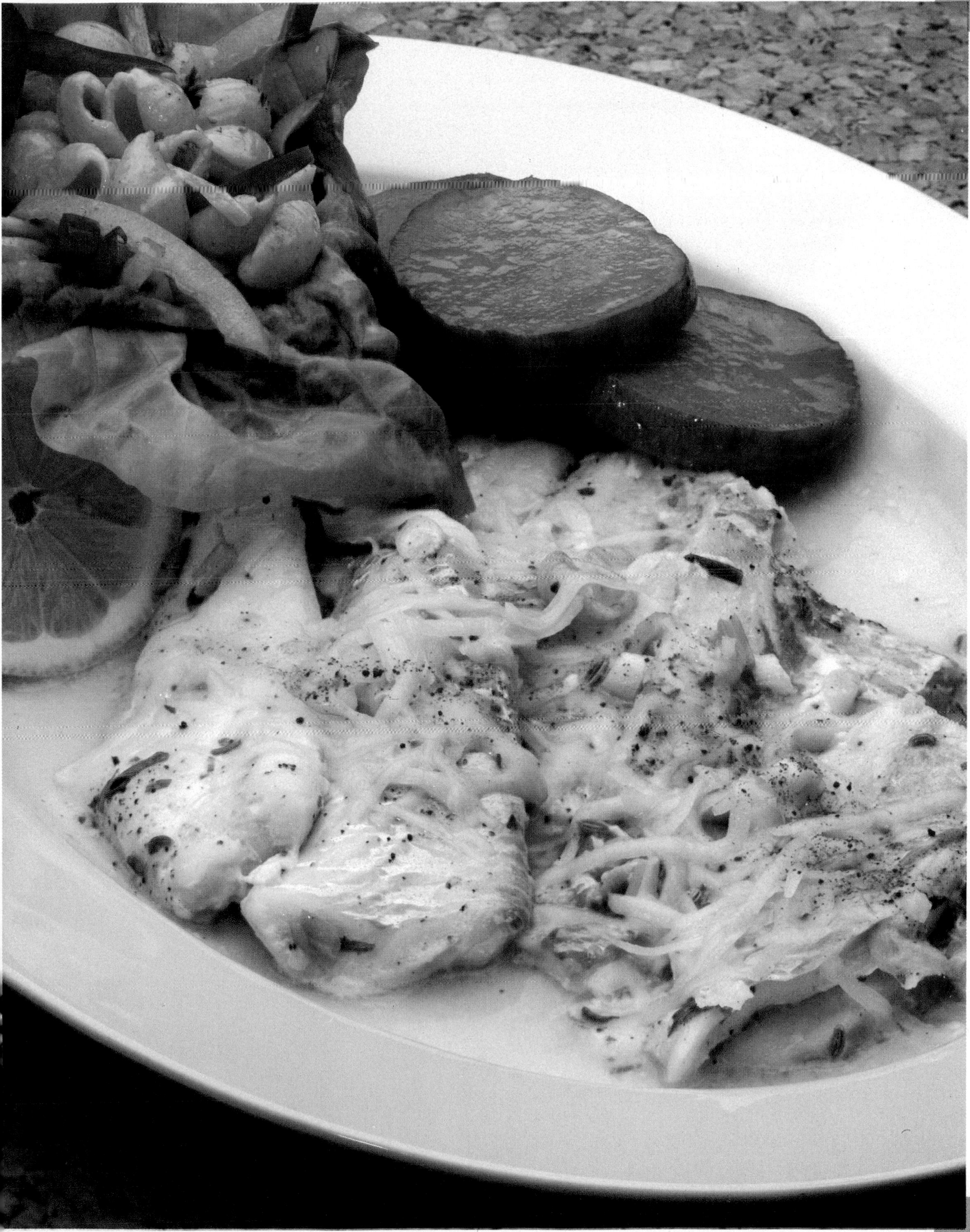

Huîtres
en casserole

(pour 4 personnes)

1 PORTION	390 CALORIES	10g GLUCIDES
48g PROTÉINES	16g LIPIDES	trace FIBRES

Réglage: FORT

Temps de cuisson: 13 minutes

Contenant: plat rectangulaire de 2 L (8 tasses)

30 ml	(2 c. à soupe) beurre
4	gros filets de sole
15 ml	(1 c. à soupe) échalote sèche hachée
15 ml	(1 c. à soupe) persil frais haché
24	crevettes, décortiquées et nettoyées
250 ml	(1 tasse) champignons frais, coupés en deux
250 ml	(1 tasse) huîtres en vrac
125 ml	(½ tasse) vin blanc sec
125 ml	(½ tasse) crème légère chaude
	une pincée de fenouil
	jus de citron
	sel et poivre

Mettre la moitié du beurre dans le plat. Ajouter les filets et bien assaisonner. Couvrir avec une pellicule plastique et la percer avec la pointe d'un couteau; faire cuire 3 minutes.

Retourner les filets; couvrir et continuer la cuisson 4 minutes.

Retirer les filets et les transférer dans un plat de service. Mettre de côté.

Mettre le reste du beurre dans le plat rectangulaire. Ajouter échalote, persil, crevettes et champignons; couvrir avec une pellicule plastique et faire cuire 4 minutes.

Ajouter fenouil, sel, poivre et jus de citron. Incorporer huîtres et vin; bien remuer. Couvrir et faire cuire 2 minutes.

Incorporer la crème et rectifier l'assaisonnement.

Verser sur les filets de poisson et servir.

Langoustines
à la parisienne

(pour 4 personnes)

1 PORTION	494 CALORIES	23g GLUCIDES
66g PROTÉINES	15g LIPIDES	1g FIBRES

Réglage: FORT

Temps de cuisson: 5½ minutes

Contenant: plat de 2,8 L (12 tasses) avec couvercle

60 ml	(4 c. à soupe) beurre
32	langoustines, décortiquées
2	gousses d'ail, écrasées et hachées
250 ml	(1 tasse) châtaignes d'eau
250 ml	(1 tasse) pommes de terre à la parisienne, cuites
2	tomates pelées et en dés
15 ml	(1 c. à soupe) persil frais haché ou ciboulette
5 ml	(1 c. à thé) sauce soya
5 ml	(1 c. à thé) piment banane mariné haché
	sel et poivre

Mettre le beurre dans le plat. Faire cuire ½ minute sans couvrir.

Ajouter langoustines et ail. Assaisonner; couvrir et faire cuire 2 minutes.

Incorporer le reste des ingrédients. Rectifier l'assaisonnement. Couvrir et faire cuire 3 minutes.

Sébaste au chou

(pour 4 personnes)

1 PORTION	228 CALORIES	11g GLUCIDES
31g PROTÉINES	6g LIPIDES	1g FIBRES

Réglage: MOYEN-FORT

Temps de cuisson: 12 minutes

Contenant: plat de 2,8 L (12 tasses) avec couvercle

½	chou cuit, émincé
60 ml	(4 c. à soupe) fromage parmesan râpé
4	filets de sébaste
10 ml	(2 c. à thé) beurre
2 ml	(½ c. à thé) graines de fenouil
1 ml	(¼ c. à thé) anis
1 ml	(¼ c. à thé) paprika
398 ml	(14 oz) sauce tomate chaude
	sel et poivre

Beurrer légèrement le plat et y mettre la moitié du chou. Parsemer la moitié du fromage.

Étendre les filets dans le plat et les parsemer de noisettes de beurre. Saupoudrer d'épices et ajouter le reste de fromage et de chou.

Saler, poivrer et ajouter la sauce tomate. Couvrir et faire cuire 12 minutes.

Servir avec une courge spaghetti.

Pommes au four

(pour 4 personnes)

1 PORTION	87 CALORIES	11g GLUCIDES
trace PROTÉINES	2g LIPIDES	1g FIBRES

Réglage: FORT

Temps de cuisson: 9 minutes

Contenant: plat de 2 L (8 tasses) avec couvercle

2	pommes, évidées
10 ml	(2 c. à thé) beurre
2 ml	(½ c. à thé) cannelle
	jus de citron

À l'aide d'un petit couteau, couper la pelure tout autour du centre de la pomme pour éviter qu'elle éclate pendant la cuisson.

Mettre les pommes dans le plat et les parsemer du reste des ingrédients. Couvrir et faire cuire 9 minutes.

Dès que les pommes sont cuites, les couper en deux. Servir comme garniture pour les filets de plie.

Filets de plie à l'ananas

(pour 4 personnes)

1 PORTION	163 CALORIES	8g GLUCIDES
15g PROTÉINES	4g LIPIDES	1g FIBRES

Réglage: FORT et MOYEN-FORT

Temps de cuisson: 6 minutes

Contenant: plat rectangulaire de 2 L (8 tasses)

15 ml	(1 c. à soupe) beurre
4	filets de plie
15 ml	(1 c. à soupe) persil frais haché
1	piment jaune, émincé
4	rondelles d'ananas frais
	sel et poivre
	une pincée de paprika
	jus de citron

Mettre tous les ingrédients dans le plat. Couvrir d'une pellicule plastique et la percer avec la pointe d'un couteau. Faire cuire 4 minutes à FORT.

Retourner les filets; couvrir et continuer la cuisson 2 minutes à MOYEN-FORT.

Servir avec des pommes au four.

Patates douces sucrées

(pour 4 personnes)

1 PORTION	173 CALORIES	41g GLUCIDES
2g PROTÉINES	trace LIPIDES	1g FIBRES

Réglage: FORT

Temps de cuisson: 23 minutes

Contenant: plat de service micro-ondes

2	grosses patates douces, non pelées
15 ml	(1 c. à soupe) cassonade
5 ml	(1 c. à thé) cannelle
50 ml	(¼ tasse) jus d'orange
30 ml	(2 c. à soupe) mélasse

Envelopper chaque patate dans une pellicule plastique. Piquer plusieurs fois. Faire cuire 20 minutes ou selon la grosseur. Retourner 3 à 4 fois durant la cuisson.

Retirer du micro-ondes. Couper, avec la peau, en tranches de 1,2 cm (½ po) d'épaisseur. Disposer dans le plat de service et parsemer du reste des ingrédients. Faire cuire 1½ minute sans couvrir.

Retourner les patates; continuer la cuisson, sans couvrir, pendant 1½ minute.

Patates douces à l'ail

(pour 4 personnes)

1 PORTION	349 CALORIES	62g GLUCIDES
12g PROTÉINES	6g LIPIDES	2g FIBRES

Réglage: FORT
Temps de cuisson: 23 minutes
Contenant: aucun

4	grosses patates douces, non pelées
3	tranches de bacon croustillant, hachées
2	gousses d'ail, écrasées et hachées
15 ml	(1 c. à soupe) persil frais haché
125 ml	(½ tasse) crevettes cuites, hachées
60 ml	(4 c. à soupe) crème sure
	sel et poivre

Envelopper chaque patate dans une pellicule plastique. Faire quelques trous avec un couteau. Faire cuire 8 minutes.

Retourner les patates et continuer la cuisson 15 minutes. Retirer du micro-ondes et développer.

Mélanger le reste des ingrédients dans un bol. Assaisonner au goût.

Fendre les patates et les garnir du mélange. Servir.

Casserole d'endives au jambon

(pour 4 personnes)

1 PORTION	350 CALORIES	11g GLUCIDES
26g PROTÉINES	23g LIPIDES	1g FIBRES

Réglage: FORT
Temps de cuisson: 23 minutes
Contenant: plat de 2,8 L (12 tasses) avec couvercle

4	endives
30 ml	(2 c. à soupe) beurre
15 ml	(1 c. à soupe) jus de citron
15 ml	(1 c. à soupe) persil frais haché
2 ml	(½ c. à thé) estragon
125 ml	(½ tasse) bouillon de poulet léger
4	tranches de jambon Forêt Noire, dégraissées
375 ml	(1½ tasse) sauce blanche légère, chaude
250 ml	(1 tasse) fromage mozzarella râpé
	sel et poivre

En partant de 1,2 cm (½ po) de la base, couper les endives en 4 sur la longueur. Bien laver à l'eau froide. Secouer pour retirer l'excédent d'eau.

Mettre endives, beurre, jus de citron, persil, estragon et bouillon de poulet dans le plat. Bien assaisonner. Couvrir et faire cuire 10 minutes. Retourner les endives et continuer la cuisson 10 minutes.

Retirer les endives du plat. Jeter la moitié du liquide de cuisson.

Envelopper chaque endive dans une tranche de jambon et attacher avec un cure-dents. Remettre dans le plat. Ajouter la sauce blanche. Assaisonner et parsemer de fromage. Faire cuire 3 minutes sans couvrir.

Légumes variés

(pour 4 personnes)

1 PORTION	182 CALORIES	22g GLUCIDES
10g PROTÉINES	8g LIPIDES	3g FIBRES

Réglage: FORT

Temps de cuisson: 24 minutes

Contenant: plat de 2,8 L (12 tasses) avec couvercle

15 ml	(1 c. à soupe) beurre
1	oignon moyen, haché
1	gousse d'ail, écrasée et hachée
3	tranches de bacon, en dés
500 g	(1 livre) okras frais, nettoyés
4	tomates, pelées, épépinées et hachées
1	piment vert, en dés
5 ml	(1 c. à thé) piment jalapeno haché
15 ml	(1 c. à soupe) poudre de cari
15 ml	(1 c. à soupe) cumin
5 ml	(1 c. à thé) huile d'olive
	sel et poivre

Mettre le beurre dans le plat; faire cuire 1 minute sans couvrir.

Ajouter oignon, ail et bacon; couvrir et faire cuire 6 minutes.

Ajouter les okras et mélanger; couvrir et faire cuire 2 minutes.

Incorporer tomates, piment vert, piment jalapeno, épices et huile; couvrir et faire cuire 7 minutes.

Bien remuer; couvrir et faire cuire 8 minutes.

Si désiré, saupoudrer de parmesan avant de servir.

Retirer le bout des okras.

Pour peler facilement les tomates: les blanchir 2 à 3 minutes dans l'eau bouillante. La peau se détachera facilement de la pulpe.

 Faire cuire oignon, ail et bacon dans le beurre chaud pendant 6 minutes. Ajouter les okras et continuer la cuisson 2 minutes.

 Incorporer tomates, piment vert, piment jalapeno, épices et huile; couvrir et faire cuire 7 minutes.

Courge spaghetti

(pour 4 personnes)

1 PORTION	57 CALORIES	2g GLUCIDES
1g PROTÉINES	6g LIPIDES	trace FIBRES

Réglage: FORT

Temps de cuisson: 25 minutes

Contenant: aucun

1	courge spaghetti
30 ml	(2 c. à soupe) beurre
	sel et poivre
	beurre au goût

Couper la courge en deux sur la longueur. Retirer pépins et fibre.

Mettre 15 ml (1 c. à soupe) de beurre dans chaque demi-courge et assaisonner généreusement. Envelopper chaque demi-courge dans une pellicule plastique et la percer avec la pointe d'un couteau. Faire cuire 25 minutes.

Retirer du micro-ondes. À l'aide d'une cuiller, retirer la pulpe et la mettre dans un bol. Ajouter du beurre au goût. Servir comme légume d'accompagnement.

Chou-fleur crémeux

(pour 4 personnes)

1 PORTION	213 CALORIES	17g GLUCIDES
5g PROTÉINES	11g LIPIDES	2g FIBRES

Réglage: FORT

Temps de cuisson: 9 minutes

Contenant: plat de 2,8 L (12 tasses) avec couvercle

15 ml	(1 c. à soupe) beurre
1	petit chou-fleur, en fleurettes
2	grosses pommes de terre, pelées, cuites et en petits cubes
1	concombre, pelé, épépiné et en dés
2	gousses d'ail, écrasées et hachées
15 ml	(1 c. à soupe) persil frais haché
30 ml	(2 c. à soupe) piment doux mariné, haché
250 ml	(1 tasse) crème légère, chaude
	quelques gouttes de jus de citron
	sel et poivre

Mettre beurre et chou-fleur dans le plat. Saler, poivrer et arroser de jus de citron. Couvrir et faire cuire 5 minutes.

Ajouter pommes de terre, concombre, ail, persil et piment; bien mêler. Couvrir et faire cuire 2 minutes.

Bien mélanger et incorporer la crème. Faire cuire 2 minutes sans couvrir.

Asperges aux tomates

(pour 4 personnes)

1 PORTION	174 CALORIES	14g GLUCIDES
16g PROTÉINES	15g LIPIDES	1g FIBRES

Réglage: FORT

Temps de cuisson: 15 minutes

Contenant: plat de 2,8 L (12 tasses) avec couvercle

500 g	(1 livre) asperges fraîches, nettoyées
125 ml	(½ tasse) eau
250 ml	(1 tasse) sauce tomate chaude
250 ml	(1 tasse) sauce blanche, chaude
1 ml	(¼ c. à thé) muscade
250 ml	(1 tasse) fromage gruyère râpé
	sel et poivre

Mettre asperges et eau dans le plat. Saler, couvrir et faire cuire 6 minutes.

À l'aide de pinces, placer les asperges se trouvant dans le fond du plat sur le dessus. Couvrir et faire cuire 6 minutes. Si les asperges sont très grosses, augmenter la cuisson de 1 minute.

Égoutter le liquide du plat. Retirer la moitié des asperges. Ajouter, en alternant, la moitié de la quantité des ingrédients suivants: sauce tomate, sauce blanche, muscade et fromage.

Recouvrir du reste des asperges. Ajouter, en alternant, le reste des ingrédients. Couvrir et faire cuire 3 minutes.

Brocoli
et asperges

(pour 4 personnes)

1 PORTION	79 CALORIES	6g GLUCIDES
3g PROTÉINES	5g LIPIDES	1g FIBRES

Réglage: FORT

Temps de cuisson: 9 minutes

Contenant: plat de 2,8 L (12 tasses) avec couvercle

1	botte d'asperges fraîches, seulement les pointes
15 ml	(1 c. à soupe) beurre
1	tête de brocoli, en fleurettes
15 ml	(1 c. à soupe) gingembre frais haché
45 ml	(3 c. à soupe) amandes effilées, grillées
	sel et poivre

Couper les pointes d'asperges, en deux, sur la longueur. Couper chaque moitié en deux morceaux. Mettre dans le plat. Ajouter beurre, sel et poivre. Couvrir et faire cuire 4 minutes.

Ajouter brocoli, gingembre et amandes; bien remuer. Couvrir et faire cuire 5 minutes.

Servir.

Gâteau aux amandes

(pour 4 personnes)

1 PORTION	298 CALORIES	35g GLUCIDES
5g PROTÉINES	16g LIPIDES	trace FIBRES

Réglage: MOYEN

Temps de cuisson: 19 minutes

Contenant: moule couronne de 3 L (12 tasses)

400 ml	(1⅔ tasse) farine tout usage
250 ml	(1 tasse) sucre granulé
50 ml	(¼ tasse) amandes en poudre
5 ml	(1 c. à thé) bicarbonate de soude
1 ml	(¼ c. à thé) sel
1 ml	(¼ c. à thé) muscade
250 ml	(1 tasse) lait
125 ml	(½ tasse) huile végétale
1	œuf
5 ml	(1 c. à thé) vanille
50 ml	(¼ tasse) amandes effilées
125 ml	(½ tasse) ananas broyés
2	blancs d'œufs, battus ferme

Huiler légèrement le moule. Mettre de côté.

Tamiser farine, sucre, amandes, bicarbonate, sel et muscade dans le bol d'un malaxeur. Bien mélanger 2 minutes à petite vitesse.

Ajouter lait, huile, œuf entier et vanille; mélanger 2 minutes pour bien incorporer.

Ajouter amandes effilées et ananas; mélanger 2 minutes à petite vitesse.

À l'aide d'une spatule, incorporer les blancs d'œufs battus en pliant.

Verser le mélange dans le moule et secouer un peu le moule pour que le mélange se répartisse également. Faire cuire 19 minutes en tournant le plat toutes les 4 à 5 minutes.

Dès que le gâteau est cuit, le laisser refroidir dans le moule. Au moment de servir, décorer du glaçage de votre choix.

Tamiser farine, sucre, amandes, bicarbonate, sel et muscade dans le bol d'un malaxeur.

Bien mélanger 2 minutes à petite vitesse.

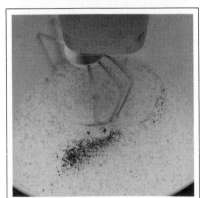

Ajouter lait, huile, œuf entier et vanille. Mélanger 2 minutes pour bien incorporer.

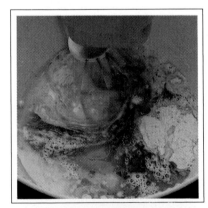

Ajouter amandes effilées et ananas; mélanger 2 minutes à petite vitesse.

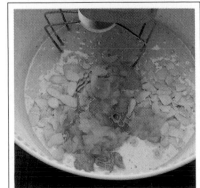

Brownies
aux amandes

(pour 8 personnes)

1 PORTION	445 CALORIES	42g GLUCIDES
8g PROTÉINES	28g LIPIDES	trace FIBRES

Réglage: FORT

Temps de cuisson: 5½ minutes

Contenant: moule carré en plastique, de 2 L (8 tasses)

125 ml	(½ tasse) beurre
175 ml	(¾ tasse) sucre granulé
50 ml	(¼ tasse) cassonade
3	œufs battus
15 ml	(1 c. à soupe) rhum
60 ml	(4 c. à soupe) crème à 35%
250 ml	(1 tasse) farine tout usage tamisée
125 ml	(½ tasse) cacao
5 ml	(1 c. à thé) poudre à pâte
1	blanc d'œuf, battu ferme
125 ml	(½ tasse) amandes effilées

Beurrer le moule et mettre de côté.

Mettre le beurre dans un bol en verre. Faire chauffer 1 minute sans couvrir.

Verser le beurre fondu dans un grand bol à mélanger. Incorporer sucre et cassonade tout en mélangeant avec un batteur électrique.

Ajouter les œufs entiers battus, rhum et crème; continuer de battre pour bien incorporer.

Tamiser les ingrédients secs dans le bol; bien incorporer.

Ajouter blanc d'œuf battu et amandes en pliant avec une spatule.

Verser le mélange dans le moule beurré. Secouer un peu le moule pour que le mélange se répartisse également.

Faire cuire 4½ minutes sans couvrir. Tourner le plat 2 fois.

Retirer du micro-ondes. Laisser refroidir avant de servir.

Crêpes
aux bananes

(pour 4 personnes)

1 PORTION	313 CALORIES	53g GLUCIDES
6g PROTÉINES	13g LIPIDES	1g FIBRES

Réglage: MOYEN-FORT

Temps de cuisson: 4 minutes

Contenant: plat de 2 L (8 tasses)

15 ml	(1 c. à soupe) beurre
15 ml	(1 c. à soupe) sirop d'érable
4	bananes, en rondelles de 2,5 cm (1 po)
30 ml	(2 c. à soupe) liqueur crème Carribean
3	blancs d'œufs
30 ml	(2 c. à soupe) sucre granulé
4	crêpes
	jus de 1½ orange

Mettre beurre et sirop d'érable dans le plat; faire cuire 1 minute sans couvrir.

Ajouter bananes, liqueur et jus d'orange; remuer et faire cuire 3 minutes sans couvrir.

Entre-temps, battre les blancs en neige ferme. Incorporer le sucre lentement tout en continuant de battre pendant 1 minute.

Étendre le mélange de bananes sur les crêpes, rouler et placer dans un plat allant au four ordinaire. Garnir de meringue. Faire dorer au four, à Gril (broil).

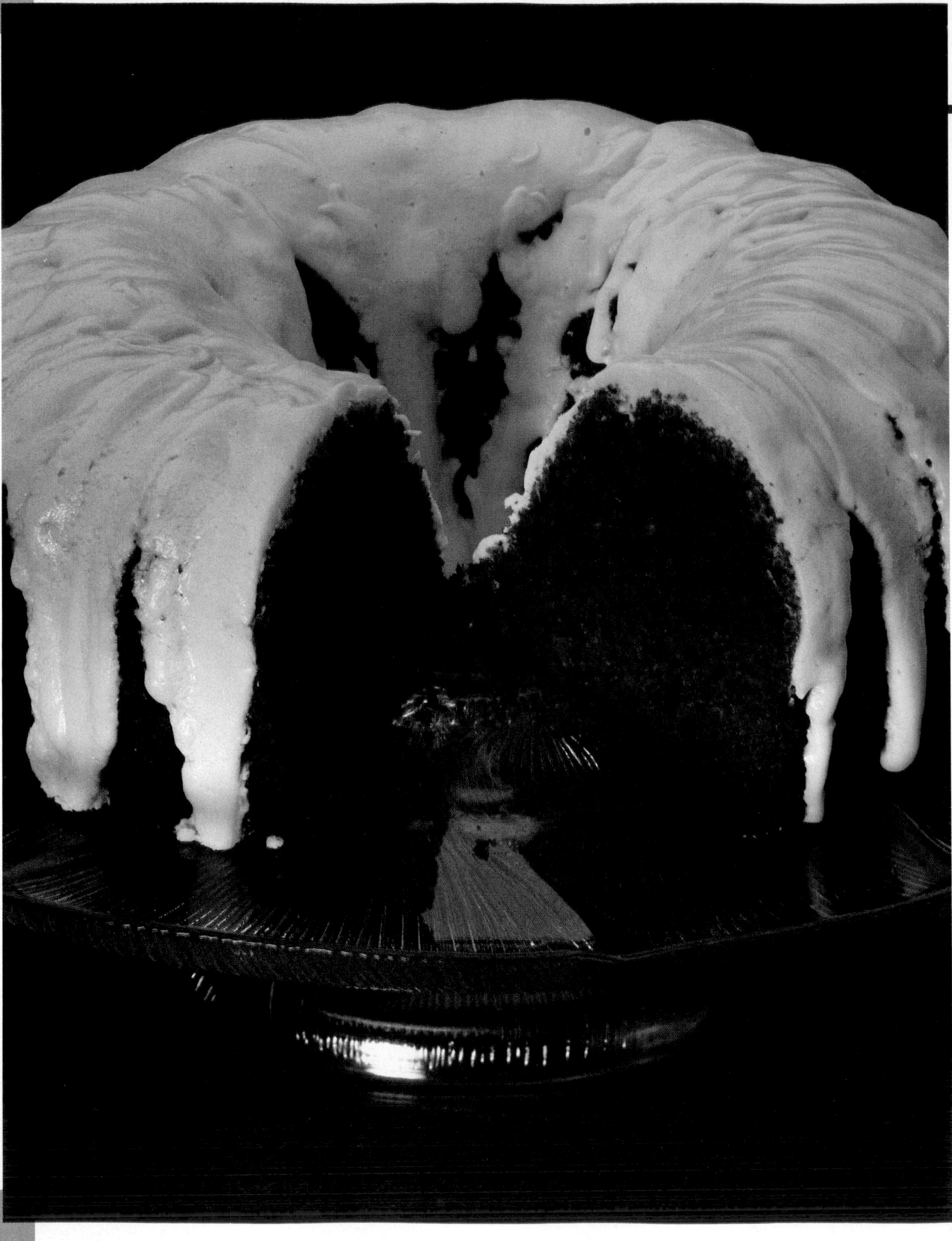

Gâteau au chocolat

(pour 10 à 12 personnes)

1 PORTION	396 CALORIES	38g GLUCIDES
6g PROTÉINES	24g LIPIDES	trace FIBRES

Réglage: MOYEN
Temps de cuisson: 29 minutes
Contenant: moule couronne de 3 L (12 tasses)

250 ml	(1 tasse) sucre granulé
375 ml	(1½ tasse) farine tout usage
125 ml	(½ tasse) cacao
25 ml	(1½ c. à soupe) poudre à pâte
1 ml	(¼ c. à thé) sel
50 ml	(¼ tasse) amandes en poudre
250 ml	(1 tasse) beurre doux, mou
250 ml	(1 tasse) lait
30 ml	(2 c. à soupe) Tia Maria
2	jaunes d'œufs
2	œufs entiers
3	blancs d'œufs, battus ferme
	huile

Huiler légèrement le moule. Mettre de côté.

Tamiser sucre, farine, cacao, poudre à pâte, sel et amandes dans le bol d'un malaxeur. Bien mélanger 2 minutes à petite vitesse.

Ajouter le beurre et continuer à bien mélanger à vitesse moyenne. Nettoyer les parois du bol, de temps à autre, avec une spatule.

Ajouter lait et Tia Maria; mélanger à petite vitesse pendant 1 minute.

Ajouter jaunes et œufs entiers. Battre de 4 à 5 minutes à vitesse moyenne.

Ajouter les blancs d'œufs en les pliant avec une spatule. Bien incorporer.

Verser le mélange dans le moule. Secouer légèrement le moule pour que le mélange se répartisse également. Faire cuire 29 minutes. Tourner le plat 4 fois durant la cuisson.

Laisser le gâteau refroidir dans le moule. Avant de servir, décorer du glaçage de votre choix.

Sauce aux fraises sans pareil

1 RECETTE	800 CALORIES	187g GLUCIDES
7g PROTÉINES	0,5g LIPIDES	2,5g FIBRES

Réglage: FORT
Temps de cuisson: 7 minutes
Contenant: plat de 2 L (8 tasses)

425 g	(15 oz) de fraises congelées
60 ml	(4 c. à soupe) gelée de cassis
30 ml	(2 c. à soupe) liqueur d'orange
30 ml	(2 c. à soupe) fécule de maïs
60 ml	(4 c. à soupe) eau froide

Dégeler les fraises en suivant les directives indiquées sur l'emballage.

Mettre fraises, gelée et liqueur dans le plat. Faire cuire 4 minutes sans couvrir.

Délayer fécule de maïs et eau froide. Incorporer à la sauce; faire cuire 3 minutes sans couvrir.

Laisser refroidir. Servir sur de la crème glacée ou un gâteau éponge.

Sauce à la rhubarbe

(pour 4 personnes)

1 RECETTE	1661 CALORIES	344g GLUCIDES
4g PROTÉINES	27g LIPIDES	trace FIBRES

Réglage: FORT

Temps de cuisson: 31 minutes

Contenant: plat de 2,8 L (12 tasses) avec couvercle

1 L	(4 tasses) rhubarbe congelée
45 ml	(3 c. à soupe) rhum léger
250 ml	(1 tasse) sucre granulé
125 ml	(½ tasse) cassonade
50 ml	(¼ tasse) jus d'orange frais
30 ml	(2 c. à soupe) beurre
30 ml	(2 c. à soupe) fécule de maïs
75 ml	(5 c. à soupe) eau froide
	zeste de 1 citron, haché
	zeste de 1 orange, haché

Mettre la rhubarbe dans le plat et ajouter le rhum.

Ajouter sucre, cassonade, jus d'orange, beurre et zestes hachés. Remuer légèrement; couvrir et faire cuire 30 minutes.

Bien remuer la sauce. Délayer fécule de maïs dans l'eau froide. Incorporer à la sauce. Faire cuire 1 minute sans couvrir.

Servir avec un gâteau ou sur de la crème glacée.

Il n'est pas nécessaire de dégeler la rhubarbe avant la cuisson au micro-ondes.

Mettre la rhubarbe dans un bol et ajouter le rhum.

Ajouter sucre et cassonade.

Ajouter jus d'orange, beurre et zestes hachés.

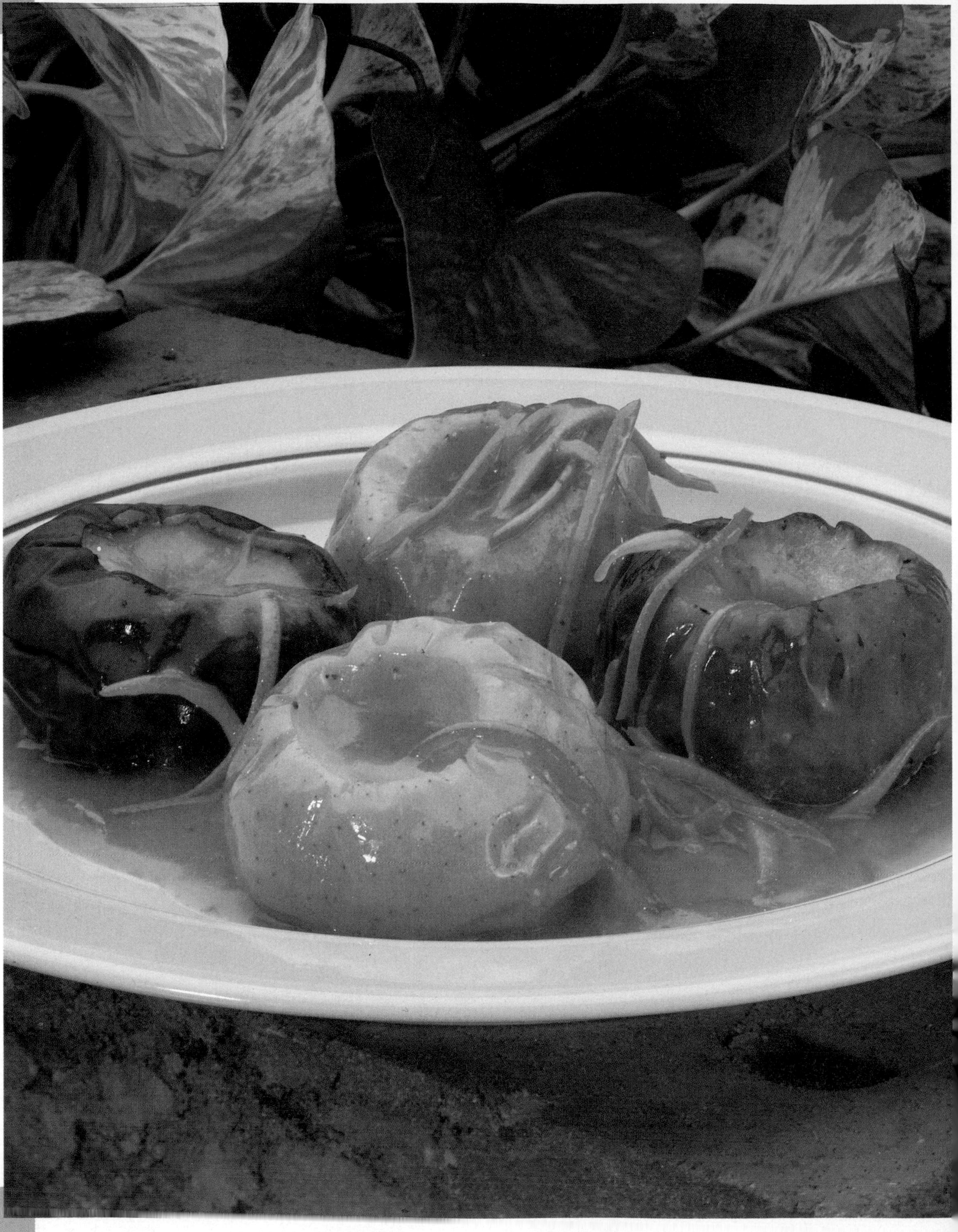

Pommes au four

(pour 4 personnes)

1 PORTION	298 CALORIES	39g GLUCIDES
1g PROTÉINES	10g LIPIDES	1g FIBRES

Réglage: FORT

Temps de cuisson: 12 minutes

Contenant: plat de 2 L (8 tasses) avec couvercle

4	grosses pommes à cuire
45 ml	(3 c. à soupe) cassonade
30 ml	(2 c. à soupe) beurre
30 ml	(2 c. à soupe) crème à 35 %
1 ml	(¼ c. à thé) muscade
125 ml	(½ tasse) rhum léger
15 ml	(1 c. à soupe) fécule de maïs
30 ml	(2 c. à soupe) eau froide
	zeste de 1 orange, en julienne

Évider les pommes. À l'aide d'un petit couteau, couper la pelure autour du centre de la pomme pour qu'elle n'éclate pas durant la cuisson.

À l'aide d'un petit couteau, élargir l'orifice du dessus de chaque pomme. Placer dans le plat.

Mélanger cassonade et beurre dans un petit bol. Incorporer crème et muscade.

Verser le rhum dans le fond du plat. Remplir la cavité des pommes du mélange de cassonade.

Couvrir et faire cuire 11 minutes.

Retirer les pommes du plat. Mettre de côté.

Ajouter les zestes au liquide de cuisson. Délayer fécule de maïs et eau froide. Incorporer au liquide pour épaissir. Faire cuire 1 minute sans couvrir.

Verser la sauce sur les pommes. Servir.

Retirer le cœur des pommes.

À l'aide d'un petit couteau, couper la pelure autour du centre de la pomme pour qu'elle n'éclate pas durant la cuisson.

 Élargir l'orifice du dessus des pommes. Placer dans le plat et ajouter le rhum.

 Remplir la cavité du mélange de cassonade.

Dessert en breuvage

(pour 4 personnes)

1 PORTION	248 CALORIES	19g GLUCIDES
1g PROTÉINES	17g LIPIDES	trace FIBRES

Réglage: FORT

Temps de cuisson: 2 minutes

Contenant: plat de 2,8 L (12 tasses)

4	tranches de citron
3	bâtons de cannelle
15 ml	(1 c. à soupe) zeste d'orange râpé
2	clous de girofle
45 ml	(3 c. à soupe) rhum foncé
45 ml	(3 c. à soupe) cassonade
15 ml	(1 c. à soupe) miel
1 L	(4 tasses) café noir fort, chaud
175 ml	(¾ tasse) crème à 35 %, fouettée
	sucre granulé
	une pincée de cannelle

Bien humecter de citron le bord de 4 grands verres. Tremper dans le sucre. Mettre de côté.

Mettre le reste des ingrédients, à l'exception de la crème et de la pincée de cannelle, dans le plat micro-ondes. Faire cuire 2 minutes sans couvrir.

Verser dans les verres et garnir de crème fouettée. Saupoudrer de cannelle. Servir immédiatement.

Pudding au riz à la crème

(pour 4 à 6 personnes)

1 PORTION	345 CALORIES	53g GLUCIDES
9g PROTÉINES	7g LIPIDES	1g FIBRES

Réglage: MOYEN-FORT et DOUX

Temps de cuisson: 39 minutes

Contenant: plat de 2,8 L (12 tasses) avec couvercle

250 ml	(1 tasse) riz à longs grains, lavé et égoutté
125 ml	(½ tasse) cassonade
875 ml	(3½ tasses) lait chaud
15 ml	(1 c. à soupe) zeste de citron râpé
50 ml	(¼ tasse) raisins de Smyrne
125 ml	(½ tasse) crème légère
30 ml	(2 c. à soupe) fruits confits
15 ml	(1 c. à soupe) cannelle
1	œuf battu

Mettre le riz dans le plat et saupoudrer de cassonade. Incorporer lait et zeste. Couvrir et faire cuire 18 minutes à feu MOYEN-DOUX en remuant deux fois.

Ajouter raisins, crème, fruits et cannelle; bien mêler. Couvrir et continuer la cuisson 19 minutes en remuant de temps en temps.

Ajouter l'œuf; bien mélanger et finir la cuisson 2 minutes, sans couvrir, à DOUX.

Si désiré, servir avec du sirop d'érable.

Gâteau au fromage crémeux

(pour 8 à 10 personnes)

1 PORTION	403 CALORIES	28g GLUCIDES
7g PROTÉINES	30g LIPIDES	-- FIBRES

Réglage: FORT

Temps de cuisson: 8¾ minutes

Contenant: plat à tarte de 1,5 L (6 tasses)

175 ml	(¾ tasse) gaufrettes au chocolat, émiettées
175 ml	(¾ tasse) sucre fin granulé
50 ml	(¼ tasse) beurre mou
2	paquets de 227 g (8 oz) de fromage à la crème, mou
45 ml	(3 c. à soupe) liqueur d'orange
15 ml	(1 c. à soupe) zeste de 1 citron râpé
15 ml	(1 c. à soupe) zeste de 1 orange râpé
15 ml	(1 c. à soupe) fécule de maïs
3	gros œufs
125 ml	(½ tasse) crème à 35%, fouettée
1	blanc d'œuf, battu ferme

Préparation de la croûte: dans un bol, bien mélanger gaufrettes, 50 ml (¼ tasse) sucre et beurre. Presser le mélange dans le plat à tarte et faire cuire 45 secondes sans couvrir.

Mettre fromage et 125 ml (½ tasse) sucre dans le bol d'un malaxeur; bien incorporer.

Ajouter liqueur, zestes et fécule de maïs; bien incorporer.

Ajouter les œufs, un à un, tout en mélangeant entre chaque addition.

Ajouter crème fouettée et blanc d'œuf en pliant avec une spatule.

Verser le mélange dans la croûte refroidie. Bien égaliser avec une spatule. Faire cuire 8 minutes sans couvrir. Tourner le plat toutes les 2 minutes.

Retirer et laisser refroidir. Réfrigérer 2 heures avant de servir.

MICRO-ONDES II

Les micro-ondes :

L'intérêt suscité par le fascicule intitulé «Micro-ondes I» de la collection Cuisine Fraîcheur m'a incité à en écrire un second tout aussi intéressant que le premier. Il ne fait aucun doute qu'avec l'expérience déjà acquise, ce nouveau défi que je vous propose s'avérera un véritable jeu d'enfant. Le proverbe ne dit-il pas que c'est en forgeant que l'on devient forgeron?

Toutefois, il y a quelques règles importantes que l'on ne saurait trop répéter :

— Lisez attentivement le guide du fabricant afin de vous familiariser avec votre four à micro-ondes.

— Si la recette exige une plaque à rôtir, lisez auparavant les instructions du fabricant car, la période de préchauffage et le réglage du micro-ondes peuvent différer des indications contenues dans nos recettes. Faites les ajustements appropriés.

— Prenez quelques minutes pour lire attentivement la recette du début à la fin.

— N'employez que des ustensiles et des plats recommandés pour la cuisson au micro-ondes.

Les fours à micro-ondes diffèrent en voltage et sont sensibles à la force du pouvoir électrique de votre région. Comme chaque modèle a une façon différente de régler sa force de cuisson, nous avons procédé comme suit dans nos recettes :

Réglage	% de la force maximum	watts
FORT	100%	650
MOYEN-FORT	75%	485
MOYEN	50%	325
DOUX	25%	160

Canapés de crevettes

(pour 6 à 8 personnes)

1 PORTION	186 CALORIES	16g GLUCIDES
8g PROTÉINES	10g LIPIDES	1,5g FIBRES

Réglage: FORT

Temps de cuisson: 3 minutes

Contenant: casserole de 3 L (12 tasses)

113 g	(4 oz) crevettes moyennes, en conserve, égouttées et hachées
125 ml	(½ tasse) olives noires dénoyautées
50 ml	(¼ tasse) oignon haché
5 ml	(1 c. à thé) persil frais haché
150 g	(⅓ livre) fromage cheddar râpé
	une goutte de sauce Tabasco
	tranches de pain baguette, grillées

Mettre les crevettes dans la casserole. Assécher les olives avec un papier essuie-tout. Hacher les olives et les incorporer aux crevettes. Ajouter le reste des ingrédients, sauf le pain.

Cuire 3 minutes sans couvrir en remuant de temps en temps.

Bien mélanger. Étendre le mélange sur le pain grillé. Accompagner le tout de fromages.

Bouchées d'huîtres

(pour 4 à 6 personnes)

1 PORTION	121 CALORIES	12g GLUCIDES
7g PROTÉINES	5g LIPIDES	0,7g FIBRES

Réglage: FORT et MOYEN

Temps de cuisson: 2½ minutes

Contenant: casserole de 3 L (12 tasses)

25 ml	(1½ c. à soupe) beurre
50 ml	(¼ tasse) vin blanc Folonari Chardonnay
50 ml	(¼ tasse) eau
5 ml	(1 c. à thé) persil frais haché
18	huîtres en vrac
	sel et poivre du moulin
	jus de citron au goût

Mettre beurre, vin, eau et persil dans la casserole. Saler, poivrer et cuire 2 minutes sans couvrir à FORT.

Ajouter huîtres et jus de citron. Cuire ½ minute sans couvrir à MOYEN.

Laisser reposer 1 minute. Égoutter et servir sur des toasts.

Muffins
au poulet

(pour 4 personnes)

1 PORTION	645 CALORIES	44g GLUCIDES
35g PROTÉINES	37g LIPIDES	1,9g FIBRES

Réglage: FORT et MOYEN

Temps de cuisson: 21 minutes

Contenant: plat rectangulaire de 2 L (8 tasses) casserole de 3 L (12 tasses)

4	muffins à l'anglaise, tranchés en deux
30 ml	(2 c. à soupe) beurre
2	demi-poitrines de poulet sans peau, désossées
250 g	(½ livre) champignons frais, nettoyés et en dés
250 ml	(1 tasse) épinards cuits, hachés
500 ml	(2 tasses) sauce blanche chaude
125 ml	(½ tasse) fromage mozzarella râpé
1 ml	(¼ c. à thé) muscade
15 ml	(1 c. à soupe) persil frais haché
	sel et poivre

Placer les muffins dans le plat rectangulaire. Mettre de côté.

Mettre le beurre dans la casserole. Cuire 1 minute sans couvrir à FORT.

Ajouter le poulet et saler, poivrer. Couvrir et cuire 8 minutes à MOYEN.

Retourner le poulet; couvrir et continuer la cuisson 7 minutes.

Retirer le poulet de la casserole. Mettre de côté. Dès que le poulet est refroidi, le couper en dés.

Mettre les champignons dans la casserole. Saler, poivrer. Couvrir et cuire 3 minutes à FORT.

Verser les champignons dans un bol. Ajouter dés de poulet, épinards, sauce blanche et fromage. Bien remuer.

Parsemer de muscade et persil. Rectifier l'assaisonnement.

Napper les muffins du mélange. Cuire 2 minutes sans couvrir à FORT.

Mini-pitas
farcis

(pour 4 à 6 personnes)

1 PORTION	219 CALORIES	29g GLUCIDES
12g PROTÉINES	6g LIPIDES	0,5g FIBRES

Réglage: FORT

Temps de cuisson: 2 minutes

Contenant: grand plat de service micro-ondes

125 ml	(½ tasse) jambon finement haché
250 ml	(1 tasse) fromage ricotta
50 ml	(¼ tasse) piment doux mariné haché
1	gousse d'ail, écrasée et hachée
5 ml	(1 c. à thé) persil frais haché
12 à 18	petits pains pitas
	quelques gouttes de jus de citron
	sel et poivre

Mettre tous les ingrédients, sauf le pain, dans un robot culinaire. Réduire en purée.

Couper un coin des pains pitas et les remplir du mélange. Placer le tout sur le plat de service et cuire 2 minutes sans couvrir.

Servir avec des condiments.

Œufs brouillés aux piments

(pour 2 personnes)

1 PORTION	269 CALORIES	18g GLUCIDES
16g PROTÉINES	15g LIPIDES	1,2g FIBRES

Réglage: FORT et MOYEN-FORT

Temps de cuisson: 5 minutes 10 secondes

Contenant: casserole de 3 L (12 tasses)

5 ml	(1 c. à thé) beurre
½	piment jaune, en dés
3	œufs
50 ml	(¼ tasse) fromage gruyère râpé
	sel et poivre
	quelques gouttes de sauce Tabasco
	tranches de pain grillé

Mettre beurre et piment dans la casserole. Saler, poivrer; couvrir et cuire 2 minutes à FORT.

Battre les œufs. Saler, poivrer et ajouter la sauce Tabasco. Battre de nouveau. Cuire 1 minute sans couvrir à FORT.

Bien mélanger au fouet et continuer la cuisson 1 minute 10 secondes.

Placer les œufs brouillés sur le pain grillé, couronner de fromage et cuire 1 minute sans couvrir à MOYEN-FORT.

Trempette d'aubergine

(pour 6 à 8 personnes)

1 PORTION	33 CALORIES	4g GLUCIDES
0g PROTÉINES	2g LIPIDES	0,7g FIBRES

Réglage: FORT

Temps de cuisson: 15 minutes

Contenant: trivet

1	grosse aubergine
5 ml	(1 c. à thé) huile végétale
1	tomate, finement hachée
1	gousse d'ail, écrasée et hachée
5 ml	(1 c. à thé) persil frais haché
15 ml	(1 c. à soupe) huile d'olive
	une goutte de sauce Tabasco
	sel et poivre

Couper l'aubergine en deux sur la longueur. Inciser profondément la chair en lignes entrecroisées. Badigeonner d'huile végétale. Placer les demi-aubergines sur le trivet et cuire 15 minutes sans couvrir.

Évider les demi-aubergines et placer la chair dans un robot culinaire. Ajouter le reste des ingrédients et bien mélanger pour obtenir un mélange homogène.

Accompagner la trempette de biscottes et de légumes frais.

Inciser **1** profondément la chair en lignes entrecroisées.

Badigeonner **2** d'huile végétale. Placer les demi-aubergines sur le trivet et cuire 15 minutes sans couvrir.

3 Retirer la chair.

4 Mettre dans un robot culinaire et ajouter le reste des ingrédients. Bien mélanger pour obtenir un mélange homogène.

Salade de crevettes et de thon

(pour 4 personnes)

1 PORTION	314 CALORIES	9g GLUCIDES
27g PROTÉINES	19g LIPIDES	1,3g FIBRES

Réglage: FORT

Temps de cuisson: 4 minutes

Contenant: casserole de 3 L (12 tasses)

500 g	(1 livre) crevettes moyennes
198 g	(7 oz) thon en conserve dans l'huile, bien égoutté et émietté
½	branche de céleri, émincée
12	tomates naines, coupées en deux
12	châtaignes d'eau
125 ml	(½ tasse) vinaigrette
1 ml	(¼ c. à thé) estragon
	jus de ½ citron
	sel et poivre
	feuilles de laitue

Mettre les crevettes dans le plat et ajouter assez d'eau chaude pour les recouvrir. Arroser de jus de citron. Couvrir d'une pellicule plastique et cuire 3 minutes.

Bien remuer les crevettes pour que celles qui se trouvaient au centre du plat soient maintenant placées vers l'extérieur. Couvrir et cuire 1 minute.

Retirer la casserole du micro-ondes. Laisser reposer 4 à 5 minutes.

Refroidir les crevettes sous l'eau froide. Décortiquer et retirer la veine noire.

Placer les crevettes dans un bol avec le reste des ingrédients. Laisser mariner 1 heure. Servir sur des feuilles de laitue.

Rigatoni à la polonaise

(pour 3 personnes)

1 PORTION	488 CALORIES	40g GLUCIDES
22g PROTÉINES	27g LIPIDES	2,7g FIBRES

Réglage: FORT

Temps de cuisson: 7 minutes

Contenant: casserole de 3 L (12 tasses)

250 g	(½ livre) saucisson polonais, tranché épais
15 ml	(1 c. à soupe) beurre
4	tranches épaisses de courge jaune, en quartiers
½	piment vert, émincé
5	tomates naines, coupées en deux
125 ml	(½ tasse) bouillon de poulet chaud
30 ml	(2 c. à soupe) fécule de maïs
45 ml	(3 c. à soupe) eau froide
2	portions de rigatoni cuits, chauds
125 ml	(½ tasse) fromage mozzarella râpé
	sel et poivre

Retirer la peau qui entoure les tranches de saucisson. Mettre de côté.

Mettre beurre, courge et piment vert dans la casserole; couvrir et cuire 4 minutes.

Assaisonner. Ajouter tomates, tranches de saucisson et bouillon de poulet; cuire 1 minute sans couvrir.

Délayer fécule de maïs et eau froide. Incorporer à la sauce. Ajouter les pâtes et bien mêler. Ajouter le fromage; mélanger de nouveau. Cuire 2 minutes sans couvrir. Servir.

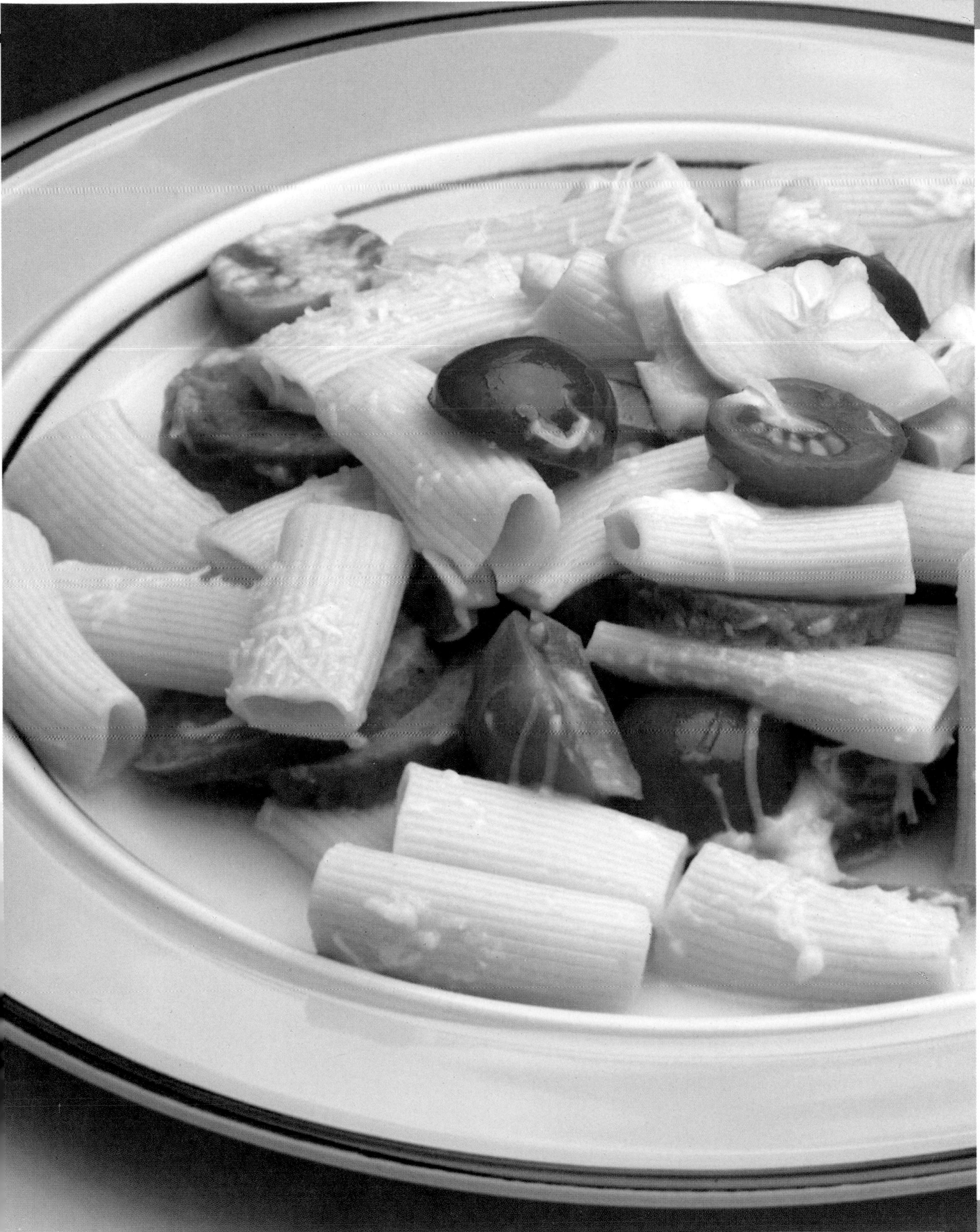

Spaghetti à la provençale

(pour 2 personnes)

1 PORTION	286 CALORIES	36g GLUCIDES
6g PROTÉINES	13g LIPIDES	1,4g FIBRES

Réglage: FORT
Temps de cuisson: 2 minutes
Contenant: casserole de 3 L (12 tasses)

1	gousse d'ail, écrasée et hachée
30 ml	(2 c. à soupe) persil frais haché
2	grosses échalotes sèches, hachées
30 ml	(2 c. à soupe) beurre
2	portions de spaghetti cuits et chauds
30 ml	(2 c. à soupe) fromage parmesan râpé
	sel et poivre blanc

Mettre ail, persil, échalotes et beurre dans la casserole. Cuire 1 minute sans couvrir.

Mélanger et ajouter les pâtes; saler, poivrer. Cuire 1 minute sans couvrir.

Incorporer le fromage. Servir immédiatement.

Spaghetti à la Valpolicella

(pour 2 personnes)

1 PORTION	436 CALORIES	51g GLUCIDES
13g PROTÉINES	20g LIPIDES	2,5g FIBRES

Réglage: FORT et MOYEN
Temps de cuisson: 10 minutes
Contenant: casserole de 3 L (12 tasses)

30 ml	(2 c. à soupe) huile d'olive
1	oignon, finement haché
250 g	(½ livre) champignons frais, nettoyés et coupés en deux
50 ml	(¼ tasse) vin rouge Folonari Valpolicella
300 ml	(1¼ tasse) sauce brune chaude
5 ml	(1 c. à thé) persil frais haché
2	portions de spaghetti cuits et chauds
	sel et poivre
	fromage parmesan râpé (ou autre)

Mettre huile, oignon et champignons dans la casserole. Couvrir et cuire 3 minutes à FORT.

Ajouter vin et sauce brune; bien remuer. Parsemer de persil. Saler, poivrer et cuire 5 minutes sans couvrir à FORT.

Incorporer les pâtes, remuer et cuire 2 minutes sans couvrir à MOYEN.

Servir avec le fromage râpé.

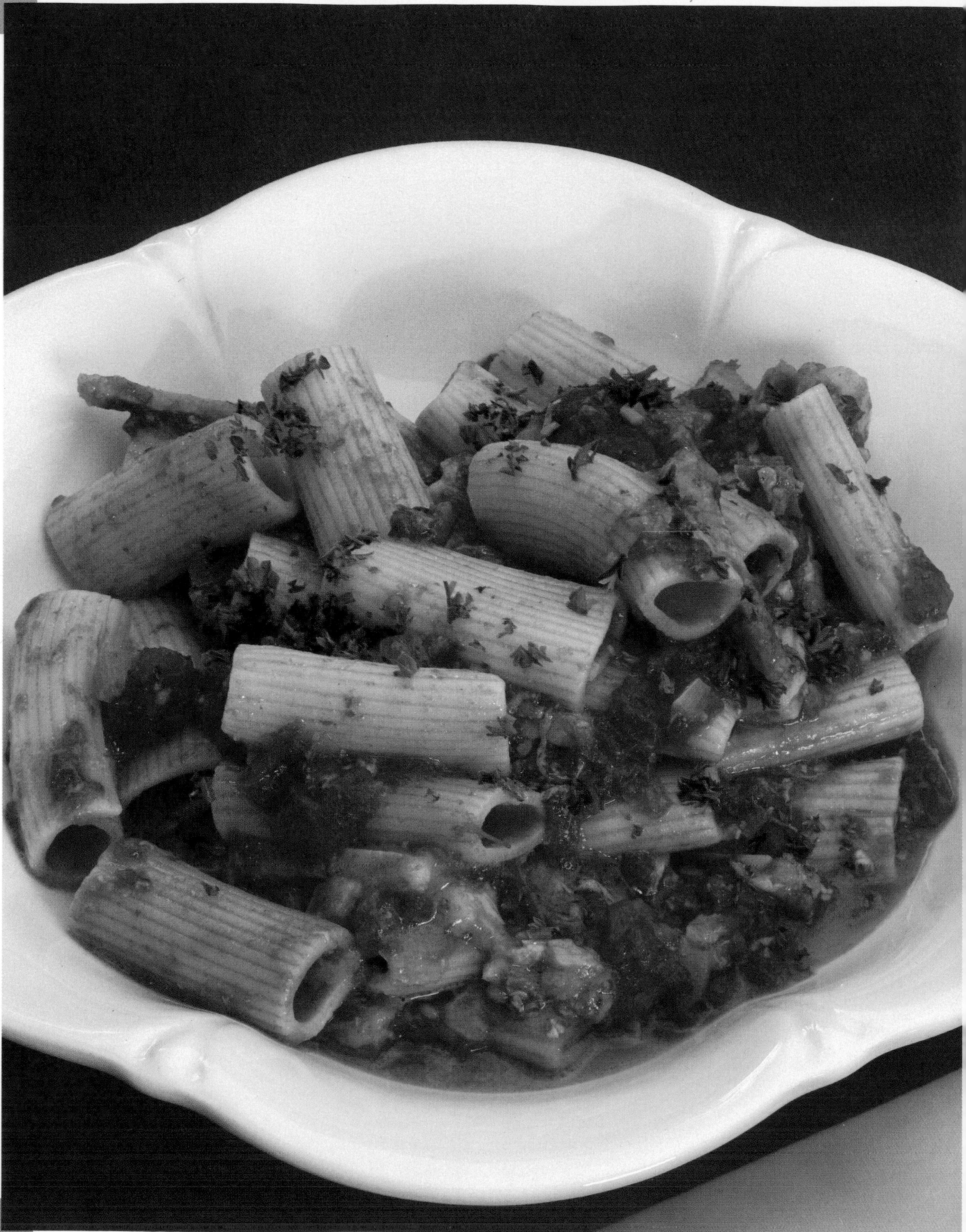

Rigatoni au feta

(pour 3 personnes)

1 PORTION	369 CALORIES	50g GLUCIDES
15g PROTÉINES	12g LIPIDES	2,6g FIBRES

Réglage: FORT

Temps de cuisson: 16 minutes

Contenant: casserole de 3 L (12 tasses)

1	gousse d'ail, écrasée et hachée
½	oignon haché
½	piment vert haché
15 ml	(1 c. à soupe) huile
2	tranches de bacon de dos, en julienne
60 g	(2 oz) fromage feta, en morceaux
796 ml	(28 oz) tomates en conserve, égouttées et hachées
45 ml	(3 c. à soupe) pâte de tomates
3	portions de rigatoni cuits et chauds
	quelques piments rouges broyés
	une pincée de paprika
	sel et poivre

Mettre ail, oignon, piment vert et huile dans la casserole. Couvrir et cuire 3 minutes.

Ajouter bacon, fromage et piments broyés; couvrir et cuire 3 minutes.

Ajouter les tomates. Saler, poivrer et saupoudrer de paprika. Incorporer la pâte de tomates; couvrir et cuire 7 minutes.

Ajouter les pâtes. Rectifier l'assaisonnement; cuire 3 minutes sans couvrir.

Mettre ail, oignon, piment vert et huile dans la casserole. Couvrir et cuire 3 minutes.

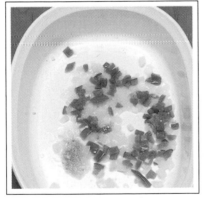

1

3 Ajouter les tomates. Saler, poivrer et saupoudrer de paprika.

Ajouter bacon, fromage et piments broyés; couvrir et cuire 3 minutes.

2

4 Incorporer la pâte de tomates; couvrir et cuire 7 minutes.

Lasagne verte aux légumes

(pour 6 à 8 personnes)

1 PORTION	800 CALORIES	67g GLUCIDES
35g PROTÉINES	44g LIPIDES	3,1g FIBRES

Réglage : FORT

Temps de cuisson : 56 minutes

Contenant : casserole de 3 L (12 tasses)
plat rectangulaire de 2 L (8 tasses)

1	chou-fleur, en fleurettes
2	brocoli, en fleurettes
500 ml	(2 tasses) bouillon de poulet chaud
1	piment jaune, émincé
½	courgette, en gros dés
375 g	(¾ livre) nouilles lasagnes vertes, cuites, bien égouttées et froides
250 g	(½ livre) fromage ricotta
500 ml	(2 tasses) fromage gruyère râpé
750 ml	(3 tasses) sauce blanche chaude
	paprika au goût
	sel et poivre

Mettre chou-fleur, brocoli et bouillon de poulet dans la casserole. Couvrir et cuire 4 minutes.

Bien remuer et continuer la cuisson 4 minutes.

Retirer les légumes de la casserole à l'aide d'une écumoire. Hacher et mettre de côté.

Laisser le bouillon de poulet dans la casserole. Ajouter piment jaune et courgette; couvrir et cuire 3 minutes. Bien égoutter et mettre de côté.

Beurrer le plat rectangulaire et couvrir le fond du plat d'une couche de pâtes.

Ajouter la moitié des légumes hachés, la moitié du ricotta et le tiers du gruyère. Saupoudrer de paprika.

Ajouter la moitié des piments jaunes et courgettes, le tiers de la sauce blanche et assaisonner. Recommencer avec les pâtes et procéder comme précédemment. Finir avec une couche de pâtes.

Arroser les pâtes de sauce et parsemer de gruyère.

Couvrir d'une pellicule plastique et cuire 30 minutes.

Tourner le plat et continuer la cuisson 15 minutes.

Laisser reposer 5 minutes avant de servir.

1 Recouvrir le fond du plat beurré d'une couche de pâtes.

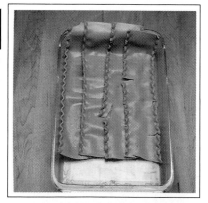

2 Ajouter la moitié des légumes hachés.

3 Ajouter la moitié du ricotta, le tiers du gruyère. Saupoudrer de paprika.

4 Ajouter la moitié des piments jaunes et courgettes, le tiers de la sauce blanche et assaisonner. Répéter.

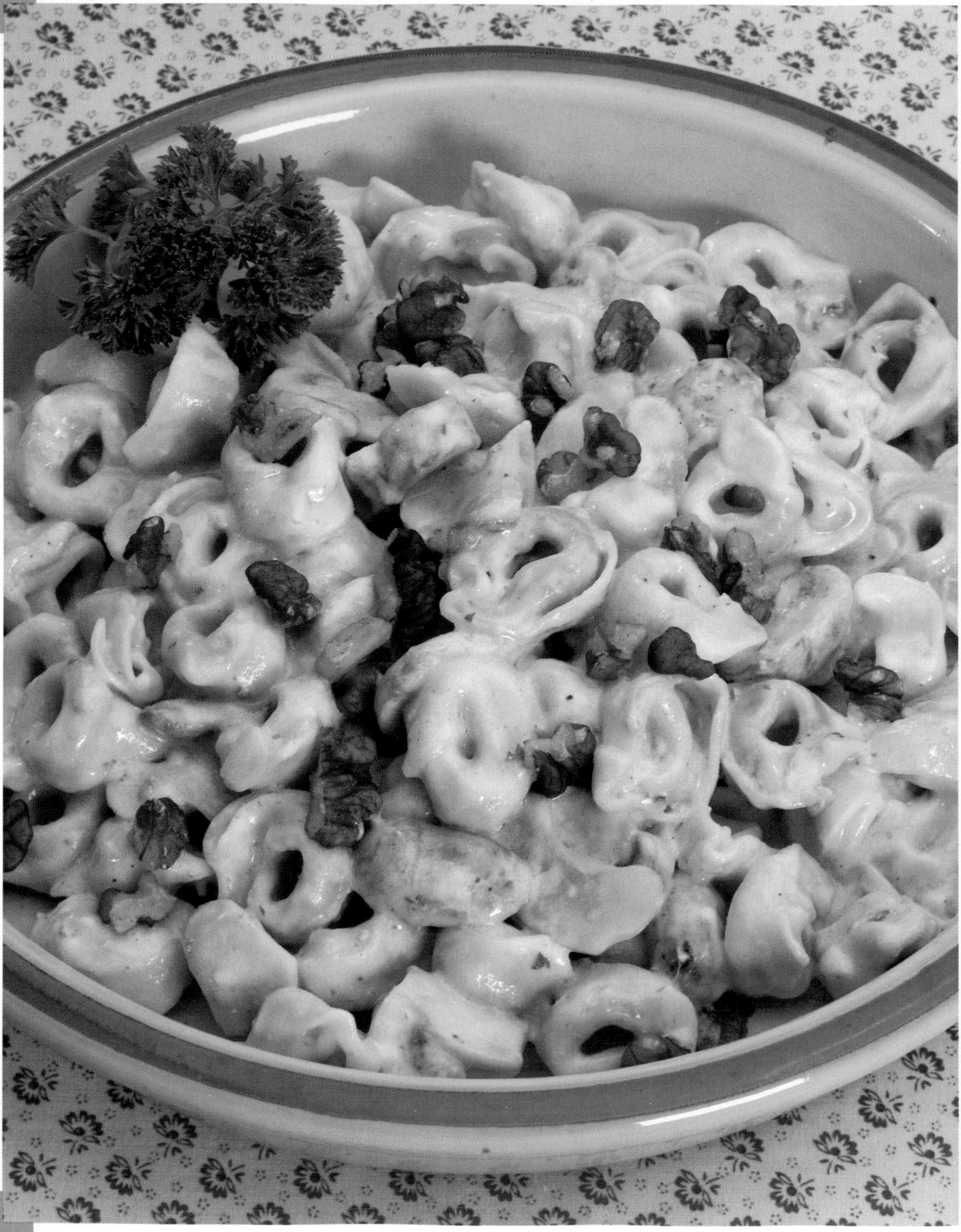

Tortellini au fromage bleu

(pour 2 personnes)

| 1 PORTION | 707 CALORIES | 48g GLUCIDES |
| 30g PROTÉINES | 15g LIPIDES | 0,8g FIBRES |

Réglage: FORT

Temps de cuisson: 7 minutes

Contenant: casserole de 3 L (12 tasses)

15 ml	(1 c. à soupe) beurre
125 g	(¼ livre) champignons frais, nettoyés et tranchés
½	branche de céleri, tranchée
5 ml	(1 c. à thé) persil frais haché
60 g	(2 oz) fromage bleu, en dés
250 ml	(1 tasse) sauce blanche chaude
250 g	(½ livre) tortellini, cuits et chauds

une pincée de paprika
sel et poivre
noix hachées pour décorer

Mettre beurre, champignons, céleri et persil dans la casserole. Couvrir et cuire 3 minutes.

Incorporer le fromage. Ajouter sauce blanche et paprika. Saler, poivrer. Remuer et cuire 2 minutes sans couvrir.

Rectifier l'assaisonnement. Incorporer les pâtes; cuire 2 minutes sans couvrir.

Si désiré, parsemer de noix hachées avant de servir.

Mettre beurre, champignons, céleri et persil dans la casserole; couvrir et cuire 3 minutes.

Ajouter sauce blanche et paprika. Saler, poivrer. Remuer et cuire 2 minutes sans couvrir.

Incorporer le fromage.

Rectifier l'assaisonnement et incorporer les pâtes. Cuire 2 minutes sans couvrir.

Pâtes
à la créole

(pour 2 personnes)

1 PORTION	424 CALORIES	59g GLUCIDES
11g PROTÉINES	16g LIPIDES	3,3g FIBRES

Réglage: FORT et MOYEN
Temps de cuisson: 13 minutes
Contenant: casserole de 3 L (12 tasses)

30 ml	(2 c. à soupe) huile d'olive
1	oignon haché
3	oignons verts, hachés
½	branche de céleri, en petits dés
1	tomate, pelée et en dés
12	champignons frais, nettoyés et coupés en deux
1	gousse d'ail, écrasée et hachée
375 ml	(1½ tasse) sauce tomate chaude
2	portions de pâtes au choix, cuites
	sel et poivre

Mettre huile, oignon, oignons verts et céleri dans la casserole. Saler, poivrer; couvrir et cuire 4 minutes à FORT.

Bien mêler et ajouter tomate, champignons et ail. Saler, poivrer; couvrir et cuire 3 minutes à FORT.

Incorporer la sauce tomate. Rectifier l'assaisonnement et cuire 3 minutes sans couvrir à FORT.

Ajouter les pâtes; mélanger et cuire 3 minutes sans couvrir à MOYEN.

Servir avec du pain italien frais.

Macaroni
en vitesse

(pour 2 personnes)

1 PORTION	371 CALORIES	72g GLUCIDES
13g PROTÉINES	3g LIPIDES	0,8g FIBRES

Réglage: FORT et MOYEN-FORT
Temps de cuisson: 10 minutes
Contenant: casserole de 3 L (12 tasses)

750 ml	(3 tasses) eau bouillante
2 ml	(½ c. à thé) vinaigre
5 ml	(1 c. à thé) huile d'olive
500 ml	(2 tasses) macaroni
50 ml	(¼ tasse) fromage râpé, au choix
375 ml	(1½ tasse) sauce tomate chaude
	sel et poivre

Mettre eau, vinaigre, huile et sel dans la casserole. Ajouter les pâtes et bien remuer. Cuire 7 minutes sans couvrir à FORT. Remuer fréquemment pour empêcher les pâtes de coller.

Couvrir la casserole. Laisser reposer les pâtes 8 minutes et les égoutter.

Rincer, égoutter et remettre les pâtes dans la casserole. Ajouter le reste des ingrédients et cuire 3 minutes sans couvrir à MOYEN-FORT.

Macaroni
à l'aubergine

(pour 2 à 3 personnes)

1 PORTION	414 CALORIES	60g GLUCIDES
14g PROTÉINES	13g LIPIDES	3,2g FIBRES

Réglage: FORT et MOYEN-FORT
Temps de cuisson: 18 minutes
Contenant: casserole de 3 L (12 tasses)

30 ml	(2 c. à soupe) beurre
1	oignon finement haché
1	gousse d'ail, écrasée et hachée
½	aubergine, en dés
2	tomates, pelées et en dés
125 ml	(½ tasse) sauce tomate
1 L	(4 tasses) macaroni cuits et chauds
125 ml	(½ tasse) fromage parmesan râpé
	sel et poivre

Mettre beurre, oignon et ail dans la casserole. Couvrir et cuire 3 minutes à FORT.

Incorporer aubergine et tomates. Saler, poivrer; couvrir et cuire 12 minutes à FORT.

Incorporer sauce tomate et pâtes. Rectifier l'assaisonnement. Cuire 3 minutes sans couvrir à MOYEN-FORT.

Servir avec le fromage râpé.

Côtelettes d'agneau à la Suzanne

(pour 2 personnes)

1 PORTION	402 CALORIES	6g GLUCIDES
50g PROTÉINES	20g LIPIDES	2,2g FIBRES

Réglage: FORT et MOYEN-FORT

Temps de cuisson: 11 minutes (préchauffage requis)

Contenant: plaque à rôtir casserole de 3 L (12 tasses)

4	côtelettes d'agneau, 3 cm (1¼ po) d'épaisseur, légèrement huilées
15 ml	(1 c. à soupe) beurre
½	courgette tranchée
1	branche de céleri, en dés
1	carotte, pelée et en dés
15 ml	(1 c. à soupe) persil frais haché
	sel et poivre

Préchauffer la plaque à rôtir 10 minutes au micro-ondes.

Ajouter les côtelettes d'agneau et cuire 3 minutes sans couvrir à FORT.

Retourner les côtelettes. Saler, poivrer et cuire 3 minutes sans couvrir à MOYEN-FORT. Retirer de la plaque et tenir au chaud.

Mettre tout le reste des ingrédients dans la casserole. Couvrir et cuire 5 minutes à FORT.

Servir l'agneau avec les légumes et une gelée à la menthe.

Porc
au parmesan

(pour 4 personnes)

1 PORTION	850 CALORIES	97g GLUCIDES
54g PROTÉINES	27g LIPIDES	0,9g FIBRES

Réglage: FORT et MOYEN-FORT

Temps de cuisson: 13 minutes

Contenant: casserole de 3 L (12 tasses)

30 ml	(2 c. à soupe) beurre
1	oignon finement haché
500 g	(1 livre) porc maigre haché
156 ml	(5½ oz) pâte de tomates
5 ml	(1 c. à thé) piment de la Jamaïque
250 ml	(1 tasse) fromage parmesan râpé
500 g	(1 livre) nouilles aux œufs larges, cuites
	une pincée de muscade
	sel et poivre

Mettre beurre et oignon dans la casserole. Couvrir et cuire 2 minutes à FORT.

Ajouter le porc; mélanger et bien assaisonner. Couvrir et cuire 4 minutes à FORT en mélangeant plusieurs fois durant la cuisson.

Incorporer pâte de tomates, épices et fromage. Cuire 4 minutes sans couvrir à MOYEN-FORT.

Ajouter les nouilles; bien remuer. Cuire 3 minutes sans couvrir à MOYEN-FORT.

Côtes fumées
à la choucroute

(pour 4 personnes)

1 PORTION	402 CALORIES	25g GLUCIDES
22g PROTÉINES	24g LIPIDES	1,2g FIBRES

Réglage: FORT

Temps de cuisson: 43 minutes

Contenant: casserole de 3 L (12 tasses)

½	oignon, haché
15 ml	(1 c. à soupe) gras de bacon
15 ml	(1 c. à soupe) persil frais haché
1	clou de girofle
4	pommes de terre moyennes, pelées
½ boîte	796 ml (28 oz) choucroute en conserve, rincée
50 ml	(¼ tasse) vin blanc sec
50 ml	(¼ tasse) bouillon de poulet chaud
4	côtes de porc fumées
	sel et poivre

Mettre oignon, gras de bacon, persil et clou de girofle dans la casserole. Couvrir et cuire 3 minutes.

Ajouter le reste des ingrédients, à l'exception du porc; couvrir et cuire 30 minutes.

Ajouter les côtes de porc. Rectifier l'assaisonnement et continuer la cuisson 10 minutes sans couvrir.

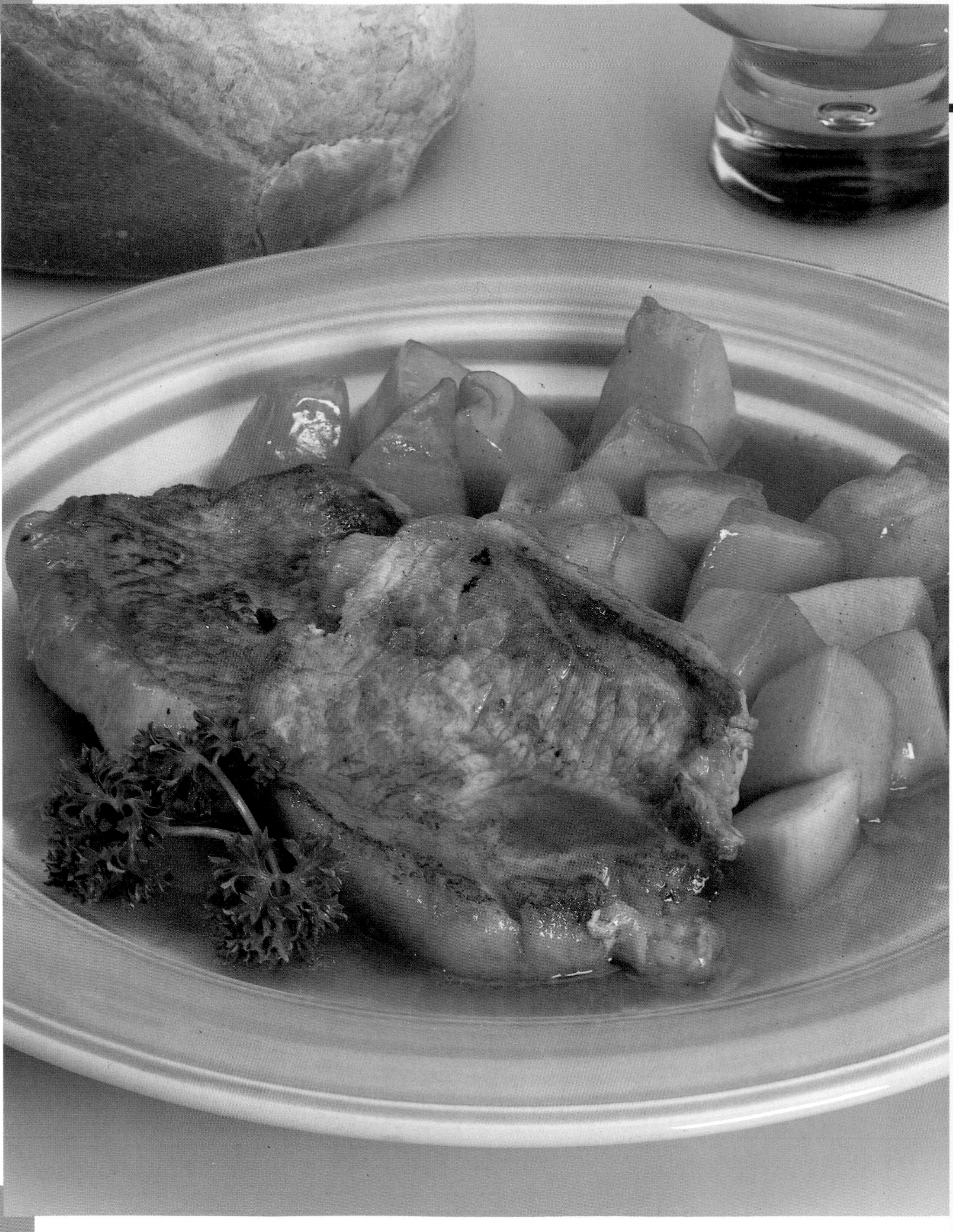

Côtes de porc papillon Lizanne

(pour 2 personnes)

1 PORTION	295 CALORIES	3g GLUCIDES
35g PROTÉINES	16g LIPIDES	0g FIBRES

Réglage: FORT et MOYEN-FORT

Temps de cuisson: 4 minutes (préchauffage requis)

Contenant: plaque à rôtir

5 ml	(1 c. à thé) huile végétale
5 ml	(1 c. à thé) sauce soya
5 ml	(1 c. à thé) miel
2	côtes de porc papillon
2 ml	(½ c. à thé) huile d'arachide
	sel et poivre

Mélanger huile végétale, sauce soya et miel.

Entailler le gras des côtes de porc pour les empêcher de se tordre durant la cuisson. Badigeonner la viande de marinade, sur les deux côtés. Mettre de côté.

Préchauffer la plaque à rôtir 10 minutes au micro-ondes.

Ajouter les côtes et cuire 2 minutes sans couvrir à FORT.

Badigeonner les côtes d'huile d'arachide, retourner et saler, poivrer. Cuire 2 minutes sans couvrir à MOYEN-FORT.

Accompagner le tout de légumes ou de melon en sauce.

Rôti de longe de porc

(pour 4 personnes)

1 PORTION	614 CALORIES	1g GLUCIDES
81g PROTÉINES	32g LIPIDES	0g FIBRES

Réglage: MOYEN

Temps de cuisson: 36 minutes (préchauffage requis)

Contenant: plaque à rôtir

1,4 kg	(3 livres) longe de porc, dégraissée, désossée et roulée
1	gousse d'ail, pelée et coupée en 3
15 ml	(1 c. à soupe) huile végétale
15 ml	(1 c. à soupe) sauce soya
5 ml	(1 c. à thé) miel
	sel et poivre

À l'aide d'un petit couteau, faire des petites incisions dans la longe et y insérer l'ail.

Mélanger huile, sauce soya et miel. Badigeonner la viande sur tous les côtés.

Préchauffer la plaque à rôtir 10 minutes au micro-ondes.

Ajouter le porc. Couvrir d'un papier ciré et cuire 18 minutes.

Retourner le rôti. Assaisonner; couvrir d'un papier ciré et continuer la cuisson 18 minutes.

Retirer le papier. Laisser reposer le rôti 12 minutes avant de servir.

Filet de porc rôti

(pour 2 personnes)

1 PORTION	305 CALORIES	2g GLUCIDES
23g PROTÉINES	23g LIPIDES	0g FIBRES

Réglage: MOYEN

Temps de cuisson: 7 minutes (préchauffage requis)

Contenant: plaque à rôtir

1	filet de porc, dégraissé et fendu en deux sur la longueur
15 ml	(1 c. à soupe) ketchup
15 ml	(1 c. à soupe) huile végétale
15 ml	(1 c. à soupe) sauce soya
1	gousse d'ail, écrasée et hachée
15 ml	(1 c. à soupe) gingembre frais, finement haché
	sel et poivre

Déposer le filet de porc dans une grande assiette. Mettre de côté.

Mélanger ketchup, huile et reste des ingrédients dans un petit bol. Assaisonner au goût.

Badigeonner le filet de marinade, sur les deux côtés.

Préchauffer la plaque à rôtir 10 minutes au micro-ondes.

Ajouter le filet; couvrir d'un papier ciré et cuire 4 minutes.

Retourner le filet; couvrir d'un papier ciré et cuire 3 minutes.

Accompagner le filet de légumes et si désiré, d'une sauce épicée.

Ragoût de porc

(pour 4 personnes)

1 PORTION	405 CALORIES	12g GLUCIDES
38g PROTÉINES	23g LIPIDES	1,0g FIBRES

Réglage: MOYEN-FORT

Temps de cuisson: 1 h 8 minutes

Contenant: casserole de 3 L (12 tasses)

750 g	(1½ livre) épaule de porc, en cubes
5 ml	(1 c. à thé) huile
15 ml	(1 c. à soupe) sauce soya
5 ml	(1 c. à thé) sauce Worcestershire
5 ml	(1 c. à thé) sirop d'érable
1	oignon haché
1	gousse d'ail, écrasée et hachée
5 ml	(1 c. à thé) persil frais haché
1 ml	(¼ c. à thé) romarin
2 ml	(½ c. à thé) origan
796 ml	(28 oz) tomates en conserve, égouttées et hachées
250 ml	(1 tasse) bouillon de bœuf chaud
50 ml	(¼ tasse) vin rouge Folonari Valpolicella
	sel et poivre

Mettre porc, huile, sauce soya, sauce Worcestershire et sirop d'érable dans la casserole.

Ajouter oignon, ail et épices. Couvrir et cuire 8 minutes.

Bien mêler. Ajouter le reste des ingrédients. Saler, poivrer. Couvrir et cuire 1 heure en mélangeant de temps en temps.

Accompagner le plat de nouilles aux œufs.

Couper l'épaule de porc en cubes.

Ajouter oignon, ail et épices. Couvrir et cuire 8 minutes.

Mettre porc, huile, sauce soya, sauce Worcestershire et sirop d'érable dans la casserole.

Bien mêler. Ajouter le reste des ingrédients. Saler, poivrer. Couvrir et cuire 1 heure en remuant de temps en temps.

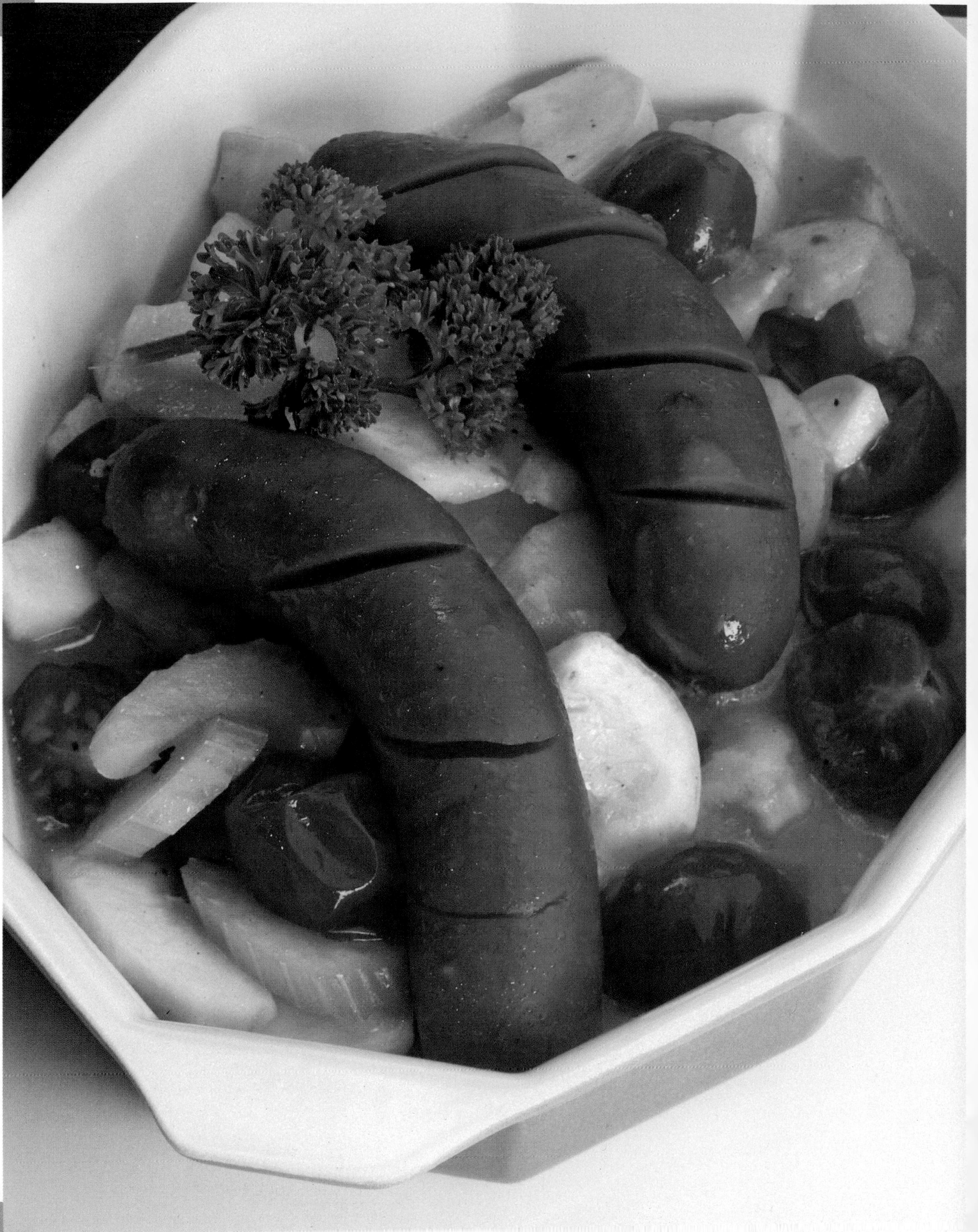

Saucisses
sur lit de légumes

(pour 2 personnes)

1 PORTION	161 CALORIES	43g GLUCIDES
15g PROTÉINES	26g LIPIDES	4,1g FIBRES

Réglage: FORT et MOYEN-FORT

Temps de cuisson: 10 minutes

Contenant: casserole de 3 L (12 tasses)

1	branche de céleri, tranchée épais
2	pommes, évidées, pelées et tranchées épais
250 ml	(1 tasse) courge jaune émincée
5 ml	(1 c. à thé) paprika
15 ml	(1 c. à soupe) beurre
30 ml	(2 c. à soupe) farine
6	tomates naincs, coupées en deux
175 ml	(¾ tasse) bouillon de poulet chaud
2	saucisses knackwurst, entaillées
	sel et poivre

Mettre céleri, pommes, courge, paprika et beurre dans la casserole.

Bien incorporer la farine. Saler, poivrer.

Ajouter tomates et bouillon de poulet. Cuire 5 minutes sans couvrir à FORT.

Bien remuer. Rectifier l'assaisonnement. Placer les saucisses sur les légumes. Couvrir et cuire 5 minutes à MOYEN-FORT.

Mettre céleri, pommes, courge, paprika et beurre dans la casserole.

Bien incorporer la farine. Saler, poivrer.

Ajouter tomates et bouillon de poulet. Cuire 5 minutes sans couvrir à FORT.

Bien remuer. Rectifier l'assaisonnement. Placer les saucisses sur les légumes. Couvrir et cuire 5 minutes à MOYEN-FORT.

Steak de jambon à la purée d'oignons

(pour 4 personnes)

1 PORTION	281 CALORIES	16g GLUCIDES
25g PROTÉINES	13g LIPIDES	0,5g FIBRES

Réglage: FORT

Temps de cuisson:
13½ minutes (préchauffage requis)

Contenant: casserole de 3 L (12 tasses)
plaque à rôtir

3	oignons, coupés en deux et émincés
15 ml	(1 c. à soupe) beurre
5 ml	(1 c. à thé) persil frais haché

125 ml	(½ tasse) eau
30 ml	(2 c. à soupe) farine
15 ml	(1 c. à soupe) paprika
300 ml	(1¼ tasse) bouillon de poulet chaud
5 ml	(1 c. à thé) huile
30 ml	(2 c. à soupe) sirop d'érable
5 ml	(1 c. à thé) sauce soya
4	steaks de jambon, 0,65 cm (¼ po) d'épaisseur
	sel et poivre

Mettre oignons, beurre, persil, eau, farine et paprika dans la casserole. Mélanger, couvrir et cuire 10 minutes.

Incorporer le bouillon de poulet. Rectifier l'assaisonnement et bien remuer. Cuire 3 minutes sans couvrir.

Verser le tout dans un robot culinaire. Réduire en purée.

Mélanger huile, sirop d'érable et sauce soya. Badigeonner le jambon des deux côtés.

Préchauffer la plaque à rôtir 10 minutes au micro-ondes.

Ajouter le jambon et cuire 30 secondes sans couvrir.

Retourner le jambon et laisser reposer 30 secondes.

Servir avec la purée d'oignons.

Mettre oignons, beurre, persil et eau dans la casserole.

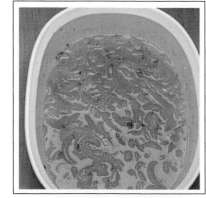

Incorporer le bouillon de poulet. Rectifier l'assaisonnement. Bien mélanger et cuire 3 minutes sans couvrir.

Ajouter farine et paprika. Mélanger, couvrir et cuire 10 minutes.

Verser le tout dans un robot culinaire. Réduire en purée.

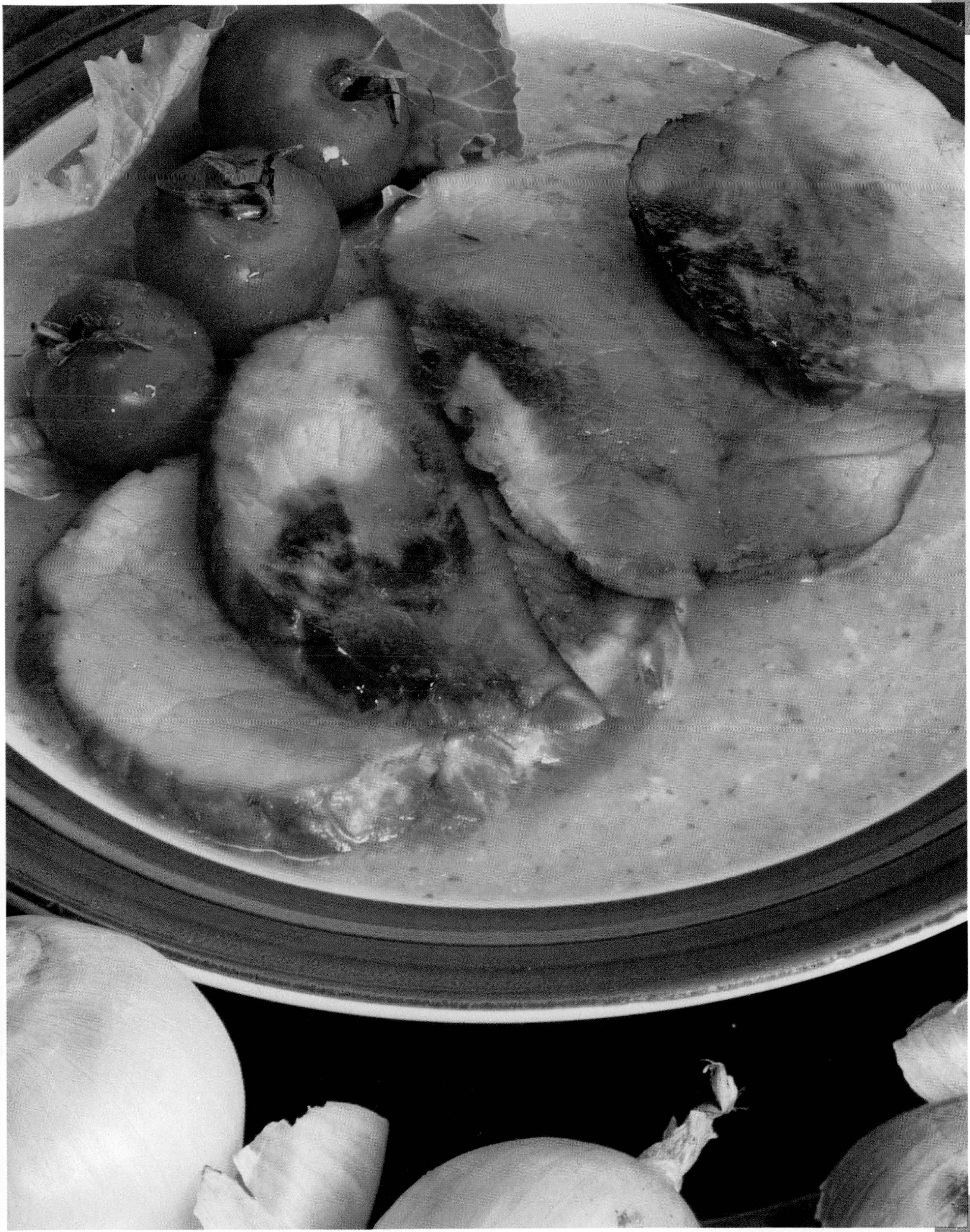

Rouleaux de jambon au parmesan

(pour 4 personnes)

1 PORTION	212 CALORIES	8g GLUCIDES
16g PROTÉINES	13g LIPIDES	0,5g FIBRES

Réglage: FORT et MOYEN-FORT

Temps de cuisson: 15 minutes

Contenant: casserole de 3 L (12 tasses)
plat carré de 1,5 L (6 tasses)

30 ml	(2 c. à soupe) beurre
15 ml	(1 c. à soupe) échalotes sèches hachées
250 g	(½ livre) champignons frais, nettoyés et finement hachés
30 ml	(2 c. à soupe) vin blanc Folonari Chardonnay
250 ml	(1 tasse) bouillon de bœuf chaud
5 ml	(1 c. à thé) sauce soya
25 ml	(1½ c. à soupe) fécule de maïs
45 ml	(3 c. à soupe) eau froide
8	grandes tranches minces de jambon Forêt Noire
125 ml	(½ tasse) fromage parmesan râpé
	sel et poivre

Mettre beurre, échalotes, champignons, sel et poivre dans la casserole. Cuire 4 minutes sans couvrir à FORT.

Incorporer vin, bouillon de bœuf et sauce soya. Continuer la cuisson 4 minutes.

Délayer fécule de maïs et eau froide. Incorporer à la sauce et cuire 4 minutes sans couvrir à FORT, en mélangeant à mi-cuisson. Mettre de côté et laisser refroidir légèrement.

Étendre une mince couche du mélange de champignons sur chaque tranche de jambon. Rouler délicatement et placer le tout dans le plat carré beurré.

Arroser du reste de sauce. Couronner de fromage et assaisonner. Cuire 3 minutes sans couvrir à MOYEN-FORT.

Feuilles de vigne farcies

(pour 4 personnes)

1 PORTION	483 CALORIES	27g GLUCIDES
38g PROTÉINES	25g LIPIDES	0,9g FIBRES

Réglage: FORT et MOYEN-FORT

Temps de cuisson: 14 minutes

Contenant: casserole de 3 L (12 tasses)
plat carré de 1,5 L (6 tasses)

30 ml	(2 c. à soupe) beurre
1	oignon finement haché
1	gousse d'ail, écrasée et hachée
625 g	(1¼ livre) porc maigre haché
156 ml	(5½ oz) pâte de tomates
250 ml	(1 tasse) riz cuit
500 ml	(2 tasses) sauce tomate claire, chaude
60 ml	(4 c. à soupe) fromage parmesan râpé
	une pincée de menthe
	feuilles de vigne en conserve, égouttées et rincées
	sel et poivre

Mettre 15 ml (1 c. à soupe) de beurre dans la casserole. Ajouter oignon et ail; couvrir et cuire 3 minutes à FORT.

Ajouter le porc et bien mélanger. Saler, poivrer. Couvrir et cuire 4 minutes à FORT, en mélangeant 1 fois durant la cuisson.

Ajouter pâte de tomates et riz. Bien mélanger et rectifier l'assaisonnement. Ajouter la menthe; couvrir et cuire 2 minutes à FORT.

Assaisonner. Étendre le mélange sur des feuilles de vigne double. Rouler et placer dans le plat carré beurré. Arroser de sauce tomate. Couronner de fromage et cuire 5 minutes sans couvrir à MOYEN-FORT.

Côtes de veau
à la fondue de tomates

(pour 2 personnes)

1 PORTION	333 CALORIES 14g GLUCIDES
27g PROTÉINES	19g LIPIDES 1,2g FIBRES

Réglage: FORT

Temps de cuisson: 21 minutes
(préchauffage requis)

Contenant: casserole de 3 L
(12 tasses)
plaque à rôtir

15 ml	(1 c. à soupe) huile d'olive
½	branche de céleri, en dés
½	petit oignon, en dés
1	gousse d'ail, écrasée et hachée
15 ml	(1 c. à soupe) persil frais haché
398 ml	(14 oz) tomates en conserve, ½ boîte de 796 ml (28 oz), égouttées et hachées
30 ml	(2 c. à soupe) pâte de tomates
2	côtes de veau, légèrement huilées
	une pincée de sucre
	sel et poivre
	quelques gouttes de sauce piquante aux piments

Mettre huile, céleri, oignon, ail et persil dans la casserole. Couvrir et cuire 4 minutes.

Incorporer tomates et sucre. Saler, poivrer. Ajouter pâte de tomates et sauce piquante; bien remuer. Cuire 15 minutes sans couvrir. Mettre de côté.

Préchauffer la plaque à rôtir 10 minutes au micro-ondes.

Ajouter le veau et cuire ½ minute sans couvrir.

Saler, poivrer et retourner les côtes de veau. Continuer la cuisson 1 minute. Assaisonner de nouveau et prolonger la cuisson de ½ minute.

Servir avec la fondue de tomates.

Vol-au-vent aux ris de veau

(pour 6 à 8 personnes)

1 PORTION	393 CALORIES	18g GLUCIDES
14g PROTÉINES	30g LIPIDES	0,2g FIBRES

Réglage: FORT

Temps de cuisson: 13 minutes

Contenant: casserole de 3 L (12 tasses)

15 ml	(1 c. à soupe) beurre
250 g	(½ livre) ris de veau cuits, en dés
12	champignons frais, nettoyés et en petits dés
15 ml	(1 c. à soupe) persil frais haché
5 ml	(1 c. à thé) estragon
60 g	(2 oz) fromage feta, en morceaux
250 ml	(1 tasse) sauce blanche épaisse, chaude
18	petits vol-au-vent, cuits et chauds
	sel et poivre
	une pincée de paprika

Mettre beurre, ris de veau, champignons, persil et estragon dans la casserole. Couvrir et cuire 4 minutes.

Saler, poivrer et saupoudrer de paprika. Ajouter le fromage.

Incorporer la sauce blanche et bien remuer. Cuire 8 minutes sans couvrir.

Remplir les vol-au-vent et cuire 1 minute sans couvrir.

Mettre beurre, ris de veau, champignons, persil et estragon dans la casserole. Couvrir et cuire 4 minutes.

Incorporer la sauce blanche et bien remuer. Cuire 8 minutes sans couvrir.

Saler, poivrer et saupoudrer de paprika. Ajouter le fromage.

Remplir les vol-au-vent et cuire 1 minute sans couvrir.

Veau économique

(pour 4 personnes)

1 PORTION	421 CALORIES	14g GLUCIDES
40g PROTÉINES	23g LIPIDES	2,5g FIBRES

Réglage: FORT

Temps de cuisson: 8 minutes

Contenant: casserole de 3 L (12 tasses)

45 ml	(3 c. à soupe) beurre
900 g	(2 livres) côtelettes de veau, coupées en lanières
45 ml	(3 c. à soupe) farine assaisonnée
1	branche de céleri, émincée
375 ml	(1½ tasse) bouillon de bœuf chaud
375 ml	(1½ tasse) fèves germées
12	tomates naines, coupées en deux
15 ml	(1 c. à soupe) sauce soya
12	cosses de pois, nettoyées
1	gousse d'ail, écrasée et hachée
	sel et poivre

Mettre le beurre dans la casserole et faire chauffer 1 minute sans couvrir.

Enfariner la viande. Mettre dans la casserole et cuire 2 minutes sans couvrir en remuant 1 ou 2 fois.

Ajouter céleri et bouillon de poulet. Bien assaisonner. Cuire 2 minutes sans couvrir.

Ajouter le reste des ingrédients et bien mélanger. Rectifier l'assaisonnement. Cuire 3 minutes sans couvrir.

Ragoût de bœuf aux légumes

(pour 4 personnes)

1 PORTION	321 CALORIES	9g GLUCIDES
44g PROTÉINES	12g LIPIDES	1,1g FIBRES

Réglage: MOYEN

Temps de cuisson: 1 heure

Contenant: casserole de 3 L (12 tasses)

750 g	(1½ livre) palette de bœuf, en cubes
1	carotte, pelée et tranchée
250 ml	(1 tasse) vin rouge sec
30 ml	(2 c. à soupe) persil frais haché
½	oignon tranché
375 ml	(1½ tasse) sauce brune chaude
2	gousses d'ail, écrasées et hachées
1 ml	(¼ c. à thé) graines de céleri
1 ml	(¼ c. à thé) thym
2 ml	(½ c. à thé) estragon
250 g	(½ livre) champignons frais, nettoyés
	sel et poivre

Mettre bœuf, carotte, vin, moitié du persil et oignon dans un bol. Laisser mariner 15 minutes.

Verser le tout dans la casserole. Incorporer sauce brune, ail et épices. Couvrir et cuire 50 minutes.

Ajouter les champignons et rectifier l'assaisonnement. Couvrir et cuire 10 minutes.

Si désiré, parsemer de persil haché avant de servir.

Mettre bœuf, carotte, vin, moitié du persil et oignon dans un bol; laisser mariner 15 minutes.

Verser le tout dans la casserole. Incorporer la sauce brune.

Ajouter ail et épices. Couvrir et cuire 50 minutes.

Ajouter les champignons et rectifier l'assaisonnement. Couvrir et cuire 10 minutes.

Goulash

(pour 4 personnes)

1 PORTION	440 CALORIES	22g GLUCIDES
43g PROTÉINES	20g LIPIDES	1,6g FIBRES

Réglage: FORT et MOYEN

Temps de cuisson: 1 heure (préchauffage requis)

Contenant: plaque à rôtir casserole de 3 L (12 tasses)

30 ml	(2 c. à soupe) huile végétale
750 g	(1½ livre) palette de bœuf, en cubes
30 ml	(2 c. à soupe) paprika
½	oignon haché
1	patate douce, en cubes
2	carottes, pelées et en cubes
1	oignon, en quartiers
15 ml	(1 c. à soupe) persil frais haché
500 ml	(2 tasses) sauce brune chaude
30 ml	(2 c. à soupe) pâte de tomates
1	gousse d'ail, écrasée et hachée
1 ml	(¼ c. à thé) thym
1	feuille de laurier
	sel et poivre

Préchauffer la plaque à rôtir 10 minutes au micro-ondes.

Badigeonner la viande de 15 ml (1 c. à soupe) d'huile. Placer la moitié de la viande sur la plaque chaude. Laisser cuire la viande 1 minute sur la plaque chaude en la retournant pour saisir tous les côtés. Retirer et mettre de côté.

Préchauffer la plaque et saisir le reste de la viande. Retirer et mettre de côté.

Saupoudrer la viande saisie de 15 ml (1 c. à soupe) de paprika.

Mettre le reste de l'huile dans la casserole. Ajouter oignon haché, reste de paprika et viande.

Ajouter tous les légumes et le persil. Incorporer sauce brune, pâte de tomates, ail, thym et feuille de laurier. Bien assaisonner.

Couvrir et cuire 50 minutes à MOYEN.

Mélanger et continuer la cuisson 10 minutes sans couvrir.

Badigeonner la viande de 15 ml (1 c. à soupe) d'huile.

Saupoudrer la viande saisie de 15 ml (1 c. à soupe) de paprika.

Mettre le reste de l'huile dans la casserole. Ajouter oignon haché, reste de paprika et viande.

Ajouter tous les légumes et le persil.

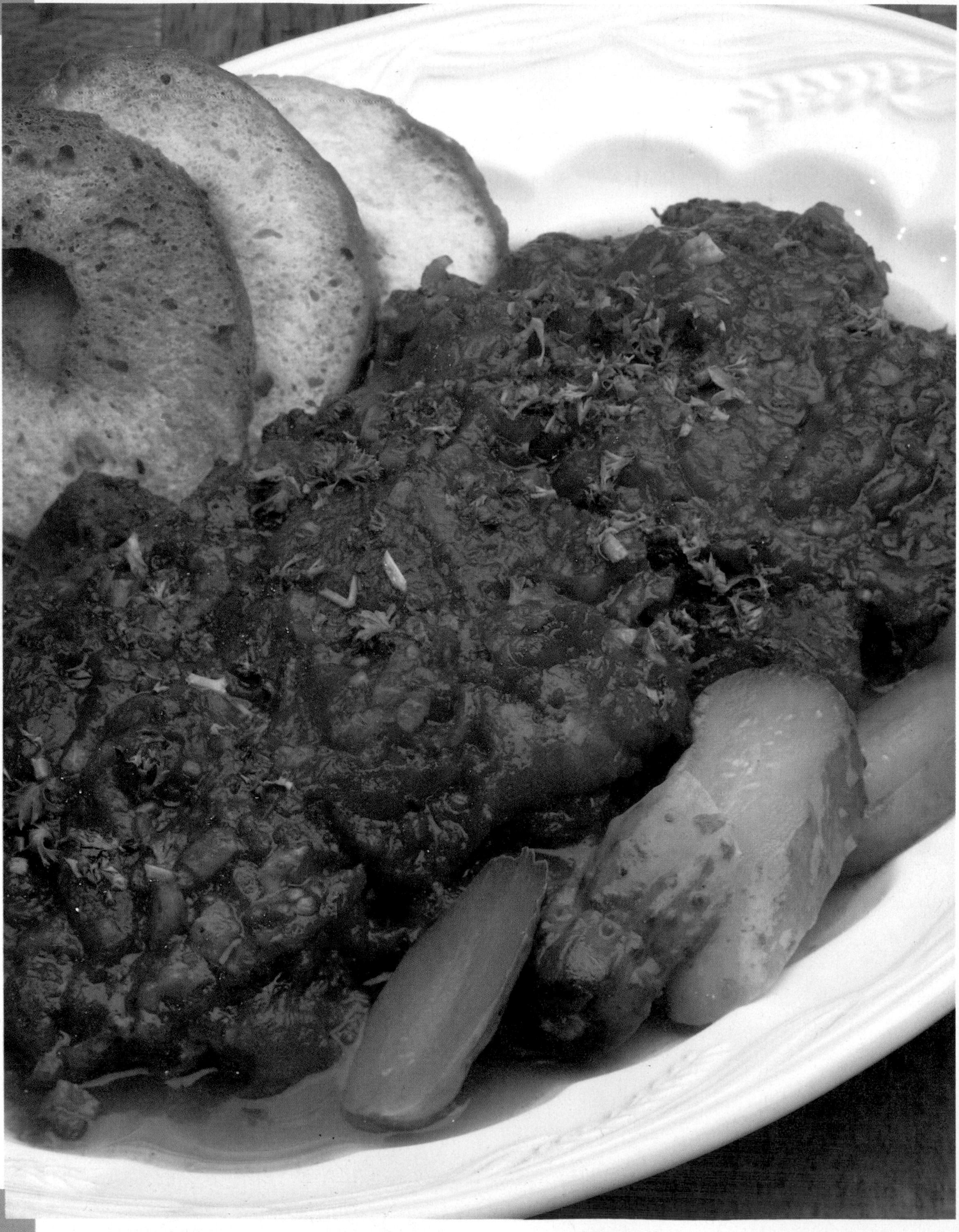

Flanc de bœuf braisé aux tomates

(pour 4 personnes)

| 1 PORTION | 626 CALORIES | 17g GLUCIDES |
| 68g PROTÉINES | 32g LIPIDES | 1,1g FIBRES |

Réglage: FORT et MOYEN

Temps de cuisson: 1 h 2 minutes

Contenant: plat rectangulaire de 2 L (8 tasses)

1,2 kg	(2½ livres) flanc de bœuf
30 ml	(2 c. à soupe) huile végétale
1	gros oignon, haché
15 ml	(1 c. à soupe) sauce soya
15 ml	(1 c. à soupe) sirop d'érable
796 ml	(28 oz) tomates en conserve avec le jus
15 ml	(1 c. à soupe) persil frais haché
2	gousses d'ail, écrasées et hachées
2 ml	(½ c. à thé) origan
2 ml	(½ c. à thé) marjolaine
45 ml	(3 c. à soupe) pâte de tomates
	sel et poivre
	une pincée de sucre

Dégraisser la viande. Trancher le flanc de bœuf en biais, en morceaux de 0,65 à 1,2 cm (¼ à ½ po) d'épaisseur.

Mettre 15 ml (1 c. à soupe) d'huile et l'oignon dans le plat rectangulaire. Couvrir d'une pellicule plastique et cuire 2 minutes à FORT.

Placer la viande sur les oignons. Mélanger sauce soya, restant d'huile et sirop d'érable. Badigeonner la viande du mélange. Saler, poivrer.

Ajouter tomates et reste des ingrédients. Saler, poivrer. Couvrir d'une pellicule plastique et cuire 50 minutes à MOYEN.

Mélanger et cuire 10 minutes sans couvrir.

Dégraisser la viande. Trancher le flanc de bœuf en biais, en morceaux de 0,65 à 1,2 cm (¼ à ½ po) d'épaisseur.

Placer la viande sur les oignons cuits. Mélanger sauce soya, restant d'huile et sirop d'érable. Badigeonner la viande du mélange. Saler, poivrer.

Ajouter les tomates.

Ajouter le reste des ingrédients et cuire au micro-ondes.

Foie de bœuf au bacon

(pour 4 personnes)

1 PORTION	221 CALORIES	9g GLUCIDES
22g PROTÉINES	11g LIPIDES	0,7g FIBRES

Réglage: FORT

Temps de cuisson: 16½ minutes

Contenant: trivet
casserole de 3 L (12 tasses)
plat rectangulaire de 2 L (8 tasses)

4	tranches de bacon
1	gros oignon, émincé
1	gousse d'ail, écrasée et hachée
1	petite courgette, émincée
15 ml	(1 c. à soupe) persil frais haché
4	tranches de foie de bœuf
	sel et poivre

Placer le bacon sur le trivet et cuire 3 minutes sans couvrir. Assécher le bacon avec un papier essuie-tout. Émietter et mettre de côté.

Verser le gras de bacon dans la casserole. Ajouter l'oignon; couvrir et cuire 7 minutes.

Incorporer ail, courgette et persil; bien assaisonner. Couvrir et cuire 3 minutes.

Saler, poivrer et placer le foie dans le plat rectangulaire. Placer le mélange d'oignon sur les tranches de foie. Saler, poivrer. Cuire 2½ minutes sans couvrir.

Retourner le foie. Ajouter le bacon et cuire 1 minute sans couvrir.

Languettes de bœuf au riz

(pour 4 personnes)

1 PORTION	493 CALORIES	49g GLUCIDES
40g PROTÉINES	15g LIPIDES	0,9g FIBRES

Réglage: FORT

Temps de cuisson: 20½ minutes

Contenant: casserole de 3 L (12 tasses)

45 ml	(3 c. à soupe) beurre
625 g	(1¼ livre) bifteck de ronde, en languettes
15 ml	(1 c. à soupe) sauce soya
5 ml	(1 c. à thé) miel
250 ml	(1 tasse) riz à longs grains, rincé
796 ml	(28 oz) tomates en conserve
250 ml	(1 tasse) bouillon de poulet chaud
	sel et poivre
	paprika au goût

Placer le beurre dans la casserole et faire chauffer 1 minute sans couvrir.

Ajouter viande, sauce soya, miel et poivre. Bien mélanger. Cuire 4 minutes sans couvrir en remuant à mi-cuisson.

Retirer la viande et mettre de côté dans une assiette.

Mettre riz, tomates et bouillon de poulet dans la casserole. Assaisonner de sel, poivre et paprika. Couvrir et cuire 15 minutes ou jusqu'à ce que le riz soit cuit.

Remuer le riz avec une fourchette et ajouter la viande. Cuire ½ minute sans couvrir.

Haricots et cosses de pois jardinière

(pour 4 personnes)

1 PORTION	40 CALORIES	8g GLUCIDES
2g PROTÉINES	0g LIPIDES	2,4g FIBRES

Réglage: FORT

Temps de cuisson: 12½ minutes

Contenant: casserole de 3 L (12 tasses)

125 g	(¼ livre) haricots verts, nettoyés
125 g	(¼ livre) haricots jaunes, nettoyés
250 ml	(1 tasse)) eau chaude
125 g	(¼ livre) cosses de pois
	sel et poivre

Mettre haricots et eau dans la casserole. Saler, poivrer. Couvrir et cuire 8½ minutes.

Ajouter les cosses de pois. Mélanger; couvrir et cuire 4 minutes.

Bien égoutter et servir.

Patates douces glacées

(pour 4 personnes)

1 PORTION	233 CALORIES	47g GLUCIDES
4g PROTÉINES	3g LIPIDES	2,1g FIBRES

Réglage: FORT

Temps de cuisson: 5 minutes

Contenant: plat rectangulaire de 2 L (8 tasses)

3	grosses patates douces, pelées et coupées en tranches de 1,2 cm (½ po)
15 ml	(1 c. à soupe) sirop d'érable
50 ml	(¼ tasse) cassonade
15 ml	(1 c. à soupe) zeste d'orange râpé
50 ml	(¼ tasse) jus d'ananas
15 ml	(1 c. à soupe) beurre
5 ml	(1 c. à thé) fécule de maïs
30 ml	(2 c. à soupe) eau froide
	jus de 1½ orange
	sel et poivre

Mettre les patates douces dans le plat. Ajouter sirop d'érable, cassonade, zeste et jus d'orange, jus d'ananas et beurre. Saler, poivrer. Cuire 3 minutes sans couvrir.

Retirer les patates du plat et mettre dans un plat de service. Mettre de côté.

Délayer fécule de maïs et eau froide. Incorporer à la sauce. Il est très important que le mélange soit bien incorporé. Cuire 2 minutes sans couvrir.

Verser la sauce sur les patates. Servir.

Purée de pommes de terre Rougemont

(pour 4 personnes)

1 PORTION	248 CALORIES	42g GLUCIDES
4g PROTÉINES	7g LIPIDES	2,8g FIBRES

Réglage: FORT

Temps de cuisson: 35 minutes

Contenant: casserole de 3 L (12 tasses)

6	pommes de terre, pelées et coupées en deux
3	pommes, évidées, pelées et en quartiers
30 ml	(2 c. à soupe) beurre
50 ml	(¼ tasse) lait chaud
	sel et poivre

Mettre les pommes de terre dans la casserole et ajouter assez d'eau chaude pour couvrir. Saler, couvrir et cuire 30 minutes.

Bien égoutter les pommes de terre et les remettre dans la casserole. Ajouter pommes et beurre. Saler, poivrer; couvrir et cuire 5 minutes.

Passer le tout au moulin à légumes.

Ajouter le lait chaud et bien mélanger. Rectifier l'assaisonnement. Servir.

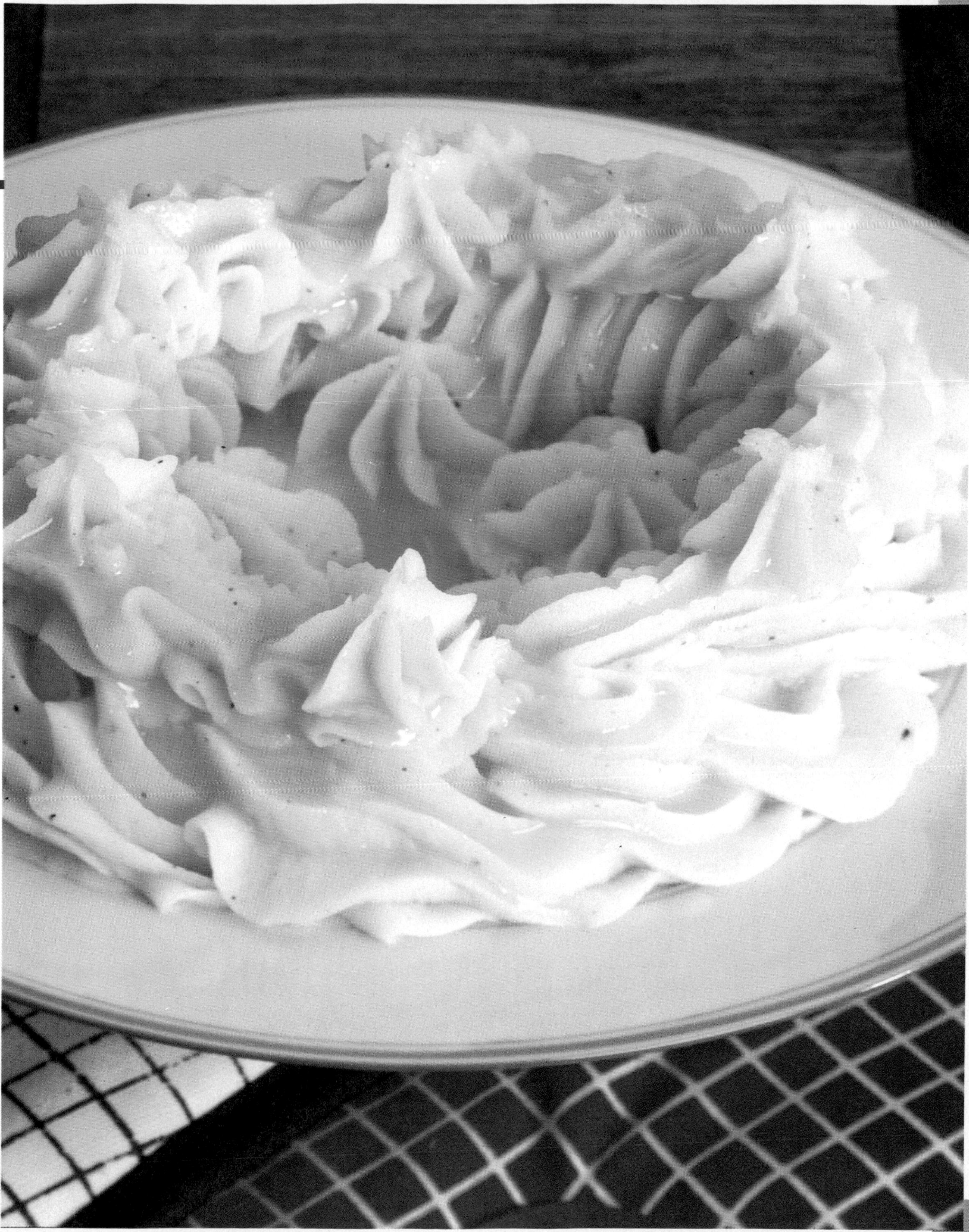

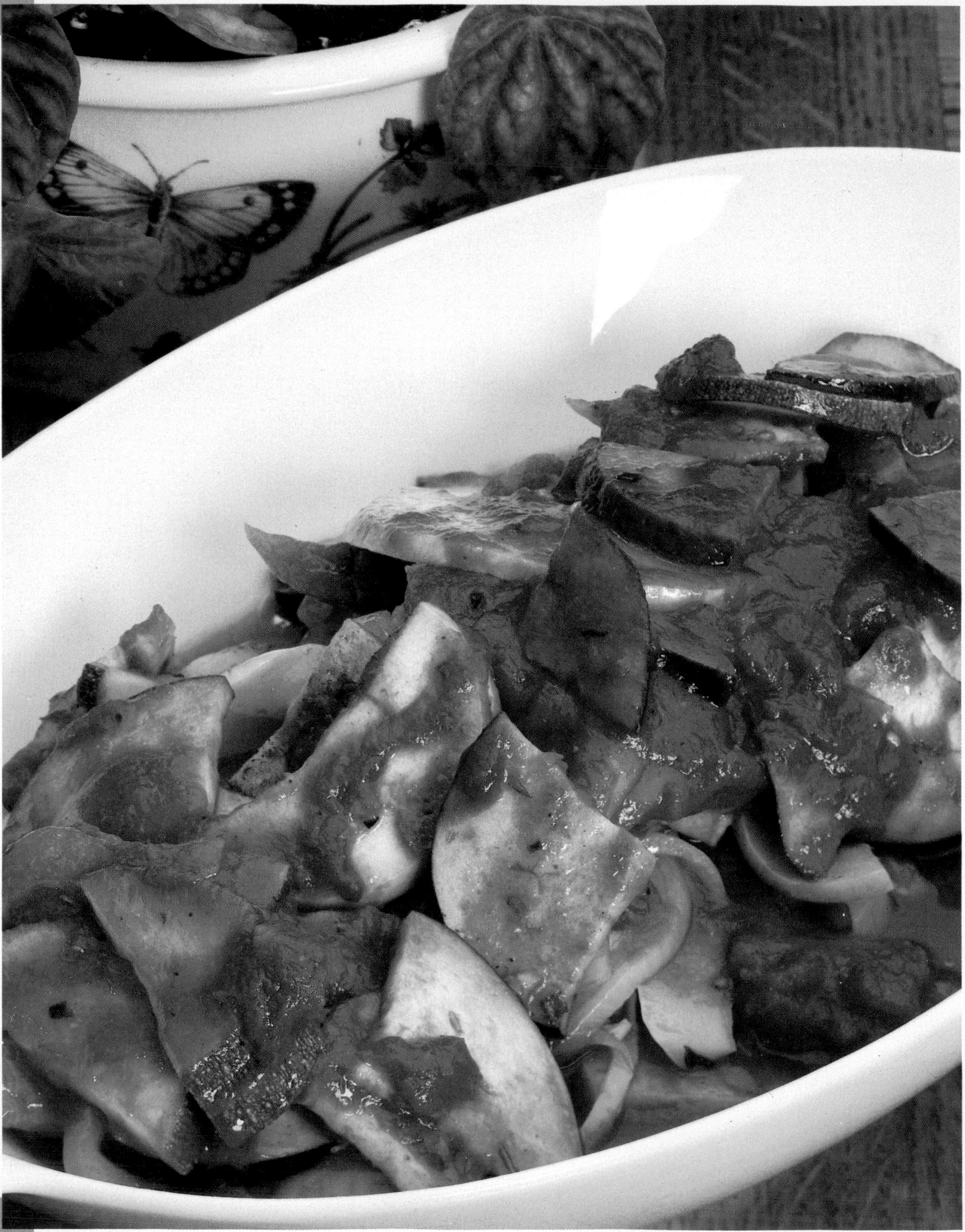

Abondance de légumes à la tomate

(pour 4 personnes)

1 PORTION	128 CALORIES	20g GLUCIDES
3g PROTÉINES	4g LIPIDES	2,5g FIBRES

Réglage: FORT

Temps de cuisson: 11 minutes

Contenant: casserole de 3 L (12 tasses)

15 ml	(1 c. à soupe) huile d'arachide
½	piment jaune, émincé
¼	courge jaune, émincée
½	courgette, coupée en deux sur la longueur et émincée
½	aubergine, coupée en deux sur la longueur et émincée
½	piment vert, émincé
½	oignon, émincé
2	gousses d'ail, écrasées et hachées
1 ml	(¼ c. à thé) estragon
1 ml	(¼ c. à thé) origan
1 ml	(¼ c. à thé) thym
1	feuille de sauge fraîche
375 ml	(1½ tasse) sauce tomate chaude
	une pincée de paprika
	sel et poivre

Mettre huile, légumes, ail et épices dans la casserole. Saler, poivrer. Couvrir et cuire 5 minutes.

Incorporer la sauce tomate et bien remuer. Couvrir et cuire 6 minutes.

Servir.

Tomates à la suisse

(pour 4 personnes)

1 PORTION	179 CALORIES	8g GLUCIDES
10g PROTÉINES	12g LIPIDES	2,7g FIBRES

Réglage: MOYEN-FORT

Temps de cuisson: 7 minutes

Contenant: plat carré de 1,5 L (6 tasses)

15 ml	(1 c. à soupe) beurre
4	grosses tomates, coupées en deux sur la largeur
125 ml	(½ tasse) fromage gruyère râpé
125 ml	(½ tasse) fromage emmenthal râpé
	sel et poivre
	une pincée de paprika

Beurrer le moule et y placer les demi-tomates. Saler, poivrer. Parsemer de fromage et saupoudrer de paprika.

Cuire 4 minutes sans couvrir.

Tourner le plat de ¼ de tour et continuer la cuisson 3 minutes.

Carottes au fromage de chèvre

(pour 4 personnes)

1 PORTION	217 CALORIES	14g GLUCIDES
7g PROTÉINES	15g LIPIDES	1,9g FIBRES

Réglage: FORT

Temps de cuisson: 12 minutes

Contenant: casserole de 3 L (12 tasses)

250 g	(½ livre) carottes naines, nettoyées
1	oignon moyen, en cubes
15 ml	(1 c. à soupe) beurre
5 ml	(1 c. à thé) persil frais haché
50 ml	(¼ tasse) fromage de chèvre
250 ml	(1 tasse) sauce blanche chaude

jus de ½ citron
une pincée de paprika
une pincée de muscade
sel et poivre

Mettre carottes et oignon dans la casserole. Saler, poivrer. Ajouter beurre, persil et jus de citron; couvrir et cuire 7 minutes.

Ajouter le fromage en petits morceaux et saupoudrer de paprika. Incorporer la sauce blanche. Saupoudrer de muscade; couvrir et cuire 5 minutes.

Mettre carottes et oignon dans la casserole. Saler, poivrer.

Ajouter le fromage en petits morceaux. Saupoudrer de paprika.

Ajouter beurre, persil et jus de citron; couvrir et cuire 7 minutes.

Incorporer la sauce blanche. Saupoudrer de muscade. Couvrir et cuire 5 minutes.

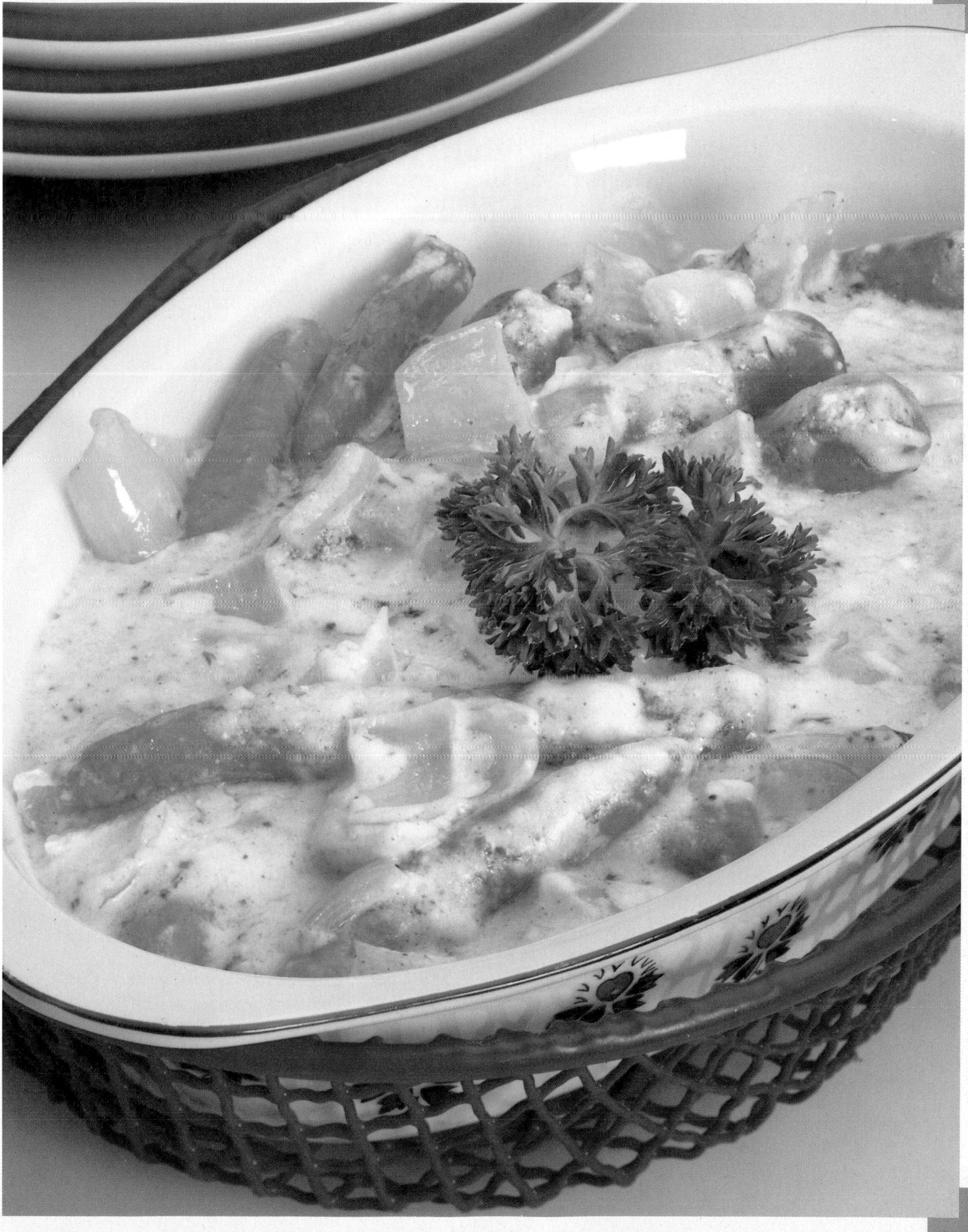

Laitue
et petits pois
à la française

(pour 4 personnes)

1 PORTION	167 CALORIES	20g GLUCIDES
4g PROTÉINES	8g LIPIDES	4,7g FIBRES

Réglage: FORT et MOYEN-FORT

Temps de cuisson: 13 minutes

Contenant: casserole de 3 L (12 tasses)

45 ml	(3 c. à soupe) beurre
2 ml	(½ c. à thé) cerfeuil
18	oignons perlés
30 ml	(2 c. à soupe) farine
1	petite laitue Boston, lavée, essorée et ciselée
5 ml	(1 c. à thé) sucre
398 ml	(14 oz) petits pois à la française, en conserve
	sel et poivre blanc

Mettre beurre, cerfeuil et oignons dans la casserole. Couvrir et cuire 7 minutes à FORT.

Bien incorporer la farine. Ajouter laitue et sucre. Saler, poivrer. Couvrir et cuire 3 minutes à FORT.

Incorporer les pois et le jus. Cuire 3 minutes sans couvrir à MOYEN-FORT.

Aubergine
à la grecque

(pour 4 personnes)

1 PORTION	267 CALORIES	19g GLUCIDES
1g PROTÉINES	21g LIPIDES	2,9g FIBRES

Réglage: FORT

Temps de cuisson: 30 minutes

Contenant: trivet

2	aubergines
15 ml	(1 c. à soupe) huile d'olive
1	oignon finement haché
1	gousse d'ail, écrasée et hachée
2	tomates, nettoyées et coupées en sections
75 ml	(5 c. à soupe) huile d'olive
75 ml	(5 c. à soupe) vinaigre de vin
	sel et poivre
	quelques gouttes de jus de citron

Couper les aubergines en deux sur la longueur. Inciser profondément la chair en lignes entrecroisées. Badigeonner de 15 ml (1 c. à soupe) d'huile d'olive.

Placer les demi-aubergines sur le trivet; cuire 30 minutes sans couvrir.

Retirer la chair et la couper en dés. Mettre dans un bol à mélanger.

Ajouter le reste des ingrédients dans l'ordre, bien mélanger et servir.

Chou-fleur
au cheddar

(pour 4 personnes)

1 PORTION	171 CALORIES	8g GLUCIDES
6g PROTÉINES	13g LIPIDES	1,1g FIBRES

Réglage: FORT et MOYEN-FORT

Temps de cuisson: 20 minutes

Contenant: 2 casseroles de 3 L (12 tasses)

1	chou-fleur, lavé et en fleurettes
500 ml	(2 tasses) eau chaude
1 ml	(¼ c. à thé) estragon
1 ml	(¼ c. à thé) paprika
45 ml	(3 c. à soupe) beurre
45 ml	(3 c. à soupe) farine
125 ml	(½ tasse) fromage cheddar râpé
	sel et poivre

Mettre chou-fleur, eau, estragon et paprika dans la casserole. Saler, poivrer; couvrir et cuire 8 minutes à FORT.

Remuer le chou-fleur; couvrir et continuer la cuisson 6 minutes.

À l'aide d'une écumoire, retirer le chou-fleur. Verser le liquide dans un petit bol. Remettre le chou-fleur dans la casserole. Mettre de côté.

Mettre le beurre dans la seconde casserole. Cuire 2 minutes sans couvrir à FORT.

Incorporer la farine au fouet. Ajouter le liquide de cuisson réservé. Bien remuer et continuer la cuisson 2 minutes sans couvrir.

Bien mélanger la sauce au fouet. Rectifier l'assaisonnement. Verser sur les fleurettes de chou-fleur. Parsemer de fromage. Cuire 2 minutes sans couvrir à MOYEN-FORT.

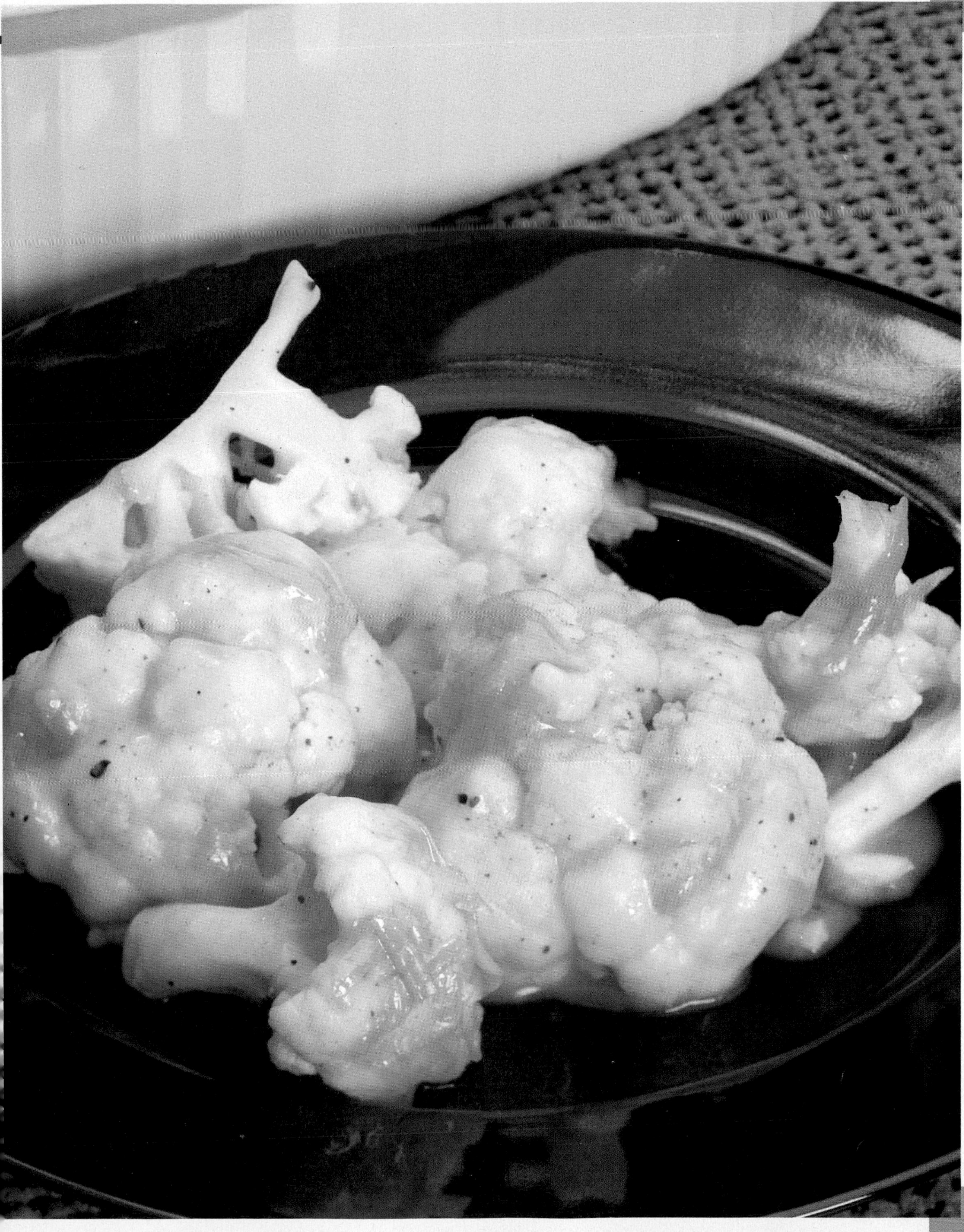

498

Mettre céleri, **1** beurre, gingembre et cerfeuil dans la casserole. Saler, poivrer; couvrir et cuire 8 minutes.

3 Incorporer le bouillon de poulet. Rectifier l'assaisonnement. Incorporer le jus de tomates et cuire 10 minutes sans couvrir.

Ajouter **2** oignon et farine; bien mélanger.

4 Ajouter la pomme et cuire 4 minutes sans couvrir.

Céleri braisé aux pommes

(pour 4 personnes)

1 PORTION	100 CALORIES	16g GLUCIDES
2g PROTÉINES	3g LIPIDES	1,0g FIBRES

Réglage: FORT

Temps de cuisson: 22 minutes

Contenant: casserole de 2 L (8 tasses)

4	branches de céleri, tranchées épais
15 ml	(1 c. à soupe) beurre
1 ml	(¼ c. à thé) gingembre moulu
2 ml	(½ c. à thé) cerfeuil
1	oignon, en cubes
45 ml	(3 c. à soupe) farine
250 ml	(1 tasse) bouillon de poulet chaud
50 ml	(¼ tasse) jus de tomates aux palourdes
1	grosse pomme, évidée, pelée et coupée en grosses sections
	sel et poivre

Mettre céleri, beurre, gingembre et cerfeuil dans la casserole. Saler, poivrer; couvrir et cuire 8 minutes.

Ajouter oignon et farine; bien mélanger.

Incorporer le bouillon de poulet. Rectifier l'assaisonnement. Incorporer le jus de tomates. Cuire 10 minutes sans couvrir.

Ajouter la pomme. Cuire 4 minutes sans couvrir.

Courge braisée

(pour 4 personnes)

1 PORTION	198 CALORIES	20g GLUCIDES
5g PROTÉINES	11g LIPIDES	3,2g FIBRES

Réglage: FORT et MOYEN-FORT

Temps de cuisson: 11 minutes

Contenant: casserole de 3 L (12 tasses)

45 ml	(3 c. à soupe) beurre
1	petit oignon, haché
1	gousse d'ail, écrasée et hachée
625 g	(1¼ livre) courge jaune
2	tomates, nettoyées et coupées en sections
2 ml	(½ c. à thé) estragon
125 ml	(½ tasse) fromage mozzarella râpé
	sel et poivre

Mettre beurre, oignon et ail dans la casserole. Couvrir et cuire 3 minutes à FORT.

Couper la courge en deux sur la longueur et la recouper en morceaux de 1,2 cm (½ po) d'épaisseur. Mettre dans la casserole avec les tomates. Saler, poivrer et ajouter l'estragon. Cuire 3 minutes sans couvrir à FORT.

Bien mélanger les légumes et continuer la cuisson 3 minutes.

Parsemer de fromage. Cuire 2 minutes sans couvrir à MOYEN-FORT.

Piments farcis
au maïs

(pour 2 personnes)

1 PORTION	610 CALORIES	59g GLUCIDES
50g PROTÉINES	19g LIPIDES	6,3g FIBRES

Réglage: FORT et MOYEN

Temps de cuisson: 10½ minutes

Contenant: casserole de 3 L
(12 tasses)
plat rectangulaire de 2 L
(8 tasses)

2	gros piments verts, coupés en deux et épépinés
15 ml	(1 c. à soupe) huile
125 g	(¼ livre) bœuf maigre haché
125 g	(¼ livre) veau maigre haché
1	petit oignon haché
1	gousse d'ail, écrasée et hachée
341 ml	(12 oz) maïs à grains entiers
30 ml	(2 c. à soupe) sauce chili
125 ml	(½ tasse) fromage mozzarella râpé
500 ml	(2 tasses) sauce tomate chaude
	sel et poivre

Mettre les piments dans la casserole et ajouter 125 ml (½ tasse) d'eau chaude. Saler; couvrir et cuire 2 minutes à FORT.

Retirer les piments de la casserole et mettre de côté. Jeter l'eau de la casserole.

Mettre huile, viande, oignon et ail dans la casserole. Saler, poivrer. Couvrir et cuire 2 minutes à FORT.

Bien mêler et continuer la cuisson ½ minute.

Incorporer maïs, sauce chili et fromage; bien assaisonner. Couvrir et cuire 2 minutes à MOYEN.

Remplir les piments du mélange. Disposer les piments dans le plat rectangulaire. Recouvrir de sauce tomate; couvrir et cuire 4 minutes à FORT.

Salade de pois
chiches chaude

(pour 4 personnes)

1 PORTION	300 CALORIES	28g GLUCIDES
9g PROTÉINES	17g LIPIDES	5,5g FIBRES

Réglage: FORT et MOYEN-FORT

Temps de cuisson: 5 minutes

Contenant: casserole de 3 L
(12 tasses)

15 ml	(1 c. à soupe) huile d'olive
1	petit oignon, en petits dés
1	gousse d'ail, écrasée et hachée
1	piment vert, en petits dés
540 ml	(19 oz) pois chiches en conserve, égouttés et rincés
50 ml	(¼ tasse) huile d'olive jus de 1½ citron sel et poivre du moulin

Mettre 15 ml (1 c. à soupe) d'huile, oignon, ail et piment vert dans la casserole. Couvrir et cuire 3 minutes à FORT.

Incorporer les pois chiches; saler, poivrer. Couvrir et cuire 2 minutes à MOYEN-FORT.

Verser le tout dans un grand bol à salade. Ajouter huile et jus de citron. Mélanger et rectifier l'assaisonnement. Servir chaud ou froid.

Poires pochées
(pour 3 personnes)

1 PORTION	157 CALORIES	39g GLUCIDES
0g PROTÉINES	0g LIPIDES	4,8g FIBRES

Réglage: FORT

Temps de cuisson: 7 minutes

Contenant: casserole de 2 L (8 tasses)

3	poires, pelées et évidées
15 ml	(1 c. à soupe) rhum
125 ml	(½ tasse) eau chaude
50 ml	(¼ tasse) cassonade

Mettre les poires dans la casserole en plaçant la partie la plus épaisse vers l'extérieur du plat.

Ajouter le reste des ingrédients et cuire 4 minutes sans couvrir.

Tourner le plat et continuer la cuisson 3 minutes.

Si désiré, servir avec une sauce au chocolat.

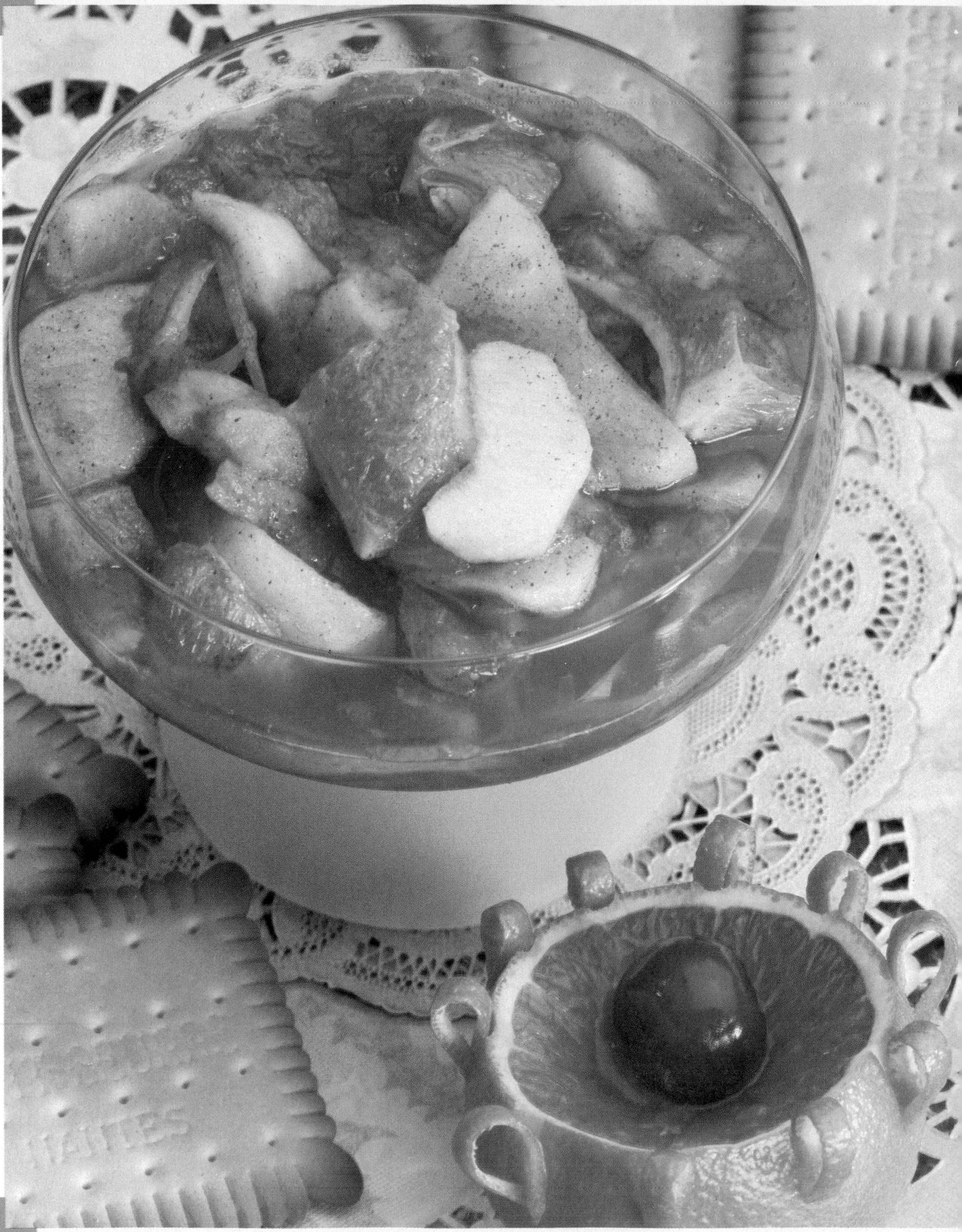

Coupe de fruits

(pour 4 personnes)

1 PORTION	271 CALORIES	66g GLUCIDES
1g PROTÉINES	0g LIPIDES	3,5g FIBRES

Réglage: FORT

Temps de cuisson: 8 minutes

Contenant: casserole de 3 L (12 tasses)

3	oranges sans pépins
4	pommes, évidées, pelées et émincées
125 ml	(½ tasse) gelée aux pêches
30 ml	(2 c. à soupe) cassonade
1 ml	(¼ c. à thé) cannelle
	zeste de ¼ d'orange, émincé et blanchi

Peler les oranges avec un couteau en prenant soin de retirer la pulpe blanche qui recouvre l'orange. Couper les oranges en dés et mettre dans la casserole.

Ajouter pommes, gelée de pêches, cassonade, cannelle et zeste. Couvrir et cuire 4 minutes.

Bien mélanger; couvrir et continuer la cuisson 4 minutes.

Retirer la casserole du micro-ondes. Laisser refroidir avant de servir.

Pêches Melba

(pour 4 personnes)

1 PORTION	390 CALORIES	75g GLUCIDES
4g PROTÉINES	8g LIPIDES	2,5g FIBRES

Réglage: FORT

Temps de cuisson: 7 minutes

Contenant: casserole de 2 L (8 tasses)

375 ml	(1½ tasse) fraises, nettoyées
50 ml	(¼ tasse) gelée de groseilles
125 ml	(½ tasse) sucre
30 ml	(2 c. à soupe) liqueur d'orange
30 ml	(2 c. à soupe) fécule de maïs
60 ml	(4 c. à soupe) eau froide
	zeste de 1 citron râpé
	crème glacée à la vanille
	pêches en conserve, en moitiés

Mettre fraises, gelée de groseilles, sucre, liqueur et zeste de citron dans la casserole. Mélanger, couvrir et cuire 5 minutes.

Délayer fécule de maïs et eau froide. Incorporer aux fraises et cuire 2 minutes sans couvrir.

Bien remuer et laisser refroidir.

Servir sur de la crème glacée et des pêches.

Sauce aux fraises tout usage

50 ml (¼ tasse) 74 CALORIES	14g GLUCIDES
0g PROTÉINES 2g LIPIDES	0,5g FIBRES

Réglage: FORT

Temps de cuisson: 7 minutes

Contenant: casserole de 3 L (12 tasses)

375 ml	(1½ tasse) fraises congelées
125 ml	(½ tasse) sucre
30 ml	(2 c. à soupe) beurre
30 ml	(2 c. à soupe) liqueur à l'orange
30 ml	(2 c. à soupe) fécule de maïs
60 ml	(4 c. à soupe) eau froide

Mettre fraises, sucre, beurre et liqueur dans la casserole. Couvrir et cuire 5 minutes.

Bien mêler. Délayer fécule de maïs et eau froide. Incorporer aux fraises et cuire 2 minutes sans couvrir.

Laisser refroidir et réduire en purée dans un robot culinaire. Servir sur crème glacée, gâteau ou pouding.

Parfait aux framboises et aux kiwis
(pour 4 personnes)

1 PORTION 307 CALORIES	48g GLUCIDES
4g PROTÉINES 11g LIPIDES	4,2g FIBRES

Réglage: FORT

Temps de cuisson: 7 minutes

Contenant: casserole de 3 L (12 tasses)

1	petite enveloppe de gélatine, non aromatisée
50 ml	(¼ tasse) eau froide
500 ml	(2 tasses) framboises
4	kiwis, pelés et en dés
125 ml	(½ tasse) sucre
5 ml	(1 c. à thé) vanille
3	blancs d'œufs, battus ferme
125 ml	(½ tasse) crème à 35%, fouettée

Saupoudrer la gélatine sur l'eau froide. Ne pas remuer et mettre de côté.

Mettre framboises et kiwis dans la casserole. Ajouter sucre et vanille. Bien mélanger. Couvrir et cuire 4 minutes.

Bien mélanger; couvrir et continuer la cuisson 2 minutes.

Incorporer la gélatine diluée et cuire 1 minute sans couvrir.

Laisser refroidir et réduire en purée dans un robot culinaire.

Verser le tout dans un grand bol. Incorporer blancs d'œufs et crème fouettée en pliant avec une spatule.

Verser dans de grandes coupes et réfrigérer. Servir.

Sundae aux fruits maison
(pour 4 personnes)

1 PORTION 112 CALORIES	22g GLUCIDES
1g PROTÉINES 2g LIPIDES	2,4g FIBRES

Réglage: FORT et MOYEN-FORT

Temps de cuisson: 5 minutes

Contenant: casserole de 2 L (8 tasses)

500 ml	(2 tasses) fraises, nettoyées
30 ml	(2 c. à soupe) zeste de citron finement râpé
30 à 45 ml	(2 à 3 c. à soupe) sucre
15 ml	(1 c. à soupe) fécule de maïs
30 ml	(2 c. à soupe) eau froide
125 ml	(½ tasse) framboises
	jus de 1 orange

Mettre framboises, zeste de citron, sucre et jus d'orange dans la casserole. Couvrir et cuire 3 minutes à MOYEN-FORT.

Mélanger fécule de maïs et eau froide. Incorporer à la sauce. Ajouter les framboises et cuire 2 minutes sans couvrir à FORT.

Refroidir et servir sur de la crème glacée. Décorer au goût.

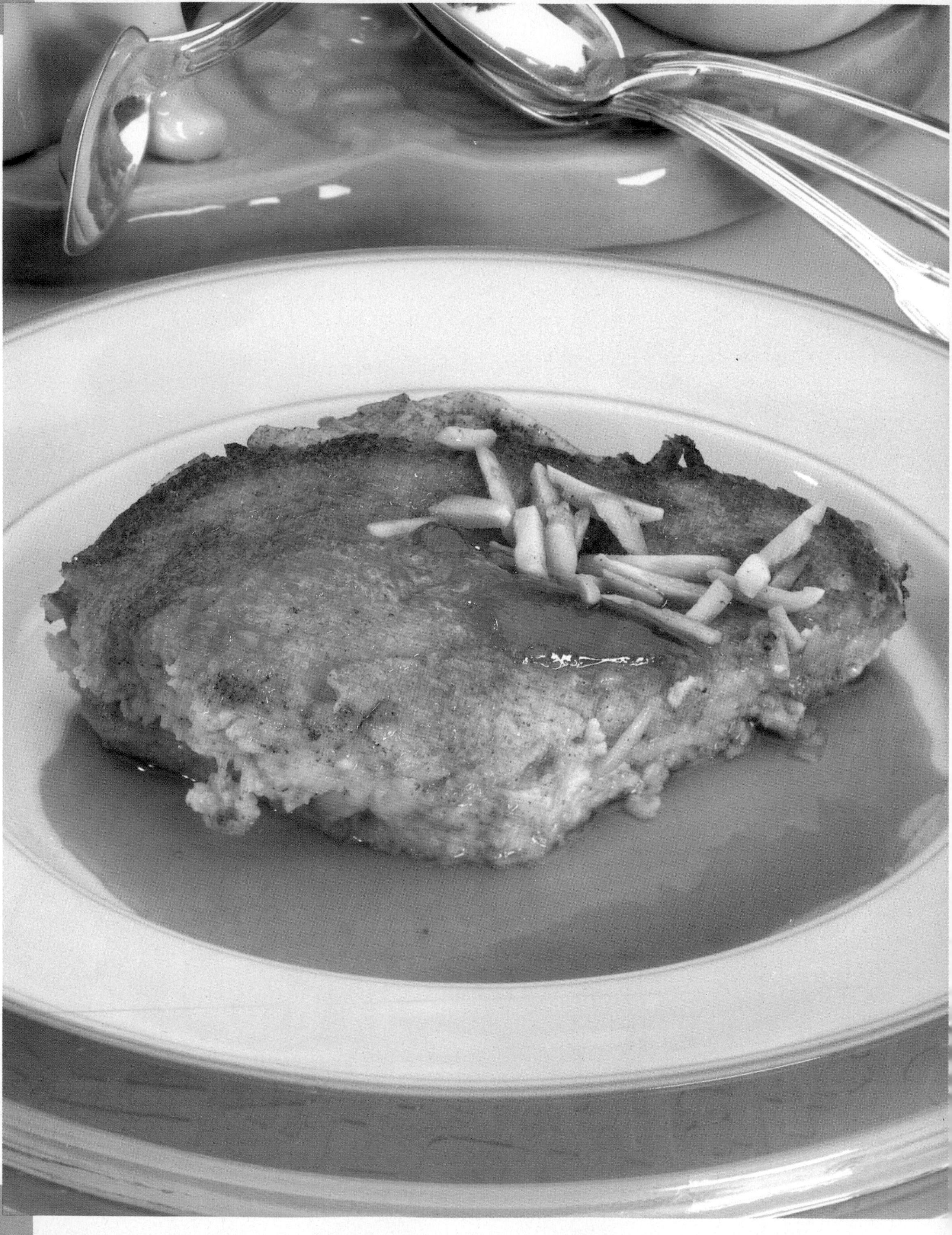

Pudding au pain

(pour 6 à 8 personnes)

1 PORTION	226 CALORIES	39g GLUCIDES
8g PROTÉINES	4g LIPIDES	1,3g FIBRES

Réglage: MOYEN-FORT

Temps de cuisson: 12 minutes

Contenant: plat carré de 1,5 L (6 tasses)

4	grandes tranches épaisses de pain vieux de 1 jour, grillées
125 ml	(½ tasse) confiture ou gelée de fraises
50 ml	(¼ tasse) amandes effilées
25 ml	(1½ c. à soupe) beurre
4	œufs
50 ml	(¼ tasse) sucre
45 ml	(3 c. à soupe) farine
15 ml	(1 c. à soupe) cannelle
375 ml	(1½ tasse) lait

Placer le pain dans le plat beurré. Si nécessaire, tailler les tranches.

Verser la confiture sur le pain, parsemer d'amandes et ajouter quelques noisettes de beurre. Mettre de côté.

Mettre les œufs dans un bol et les battre au batteur électrique. Incorporer le sucre en battant.

Ajouter farine et cannelle; continuer de battre. Incorporer le lait et battre pour bien mélanger.

Verser le mélange sur le pain. Cuire 12 minutes sans couvrir.

Placer le pain dans le plat beurré. Si nécessaire, tailler les tranches.

Parsemer d'amandes et ajouter quelques noisettes de beurre.

Verser la confiture sur le pain.

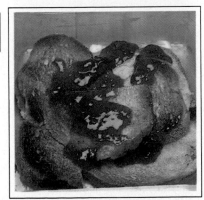

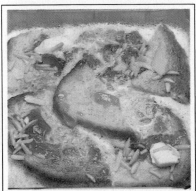

Verser le mélange de lait sur le pain. Cuire 12 minutes sans couvrir.

Gâteau aux bananes pour le goûter

(pour 6 à 8 personnes)

1 PORTION	303 CALORIES	36g GLUCIDES
4g PROTÉINES	16g LIPIDES	0,6g FIBRES

Réglage: MOYEN-FORT

Temps de cuisson: 15 minutes

Contenant: moule en couronne

2	bananes, tranchées
60 ml	(4 c. à soupe) rhum
175 ml	(¾ tasse) sucre
25 ml	(1½ c. à soupe) cannelle
125 ml	(½ tasse) huile végétale
2	œufs
250 ml	(1 tasse) farine tout usage
10 ml	(2 c. à thé) poudre à pâte
1 ml	(¼ c. à thé) sel
1 ml	(¼ c. à thé) bicarbonate de soude
50 ml	(¼ tasse) lait
15 ml	(1 c. à soupe) vanille

Mettre les bananes dans un robot culinaire et mélanger 1 minute. Ajouter le rhum et mélanger ½ minute. Mettre de côté.

Mettre sucre, cannelle et huile dans un bol. Bien incorporer au batteur électrique.

Ajouter les œufs et bien mélanger au batteur électrique pendant 2 minutes.

Ajouter les bananes et bien incorporer à la spatule. Mettre de côté.

Bien mélanger tous les ingrédients secs dans un bol. Incorporer le tout au mélange de bananes et bien mélanger au fouet.

Ajouter lait et vanille; bien incorporer.

Verser le mélange dans le moule huilé et cuire 5 minutes sans couvrir.

Tourner le moule et continuer la cuisson 5 minutes.

Tourner le moule de nouveau et prolonger la cuisson de 5 minutes.

Retirer le moule du micro-ondes. Laisser reposer le gâteau 10 minutes avant de démouler.

Trancher et si désiré, saupoudrer de sucre à glacer.

Mettre les bananes dans un robot culinaire et mélanger 1 minute. Ajouter le rhum et mélanger ½ minute. Mettre de côté.

Mettre sucre, cannelle et huile dans un bol. Bien incorporer au batteur électrique.

Ajouter les œufs et continuer de battre pendant 2 minutes.
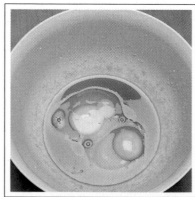

Incorporer les bananes et bien mélanger à la spatule.

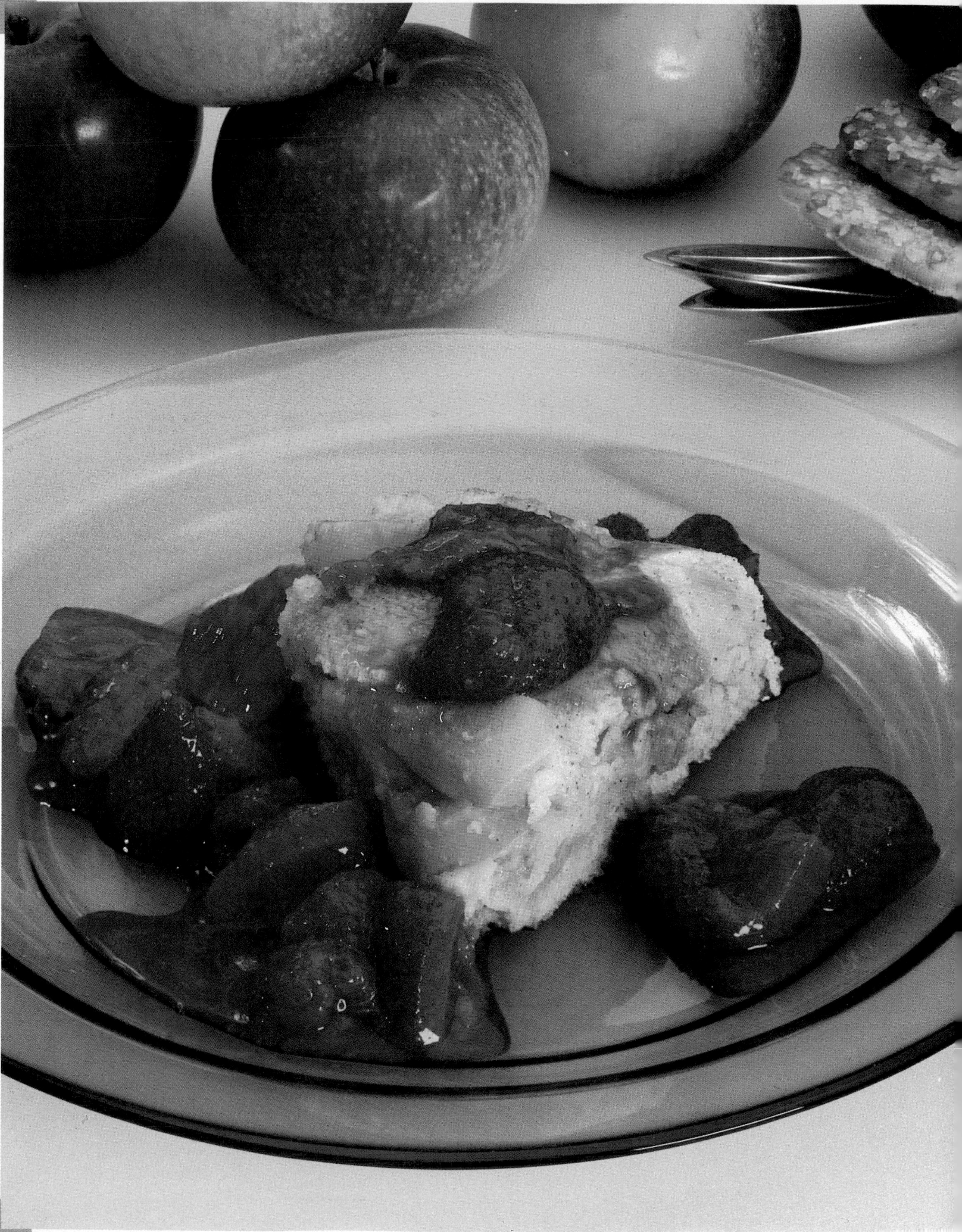

Gâteau de pommes au rhum

(pour 6 à 8 personnes)

1 PORTION	288 CALORIES	31g GLUCIDES
3g PROTÉINES	17g LIPIDES	1,0g FIBRES

Réglage: MOYEN-FORT

Temps de cuisson: 15 minutes

Contenant: un plat rond de 2 L (8 tasses)

5	pommes à cuire, évidées, pelées et tranchées
30 ml	(2 c. à soupe) rhum
30 ml	(2 c. à soupe) cannelle
125 ml	(½ tasse) huile
125 ml	(½ tasse) sucre
3	œufs
125 ml	(½ tasse) farine tout usage
5 ml	(1 c. à thé) poudre à pâte
	une pincée de sel

Mélanger pommes, rhum et cannelle dans un bol. Mettre de côté.

Mettre huile et sucre dans un autre bol. Ajouter les œufs et battre au batteur électrique jusqu'à ce que le mélange devienne mousseux.

Bien mélanger tous les ingrédients secs et les incorporer au mélange d'œufs. Battre pour bien incorporer.

Ajouter les pommes, mélanger et verser le tout dans le plat beurré. Cuire 5 minutes sans couvrir.

Tourner le plat; continuer la cuisson 5 minutes.

Tourner le plat et prolonger la cuisson de 5 minutes.

Retirer le plat du micro-ondes. Laisser reposer le gâteau 10 minutes avant de démouler.

Si désiré, servir avec une sauce aux fraises ou de la crème glacée à la vanille.

Mélanger pommes, rhum et cannelle dans un bol. Mettre de côté.

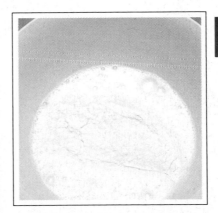

Mettre huile et sucre dans un autre bol. Ajouter les œufs et battre au batteur électrique jusqu'à ce que le mélange devienne mousseux.

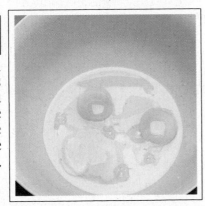

Gâteau
deux fromages

(pour 6 à 8 personnes)

1 PORTION	483 CALORIES	43g GLUCIDES
6g PROTÉINES	26g LIPIDES	0,3g FIBRES

Réglage: FORT et MOYEN-FORT

Temps de cuisson: 12¾ minutes

Contenant: plat à tarte de 1,5 L (6 tasses)

375 ml	(1½ tasse) chapelure de biscuits Graham
250 ml	(1 tasse) sucre
75 ml	(⅓ tasse) beurre doux
250 g	(8 oz) fromage à la crème, à la température de la pièce
125 g	(4 oz) fromage cottage
125 ml	(½ tasse) crème à 35%
30 ml	(2 c. à soupe) zeste d'orange râpé
3	œufs
5 ml	(1 c. à thé) vanille

Incorporer chapelure, moitié du sucre et tout le beurre avec un couteau à pâtisserie. Presser le mélange dans le plat à tarte et cuire 1¾ minute sans couvrir à FORT. Retirer du micro-ondes et laisser refroidir.

Mettre les deux fromages dans un bol à mélanger. Ajouter crème, reste du sucre et zeste d'orange. Bien incorporer au batteur électrique pour obtenir un mélange homogène.

Incorporer la vanille.

Incorporer les œufs, un à un, tout en battant bien entre chaque addition.

Verser le mélange dans le fond de tarte. Cuire 7 minutes sans couvrir à MOYEN-FORT.

Tourner le plat et continuer la cuisson 4 minutes.

Retirer le plat du micro-ondes et laisser refroidir.

Trancher et si désiré, servir avec une sauce aux fruits.

Framboises
à la crème
anglaise

(pour 4 personnes)

1 PORTION	407 CALORIES	57g GLUCIDES
11g PROTÉINES	15g LIPIDES	3,8g FIBRES

Réglage: FORT

Temps de cuisson: 2½ minutes

Contenant: casserole de 2 L (8 tasses)

500 ml	(2 tasses) framboises fraîches
30 ml	(2 c. à soupe) brandy
2	kiwis, pelés et en gros dés
45 ml	(3 c. à soupe) cassonade
5 ml	(1 c. à thé) fécule de maïs
125 ml	(½ tasse) sucre granulé
2	œufs entiers
3	jaunes d'œufs
15 ml	(1 c. à soupe) vanille
500 ml	(2 tasses) lait chaud
125 ml	(½ tasse) crème légère chaude

Mettre framboises, brandy, kiwis et cassonade dans un bol. Mélanger et laisser mariner 1 heure à la température de la pièce.

Entre-temps, mettre fécule de maïs et sucre dans la casserole. Ajouter tous les œufs et bien remuer au fouet.

Ajouter vanille, lait chaud et crème; bien remuer au fouet. Cuire 1½ minute sans couvrir.

Mélanger au fouet et continuer la cuisson 1 minute.

Refroidir et servir la sauce avec les fruits marinés.

Crème à la noix
de coco

(pour 4 personnes)

1 PORTION	245 CALORIES	22g GLUCIDES
10g PROTÉINES	13g LIPIDES	0,3g FIBRES

Réglage: MOYEN

Temps de cuisson: 11 minutes

Contenant: ramequins individuels

4	œufs battus
50 ml	(¼ tasse) sucre
5 ml	(1 c. à thé) vanille
125 ml	(½ tasse) noix de coco râpée
15 ml	(1 c. à soupe) fécule de maïs
45 ml	(3 c. à soupe) eau froide
500 ml	(2 tasses) lait chaud

Bien incorporer œufs battus et sucre au batteur électrique.

Ajouter vanille et noix de coco. Bien mélanger au fouet.

Délayer fécule de maïs et eau froide. Incorporer au mélange. Ajouter le lait et bien mélanger.

Verser le tout dans les ramequins. Mettre au micro-ondes et cuire 5 minutes sans couvrir.

Tourner les ramequins et continuer la cuisson 6 minutes. La crème est cuite lorsqu'elle est ferme.

Laisser refroidir à la température de la pièce. Réfrigérer avant de servir.

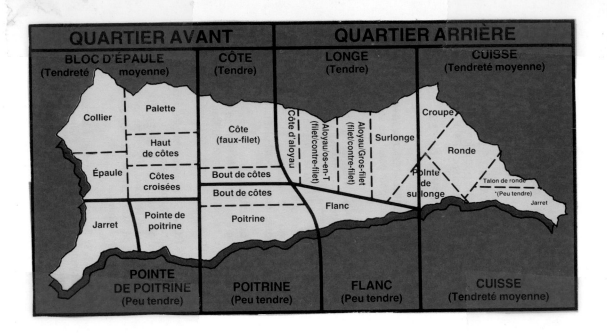